古典名著释读丛书

吴承恩与《西游记》

蔡铁鹰 著

中州古籍出版社
·郑州·

江苏省高校社科重点研究基地重大项目《〈西游记〉文化传播研究及数据库建设》(2015JDXM033)

淮阴师范学院优势学科文化传承与文化创意学科支持赞助

序　言

《西游记》面世于明万历二十年，即公元 1592 年。以这一年为基点，前后展开各若干年，就是一个非常有意义的历史空间；这段历史空间赋予《西游记》的内蕴和意义，远比唐僧师徒的神话故事要复杂，当然，也更深刻。

这种复杂和深刻既是《西游记》固有的，也是近些年我们刚刚涉及的问题；既属于古代小说那些"奇书"们共有的价值范畴，同时也是构成《西游记》特有意义的重要因素。所有的复杂和深刻，以下将会有充分的介绍，这里且以序言的形式做一些提示，实际上就是强调《西游记》在特定历史文化背景下形成的自身异秉，当然也就是强调近些年来《西游记》研究的新进展和我们对其价值的新发现。

第一，从 1592 年往前看，《西游记》是中国古代长篇通俗小说发展过程中一个特定阶段的继承。

诚如各类文学史、小说史所介绍，中国的通俗小说以话本的形式于宋代在瓦舍勾栏里勃兴。由于题材的不同，初期的话本就已经形成了流别——当时称"家数"，最受欢迎的两家数为"讲史"和"小说"。据资料看，两家数的定义和分工很明确，"讲史"是讲说"前代书史文传，兴废争战之事"，篇幅较长；"小说"是"烟粉、灵怪、传奇"，还有"说公案、朴刀、杆棒及发迹变泰之事",篇幅多短。① 到了元代,这两大题材类别演进的文学特点更为明显,"小说"走向精致,文字越发细腻,情节越发生活化,其成就集中于至今可见的《清平山堂话本》,"三言二拍",等等;而"讲史"走向开阔,人物越发雄放,故事越发张扬,竟有了长达数万字的长篇话本《大宋宣和遗事》,等等。这是中国长篇通俗小说发展的第一阶段,以话本形式为特点。

接下来就进入了我们所说的特定阶段,也就是长篇通俗小说由话本向章回发展的阶段,其代表作是《三国演义》《水浒传》,已成为学界共识的时间段是"元末明初"。走向这一阶段的一个重要标志是摆脱了话本依赖口口相传、讲说表演的形式,而完全以文字形式作为展示文学魅力的手段。这是小说艺术表现力的一次解放。不仅故事情节、人物性格、环境氛围的表现描写越加生动深入,而且篇幅也有了更大的增长,《三国演义》《水浒传》数十万字的篇幅在"说话"时代是不可想象的。这个阶段的重要成就是对历史事件和人物的充分表现。如《三国演义》深深植根于讲史的文化土壤,纵横于各诸侯和集团之间的利益纷争之间,勾勒各路豪杰的心机盘算,描写战争宏大的过程场面,都到了登峰造极的程度;《水浒传》写人物的经历各有不同但都成了梁山好汉,上梁山的本意各有不同但都有一份合适的理由,同在梁山水泊但性格又各有不同,到了叹为观止、妙不可言的境界。《西游记》的问世虽然与《三国演义》《水浒传》相距二百年左右,形式上也有了些变化,但其艺术特征总体上仍没有脱出依傍历史的窠臼,所以我将其视为上述特定阶段的收煞。

讲述历史事件、历史人物的故事并据此积淀为自己的文化底蕴,是这一时期章回小说的共同特点,比如《三国演义》的"三分天下""拥刘反曹";比如《水浒传》的"替天行道""逼上梁山";比如同属此类的《封神演义》的"吊民伐罪""商亡周兴",等等。社会道义,也许并不属于最初的题材,却是一个特定历史时期的思潮——被当时社会认可,被作者刻意保留的社会思潮。因此

---

① 吴自牧.梦粱录:卷二十·小说讲经史[M]//东京梦华录.都城纪胜.西湖老人繁胜录.梦粱录.武林旧事.北京:中国商业出版社,1982.

深度解读这类作品时，若离开历史的赋予，就如不能捕获它的灵魂一般是做不到的。对于《西游记》，同样不能离开历史人物玄奘和造就了这个人物的社会文化背景，而在这方面，前此的研究是有疏忽的，至少研究的领域比较局促，深度不够理想，玄奘只被当成一个故事线索，但其实不止于此。

《西游记》借助于历史形成的核心是什么？"唐僧取经"——玄奘大师独身赴印度求佛学的经历！从《西游记》的第一个故事形成开始，"唐僧取经"就是一个世袭罔替的核心，而取经所表现的对信念的执着，对理想的追求，就是所有故事的灵魂。没有哪朝哪代的《西游记》故事能离开这个灵魂。我们不能说情节构思的奇幻、形象塑造的亲民、语言表述的成就等不重要，而是要强调：不能忘记所有这些文学元素、艺术手段的核心支撑所在；正是经由"唐僧取经"的核心支撑，才能产生出文学元素的种种价值。

鉴于此，我在本书中加大了对历史人物玄奘大师的研究和介绍，也强调了理想、信念在取经故事形成中的重要作用。这算不上新的发明，也不能单纯以展开的篇幅大小论事，但有可能这是第一次真正的重视，也显然是在《西游记》题材和主题研究上的深化和升华。我们期待今后能在更深的层面上解读《西游记》，把《西游记》数百年来受到社会广泛关注的最本质的意义彰显出来——当然在表述上希望更加深入浅出，通俗易懂。

第二，从1592年往后看，《西游记》是中国通俗小说现实主义精神新时代的先行与探索。

我们先要横逸一枝，说说《金瓶梅》。如各家所述，《金瓶梅》标志性的成就是采用了社会家庭生活题材，在创作中注入了现实主义精神，由此引领了中国通俗小说一个新的发展时代。《金瓶梅》究竟影响了多少后来的小说作品，已经不需要一一引述，沿袭了《金瓶梅》之路的《红楼梦》被公认攀上了中国古代小说艺术的顶峰，足矣。催生出《金瓶梅》最重要的因素，是社会环境和社会风气的变异，其要点在诸多著述中有详尽的阐述，不赘论。值得强调的是，《金瓶梅》的诞生比《西游记》虽然迟了一二十年，但它们所代表的时代其实是一样的，《西游记》的深层内蕴，同样受到了当时社会环境和社会风气的影响，在神话形式的后面，也同样蕴含现实主义精神。

　　这个问题可能会引出一些困惑，《西游记》有那么高的价值吗？也许我们在更开阔的视野里看这个问题会容易一些。众所周知，西方近代的强大得益于三百年前的资本主义工业革命，因此2012年伦敦奥运会开幕式的主题表演充满了对那个时代的怀旧。工业革命的启动，又得益于早前不断涌现新思维的启蒙运动。而启蒙运动的基础，则可以追溯到以14到16世纪为中心的文艺复兴运动，可以说是文艺复兴引导欧洲走出了中世纪。文艺复兴的代表性作品，早期有但丁、薄伽丘、达·芬奇、米开朗琪罗的创作，后期则有莎士比亚的戏剧和塞万提斯的《唐·吉诃德》，这是我们在谈论欧洲从中世纪的黑暗向现代资本主义社会进化时必然会说到的话题。而有论者早已注意到，中国社会在16世纪，也就是明中期，其实也曾有过资本主义的经济萌芽，甚至有过类似于文艺复兴的社会潜流。从明代嘉靖中后期大约公元1550年开始，一直延续到明亡的1644年。这股社会潜流中，哲学的代表人物有王阳明、李贽，科学的代表人物有徐光启、李时珍，文学上则有作品《西游记》《牡丹亭》《金瓶梅》，等等，都是在倡导、呼唤一种新的社会思维、社会意识。细细看，与西方的文艺复兴确实有值得玩味的呼应关系，只不过中国的文艺复兴在萌芽状态就被明清政权的交替打断，被东方封建专制主义扼杀了。

　　与《西游记》对应的是《堂·吉诃德》。西方人认识《堂·吉诃德》的方式和视角可以给我们一些启示。他们把人物的疯疯癫癫、情节的荒诞不经，视为作者对西班牙现实的深刻理解和对旧时代的讽刺，认为它一方面以没落的骑士为线索描绘了西班牙社会广阔的生活画面，揭露了封建统治的黑暗和腐朽，具有鲜明的人文主义倾向，表现了强烈的人道主义精神；另一方面又赞扬除暴安良、惩恶扬善、扶贫济弱等优良品德，歌颂了期望中的理想社会。《西游记》不也是这样吗？《西游记》中其实有很多直接面向社会现实的讽刺、隐喻、象征，它的故事情节似乎遥远，但所讽刺的对象非常真实，就是作者生活的那个时代的现实，只是都隐藏在神话的故事情节中和搞笑的人物行为中。由于其神话的外衣被我们看得太重太真,还缺少西方对通俗小说社会性抽丝剥茧的解读方式,往往导致读者对《西游记》的社会意义和人文道义的忽视。

鉴于此,我们加强了对《西游记》现实意义的探索,试图把隐藏在那些降妖伏怪故事里的现实社会意义一一找出来。这是可以做到的。比如《西游记》里国王身边都会有恶道,这就不是纯粹的神话情节,而是有充分的现实依据,事实上就是吴承恩生活的嘉靖朝真实发生的事情;其中比丘国国王以小儿心肝为药引的情节,完全可以视为直接由嘉靖帝用小儿尿液、少女月经血炼制壮阳药的事实引导而来。本书强调的这个解读视角,相对于传统的研究而言有一定的不同,我认为这是对《西游记》社会意义研究的补充和拓展。

第三,由1592年展开的这一段历史时期,正是中国长篇通俗小说(章回小说)的创作方式发生变革的时期,在《西游记》之后渐成绝响的"集体创作,个人写定"创作模式有特殊的价值意义。

各文学史家的共同表述说,长篇的章回小说由"讲史"话本演进而来的时候,沿袭的是一种"集体创作,个人写定"的模式,《三国演义》《水浒传》《西游记》均是如此。这种模式的沿袭在《西游记》面世后才被《金瓶梅》完全的"个人创作"行为所打破,在《西游记》《封神演义》之后,"集体创作"便已消失,至少是退出了主流。我们说,由"集体创作,个人写定"演进为"个人创作",就创作模式而言是一大进步,换句通俗的话表达,就是中国的小说家终于成熟,学会了自己写小说。这当然值得庆贺,但是,"集体+个人"的模式留下来的绝不仅仅是一个值得怀念的模式,而是我们后人窥视过去、回味历史的百叶窗、百宝囊。

所谓"集体创作,个人写定"的模式,指作品的取材最初依据于历史事件和历史人物,在民间以口口相传的形式流传,带有一定的偶然性,并非某一个人执意所为;在故事所涉事件和人物的社会意义、文化意义得到广泛认可后,故事就会像滚雪球一样不断扩大,会得到无数人的添加或者否定,会不断地融合进新的内容,故事越来越丰满成熟,其内蕴越来越明确;最后某一人将这个故事的人文意义和故事情节修改得再无可改时,故事便自然定型,最后的定型者就成了后世认可的作者,罗贯中、施耐庵、吴承恩、许仲林(陆西星)等均列其中。

这种模式下的作品,有漫长的成书过程,经历过多种文化的冲突与平衡——其中的每一次修改增删都可以看作是文化冲突和平衡的结果,浸润有不同时代的政治、社会信息,因此形成了特殊的价值。比如,拜御弟的情节来自哪里?高昌!乌鸡国阉狮的情节来自哪里?龟兹!金毛鼠的情节来自哪里?和田!火焰山的情节来自哪里?西域!这些在《大唐西域记》和《大慈恩寺三藏法师传》里有清晰的记载,查到出处并不难,困难的是查清楚这些故事如何经历千年,跨越地域与文化的阻隔到了吴承恩的笔下,这对搞清楚其中的文化因素的迁移过程,有非常广泛的意义。很遗憾,由于种种条件和观念的制约,此前对《西游记》成书过程的研究是不够的,某种意义上说还没有引进研究这些取经故事形成、出现、变异、流播的"成书""演化"概念,甚至对一些很重要的文献资料的历史定位都有错误——最典型、负面影响也最大的就是王国维关于《大唐三藏法师取经记》为"南宋说经话本"的推论,这个推论至今还被文学史家沿用;既然基础定位不准,那就不可能从这个过程中透析出有价值的历史文化信息。

举例:能够体现"成书研究"意义的最重要的进展之一是福建齐天大圣崇拜的发现和这一发现对传统的孙悟空形象研究的冲击。关于孙悟空形象的文化来源,胡适提出的"外来进口说"和鲁迅主张的"国内本土说"曾经杀得天昏地暗,20世纪八九十年代研究《西游记》的学者——不管著名不著名,都曾自觉地或者被动地卷入论证,直到今天,还时时有人重新提出热炒一番。但事实上,福建发现的齐天大圣崇拜证明只不过是一场"关公战秦琼"式的混战。现在可以清楚地看到:早期的孙悟空(猴行者)毫无疑问出自佛教文化——暂且不管它来自《罗摩衍那》还是来自佛典;后来的齐天大圣故事来自具有道教背景的民间大圣崇拜,本来与悟空、与取经毫无关系,直到南宋或者元代才被吸收进取经故事,大闹天宫就是他自带的故事;而最后多仁多义惩恶扬善的美猴王则源自于吴承恩儒家理念的修饰。这个过程我们表述为"阶段影响说",就等于是把关公请回蜀汉,让秦琼归属隋唐。

鉴于此,我们在描述和勾勒取经故事演进的过程议题上扩大了篇幅,并且由"阶段影响说"主导了一个基本完整、基本清晰的成书过程——当然其中还有很多细小的环节仍然如同迷雾,如同碎片,等待我们廓清和拼接。这个议题对于传统的《西游记》而言,应该有新的意义。

第四,1592年距离《西游记》故事的最后写定者吴承恩逝世只有十来年,能够将文本与作者互动研究,是《西游记》拥有的一大优势。我们需要强调,《西游记》阅读层次的提升和现实主义精神的揭示,都与吴承恩研究有双向互动的关系。

中国的古人们没有发展出系统的文学理论,不能把作者与作品之间文本、文字以及文学、文化的关系表述清楚,但有一个很简单的道理大家都明白:书,出自人的笔下,有什么样的人才有什么样的书。当《西游记》最初出现在书坊柜面上时,就有人惊异于本书的"奇幻"而追问:"谁写的?"当时没人能回答这个问题,只有应邀作序的写手陈元之回答了三个"或曰",也就是大而化之的提供了一些模糊的信息。由此,明代最后的几十年对于《西游记》虽然充满敬意,但并没有出现真正有意义的评价和研究。

清代,《西游记》被署名为"长春真人丘处机",于是"金丹证道说"这个具有哲学意义的诠释出现了。不管署名和诠释谁先谁后,两者之间存在关联是确定的。

新文学时期,胡适、鲁迅根据天启《淮安府志》的记载摸索到了吴承恩的身边。胡适在《西游记考证》中凭借一些零散的记录和他见到的吴诗,用四行文字框定了吴承恩生活的大致年代,并指出:"现在的《西游记》小说的作者是一位'放浪诗酒,复善谐剧'的大文豪作的,我们看他的诗,晓得他确有'斩鬼'的清兴,而绝无'金丹'的道心。""这部《西游记》至多不过是一部很有趣味的滑稽小说、神话小说,它并没有什么微妙的意思,它至多不过有一点爱骂人的玩世主义。"这段话一是批了"金丹证道说",二是提出了"游戏玩世说",对后世的影响都很大,而二者显然都是建立于对吴承恩的认定之上。

20世纪80年代,《西游记》研究出现了一波重要的进展,并于1982年在吴承恩的家乡江苏淮安成功召开了第一届全国性的《西游记》学术研讨会。会议在淮安召开,本身就颇能证明学界对吴承恩研究的重视;而本届研讨会上,公认最重要的成果则是苏兴先生的《吴承恩年谱》《吴承恩小传》和吴承恩故居与墓地的发现。就学术而言,这一波进展最重要的基础是吴承恩《射阳先生存稿》(经刘修业、刘怀玉先生整理以《吴承恩诗文集》面世)的发现,让我们看到了吴老先生的身形轮廓,可以与他老人家进行初步的心灵交流。现在谁也不能否认,了解吴承恩的《二郎搜山图歌》《送入我门来》《禹鼎志序》《先府宾墓志铭》《答西玄公启》等已经是深入解读《西游记》的必备功课。

鉴于现在我们已经依赖几代人的努力完成了吴承恩的文集笺校、年谱编订和传记撰写三件套,本书将用相对多的篇幅展开对吴承恩身世经历、人生道义、文学才情的介绍和探讨。很多情况下,从吴承恩的角度去看《西游记》,色彩和情调都是不一样的。

诚如开篇所言,以上四点强调了《西游记》在特定历史文化背景下形成的自身异秉,当然也就是强调近些年来《西游记》研究的新进展和我们对它价值的新发现。如果用一句话概括,就是:以唐僧取经故事自贞观开始的九百年成书过程为线索,以吴承恩个人的才华道义作指引,在文化嬗变的视角上作纵向的延伸和横向的拓展,既把《西游记》解读为一部具有鲜明艺术特色的文学作品,也把它解读为中国古代社会文化的百科全书。

这些,也许对当下的《西游记》研究和文化解读产生的影响不够醒目,但以后一定会更加光大。

最后再从我本人的角度,介绍一下本书据以奠定学术基础的特点——对新资料信息的追寻和由此而形成的学术创新。

我从事《西游记》及西游文化研究已有三十多年，自认为值得一说的成果有：2006年江苏省社科基金资助项目、中华书局2007年出版的《西游记的诞生》，2008年新华出版社出版、后来获得教育部优秀成果奖并被央视拍成专题片的《西游记的前世今生》，2010年中华书局出版的《西游记资料汇编》，2011年教育部人文社科基金资助项目、2014年中国社会科学出版社出版的《吴承恩年谱》，2012年全国高校古籍整理委员会资助项目、2014年中国社会科学出版社出版的《吴承恩集（笺校）》，2012年"历史文化名人传"全国招标中标项目、2016年作家出版社出版的《大道正果——吴承恩传》，等等。其中最值得一说也与本书关系最密切的是2012年国家社科基金资助的课题《〈西游记〉成书的田野考察与成书史研究》，这个课题已经完成，并取得了我个人认为非常重要的进展；其最终成果虽然尚未正式出版，但已经对本书的描述产生了影响，所以我认为这里需要专门介绍一下。

形成《〈西游记〉成书的田野考察与成书史研究》课题的基本认识是：如果能注意取经故事的成书线索，能看到其中的文化嬗变，能看到吴承恩研究与《西游记》文本研究互动的进展，那么我们也就应该意识到，《西游记》是"四大名著"中近三四十年来突破最为明显的一部。从客观条件上说，突破依赖的是大量新的文献资料、新的实物资料的发现：比如敦煌榆林窟取经壁画的发现，比如山西《礼节传簿》中队戏《唐僧西天取经》的发现，比如福建齐天大圣民间崇拜的发现，比如湖北荆王府《荆藩家乘》的发现，还有吴承恩诗文集《射阳先生存稿》万历刻本、唐宋金元词选集《花草新编》明抄本的发现，等等。这些发现每一项都支撑和拓展了《西游记》及西游文化研究中的一个领域。但其中难免有误传、误读、误解和含混不清的可能，比如说火焰山的故事，我认为这是一个来自西域丝绸古道的原生取经故事，《大唐三藏法师取经记》中"遍地烟焰"的描述，应当是西域地下煤田自燃的景象，为此我找到了《宋史·外国传》中关于奇台县北山煤田自燃的记载，证实了上述推测存在的可能性，但我毕竟又没有亲见亲闻，因而这个推测就缺乏作为第一手资料的确定性。为此我很希望通过一次专项的实地考察，对数十年来发现的所有与《西游记》研究有关的文献资料包括实物遗址作一次彻底的考察，亲眼一睹，亲自一辨，以证实它们在《西游记》研究中的确定意义。

课题在2012年得到国家社科基金立项支持后展开。我邀请了日本南山大学研究隋唐佛教文化卓有成就的长江晓子（梁晓虹）教授、京都大学东亚文化研究所资深敦煌文化专家高田时雄教授、清华大学社科部高淑娟教授、福建顺昌县博物馆馆长王益民研究员等担任本课题的学术顾问，由年轻敬业的中青年专业研究人员王毅、宋景轩、朱明、王旭华等组成课题组，多次出行，往返于浙江、福建、湖北和甘肃、青海、新疆等地。而为了考察的方便，我们在国内的主要行程都是自驾完成，个中既有艰难又有乐趣，其中2013年春第二次去福建顺昌，爬深山钻老林十几天时间，时值南方雨季，山区道路狭窄湿滑，行程艰辛而危险，印象深刻。而2014年沿丝绸古道西行的行程，时间长达四十天，整个行程一万五千公里，最高触及海拔五千米以上，到达了四个国境线上的山口，如现在新疆克州阿合奇县与吉尔吉斯斯坦接壤的别迭里山口，那是玄奘当年去印度出境的地方；再如新疆塔什库尔干与阿富汗接壤的明铁盖山口，那里是玄奘当年学成归国的地方。

在西域，我们沿途考察了若干取经故事发生的确切地点，比如在著名的冰川之父慕士塔格峰附近找到了玄奘归国时驮经大象溺水死亡的地方，并在甘肃高台县考察了传说中晒经台故事的发生地，证明了这个故事确实有可能是跟随玄奘法师的足迹而出现的，这有力地支持了"原生的取经故事"的概念。

在福建，我们看到了大量宋元以来形成的"齐天大圣""通天大圣"祭坛和祭祀碑，确切地显示了元杂剧《西游记》中齐天大圣家族故事的来源——这些大圣们原本在南方道教的文化土壤中自生自灭，与取经毫无关系，与信佛教的孙悟空也毫无关系。它们进入取经故事的序列，是一个非常复杂也非常重要的文化嬗变问题，对我们来说实际上也就是找到了大闹天宫故事的文化源头。

在泰国，我们看到了完整的泰国史诗《拉玛坚》壁画，壁画多达一百七十八幅，精美绝伦。这些壁画虽然晚出在18世纪，但他们完全仿照印度史诗《罗摩衍那》，故事情节与人物没有任何重要变动，甚至神猴哈奴曼的名称也没有改动,其学术价值与《罗摩衍那》没有太大的区别,泰国人直接就称呼其中的哈奴曼为"中国的孙悟空"。看了这套壁画,我们对孙悟空形象受到哈奴曼影响的问题几乎不再置疑,认定余下所要做的就是寻找文化传播的途径。

在日本,我们找到了完全是唐代风格的寺院毗沙门堂,其传承有序的历史可以证明毗沙门在唐代的巨大影响,而毗沙门的问题应当与取经故事在中唐以后的迅速扩张发展,与《大唐三藏法师取经记》文本的形成有密切关系。

在河北,我们非常意外地得到一张新近发现的《唐僧师徒取经归程图》,它出自金代墓葬,应该是我们现在见到的最早的唐僧师徒四人取经图,对于我们关于队戏《唐僧西天取经》的判断是非常好的实物支持。有了这张图,我们关于《西游记》成书的有关认识大约是可以得到升华的。

以上所述及的成果有相当部分会在本书中得到反映。有第一手的、确切可信的资料为依据,我们在学术上可以对读者做出肯定的承诺——尽管对同样的资料有的学者会有不同解释,但至少我们已经是在同一平台上讨论问题,可以避免很多无谓的麻烦;而如果有读者期待对上述资料更详细、更学术化的介绍,请等候即将整理出版的《西游记成书研究的田野考察报告》。

中州古籍出版社历史悠久,在古籍整理和小说研究领域已经形成重要影响。我与该社的关系,在 20 世纪 80 年代求学之初即已建立,今天能被称为学者,与历届社领导及张弦生先生的帮助支持密不可分。日前,有邀完成本书,在下自是欣然受命。

为体现整套丛书的编辑宗旨,本书在撰写过程中就一些技术性问题做了以下设计,特做说明:

1. 本书的内容主要通过"介绍"和"解读"两种方式展现。对各个领域的研究状况、既有成果和各家各派的观点证据,主要做概括介绍,介绍中当然会努力做到全面、准确、客观;其中已经成为过去式的从简,仍然需要继续探讨的则详说。对各种命题文化的、文学的意义,社会的、历史的影响,本书主要采用引导解读的方式,这其中会较多地体现我个人的主观见解。为便于追寻原委，我在书后附了一个主要参考文献目录，请有兴趣的读者参看。

2. 本书对所引用的文献资料，大部分做了注释，但为了使阅读更为流畅，我对一些辅助资料采用了随文注的方式。如有读者希望进一步研读，这些文献资料都可以在朱一玄、刘荫柏先生和我编撰的几种《西游记》研究资料汇编中找到原始出处。几种汇编也都列入了"参考文献目录"。有些引用文献的出处我是据当年所记的卡片著录的。其中有些那时没有录下页码，现在已很难再去查找，故只好暂缺，留待以后补入。还请读者谅解。

3. 本书采引的《西游记》系人民出版社 2013 年版《西游记整理校注本》。1949 年之后影响最大的当属人民文学出版社的《西游记》（通称人文版），该书 1955 年初版，1980 年再版，总印量以百万册计，国内大部分出版社印制的《西游记》都以此为底本。但由于当时条件的限制，这个本子的校勘质量并不尽如人意。2009 年，人民文学出版社邀请李洪甫先生重新整理，出版了第三版；同年，国家社科基金会将李先生的整理列为后期资助项目，并安排结题后的成果由人民出版社 2013 年出版。新版本以世德堂本为基础，参照其他，显然更为准确，与大家习惯的老版本虽然略有差异，但对大部分读者并无影响，而凡构成学术问题的地方，文中都会一一说明。另外，也参考了中华书局 2014 年出版的李天飞校注本。

蔡铁鹰

2018 年 5 月

于淮阴师范学院文化创意产业研究中心

目 录

第一章 《西游记》作者论争的澄清 | 1

一 从古代小说的发展演变看作者之争的起因 …………… 7
二 关于《西游记》作者问题的几种代表观点 …………… 11
三 作者争议中方言研究的失误与价值 …………………… 30
四 综合评判才是确认作者身份的正途 …………………… 38

第二章 《西游记》作者吴承恩研究 | 49

一 地方史志文献著录及研究概述 ………………………… 51
二 吴承恩的生活背景与吴家家世 ………………………… 64
三 吴承恩的科举生涯与仕途坎坷 ………………………… 77
四 吴承恩的文学情怀与人生道义 ………………………… 103

第三章 《西游记》历史传承与主题 | 113

一 唐僧西天取经的历史依据 ……………………………… 114
二 追寻理想是基本文化传承 ……………………………… 124

三　初心、主题与主题的多样化 ………………………………………… 127

第四章　《西游记》成书的主要节点 | 143

旧说折辩："《大唐三藏法师取经记》系南宋话本"是一种误认 …… 145
第一阶段：以《大唐西域记》为代表的原生取经故事素材 ………… 152
第二阶段：早期结集的取经故事——以佛门的俗讲为样章 ………… 159
第三阶段：宋金世俗的取经故事——以民间的队戏为象征 ………… 164
第四阶段：元代多形态取经故事——图册·杂剧·平话 …………… 176

第五章　《西游记》故事的多元背景 | 195

火焰山：西域地理特征直接进入情节 …………………………………… 197
金毛鼠：西域宗教风情衍生出的故事 …………………………………… 201
李天王：代表不同宗教关系的联系人 …………………………………… 206
车迟国：一连串的西域政治宗教话题 …………………………………… 208
玄武门：一种另类历史价值观的体现 …………………………………… 211

第六章　《西游记》人物的文化原型 | 217

一　唐三藏形象的文化溯源 ……………………………………………… 218
二　孙悟空形象的文化溯源·各家之说 ………………………………… 227
三　孙悟空形象的文化溯源·从佛教开始 ……………………………… 243
四　孙悟空形象的文化溯源·受道教浸润 ……………………………… 250
五　孙悟空形象的文化溯源·儒学中收官 ……………………………… 254
六　沙悟净形象的文化溯源 ……………………………………………… 258

七　猪八戒形象的文化溯源 ……………………………………… 261

第七章　《西游记》的现实意义 | 267

一　吴承恩下意识中展现的明代社会面貌 ……………………… 270
二　吴承恩主观刻意描述的明代社会痼疾 ……………………… 288

第八章　《西游记》的文学艺术评析 | 303

一　《西游记》的早期文学批评 ………………………………… 304
二　《西游记》的神魔二元象征 ………………………………… 319
三　《西游记》的篇章结构艺术 ………………………………… 324
四　《西游记》的形象塑造艺术 ………………………………… 339
五　《西游记》的幽默讽刺艺术 ………………………………… 354

第九章　《西游记》的版本及其续书 | 361

一　早期的社会文化影响 ………………………………………… 362
二　明清版本及传播简介 ………………………………………… 366
三　包含特殊意义的版本 ………………………………………… 371
四　承袭自《西游记》的诸多续书 ……………………………… 374

第十章　《西游记》的多种形式传播 | 381

一　《西游记》的戏剧形式传播 ………………………………… 383
二　《西游记》的寺庙壁画传播 ………………………………… 388

三　《西游记》的影视形式传播 …………………………………… 390
四　《西游记》的舞台剧形式传播 ………………………………… 395
五　《西游记》在海外的文本传播 ………………………………… 398

主要参考文献 | 403

第一章 《西游记》作者论争的澄清

明万历二十年（1592），南京一个叫金陵世德堂的书坊开始发售一种新的唐僧取经故事书《西游记》。此书书名前冠有一行"新刻出像官板大字西游记"字样，全书有一百回之巨，取宋人邵雍《清夜吟》诗"月到天心处，风来水面时。一般清意味，料得少人知"的二十字分卷，每卷五回，计二十卷——也就是第一卷包括第一至第五回，称"月字卷"；第二卷包括第六至第十回，称"到字卷"，其余依此类推，这是古人图书分册的常用格式。（图1）这样的篇幅在当时非常惊人，市面上也只有少数几种通俗小说如《三国志通俗演义》《水浒传》可以媲美。

原书没有标注作者，只是在标题之后，刻有"华阳洞天主人校"一行。如此行文，当时算是司空见惯，一般说来，无论读者还是书商，都不会对作者的身份认真计较，也算社会风气使然。但书坊主人还是做了一点交代，即在书的正文前，有一篇"秣陵陈元之"应邀所作的《西游记序》，其中提到："《西游》

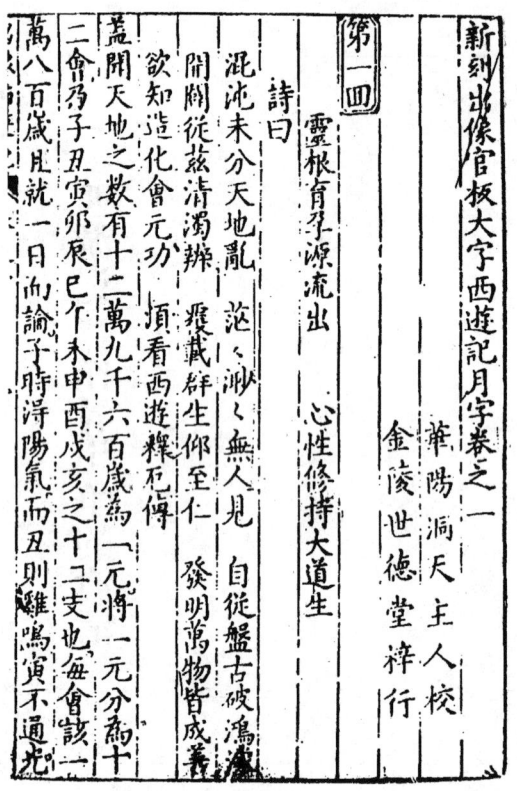

图 1 明万历刻本《西游记》(金陵世德堂本)首页

一书,不知其何人所为。或曰'出今天潢何侯王之国',或曰'出八公之徒',或曰'出王自制'"。① 由于这几句话以后会反复说到,也由于有些研究者还会误读,因此这里大致翻译一下:

  《西游记》这本书,不知道作者是谁,但听说出自当今皇家某位侯王的王府。有人说是王爷的清客幕僚们所为,也有人说是王爷自己所作。

习惯上研究者们称这段话为"三个或曰"。这三个"或曰"对于作者的交代,在语气中似乎还属于风闻,但话中必定有因,已经弥足珍贵。

---

① 陈元之. 西游记序 [M] //蔡铁鹰. 西游记资料汇编. 北京:中华书局,2010:577.

在《西游记》面世的最初几十年间，作者的缺失并没成为问题。明代其他出现在市面上的《西游记》，均属世德堂系统，因而各家翻刻者也都没有考虑作者的问题，一如既往地予以忽略，至多就是循世德堂旧例，称"华阳洞天主人校"。但到了清初，一位道士别出心裁地将自己翻刻的《西游记》改名为《西游证道书》，又想当然地臆造出一段发现"古本"的故事，为《西游记》找来了一位名头很大的道士"长春真人丘处机"为作者。① 由于清代并无系统的属于文学范畴的小说研究，且翻刻《西游记》者多为道士，都莫名其妙地喜欢从《西游记》的文字情节中寻找修道方式的佐证，因此除少数学者之外，整个清代都奉"长春真人""长春祖师"为《西游记》的作者。

20世纪20年代，在"五四"新文化运动的背景下，鲁迅与胡适等开始用一种比较西化的模式研究中国通俗小说，作者成为解读作品的重要参考因素和重要研究列项，因此当时对于《三国演义》《水浒传》《西游记》乃至《红楼梦》这类小说，鲁迅和胡适等都做了初步的作者甄别。对于他们那样的学者，把《西游记》植名于丘处机名下显然是一个很容易被识别的错误。胡适在1923年完成的《西游记考证》中称：

> 《西游记》不是元朝的长春真人丘处机作的。元太祖西征时，曾遣使召丘处机赴军中，处机应命而去，经过一万余里，走了四年，始到军前。当时有一个李志常记载丘处机西行的经历，作成《西游记》二卷。此书乃是一部地理学上的重要材料，并非小说。②

鲁迅则更在同时期完成的《中国小说史略》中直斥所谓长春真人之说为"不根

---

① 汪澹漪刻西游证道书所附虞集.西游记序[M].黄太鸿.西游证道书跋[M]//蔡铁鹰.西游记资料汇编.北京：中华书局，2010：596—597.

② 胡适.西游记考证[M]//梅新林，崔小静.20世纪西游记研究.北京：文化艺术出版社，2008：3.

之谈"。① 他们都把目光聚焦到了《淮安府志》曾经记载并经关心乡邦文献的清代学者阮葵生、吴玉搢、丁晏等人考订证实的"淮安嘉靖中岁贡生吴承恩"身上。稍后董作宾、郑振铎、赵景深等前辈学者也开始了对吴承恩的研究,赵景深还于1936年首次撰成《西游记作者吴承恩年谱》。② 至此,原本在清代学人笔下尚且模糊的吴承恩的轮廓逐渐被勾勒出来。

再以后的近百年间,"吴承恩说"占据主流,有关其生平、家世、诗文、道义的资料不断被搜寻出来,其作为一位长期被埋没的伟大文学家的轮廓逐渐清晰,其间数百个版次的各类出版物,基本上也都认可了吴承恩的著作权。但仍然不断有质疑的声音出现,甚至在20世纪八九十年代还爆发过一次规模甚大、卷入者甚多的争辩,其涉及范围之广,议题之多;所涉人员之众多,阵营之明确,都足以涵括前后。焦点是1983年章培恒先生集怀疑者观点之大成,撰文提出若干意见,大要认为清人黄虞稷《千顷堂书目》曾经将《西游记》归入地理类,因而《淮安府志》及其他明清史料著录的吴承恩《西游记》,并不能指实为是一本通俗小说,而很可能属于地理游记;《西游记》中出现了吴方言词;写定通俗小说亦即百回本《西游记》的也许另有其人。③ 这一说虽然出现在章先生的笔下,但却代表了一批海内外学者长期郁结在心中的疑虑,所以一经提出,即刻便引起广泛关注;其后,有附议,也有反诘,争论陆续延续十余年,逐步

---

① 鲁迅. 中国小说史略·明之神魔小说(中)[M]//鲁迅.《鲁迅全集》第九卷. 北京:人民文学出版社,1981:161.

② 赵景深. 西游记作者吴承恩年谱[M]//赵景深. 中国小说丛考. 济南:齐鲁书社,1983:251.

③ 章培恒. 百回本西游记是否吴承恩所作[J]. 社会科学战线,1983(4);章培恒. 再论百回本西游记是否吴承恩所作[J]. 复旦学报,1986(1).

形成了学术界"挺吴"和"疑吴""否吴"几种鲜明的观点。①

在不断的质疑与应答中,吴承恩与《西游记》的研究得到了长足进展。数十年后回首审视,我认为关于《西游记》作者问题的争议,事实上在20世纪末的大讨论之后已经结束,我于此作些回顾,似不无益处。

先录"挺吴"和"疑吴""否吴"的主要观点如下:②

作为"挺吴"的正方,鲁迅等认定吴承恩具有作者资格,主要依据于《淮安府志》的记载。天启《淮安府志》卷一九"艺文志·一"著录:

吴承恩　　射阳集四册□卷　　春秋列传序　　西游记

在卷一六"人物志·二·近代文苑"中还有一条相关著录,没有直接提到《西游记》,但说到吴承恩"复善谐剧,所著杂记几种,名震一时",被认为是相关

---

① "疑吴""否吴"的观点主要体现在:章培恒. 百回本《西游记》是否吴承恩所作 [J]. 社会科学战线, 1983 (4);章培恒. 再论百回本《西游记》是否吴承恩所作 [J]. 复旦学报, 1986 (1);杨秉祺. 章回小说西游记疑非吴承恩所作 [J]. 内蒙古师大学报, 1985 (2);李安纲. 吴承恩不是西游记的作者 [J]. 山西大学学报, 1995 (3);再论吴承恩不是西游记的作者 [J]. 唐都学刊, 2004 (4) 等。挺吴的主要观点体现在:苏兴. 也谈百回本《西游记》是否为吴承恩所作 [J]. 社会科学战线. 1985 (1);苏兴. 吴承恩年谱 [M]. 北京:人民文学出版社, 1980;苏兴. 吴承恩小传 [M]. 天津:百花文艺出版社, 1981;谢巍. 百回本西游记作者研究 [J]. 中华文史论丛, 1985 (4);谢巍. 百回本西游记作者又研究 [M]. 淮安市"西游记研究会",西游记研究, 1988:2;蔡铁鹰. 关于百回本西游记作者之争的思考与辩证 [J]. 明清小说研究, 1990 (3—4);刘怀玉及淮阴师院颜景常等多位先生的方言研究;刘振农. "八公之徒"斯人考 [J]. 中国人民警官大学学报, 1995 (2);刘振农. 再论西游记的作者与性质 [J]. 中国人民警官大学学报, 1997 (1);蔡铁鹰. 西游记作者确为吴承恩辨 [J]. 晋阳学刊, 1997 (2);杨俊. 关于百回本《西游记》作者研究回顾及我见(上)(下)[J]. 淮海工学院学报(社科版), 2005 (4);2006 (1) 等。按:为简洁起见,以下引用时会对双方的主要观点进行概括,如有必要则介绍观点持有人姓名,其余则不再一一详注。

② 以下所引基本资料、古籍资料除特别注出外,均可见于蔡铁鹰编. 西游记资料汇编 [M]. 北京:中华书局, 2013. 特此说明,不再另行出注。

辅证：

> 吴承恩，性敏而多慧，博极群书，为诗文下笔立成，清雅流丽，有秦少游之风。复善谐剧，所著杂记几种，名震一时。数奇，竟以明经授县贰，未久，耻折腰，遂拂袖而归，放浪诗酒，卒。有文集存于家，丘少司徒汇而刻之。

更多大致相同的辅证则在于清代以来一批淮籍学者的著录。进入现代以来，主要进展在于：

1. 由于吴承恩《射阳先生存稿》的发现，研究者以之与《西游记》做文学全要素的对照，证明了这位老人家具备作为《西游记》作者的文学才华和心劲。

2. 由于吴承恩墓地的发现，研究者证实了吴承恩确实具有"荆府纪善"的职务。

3. 由于《荆藩家乘》的发现和在《西游记》文本中找到了他在荆王府生活的痕迹，吴承恩王府属员的身份和任职经历已无疑问。

4. 由于展开了相当规模的方言调查，研究者已经能够以科学的方言研究成果证实《西游记》诞生在江淮方言区，除吴承恩之外目前尚未发现同等条件的竞争者。

5. 由于研究领域的拓开，研究者从《西游记》中发掘出了若干明代甚至是嘉靖朝社会生活的信息，以排他性限定把作者固定在了只有吴承恩才具备的条件范围内。

"疑吴""否吴"主要也是围绕天启《淮安府志》的著录展开。以前述章培恒先生的文章为核心，归纳起来主要有以下几条：

1. 《淮安府志》在著录"吴承恩《西游记》"时，并未注明这里的《西游记》多少卷多少回，是一部什么性质的著作，所以便有同名异书的可能，《西游记》未必就是通俗小说。

2. 清初黄虞稷在《千顷堂书目》中将"吴承恩《西游记》"纳入"舆地类"，表明吴承恩的《西游记》很可能是地理著作，与小说《西游记》不是同一回事。

3. 旧例方志一般不录通俗小说，这也间接说明吴承恩的《西游记》可能不是通俗小说。

4. 吴承恩"所著杂记几种，名震一时"，但这"杂记"也不一定就是通俗小说，将通俗小说称为"杂记"少见。

5.《西游记》出自王府确有可能，但王府应该是鲁王府或者周王府。

此外，还有"吴承恩不懂道教修炼，所以不可能是《西游记》的作者"；"《西游记》使用了某某方言，所以应当是某某地方人"；"天启《淮安府志》的'西游记'可能是'西湖记'之误"，等等。

在谁有资格成为作者候选人问题上，有李春芳、李清、唐太史、吴语区人、山西人、湖南人各说，甚至还有研究者坚持"丘道长说"。

一　从古代小说的发展演变看作者之争的起因

中国古代通俗小说不署作者姓名的现象普遍存在，在清中叶之前尤其如此。这个问题，除了各家文学史、小说史都会谈到的小说源于"稗官野史""残丛小语"，难登大雅之堂之类的原因之外，还可以从以下两个方面求解。

中国通俗小说的生成形态使然

中国小说的生成及形态比较复杂，早前各种文学史、小说史的描述往往说，小说是沿袭了魏晋笔记——唐人传奇——宋代说话——元代讲史——明清章回和短篇话本的演进脉络。但现在看来这是个有严重问题的描述。中国的文言小说和白话小说，其实是两种不同的小说，它们各自具有独立的走向，文言的唐人传奇和使用白话讲述的宋代话本之间，基本上没有艺术上的血缘关系。这个问题实在是中国文学史和小说史研究中的一个重大问题，我曾提出对中国小说"分体"研究——也就是分列"文言""白话"单独作为体系研究的想法，读者

有兴趣可以参看有关著述①,这里将有关白话小说的要点加以强调:

白话小说的初步形成可以追溯到隋唐甚至更早一些,当时传统的俳优讲故事受到了佛教变文的极大影响,开始把佛教宣讲通俗故事以边讲边演的形式用来演说世俗历史事件和大众日常生活,形成了最初的被叫作"说话"的演艺形式和被称为"唐话本"的故事,如《韩擒虎话本》《庐山远公话》和《唐太宗入冥记》,等等。这样的故事和文人所作的传奇如《莺莺传》《虬髯客传》之类产生于完全不同的文化土壤,用完全不同的语言形式加以表述,体现的也是完全不同的社会情趣,因此完全没有演进承续关系。这个观点现在已经被较多地接受,在新的文学史中可以见到详细的叙述。强调这一点,是为了强调通俗小说从一开始就属于大众传播,作者难以确认的特征。

到了宋代,说话这种演艺形式得到了极大的发展,其首要原因在于城市经济的发达,形成了庞大的市民阶层。市民没有财力蓄养家伎、乐工,他们需要的是通俗的、方便的公共娱乐,这就促使一种被叫作勾栏瓦舍的市民娱乐场所大量涌现,当时的京城"大小勾栏五十余座,内中瓦子、莲花棚、牡丹棚、里瓦子、夜叉棚、象棚最大,可容数千人";又说:"大抵诸酒肆瓦市,不以风雨寒暑,白昼通夜,骈阗如此。"② 瓦舍勾栏里有一大宗表演项目,就是"说话",也就是讲故事。艺人在瓦舍里有自己的勾栏,长期驻守,有的甚至是世代相传,还分出专门的以题材选择为特色的"家数",如《西湖老人繁胜录》所记南宋杭州勾栏瓦舍各种技艺表演情况云:"说经:长啸和尚、彭道安、陆妙慧、陆妙净;小说:蔡和、李公佐;女流:史惠美。小张四郎,一世只在北瓦,占一座

---

① 蔡铁鹰.论唐代小说发展的文白两途[J]//江苏社会科学,2005(4);蔡铁鹰.分体中国小说史论纲[M].北京:中国社会科学出版社,2010;杨颖,蔡铁鹰.分体中国小说史教程[M].北京:中国文史出版社,2014.

② 孟元老.东京梦华录·卷二·东角楼街巷[M]//东京梦华录·都城纪胜·西湖老人繁胜录·梦粱录·武林旧事.北京:中国商业出版社,1982:12.

勾栏说话,不曾去别瓦作场,人叫作小张四郎。"① 勾栏瓦舍产生了大量的口头故事。这些故事以文字的形式积淀下来就是最初的话本小说。当时最受欢迎的说话家数"讲史"和"小说"发展最快,到了元代,文字的话本故事已经具有了相当的规模。大致说来,"讲史"衍生出了我们现在可以见到的全相平话《新编五代史平话》《武王伐纣平话》《秦并六国平话》《前汉书平话》《三国志平话》《大宋宣和遗事》等;"小说"的精华则保存在《清平山堂话本》一类集子里。它们就是明清以来的长篇章回和拟话本短篇的前身。

在大众娱乐"说话"中形成的故事,通常都是由一言一语、丝丝缕缕的片断在长期的流传过程中汇集而成,斩头去尾、移花接木是艺人惯用的手法,这和唐代文言传奇的作者清清楚楚记录在案的情况不同;其中贯穿的主旨,也并不代表作者的思想意识,而只能看作是一种社会意识,至多算是一种比较时髦的社会思潮,这样的作品显然是无法追究作者的。这就是中国通俗小说生成时所特有的社会环境和文化背景,其对作者的漠然也算得上根深蒂固了。

中国社会结构的层次划分使然

有个我们熟悉的名词叫"三教九流",大意指社会人群是分类分层的;在分类分层的基础上再延伸就是"物以类聚,人以群分",每个人都会自觉地或者不由自主地为自己在社会层次中定位;定位不准或者力所不及导致的飘移就形成人生沉浮。

中国社会的上层无疑是仕宦。这是一种官本位的社会层面,进入仕途是提高社会地位的最佳线路。秦汉之前,进入仕宦的途径主要是血缘,贫寒子弟即使学识深厚也只能走到士的阶层;魏晋实行九品中正制,带有选拔的意味,但其中家世仍然是重要的因素;隋唐之后,进化出科举选拔制度,至少在形式上保证了所有的人都能公平地选择自己的社会阶层,在理论上保证了所有的人

---

① 西湖老人. 西湖老人繁胜录·瓦市[M]//东京梦华录·都城纪胜·西湖老人繁胜录·梦粱录·武林旧事. 北京:中国商业出版社,1982:105.

能由贫寒走向社会上层。因此这个制度为社会所接受，一直延伸到现代。科举之路的实行，当然需要各种考核制度加以保证。考核的内容是儒家经典，就是通常说的"四书五经"；方法就是繁杂的科场考试，读书人必须经由童子试入学、县府学试、省级乡试、朝廷会考等一系列考核，才能最终走上仕途，成为上层社会的一员。

这种制度对社会的影响无与伦比，极其深刻。试图走入上流社会，必须首先成为一位读书人，然后头悬梁、锥刺股地苦读十年或者更长时间，再通过上述的一系列考核，中了进士，才算走完途程。一般来说，三十岁前中进士的，算是神童一级；四十岁前走完过程的，算是才俊；五六十岁迟到的，也还值得祝贺，大量的所谓读书人要被各级考试滞留，然后在他滞留的层级里奋斗挣扎。鉴于此，在科举制度实行的时代，通过考试就是关乎读书人命运——当然也包括他们的家庭、家族——最高层级的大事，凡与此无关者，皆不得登堂入室。这不是个人行为，而是整个社会的共识和行为准则。我们现在往往仰慕古代诗人、词人的才名，羡慕他们当年的风光。但其实我们接受的是经过过滤的历史，在科举制度下，所有的才艺张扬——写诗、填词、工书、善画，都有一个前提，就是科举的成功。成功后的才艺张扬会得到很多的赞扬和羡慕，是才子、俊才、风流的必需品；而如果不能在科举上取得成功，那么才艺就是穷愁、落拓、放任、浪荡的代名词——在《儒林外史》作者吴敬梓身上，这个词就是"为子弟戒"。因此，在没有完成科举的途程之前，一切的才艺都不会得到鼓励。何况在所有为人所不屑的才艺中，最不能容忍的就是看小说、写小说；又何况在小说中，文言小说似乎等级还要高一些，通俗的白话小说简直就是"下九流"的代名词。

但是不能否认社会中有天生才情，也不能否认文学的社会意义，因此总有人立志要用文学的手段反映社会、改造社会，在承受科举压力的同时却心有旁骛，冒天下之大不韪，去探索文学这件真的非常崇高的事业，比如吴承恩、曹雪芹、吴敬梓、蒲松龄之流。这些人对文学的挚爱不必怀疑，来自天分，不可压抑，但他们当然也明白这会有多大的社会压力，因此一定会用一种简单而实用的方式回避：匿名。

这其实是当时社会环境下文学大师们面对矛盾和压力的无奈之举。

二　关于《西游记》作者问题的几种代表观点

在几代人的争论中，出现的各种观点林林总总，涉及的方面也是林林总总。这里我们设定以天启《淮安府志》的著录为主线，以各种反对的理由对其质证；如果所有反对的理由都不具备足够的合理性，从任何角度都不能动摇主线的地位，那么吴承恩就是可信可靠的作者。

"道长说"的长期影响与历史真相

世德堂本《西游记》诞生不久，市面上就有翻刻本出现，在明代最后的四五十年间，翻刻本大约有六七种之多，最著名的就是《李卓吾先生批评西游记》，这些我们在后面会有详述。

清代初年，又一种《西游记》翻刻本面世。这个翻刻本本身也属世德堂本系统，除了新增的"唐僧出身"即"江流儿"故事之外，文字没有重大区别。比较新奇的是这个翻刻本做了全新的包装。首先书名被改为《西游证道书》，卷首有一篇元人虞集的《序》，称本书的作者为"国初丘长春"；又附录有《丘长春真君传》和《玄奘取经事迹》；卷末有简短的《跋》，介绍了本书的依据是一个被他们发现的"大略堂西游古本"。这个版本的翻刻者署名"钟山黄太鸿笑苍子""西陵汪象旭澹漪子"，黄太鸿的跋文称：

> 笑苍子与澹漪子订交有年，未尝共事笔墨也。单于维夏，始过蜩寄，出大略堂《西游》古本，属其评正。

黄太鸿和汪象旭在所谓的"笺评"中提出《西游记》的主旨是"仙佛同源"，其中暗藏着道教金丹派修行的心法，故为"证道"，等等，开启了《西游记》批评中的一大流派，对后来者影响很大。但这个问题要留待以后介绍，现在重要的是辨明这个"（丘长春）道长说"的真伪。

单纯就上述文字材料看,"道长说"似乎已经证据齐全,看不出有什么问题:首先,《玄奘取经事迹》和《丘长春真君传》均为文献过录,可以证明玄奘的历史身份和丘处机确实写过《西游记》这本书;其次,所称"大略堂西游古本",虽然没有更多的证明,但对其真实性也只能是怀疑,难以断然否定;再次,虞集的《序》虽然在其本人的集子中没有踪迹,然而看上去也是元人口吻,文通字顺,没有明显的违碍。但关键是,虽然丘处机确实与一本"西游记"有关,但那叫《长春真人西游记》,是一部典型的地理游记,与唐僧取经毫无关联,因此说丘处机与通俗小说《西游记》有关,纯属故意混淆黑白是非。把这个问题看清楚,就明白"大略堂西游古本"和虞集的《序》均属伪造。

这是黄太鸿和汪象旭精心构建的一个移花接木、张冠李戴的谎言,后来被称为"道长说"。"道长说"的谎言断断续续影响了后世三百多年,几乎弄假成真。一个最直接的现象就是,自《西游证道书》之后,清代几乎所有的《西游记》刻本——不管是否接受"证道"的说辞,哪怕是反对者,也都无可奈何地把作者署为"长春真人丘处机"。

乾隆年间,读书仔细的纪晓岚似乎发现了问题,他在《阅微草堂笔记·如是我闻》中说:

> 其中祭赛国之锦衣卫,朱紫国之司礼监,灭法国之东城兵马司,唐太宗之大学士、翰林院、中书科,皆同明制……然则《西游记》为明人依托无疑也。

他的怀疑应该说已经非常直观,历朝官制的变化都有据可查,宋金时人丘处机的书里不可能出现明代的官名。更为较真的是另一位学者钱大昕,他怀疑丘处机的《长春真人西游记》和小说《西游记》系误植之后,特意跑到苏州玄妙观,从《道藏》中找出了《长春真人西游记》,结果非常清楚地证明了两者根本无关,在《潜研堂笔记》的卷二九中他记录了这件事。清中期以后,与纪晓岚、钱大昕相呼应,陆续有淮籍学者如阮葵生《茶余客话》、丁晏《石亭纪事续编》等提到天启《淮安府志》以及记录了《西游记》的作者实为淮安人吴承恩。然而这种文人间纯学术的意见,传播范围有限,影响力无从谈起,因而市面上的《西游记》仍归之于长春真人丘处机名下。直到进入20世纪后，鲁迅、胡适等提出吴承恩为作者之后，关于长春真人的"道长说"才渐行渐远——但没有绝迹。时至今日，《西游记》研究中出于寡闻、沿袭旧说者，甚至有意含糊其辞拿长春真人说事者，都还时常可见。

避免"道长说"影响复炽，最好的办法就是说清楚丘道长及其《长春真人西游记》的来龙去脉。

唐代以后，道教的颓势渐成，北宋的灭亡，对道教又是一个沉重打击，道教在北方基本上土崩瓦解。金人入主中原后不久，新道教在民间应运而生，代表人物就是因金庸《射雕英雄传》而家喻户晓的王重阳。王重阳原名王嚞，号重阳子，咸阳（今陕西咸阳市东北）人。少年时既习武又修文，后因文武二道均一事无成，于四十七岁时加入道教。王重阳是个很有独立思考能力的人，入道后他就以振兴道教为己任，苦苦思索如何走出一条变革道教的道路。其方法具体地说就是首先放弃与佛教的直接对抗，号召三教合一；其次是降低道教传统的符箓、役鬼之术的中心地位，转而提出"修道就是修心"，强调清修、内修；再次就是转而学习佛教的教规、教义和儒教的一些学说以完善自己，比如改变了道教一贯没有严格戒律的状况，要求道徒生活应简朴不可腐败等。一个新的具有较为完整教规、教义的道教教派就此诞生了，王重阳称之为"全真道"。后来王重阳带着他的全真道教义外出云游，在山东先后收了七个在当地有一定影响的人物马钰、谭处端、刘处玄、丘处机、孙不二、王处一、郝大通为弟子，称"全真七子"，全真道就此以山东为中心发展起来。

王重阳逝世后，弟子们先后掌道，全真道的规模继续扩大，最大的发展出现在丘处机掌教时期。丘处机（1148—1227），字通密，道号长春子，登州栖霞（今属山东）人。丘处机掌道时，正值金元交替时期，错综复杂的政治形势，给丘处机出了一道不小的难题：当时拥有大量道众的全真道，成为一支不可小觑的力量，山东金人的统治已经比较薄弱，他们非常希望借助这股力量稳定自己的统治；处于南方的宋人似乎想从这里得到北伐的后援内应；而北方的元人似乎也早已打好了南下的算盘，山东是其伸手可及的范围及南下必经之地，当然希望有全真道的配合。因此，全真道事实上成了三股政治力量争夺的筹码，三方先后都派人联络丘处机，希望他能加入己方阵营。丘处机看到了金廷的不稳定和南宋的无所作为，找借口回绝了这两方面的邀请，并出于道教生存的考虑决定接受元太祖成吉思汗让他去京城见面的征召，投奔了元人。这就是丘处机西行的远背景，而道教对外的解释则是丘真人要去重复一个古老而伟大的命题："化胡"。

金兴定四年（1220）春，丘处机以七十二岁的高龄，带着他挑选的十八个弟子上路，前往当时成吉思汗所在的乃蛮行宫（在今内蒙古自治区）应招。由于有元人军队护送，丘处机一行出了山东界直到燕京（今北京市）都比较顺利。但到了燕京才知道，成吉思汗已率领远征军继续向西开进，留言要丘处机跟进。此时箭在弦上，不得不发，去留之事已由不得丘处机决定，于是丘处机一行于兴定五年（1221）春上路继续西行，穿过蒙古大草原和沙漠，行程万里，终于在今阿富汗境内追上成吉思汗的大军。兴定六年（1222）秋，成吉思汗三次召见丘处机，询问长生之事。丘处机这次一反传统道教装神弄鬼的习惯，老老实实答以别无他术，唯清静无为、清心寡欲而已，并劝成吉思汗节欲养身以介眉寿；成吉思汗很是高兴，丘处机趁机又以敬天、爱民、止杀进言，希望成吉思汗能内固精神，外修阴德，体恤民间疾苦，保护黎民生命。应该说，丘处机确实在履行他"化胡"的使命，而他带去的这一套实际上是儒家的治国要义，确实也让成吉思汗开了眼界。他当即为丘处机赐名"神仙"，表示神仙说的虽然都很难做到，但他一定尽力去做。丘处机的随行弟子中，有一位叫李志常，对这次西行做了详细的记录，核心部分则是西行途中的所见所闻，主要以行程记录和丘处机诗歌的形式出现，书成，冠名《长春真人西游记》。我们现在一般都说丘处机作《长春真人西游记》，但其实真正的作者是他的弟子李志常。《长春真人西游记》问世不久，佛道的矛盾开始激化，尤其是元人正式入主中原之后，对佛道两教的态度发生变化，道教受到了沉重打击，此书被冷落自是题中应有之义；后来虽然被收进《道藏》，但流传似乎也不广泛，极少有人见到，这就给汪象旭和黄太鸿的编造留下了空间——之所以说他们是故意作伪而非无意中为之，证据就是那篇冒名元人虞集的《序》，这篇《序》的伪造，可以证明汪、黄二人系蓄意所谋。

最后说一句，《长春真人西游记》虽然与唐僧取经无关，影响也不如《西游记》广泛，但这部书文字流畅，资料翔实，自有价值，今天已被视为研究中亚史地和中西交通史的重要资料，学界常将其和玄奘的《大唐西域记》相媲美。

"疑吴说"的主要疑点及假说本质

我们把近百年来吴承恩的支持者称为"挺吴"派，把质疑者称为"疑吴"派、"否吴"派。这样划分并无褒贬倾向，两者之间的争议是学术之辩，其所执的观点与证据都应该尊重；但基于学术的严肃和严谨，正误评判却是不可避免的。

诗人王维有描绘早春的诗句云"桃李虽未开，荑萼满芳枝"，我想这可以借来形容《西游记》作者问题的目前研究状况——我认为，总体上看，经过近百年来几代人尤其是经过20世纪80年代的大规模讨论，围绕《西游记》作者的主要质疑已经得到澄清，吴承恩具有作者身份的证据链已经形成，作品与时代与社会互通解读的基本条件也已经具备，可以预见，《西游记》作为神话魔幻文学的顶级样本，"西游文化"作为中国古代社会的百科全书，吴承恩作为文学巨匠的绝代风标，都会在不久迎来二月阳春三月芳菲的好时光。而"疑吴说"种种假想的成分太重。假想当然可以成为一种学术期待，可以依据合理的逻辑关系暂时补充证据链上的某些缺失环节，但如果只依靠一系列假想构成证据链那就是危险的，假想的成分越多，偶然性越大，其说服力也就越差，就变成了臆想。

以下我们依据学理，结合种种质疑来介绍上述判断的依据。

质疑一：《淮安府志》的"吴承恩《西游记》"可能是一种同名异书，与百回本《西游记》不是一回事。

这是一种纯粹假想。从证据完整的角度看，《淮安府志》的著录的确不够尽善尽美，所以同名异书在理论上有存在的可能——但仅仅是在理论上存在，并不能构成实际的反驳。

首先，要弄清是否属于异书，最有效的方法就是找出异书或有关资料。《长春真人西游记》与百回本曾有纠缠，钱大昕从《道藏》中找出丘处机的异书使两书互见，问题立即就解决了。现在对《淮安府志》"吴承恩《西游记》"的疑义，也仍须如法炮制。法律上有个原则叫谁主张谁举证，在学术上也应该适用。但疑吴者目前却还没有掌握任何一点《淮安府志》"吴承恩《西游记》"为"异书"的证据，"异书说"显然是纯粹的假想。

其次，要弄清是否属于异书，另一个有效的方法就是找出小说《西游记》的"真正作者"，这样也可以反证《淮安府志》的"吴承恩《西游记》"确实是"异书"。而这点疑吴者同样没有做到，至少到目前，还没有另一位被有效地提名作为小说《西游记》作者的候选人。

再次，相信吴承恩是《西游记》的最后写定者，并非仅仅是由于有"吴承恩《西游记》"这几个字。从最广义的证据体系上说，把《西游记》安插在吴承恩的头上有时代的合理性和文学的必然性，如《西游记》自身所携带的许多信息表明，它的诞生应当在嘉靖之后、万历之前，而在这个时间段里，吴承恩是一个最合适的人选，而且至今还是唯一的；又例如，《西游记》跻身名著——不管是中国的还是世界的，都绝非偶然，而就文学才华而言，迄今也没有出现斗胆参加 PK 的人选。

不在这些问题上提出证据，我想不出来怎么可以理直气壮地否定《淮安府志》的记录。

质疑二：《淮安府志》的"吴承恩《西游记》"只是一条孤证，从学理上说，孤证不立。

这是误解。如前所述，在《淮安府志》卷一六"人物志·二·近代文苑"著录里，有"性敏而多慧，博极群书，为诗文下笔立成""复善谐剧，所著杂记几种，名震一时"这样相应的描述，它和"淮贤文目"的"吴承恩《西游记》"相辅相成，互为支撑说明。但这一点往往被选择性地忘掉，是学术上不诚实的一种表现。试问：如果《西游记》不是通俗小说，那么吴承恩所擅长的

"谐剧"是什么？他所著的、名震一时的"杂记"又是什么？对一本地理游记的作者，府志用"性敏而多慧，博极群书，为诗文下笔立成""复善谐剧，所著杂记几种，名震一时"来描述，不是故意和我们后人开玩笑、打哑谜吧？

其实这是一个仔细想想就能明白的问题：要知道，修订府志是地方政府的一件大事，数十年的太平盛世才可能营造出修订府志的环境和条件；修志要成立一个由知府领衔，本府府学教授、致仕绅士、知名乡耆等组成的编撰领导小组，由著名文人和府学生员等之类的文人执笔，对所有的条目都要进行仔细筛选，删去哪些，订正哪些，增补哪些，都要经过仔细斟酌，必须服众。而且，修订的府志，需要调整的条目尤其是增加的条目并不多，哪能出现没有着落的虚耗条文？哪能出现没有着落的错误登录？

再请注意，天启《淮安府志》中吴承恩的生平收在"人物志"下单独的一个子目"近代文苑"里。查现在可见的，时代在前的正德府志、万历府志，在后的乾隆府志、光绪府志，全部没有这个所谓的"近代文苑"，显见这是一个非常特殊的安排。更奇怪的是，这个"近代文苑"只收录了两个人物，除吴承恩之外，还有一位是一个"英敏博学，议论风生"，"当路每奇其才"但"不耐举子业"的郡诸生，大约也是吴承恩一路人物；他"晚承本府辑神、光两朝《淮郡实录》，卒"，也即是说，在修志前不久还以诸生身份在府衙服务，但不幸于近期过世。府志如此郑重其事地专设一个栏目——注意，不仅仅是条目，是栏目！而且只介绍了两个人，可能没有着落吗？会是儿戏吗？

收录书名的"淮贤文目"和介绍生平的"近代文苑"显然是一种互证的关系。

即使把上述两处的著录算作一条，姑且承认属于孤证。但孤证也还是相对的，也可以补救。构建一条从世德堂本《西游记》陈元之《序》开始到吴承恩任荆府纪善结束的证据链，正是"吴著说"努力的方向，且成效显著。即：

1. 世德堂本陈元之《序》的三个"或曰"，提示了作者与王府有关，是证据链的一端。

2. 文献关于吴承恩曾出任荆王府纪善官职的记载，和出土吴承恩刻有"荆府纪善"字样的棺头板，是证据链的另一端。

3. 关于吴承恩曾经在湖北实际出任，并把荆王府作为背景写进《西游记》"玉华国"研究的进展，则补齐了证据链中间的环节。

平心而论，"吴著说"者对于质疑非常认真，且选择了一条正确的研究方向，即不断充实自己的证据，释疑解惑，目前《吴承恩集》《吴承恩年谱》《吴承恩传》等基础资料整理已经做完，上述证据链包括玉华国以荆王府为背景的考订和表述，我认为基本上到了无懈可击的程度。

质疑三：吴承恩《西游记》有可能是地理类著作，因为清初学者黄虞稷在其《千顷堂书目》中曾将吴承恩《西游记》列入舆地类。这是章培恒先生力推的观点。

这是"异书说"最拿得出手的证据。但其实经不起推敲——它倒确确实实是一个孤证，迄今没有任何旁证辅证；而且它不仅孤，甚至其本身是否能够称得上"证"，也大有疑问：《千顷堂书目》提到的"舆地类"的《西游记》，没有其他任何文献可以辅佐，这是事实。基于事实，我们可以形成一个思路非常正常的逻辑推论：即假定《千顷堂书目》所提到的《西游记》就是已被录入《淮安府志》的地理著作，且在清代黄虞稷还见到，那它不被淮安其他任何人提及显然不合情理——要知道，淮安的阮葵生、吴玉搢、丁晏也都是著名学者，他们可都认为吴老先生的《西游记》是一本通俗小说，黄虞稷哪点比他们更可信？而且特别值得注意的是，这部"地理类"的《西游记》作为吴承恩的代表作品进入《淮安府志》，却没有被收入吴承恩自己的《射阳先生存稿》，显然更不合情理——地理类的游记和通俗小说可不一样，府志没有理由排斥，自己也不会排斥。而我们还可以再追问一句，既然是被记入府志的地理游记，那记录的是往哪里的云游呢？吴承恩一生走南闯北，却只有一次往西走，就是去湖北蕲春的荆王府任职，而这恰恰有利于牵扯上他与三个"或曰"的关系。

因此，有学者认为这个证据不过是黄虞稷的一个失误，是他的《千顷堂书目》转录了《淮安府志》的"吴承恩《西游记》"——这很合理，因为黄氏做的就是书目搜集的工作，但他并没有见过此书，因此仅据书名便想当然地将其归入舆地类。这虽然是猜想，但在情理上说得通。前面说过，天启《淮安府志》属于官修，其修订的主要工作是增删补正，所涉及的条目是有限的，把吴承恩这样身份并不显赫的人增补进去，且专门设了一个栏目，一定有必要的原因或者需要充分的理由，而且会字斟句酌；相反，黄虞稷编的是书目，《千顷堂书目》收录广泛，数量繁多，其可靠性差之《淮安府志》远矣。黄虞稷想当然地将其列入地理类这种可能要大得多。我个人认为，从学理上说，黄虞稷的这个孤证无论从哪个角度都不能推翻《淮安府志》。

质疑四：说旧例方志不录通俗小说，说"杂记"也不包括通俗小说。

所谓"旧例"其实是虚幻的"旧例"。有研究者举了清代的例子，说明官修志书不会以通俗小说入志。这可能在清代是一种普遍现象，但不能认为就是绝对旧例。旧时鄙视小说的风气是有的，有可能出现修志时剔除通俗小说的情况，但"旧例"二字却不宜轻用，那只是后人的主观认为，并不是规定，甚至连约定俗成都不是。无须再举更多的例证，眼前即有：前有阮葵生、丁晏、冒广生等，后有胡适、鲁迅、郑振铎、赵景深等这些记录和研究吴承恩生平事迹的人，他们都是著名学者，对"旧例"应该更通，或者可以说他们就是构成旧例的一部分。比如吴玉搢、丁晏都是《山阳县志》的修撰者之一（山阳，明代淮安府的首县），吴玉搢的《山阳志遗》系搜罗新志剔除未收的内容而编成的——他们都认为《淮安府志》中著录的"吴承恩《西游记》"就是通俗小说《西游记》，所谓"所著杂记数种，名震一时"，就包括通俗小说《西游记》。他们对《淮安府志》的著录一点也不觉得奇怪，今人为什么要觉得奇怪呢？显然我们没有更多的理由用虚构的"旧例"作为否定吴承恩的证据。

这里还可以举一个清代官修志书以通俗小说入志的实例：清道光《宝丰县志·卷十五·艺文志》就收入李绿园的二十卷本章回小说《歧路灯》："李海观（绿园名）著：《绿园诗稿》《说黔》共四卷，《拾捃录》十二卷，《歧路灯》二十卷。"① "旧例"说似可休矣！

---

① 栾星. 歧路灯旧闻钞［G］//栾星. 歧路灯研究资料. 郑州：中州书画社，1982：131.

说"杂记"不能包括通俗小说显然也是臆测。日本学者田中严等曾引出了一个中国文学史上不曾有过将杂记当作小说的话题。杂记不包括小说，似乎是一个新鲜的话题，也是一个很不严谨的话题，长期误导了研究。唐人刘知几在《史通·杂述》中分小说为十流，"八曰杂记……求其怪物，有广异闻，若祖台《志怪》、干宝《搜神》、刘义庆《幽明》、刘敬叔《异苑》，此皆谓杂记也"①，这其中的杂记显然是包含了小说；再看清初褚人获《隋唐演义序》，"昔人以《通鉴》为古今大账簿，斯固然也。第既有总记之大账簿，又当有杂记之小账簿。此历代传志演义诸书所以不废于世也"②。这"传志演义诸书"显然就应该叫作"杂记"，此数语明明白白地把通俗小说都已包括在内，吴承恩的《西游记》被笼而统之地称为"杂记"，有何不妥？

　　关于《淮安府志》为何录入通俗小说《西游记》，我们在这里也有一个带有假定性的解释，姑作一说。前面介绍，天启《淮安府志》中吴承恩的生平收录在"人物志"下单独的一个子目"近代文苑"里，查现在可见的各本府志，全部没有这个所谓的"近代文苑"，显见这是一个非常特殊的安排。更奇怪的是这个"近代文苑"只收录了两个人物。将这两位归类在一起专设栏目，我认为有破例的意思。为什么要破例单列？就那位郡诸生而言，可能由于在府衙服务，有功劳苦劳；就吴承恩而言，则是由于"名震一时"。因何有名？"复善谐剧"！谐剧，幽默滑稽的故事，当然就是"所著杂记数种"，当然就是唐僧取经的《西游记》。地理游记不可能称为"谐剧"，也不可能"名震一时"。那又是谁主导破例呢？不是说吴承恩没有署名吗，谁会知道当时已经家喻户晓、妇孺皆知的《西游记》作者就是他老人家？天启《淮安府志》的记录中"有文集存于家，丘少司徒汇而刻之"一句应当引起特别注意。天启《淮安府志》的修撰开始于天启三年（1623），这时距吴承恩逝世四十三年，按说他的事迹仍有可能被遗

---

① 刘知几.史通·杂述［M］//黄霖，韩同文.中国历代小说论著选（上）.南昌：江西人民出版社，1982：33.

② 褚人获.隋唐演义序［M］//隋唐演义.上海：上海古籍出版社，1981：1.

忘。然而，吴承恩钟爱的表外孙"丘少司徒"丘度却在万历四十三年（1615）刚刚去世，丘度是吴承恩家族里血缘最近的男丁，其入仕得助于吴承恩的教诲，也得助于吴承恩的人脉，在吴承恩致仕后的万历初连捷乡试会试走入官场，最后在光禄寺卿位置上致仕。作为那一阶段淮安最为显赫的乡绅，丘度声望甚高，年岁也很高，去世时享年七十九岁；在去世前两三年，他还张罗带领一批乡后学重新刻印了吴承恩的《射阳先生存稿》，并请当时的文坛领袖李维桢写了一篇序。由于丘度的身份影响和当时对吴承恩非常崇拜的乡后学——这批人有可能参加了府志的修订，而导致天启《淮安府志》收录"吴承恩西游记"的破例之议，未必没有可能。①

"否吴"说显示科学研究方法缺失

还有一些研究者直接否定吴承恩身为作者的可能，可以称为"否吴"派。"否吴"的观点主要有以下几类：

1.《西游记》讲的是心学，目的是证道，吴承恩不懂心学，不懂道术，因此不具备作《西游记》的资格。

2.《西游记》使用的是吴方言（或其他某某方言），因此生在江淮的吴承恩不可能是《西游记》的作者。

3.《西游记》里写到了本地的山名水境，因此其作者一定是本地人，或为本地名人某某。这里的"本地"花式很多，因倡议者的乡籍而定。

4.《淮安府志》吴承恩名下的"西游记"可能是"西湖记"的笔误，因为在行书书写中二字的写法极为相似，且淮安曾经有过西湖。

5.《西游记》的作者确为"吴承恩"，但是是我们当地的吴承恩，与淮安无关。

"否吴"派的理由五花八门，简单多变，形同儿戏。但其影响力，尤其是大众层面上、在一定地域里却不能忽视，有时甚至造成严重干扰。

---

① 关于丘度与吴承恩的关系，请参见蔡铁鹰.吴承恩年谱[M].北京：中国社会科学出版社，2014.

"否吴"派的本质是学术精神和学术规范的缺失。大致说来有以下几点：

1. 主观臆想，生拉硬扯，把不同范畴的事情扯在一起。这类问题主要由一些地方本位的文史研究者造成。出于拉动地方经济，发展文旅产业的愿望，为了创造出有文化附加价值的新景点，就需要把《西游记》往本地的自然环境上套，而吴承恩便被认为是一大障碍。如江苏连云港市以"孙猴老家"的概念把本地花果山打造成著名景点后，全国便产生了若干开发花果山的设想，山西晋南某地不仅声称发现了花果山，而且迅速在媒体上公布了建设包括数十个山头、几千亩果园的花果山规划。又如某地声称找到了悟空修道处、猴兵操练场，因此要开发一个大型游乐场，等等。其实花果山之类的开发计划值得鼓励，依附某些故事也未尝不可，但不一定要硬扯到《西游记》作者问题。何况治理好山山水水，就已经处处都是花果山，未必一定要证明吴承恩曾经亲临，本地的花果山才能成立；或者坚持说他老人家未涉足本地山水，就一定不能是《西游记》的作者。

2. 注意一点，不及其余，不考虑证据链的完整与否，信口开河。这主要是研究者缺乏学术规范意识和研究素养，不知道手头的材料要核实要查验，不知道去伪存真需要哪些条件，也不知道所有的材料要形成完整的证据链，误以为一点似是而非的证据或者一条自认为新发现的材料就能奠定大局。如吴承恩曾任职荆王府纪善的问题被证实之后，荆王府的所在地湖北蕲州便引起了注意，也产生了若干吴承恩在本地活动的故事；而有的研究者说得有点过，说《西游记》未必是吴承恩所作，本地的某某名人才是真正的作者人选，只有他才能熟悉王府的事务。这位研究者忘记了根本的一条：如果不是吴承恩连接起了《西游记》与荆王府及蕲州的关系，蕲州本地名人再多，与《西游记》何干！

这类否吴者中，以方言为证据的较多。大体说来都是因在《西游记》中发现了一些本地使用的方言词，便立议说吴承恩不具备作为《西游记》作者的条件。方言研究，确实是寻找《西游记》作者的重要手段；但方言研究是科学，有自己的科学理论规则，不遵循规则，便不能得出正确的结论。

3. 故弄玄虚，怀揣私心，明知规则不允许却故意扭曲。这类比较恶劣的情况也时有发生，一般都是为了一个明确的但不能成立的目的，刻意编造理由，其性质如同造假。如号称学术组织的某研究会的"宗旨"，劈头一句就是"吴承恩绝不可能是《西游记》的作者"，理由？没有！而真正原因是可以在其文章中看出来的。《西游记》中有许多"心猿""意马""婴儿""姹女"之类的道教内丹词语，本来算是值得研究的学术问题，但却往往附生出作者问题上的怪论，如清初黄太鸿之流为了证明《西游记》内丹词语，编造了一个"长春真人丘处机"的谎言，扯虎皮作大旗；时至今日，同样是为了证明内丹修炼说，有人便不惜造假，决心搬开吴承恩这块绊脚石——因为吴承恩并非道教中人，无助于内丹修炼说的证成，必须走开。

又如《许昌师专学报》1985年第3期发表一篇《吴承恩曾当过河阴知县——河南荥阳县发现吴承恩撰写的碑文》的文章，称新发现的《重修卢医庙记》碑文作者吴承恩疑即为《西游记》作者吴承恩。但作者还算谨慎，在指出写碑文的吴承恩与《西游记》的作者吴承恩存在着"姓名一致""活动年代一致""为官时期一致""官阶大小一致""个人爱好一致"以及"痛恨时弊、同情人民的思想一致"等共同点之后，也认为碑文吴承恩落款的前面所署的"古桐乡平川"不好落实，故而推测"是否属当时山阳县吴承恩家乡的一个小地名"。后来欧阳健先生查明这实在是一个很巧的巧合，并在《许昌师专学报》1986年第1期予以澄清，说康熙二十年的《河阴县志》，在卷之三"职官·知县"一项中有吴承恩传云："吴承恩，字公赐，号平川，桐城选贡。"这一条材料，解决了"古桐乡平川"这五个字的问题。"古桐乡"即安庆府之桐城；"平川"乃吴承恩之号，与地名无涉。此事本来是学术问题，也已经清楚。但某地在开发西游旅游项目时，却仍然拿这个同名吴承恩说事。这就不是方法缺失而是学术造假的问题了。

"华阳洞天主人"真实身份的探讨

与《金瓶梅》的"兰陵笑笑生"有数十位候选人的盛况不同，吴承恩尽管受到质疑，但《西游记》名下始终没有出现另一位被认为值得认真对待的候选人。提名当然是有的，如有人提名隆庆朝首辅李春芳，有人提名李春芳曾孙李清，有人提名一位生平不详的唐太史……但都不靠谱，经不起学术甄选。如李春芳，二十多岁中举，三十多岁中状元，六十多岁致仕，一辈子在翰林院和内阁任职，会去写神话小说？如李清，确实写过小说，《梼杌闲评》有不错的评价，但他万历三十年（1602）才出生；如唐太史，一闪而过，神龙见首不见尾，且生活在万历至崇祯年间，基本条件都不具备。

值得一提的是对"华阳洞天主人"身份的探索。"华阳洞天主人"是世德堂本明示的《西游记》的校订者，陈元之的《序》里称他是书坊主人唐光禄邀请来的"好事者"。这六个字，刻印在《西游记》的卷首，还是很容易引起遐想的。

华阳，古地名，即今江苏省句容市。句容靠近南京，境内有茅山，茅山是著名的道教圣地，被列为第一福地，第八洞天；山上有华阳洞，相传汉代茅氏兄弟曾在洞中修仙，后南朝齐、梁宰相陶弘景也曾隐居于此著书立说；唐宋以来往来名人甚多，颇有名气。因此对华阳洞天，一般不做别解，均默认指茅山山场。对于这位与《西游记》有关的"华阳洞天主人"，曾经有两种意见：

1. "华阳洞天主人"或是世德堂书坊主人，或是为《西游记》作序的"秣陵陈元之"，或是与陈元之同类的书会先生，他们都有可能是《西游记》的作者。此说的论证主要围绕旧时书坊的习惯和华阳这个地名：世德堂书坊在南京，秣陵是南京的旧称，华阳洞距南京也不过数十千米；旧时书坊并不介意作者的真实信息，随意找本市面上流行的传奇志怪为底本，随便找个圈子内的不第士子整理文字，随便弄个有点儿文气的名号也就是了。这一说似乎有点儿道理，书坊主人找人编书的事到万历年间已经普遍，甚至已经出现流水线式的编书方式。但研究者原则上认为这位"华阳洞天主人"可能只是文字的整理者，《西游记》决非书会先生之类粗通文墨者可以完成，书稿的真正完成者一定另有其人。

2. "华阳洞天主人"可能是隆庆朝首辅李春芳，或者他自己完成，或者他参与了吴承恩的创作。理由是：李春芳家在兴化但祖籍是句容，在他自己和吴承恩之类文友的唱和中都提到过"华阳"字样；李春芳擅长青词，青词是道教的祭祀文书,与《西游记》有一定的关联;其他通俗小说上也有李春芳的署名,如《海刚峰先生居官公案传》即俗称的《海公大红袍》即是如此。但研究者多认为这些理由不能成立。李春芳、吴承恩和他的文友虽然在唱和中提及华阳,但不过是一般指代,并没有尊重地用作字号;李春芳和吴承恩的关系密切,甚至可能有相同的爱好,但以他的身份和经历,不可能有兴趣也不愿意触犯时忌去写《西游记》;大致同期的《海刚峰先生居官公案传》署名李春芳,但前有"晋人"字样,且说到来南京后才听说海瑞的事,可见生年较晚,这显然是另一位同名者。①

值得注意的是另一种说法认为"华阳洞天主人"就是吴承恩。此说早前曾有零星发挥,后来刘怀玉先生作了集中阐述。他认为:吴承恩诗文中确实多次提到华阳或者茅山,表现出了对茅山的熟悉和喜爱,并不局限于与李春芳的唱和,更多时候其实与隐居茅山的道教名人陶弘景有关。陶弘景(456—536),南朝梁的宰相,后弃官在华阳洞著书立说,收徒传教,自号华阳隐居;由于朝中有事便会来人请教,因此人又称其为"山中宰相"。吴承恩对华阳、茅山、陶隐居的津津乐道,反映了他对陶弘景的认同,尤其是居"茅斋",听"松风",既自我修身,又以著书的形式成为一名干预尘世的"野史氏","大概他认为,华阳陶隐居与他自己在精神上有相同之处。他大讲华阳洞,与其说是称道别人,倒不如说反映了他自己内心的羡慕与追求。因此我认为这些事实说明吴承恩追慕过陶弘景,并曾自号为'华阳洞天主人'"。② 当然,这一说也还缺乏实证,没有任何材料说明吴承恩与"华阳洞天主人"发生过联系,即使吴承恩崇拜陶弘景,也不能证明他用过"华阳洞天主人"的名号。

"周王府说""鲁王府说"形同捕风

尽管以上说到的三个"或曰"经常会被一些质疑者选择性遗忘,但它的实

---

① 李春芳的简况及其与吴承恩的交往,请参见蔡铁鹰.吴承恩年谱[M].北京:中国社会科学出版社,2014.

② 参看:刘怀玉.吴承恩与西游记[M].上海:东方出版中心,2008:182—188.

际意义却不会消失，因此围绕"王府"这个概念和相关资料，又衍生出《西游记》出自周王府、鲁王府的观点，学界一般称为"周王府说"，称与其有关的《西游记》为"周邸本"；"鲁王府说"称与其有关的《西游记》为"鲁府本"。

周邸、鲁府，都是明代的王府。明代各朝太子确立，其余各皇子也就要分封王位；新皇就位，成年的各王也要相继就藩。不管哪位皇上即位，老的王要承认要继承，新的王也会继续加封，所以明朝的王府很多。周邸也就是周王府，封地在大梁，即今开封，因为资料中用了别称周邸，因而论述中沿用如旧；鲁府封地在山东兖州。二者与吴承恩曾任纪善的荆府大致上都是相同规格，在《明史》中可查到其详细沿革。

所谓的周邸本、鲁府本，指的是有关资料中提到的《西游记》与这两个王府有点牵连。

先交代一点背景。明代自永乐之后的藩王生活优裕，但不得过问政治，于是有些风雅的藩王喜欢看书，也印书，其版本通常被称为藩府本。由于藩王有富裕的资金，他们刻印书的用料、刻工都十分考究，代表了当时当地的较高水准。在藩府本中，有不少如医学、棋书、音乐、茶谱、花卉、法帖等书，这些书版本都很珍贵，为后来藏书家所重视，有人甚至直接说明代刻本当中，刻印最好、校勘精当的，应属各地藩府刻本。藩府本数量也很可观，据不完全统计，总数超过500种。周弘祖《古今书刻》上编著录的书目中，就有淮府、益府、楚府、吉府、辽府、汝府、赵府、德府、鲁府、代府、秦府、韩府、庆府、蜀府，等等，据其他资料，周府也曾经刻书数种。

关于鲁府本的《西游记》，唯一见于《古今书刻》上编"山东"部分"鲁府"一栏，著录有"《西游记》"一书。《古今书刻》，明人周弘祖编。周弘祖，湖北麻城人，嘉靖三十八年（1559）进士，官至南京光禄卿，后被罢官，卒年不详，应在万历中期，《明史》有传。《古今书刻》上编著录京师和各地官、私所刻书目2497种，下编则著录全国各地碑刻、石雕和崖刻等目录908则，是一种重要的目录书籍，至今仍有价值，所以上海古籍出版社2005年在《中国历代书目题跋丛书》中重印。

所谓周邸本的资料也是一见，即见于明人盛于斯《休庵影语》中的"《西游记》误"：

> 余幼时读《西游记》，至《清风岭唐僧遇怪 木棉庵三藏谈诗》，心识其为后人之伪笔，遂抹杀之。后十余年，会周如山云："此样抄本，初出自周邸。及授梓时，订书，以其数不满百，遂增入一回。先生疑者，得毋是乎？"盖《西游记》，作者极有深意。每立一题，必有所指，即中间斜（科）诨语，亦皆关合性命真宗，决不作寻常影响。其末回云《九九数完归大道 三三行满见真如》。九，阳也；九九，阳之极也。阳，孩于一，茁于三，盛于五，老于七，终于九。则三，九数也。不用一而用九，犹"初九，潜龙勿用"之意云。三三，九九，正合九十九回。而此回为后人之伪笔，决定无疑。

盛于斯，安徽南陵人，生于明万历二十六年（1598），卒于崇祯十二年（1639），《休庵影语》是他的笔记类文字的结集。

暂且不论以上资料里的《西游记》是什么名目的图书，至少"王府——《西游记》"的关键词已经与陈元之《西游记序》所谓的"出今天潢何侯王"说产生了遥相呼应的效果，留出了一片想象的空间。发表过《西游记》出自周王府、鲁王府类似意见的有黄永年先生、程毅中先生、徐朔方先生等德高望重的巨擘。

但很可惜，我认为这两种王府本都有捕风捉影之嫌。

周邸本、鲁府本两者其实是不同的问题。

鲁王府刻过《西游记》虽然可以当真，但这部《西游记》是何性质却值得考校，《古今书刻》对此没有任何说明，仅只"西游记"三字。对《西游记》版本极为了解的吴圣昔先生有一篇文章已经说得很清楚：鲁王府刻过的《西游记》其实应当是我们前面已经详细介绍过的《长春真人西游记》。① 我在《西游

---

① 吴圣昔. 论西游记鲁本和周本信息的异同性 [J]. 上海大学学报，2000（2）.

记的诞生》》①中也补充过一些意见，大要是鲁府的刻书如《抱朴子》《蓬莱图》等多与道教有关，嘉靖朝佞道是大气氛，丘处机又是山东人，刻印《长春真人西游记》算得上得风顺水，但如果刻印对道教相当不恭的小说《西游记》，则有点不合时宜，这对王府来说并非小事。

盛于斯《休庵影语》中说到的《西游记》倒的确是小说，而且具体分析起来，还与现在的《西游记》有所不同：

其一，据周如山说，这个本子的底本出于开封的周邸，后授梓；

其二，底本总回目原为99回，后补出"清风岭唐僧遇怪　木棉庵三藏谈诗"1回；

其三，后补出的"清风岭唐僧遇怪　木棉庵三藏谈诗"一回，相应于今《西游记》第六十四回"荆棘岭悟能努力　木仙庵三藏谈诗"内容类似，但文字稍有不同；

其四，末回回目为"九九数完归大道　三三行满见真如"，与今本《西游记》第一百回回目文字"径回东土　五圣成真"不同。

这四点体现出的差距在版本研究上无疑有它的意义。但是将周邸抄本及其"授梓"本作为百回本《西游记》的作者或版本研究的大前提来推断其他论题，还要慎重，因为盛于斯所说的这些内容并不能确定它的真实性和合理性：

其一，盛于斯生于明万历二十六年（1598），卒于崇祯十二年（1639），他写"《西游记》误"的时间大约应在1630年至1639年之间，这时《西游记》取经故事已经是世德堂百回本的一统天下：天启《淮安府志》已经将"吴承恩《西游记》"正式记载；阮葵生《茶余客话》说"是书明季始大行"；而以世德堂本为蓝本的《李卓吾先生批评西游记》已经流行。说这些的意思是，在百回本万历二十年（1592）刻印之后，就再也没有见到其他的《西游记》古老版本，那些没有修成正果的野狐禅的《西游记》取经故事都被世德堂精美的百回本消灭了，取而代之的是根据世德堂翻印的本子，前有《李卓吾先生批评西游记》，

---

① 蔡铁鹰. 西游记的诞生[M]. 北京：中华书局，2007：261.

后有清前期的《西游证道书》。就在盛于斯同书"《西游记》误"的同一条里，就有以下文字：

> 近日《续藏书》，貌李卓吾名，更是可笑。若卓老止于如此，亦不成其为卓吾也。又若《四书眼》、《四书评》、批点《西游》、《水浒》等书，皆称李卓吾，其实乃叶文通笔也。

这也就是说，盛于斯后来读到的《西游记》实际就是百回本或李评本，而他说到的有所不同的《西游记》只能是对"幼时"读书的回忆，所谓"青风岭""木棉庵"很可能是记忆之误。

其二，盛于斯读到另类《西游记》的"幼时"，应该是在万历后期，约公元1615年。"后十余年"见到周如山，时间约在1629年后，盛于斯时在金陵；而吴圣昔先生文中引王重民提到周如山可能是江南人，在金陵开过书坊，从时间上、地点上说两者是吻合的。当时已是世德堂本刻印《西游记》四十多年之后，周如山多大年龄？他参与过此事吗？陈元之都没说清世德堂底本的来龙去脉，周如山还能记得世德堂的底本出自何处？因此我认为，盛于斯1615年左右读到一种另类的出自周邸的《西游记》的可能性并不大，很可能是误记。

其三，所谓"九十九回"的说法，仅见于此，以我们今天的常识判断有点匪夷所思，流传至今的各种小说，似乎还没有九十九回为止的，这也让人顿生怀疑。我在第一次读到盛于斯的见解时，对他关于《清风岭唐僧遇怪　木棉庵三藏谈诗》"为后人之伪笔"的判断深有同感。盛于斯没有说出他的理由，我可以补充一些：首先，《西游记》的大部分故事都是占了两三回的篇目，在一回里完完整整交代清楚的不多；其次，《西游记》故事大部分都有打斗，妖精都是青面獠牙，但这一回里的妖精文雅得多，居然和唐僧一递一句地对起诗来，这种"红袖添香夜读书"的情调实在是在文人身上才可能出现。再次，在这一回里，诗歌不仅多，长长短短近二十首，远远超出其他各回；而且有许多文乎文乎的诗，如果与吴承恩的诗文对照起来看，会发现很多熟悉的对应，绝非市井勾栏里的说书人所能及，也不是大众所爱读的东西。最后，也是最重要的一点，赵景深先生早年即发现这一段故事的原型是唐人牛僧孺《玄怪录》里的"元无有"一篇,而《玄怪录》是吴承恩在《禹鼎志序》里明明白白说到的最喜爱的志怪之一。我的判断是:这一篇一定是吴承恩的创作手笔,一定是吴承恩在世德堂本中加上的。这样问题又出现了,假如前面已经有了九十九回出自周邸的底本,那意味着世德堂仅仅就加了这么一回,这也有点儿让人不可置信,能说通吗?

在说了上面这些互相之间有些矛盾的问题之后,我的意见是,"《西游记》误"带来的信息有相当大的不确定性,以这样的资料——一个孤证,且仅仅是一个口述回忆的记录——作为百回本作者和版本研究的前提,至少在目前是不合适的。

三 作者争议中方言研究的失误与价值

在有关《西游记》作者的讨论中,使用方言作证据是一个突出现象。殆因《西游记》使用的是比较纯正的白话,这种白话虽然已经转化为书面语言,但其中带有方言特征在所难免,这就是方言和方言研究能够成为大家都很看重的《西游记》作者研究中重要证据的基础。

首先注意到《西游记》中方言色彩的是前面已经介绍的《西游证道书》的刻印者之一黄太鸿,他在《跋》中说"篇中多金陵方言"。所谓"金陵方言"属于江淮方言中的一个细分"淮扬土语",在江淮方言区内没有第二位作者候选人的情况下,与淮安方言可以视为等同。接下来发声的则是清代的淮籍学者。清乾隆年间,吴玉搢在《山阳志遗》卷四中说:"书中多吾乡方言,其出淮人之手无疑。"同在乾隆年间,阮葵生在《茶余客话》卷二十一中则说:"观其中方言俚语,皆淮上之乡音街谈,巷弄市井妇孺皆解,而他方人读之不尽然,是则出淮人之手无疑。"到嘉庆、道光年间,著名淮安籍经学家丁晏在《石亭记事续编一》中再次提到"记中多吾乡方言,足征其为淮人作"。近代之前谈到这一问题的区域外学者不多,但也赞成淮上方言说,如焦循在《剧说》中复述了阮葵生的原话;陆以湉在《冷庐杂识》说到"又多淮郡方言,此足以证俗传之讹"。

以方言疑吴的代表应该是章培恒先生。他曾在前述文中列举十条例证试图证明《西游记》的作者是吴方言区人。此后更有各方研究者、爱好者乐于采撷《西游记》中的方言词，以证明其中的淮安方言并不典型，作者应是山西人、湖南人、山东人、江南人，等等。

其中，失误和价值并存。

需要澄清对方言与方言研究的误解

误解1："《西游记》中淮安方言并不典型。"这个结论恐怕是依据人民文学出版社黄肃秋校本得出的。这个校本非常流行，多数读者使用的都是它，其中明确标注的淮安方言确实不多。我们想说的是，黄肃秋先生出生于北方，也并不是语言学家，他自己也未必了解多少淮安方言，因此这个校本中对淮安方言的认定从宽从略，甚至有点含糊都是可以理解的；需要依据方言来做出某些结论时，这个校本是不能使用的。读者如果能找到本书采用的人民出版社2013版《西游记整理校注本》，看李洪甫先生的方言解释，就会感觉到大大的不同。

误解2："《西游记》中有很多吴方言。"这个观点来自章培恒先生。这里且不说章先生意见正确与否，单说吴承恩口中出现吴方言词的问题，其实一点都不奇怪。首先，淮安方言属于江淮次方言，本来就有北方方言向吴方言过渡的性质，大量方言词汇都是南北共有的。其次，明太祖朱元璋得天下后，曾从江南苏州大规模地向江淮间包括淮安府移民，淮安的很多家族至今仍称来自苏州，如吴承恩发小沈坤就是来自苏州阊门的淮安望族。再次，淮安位居大运河边，是典型的南北交通枢纽，财货相通，语言习俗也有频繁的交流，吴家经营花边彩带，与江南商人有长期接触。最后，吴承恩本人曾频繁往来于大江南北，和江南名士文征明、徐中行、何良俊等均有密切往来，还有过在浙江长兴任职的经历，言谈中出现一些吴方言词，应属正常。

误解3："我非淮安人，但我也能读懂《西游记》，可见方言不能作为判断作者的证据。""方言判断作者并不可靠。"看到这样的议论，我便会有感慨：方言研究太容易被人误解了。有些爱好者包括一部分学者置方言学基本的研究要素于不顾，信口开河地认为找几个方言词加以解释就能立论，有几个我懂的方言词它就是使用我本地方言，然后就以这种错误结论否认方言系统和方言研究的意义。要知道，大家使用的都是汉语，绝大多数词汇在书面状态下都能沟通自属必然，方言词能否被读懂，与方言系统是否存在不是一回事，只是可能由于我们经历了较多的文化交流，对有些适用范围较广的方言词能够理解；也可能由于恰恰这个方言词是我们所共有的，但我们不能据此否认方言系统的客观存在。《海上花列传》我们大概地也能读懂它，但它是典型的吴语小说绝无差错。

方言研究绝非读懂几个方言词那么简单，方言系统的成立，至少要具有以下几个条件：方言的音韵特征、方言词的独有义项和方言词的数量。若能从这几点出发，判定作者的生活地域就是非常可靠的，有强烈的指向性，所谓"不可靠"云云，实在是对方言研究的科学性缺乏了解。

误解4："小说不是声音记录器，几个书面上的方言词没有意义。"这是大错特错的一个观点，完全忽视了音韵学的科学性。每一种方言都有它音韵学上的特征，在变成文字或者发声时都会有反映。如《西游记》里有大量的押入声韵的韵语，可以毫无疑问地肯定作者不会是北方人。又如《西游记》有首诗："大丹不漏要三全，苦行难成恨恶缘。道在圣传修在己，善由人积福由天。休逞六根多贪欲，顿开一性本来原。无爱无思自清净，管教解脱得超然。"最后一句的"然"字，用北方话系统看是不押韵的，但如果将"然（ran）"按照江淮方言的读音读为"yan"（读如严，半擦音）试试，一切障碍都消失了。将 r 转换为 y 正是江淮方言的特征之一。

以下引一段最典型的误解：

> 生活在淮安的人读了《西游记》小说，便发现了其中的淮安方言；但生活在其他地方的人，在读小说的时候也同样会发现，小说的方言属于他们自己的方言系统。……章培恒先生发现了《西游记》所使用的是吴语方言系统，内蒙古师范大学的教授杨秉祺先生也发现了小说中的方言属于山西晋南或者内蒙古西部系统。这是因为他们都从自己的母语中，找到了小

说语言的对应。吴玉搢、丁晏等人说小说中多用的是淮安方言，正是因为他们也从自己的母语中找到了一种语言的对应。我们是山西晋南人，在读《西游记》的时候，也发现小说采用了我们晋南的方言系统。而且我们也能够用晋南的方言词汇系统，来解决那些淮安方言词汇系统所解决不了的问题。①

正因为这些对方言学堪称无知的所谓论证，一度把方言学研究搞得恶臭如入鲍鱼之肆。

方言科学对作者研究的基础性作用

科学的方言研究至少需要涉及以下几个方面：方言区的划分、方言词独有义项和数量、方言的音韵特征和归纳确定，这些方面的科学结论，在《西游记》作者研究中具有基础性意义。以下结合《西游记》方言研究的实际，加以简要介绍：

1. 方言区的划分

中国的方言大致分为几个方言大区，原则上是淮河流域以北，称为北方方言区；长江之南的苏南、浙江一带称为吴方言区。这两个大区的方言特征非常明显，夹在这两大方言区之间的江苏北部、安徽中南部——即通称的江淮之间，是北方方言向吴语过渡的一个分支，在方言学上叫作江淮次方言或者叫江淮话，古称下江官话。

江淮话包括江苏北部的大部地区、长江以南的西部地区、安徽东南部地区，即今江苏的连云港、淮安、盐城、扬州、镇江、南京，安徽的滁州、马鞍山等市县。其中受南方吴方言影响较多的又被叫作江淮话南区，如古代通州即今南通市；受北方话影响较多的被叫作江淮话北区，通常就是指扬州、盐城、连云港、淮安等地。江淮话北区再细分下去，又分为淮扬、盐阜、淮海等几个土语，土语方面

---

① 李安纲. 为什么说吴承恩不是西游记的作者 [J]. 运城高专学报，1999（1）；再论吴承恩不是西游记的作者 [J]. 唐都学刊，2001（4）.

图 2　江苏省方言区划分示意图

的差别似乎很难区别，但确实还是存在的。以下是 20 世纪 60 年代基于江苏省组织各高等院校语言学家进行的大规模方言实地考察形成的江淮方言分布图，根据 1960 年江苏人民出版社出版的《江苏省和上海市方言概况》绘制。

对江淮方言的正确认识应是我们讨论《西游记》方言问题的基点。《西游记》的作者必然产生于这个区域之内。而另外也要说的是，对于在这个区域里出现其他的候选人，方言研究无法确定其唯一性。也就是说，假如有第二位具备类似条件的作者候选人，那在他们中间确定身份的"唯一"，只能靠其他资料。

2. 方言词的采选

选出真正的方言词很难。这里要考虑"质"和"量"的问题。

质，指的是确定性，最直观的标准不是"你懂我也懂"或者"我懂你也懂"，而是"我懂你不懂"，只有"我懂你不懂"的，才是真正的方言词，才可以作为证据。找这样的方言词的办法，就是实地田野调查，一片一片地走访野老，然后绘出这个方言使用范围的语言学上所说的等语线。如果某人使用的若干方言词的等语线在某地交叉，那这个人就应该是相应地方的人。例如：

（1）第六回："二郎见了……变作一只大海鹤，钻上云霄来搛。"搛，江淮方言南部的淮扬土语称用细长的东西夹物体为"搛"，如用筷子"搛菜"，淮安市区也如此；但在淮安以北数十里淮海土语区的淮阴区、涟水县的部分乡镇，同样的意思均已用"叼"来表达。显然，"搛"的等语线（同语线）北端在淮安。

（2）第十四回："三藏依言，回头央浼刘伯钦道：'太保啊，我与你上山走一遭。'"央，请、请求的意思。今淮安市区出现频率很高。但自淮安始，以东以南的盐阜土语区、淮扬土语区逐渐少用，故其等语线的东端、南端应在淮安。

（3）第二十六回："你却要好生伏侍我师父……衣服穰了，与他浆洗浆洗。"穰，脏、软。旧时穿衣服要上浆，使之硬挺，穿的时间长了脏了，软了皱了脏了，就意味着要浆洗了。这个意思在淮安以南的淮扬土语中使用较多，与以上引文文意相符。但在淮安以北淮海土语区的涟水县等，穰已引申为"累了""吃不消"的意思。可见"穰"的等语线北端在淮安。

（4）第六十六回："抓肠蒯腹。"蒯，抓、挠、搔，在淮安以北淮海土语区的沭阳县、涟水县一带使用较多，淮安以南的淮扬土语区减少。其等语线南端在淮安。

（5）第七十二回："一个个汗流粉腻透衣裳，兴懒惰疏方叫海。"海，意为某事结束、完结。这个词在淮安市区的淮阴区、淮海土语区的沭阳县等地是常用口语之一，而在淮安市区以南、以东的淮扬土语区、盐阜土语区则逐渐减少。它的等语线南端、东端在淮安。

我们将这几条等语线再绘制成一张图，结论就几乎一目了然了。能同时使用这几个方言词的人，其母语非淮安话莫属。做这样的工作非常不易，希望读者不会轻忽以上我们寻找到的几个词例。

这里再补充一条连云港市李洪甫先生在校注《西游记》时发现的一个词例，作为本书的新证。

例：第六回："等待片刻，那大圣变鱼儿，顺水正游，忽见一只飞禽，似青庄，毛片不清；似鹭鸶，顶上无缨；似老鹳，腿又不红。"其中"青庄"是一个方言词，指今日所谓的苍鹭或信天翁，当年这个词的流行范围有多大不太清楚，但现在只在淮海地区才可以听到。黄肃秋注人民文学出版社第一版《西游记》，即由于不懂而将其改为"青鹞"，但其实青庄和青鹞是两种不同的鸟。

量，这是说方言色彩的判断，需要一定数量的方言词支撑，量的积累是质的构成因素。鉴别方言词的工作已有不少研究者做了，其中还有几位是专门研究语言的，如刘怀玉、王毅等诸位，均有著作面世，找出的江淮次方言词已逾百千条且都可以在淮安的日常口语中找到例证，不仅常见且无法替换，如"捏脓"（糊弄人）、"没头蹲"（全身投入水中）、"刺闹"（痒）、"迄进进"（咬的声音响亮清脆）、"滑古几的"（滑溜抓不住）、"穿换"（调换）、"二滴水门楼"（淮安明清时期的一种建筑风格。第一次全国《西游记》学术讨论会召开时，曾有人多方寻找这种建筑，最后恰是在淮安河下找到的）、"回了性"（醒悟）等，避繁不一一引出。其他方言区域或许能够占有其中一部分，但绝不可能占有全部。这就印证了清代学者所谓"他方人读之不尽然"的说法。而吴方言词不仅在书中出现甚少，且最常用的一些基本词汇如表人称的阿拉、我伲（我）、侬（你）；表时间的旧年（去年）、开年（明年）、今朝（今天）、明朝（明天）、辰光（时间）；表亲属的爹爹（父亲）等都没有出现，因此再提"吴语说"应当慎重。

3. 音韵特征的确认

关于下江官话的音韵特点，在古代汉语中虽然没有科学化的归纳，但有共识。在现代汉语里，则可以简略地用以下特征归纳表示：

（1）z、c、s与zh、ch、sh不分，大部分只有z、c、s而没有zh、ch、sh；

（2）n、l不分，有的只有n没有l，有的只有l没有n，大部分情况两者混用；

(3) 有些地方没有 r，用 y 代替，如"容""荣"念为"yong"，有时进入入声；

(4) 大量使用入声，押入声韵的诗词一旦出现，就可证明其不是北方人。

除以上已经说到的第九十三回"大丹不漏"诗之外，还可以举例如下：

头上盔缨光焰焰，腰间带束彩霞鲜。

身穿铠甲龙鳞砌，上罩红袍烈火然。

圆眼睁开光掣电，钢须飘起乱飞烟。

七星宝剑轻提手，芭蕉扇子半遮肩。

行似流云离海岳，声如霹雳震山川。

威风凛凛欺天将，怒帅群妖出洞前。（第三十五回）

其中的"然（燃）"字，在近古北方话和今天的普通话中，其声母为"r"，韵母为"an"，并不与其他韵脚字同在"ian""uan"韵部，所以是不押韵的。但如果按照江淮方言的读音规则将"然"的声母替换成"y"，这个字读如"严"，那一切障碍都消失了。然，读如严（半擦音），正是江淮方言的典型音韵特征。

颜景常对《西游记》方言韵的归类

语言学家颜景常先生注意到《西游记》不仅叙述语言使用的是方言，而且罕见地在大量的韵文中也押了方言韵，这为确认它的作者提供了方便：

《西游记》诗歌押的正是方言韵，不仅古体诗、词、赋是方言韵，近体诗也是方言韵。这是一份极宝贵的资料，它保存着元明时代某个时期某个方言的韵类系统，研究一下这个韵类系统，可以取得关于作者籍贯的内证。有助于解决作者问题。①

颜先生对《西游记》韵语的数百个韵组进行了统计，并与元、明以来的《中原音韵》比照，归纳出了《西游记》的语言学特征——除了大量的入声之外，他发现：

---

① 颜景常. 西游记诗歌韵类与作者问题 [J]. 明清小说研究，1988（3）.

> 《西游记》里没有支思、车遮两部，它只有十七个舒声韵部，支思和齐微不分，车遮和家麻不分。……从平水韵发展到《中原音韵》，入声韵消失，从支韵中分化出支思；从麻韵中分化出车遮。从《中原音韵》到现代的北方话，这三个变化都没有走回头路。……《西游记》韵类有入声，没有支思和车遮，如果说它是明代北方话，那就是这三个变化同时走了回头路。……无论如何，这是不可能的。

结论非常明确，《西游记》不可能属于北方话。

其次，颜先生以与《西游记》几乎同期流行、但属吴方言的《醒世恒言》相比较，指出：

> 《西游记》押上声韵的诗歌至少有《醒世恒言》的两倍，入韵字在三倍以上，我们没有发现一个全浊声母上声字，这些字都押去声韵，吴语区方言上述三个特点在《西游记》里无所发现。

结论也很明确："我们只能说《西游记》不是吴语作品，不是吴语区作家写的。"

最后，颜先生认为："用北方话和吴语解释不了的现象，用淮海话可以迎刃而解。……我们的结论是《西游记》韵类属于淮海话。从音韵学的角度上看《西游记》作者应是淮安人吴承恩。"这在确定《西游记》的方言韵类性质方面，应该说已经做到了铁证无疑的程度。

当然，如果严谨些，可以加上一句：如果在江淮方言区内出现另一位作者候选人，上述结论对他有同样意义。可惜现在这个人物还没有出现。

四　综合评判才是确认作者身份的正途

前面多次提到了学理，所谓学理，既不虚无也不缥缈，无非是孤证不立、主辅契合、实证优先等寻常都要遵守的原则，但做到却很不容易。总的说来，20世纪80年代以来关于《西游记》作者问题的争论非常有益，我个人敢于说这个问题实际上已经解决，就是因为借助于争论对手的意见，已经把可疑的问题都环视了一遍，也以此为动力寻找到了许多新的史料。但时至今日，有些质疑则有断章取义、自说自话之嫌，甚至于把娱乐圈里的八卦风气带进了学术讨论，吸引眼球成了目的，标新立异成了手段，似乎质疑才能显出学者专家的风范。我从中华书局版李天飞校注的《西游记·前言》里转引两个例子：

第一，有质疑者认为，《西游记》中妇女发髻和物品价格反映的是嘉靖前期的状况，当时吴承恩还年轻，因此他不可能是《西游记》的作者。这简直是把千万种可能都圈成了铁定唯一，以明代社会生活进化的速度，时尚和价格的变化能精确到区隔二三十年的程度吗？嘉靖前期妇女的发髻到后期就绝迹了吗？即使是，又怎能证明吴承恩头脑里就不会冒出老旧的印象，难道民国妇女以旗袍为时尚特征那穿旗袍的就一定是民国妇女？

第二，有学者考证，"《西游记》中未必有那么多淮安方言"。这位学者我不知道是谁，但我看得出他的这句话本身不合学理、逻辑混乱——只要有淮安方言，还在乎多少吗？

有了这些"质疑"，看起来似乎热闹，但绝不是学术研究之福，也不可能恒久流传。

回归到我对作者研究的个人意见。我认为，在文献证据先天不足，证据链不够完整的情况下，确认作者身份需要有多重组合条件的匹配。也就是应该包括"作品"与"作者"两者间可能发生联系的所有方面。就《西游记》而言，综合评判的范畴内应该包括作者的生活经历、文学修养、人生道义、语言风格；影响作品主题和内蕴形成的社会、文化、宗教倾向、历史背景；渗透着现实生活元素的故事来源和情节，等等，即使没有直接的文献和实物证据，只要上述各方面的指向趋同，也可以形成对作者身份的明确判断。

作者的人生经历不容忽视

先说《西游记》文本的硬性规定。当《西游记》的作者还普遍被认为是长春真人丘处机时，纪昀从中找出了明代才有的典章制度锦衣卫、司礼监、大学士、翰林院，等等，于是断然声明"为明人依托无疑"。这是纪昀找到的时代印记。

《西游记》中带有时代印记的当然还不止这些，比如比丘国出现的"谨身殿"，这也是一个时代印记：我们现在知道谨身殿有两处，一是明朝紫禁城的三大殿之一，建于明初永乐年间，毁于嘉靖三十六年火灾，几年后重修改叫建极殿，清代又改称保和殿一直到如今。很显然，谨身殿是明代独有的一个名词，而且在嘉靖之后也就不用了，这无形中已经规定作者必然是经历过嘉靖朝但离开不会太远的人；另一个谨身殿（宫）在湖北蕲春的荆王府，是荆王府的主宫之一，这就与吴承恩的关系更为密切了，《西游记》里的这个名称更可能直接就来自王府。

如果说天启《淮安府志》"吴承恩《西游记》"的著录还有孤证之嫌，还不能完美地确认作者，那我们可以利用吴承恩的人生经历打造第二条证据链。

前面述及，世德堂本陈元之《西游记序》中说到了三个"或曰"，隐约提示作者与当时的某个王府有关。这很重要，是整个证据链下桩立柱的第一环；吴承恩确实有"荆府纪善"的任命，也就是在荆王府担任纪善这个八品官职，这见诸文献，20世纪80年代淮安县政府也已经调查到吴承恩的墓地，找出了他写有"荆府纪善"字样的半截棺头板，其中传奇的过程曾被多次引述，这里不再重复，只是强调这已经没有疑问，它是证据链另一端的环节。但它与第一个环节之间还缺少一个连接，变成问题就是：吴承恩他到任了吗？过去曾经认为他仅获得了这一名誉补偿但并未实际任职，现在我们已经能够证明吴承恩确实到了湖北荆王府，做了具有清客意味和八公之徒一般的纪善，并且把荆王府写进了《西游记》。这就补齐了证据链中间的缺失环节。

如何证实？拙著《西游记的诞生》列举了对吴承恩若干诗文的考证，有兴趣的读者可以参看。这里仅介绍关于荆王府和玉华国的问题，也就是指实吴承恩把自己的经历写进《西游记》的问题。

请读者先回忆一下：《西游记》唐僧取经经历九九八十一难，实际有四十二个故事，其中有大约十个发生在人间国度。除了一个没有妖魔的女儿国，有妖魔的那些人间国度，国王非昏即庸，只有一个贤明，那就是玉华国国王。玉华国的故事发生在《西游记》的第八十八至九十回，说唐僧师徒路过此地，此地国王甚有贤名，对唐僧师徒也甚为礼敬。该国有三个小王子，愿意拜孙悟空、猪八戒、沙和尚三人为师学艺。因为悟空等三人的兵器太重，不适宜凡夫俗子使用，于是国王就请了工匠减轻分量照样打造，但金箍棒的光芒惊动了附近山中的妖魔，于是一窝狮子精偷走了兵器，引来一场大战。为什么说这玉华国就是吴承恩眼里的荆王府呢？

第一，看玉华王的身份。《西游记》说玉华王为皇室宗裔，封在此地玉华县或称玉华州为王，自称"孤在此城，今已五代"，"也颇有个贤名在外"。《西游记》的所有国王中，只有这位玉华王，是个尊师重教的好王。他对应的就是吴承恩生活中的荆王。荆王的身份在《明史》里可以查到，他们最初封在江西南昌，后来迁至湖北蕲州，到吴承恩任"荆府纪善"的隆庆初年时，其在蕲州恰是五代；这位荆王恰也有贤名在外，恰巧也有三位小王子，这在《明史》里都有记载。

第二，看玉华国的名称和地位。这玉华国虽然称国，但却是个封国，即诸侯国，所以《西游记》里一会儿称它是州，一会儿又称它是县。这荆王府是个封国毫无疑问，它所在的蕲州，在明代恰也是一会儿称州，一会儿称县。荆王府里有七座宫殿，其中主殿一座叫玉华殿，一座叫谨身宫，这在荆王府的一份资料《荆藩家乘》里有记载。这一条对应实际上已经不能有任何其他解释了。

第三，看玉华王府的大门。《西游记》说玉华国王府"府门左右，有长史府、审理厅、典膳所、待客馆"。这是典型的王府配置，《明史》是这样说的，《蕲州志》卷四"荆封"是这么说的，《荆藩家乘》说到荆王府官员的实际配置时，也是这么说的，与《西游记》的描述连顺序都一样。王府并非各地都有，王府的制度也并非常识。试想，如果没有王府的任职经历，能有如此精确的描述吗？

第四，看吴承恩的地位。《西游记》说玉华王府有三位小王子，因仰慕而拜孙悟空兄弟为师，而荆王府恰也有三个小王子。更巧的是，玉华国三个小王子拜唐僧师徒为师，而荆王府的三个小王子恰恰是吴承恩名义上的学生。《明史》说"凡宗室年十岁以上，入宗学，教授与纪善为之师"，不管纪善是否能实际管教，但纪善的身份就是这些王子的老师，显然，玉华国三个小王子拜师学艺的情节也非空穴来风。

第一章 《西游记》作者论争的澄清

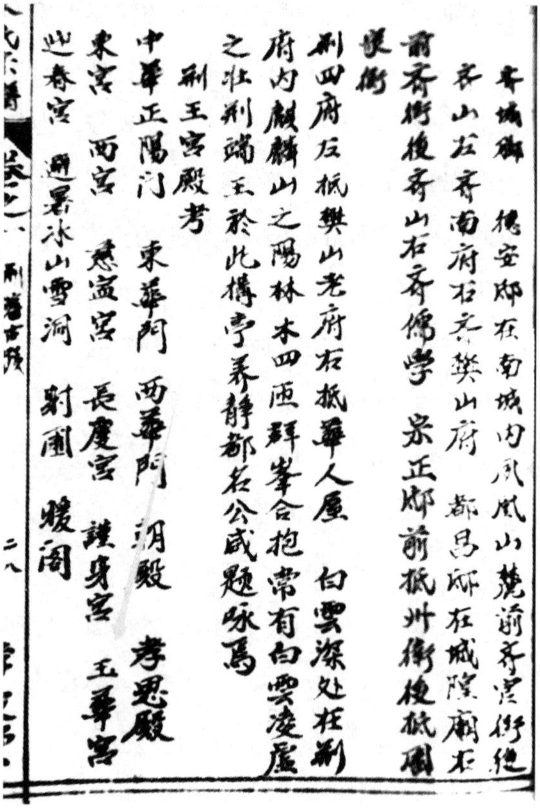

寄城街　德安邸在南城内凤凰山麓前寄园街绝
衣山左寄南府右寄樊山府　都昌邸在城隍庙右
前寄街后寄山右寄儒学　宗正邸前抵州街后抵园
墩街
荆四府左抵樊山老府右抵华人屋　白云深处在荆
府内麒麟山之阳林木四匝群峰合抱常有白云凌蜃
之壮荆端王於此构亭养静都名公咸题咏焉
荆王宫殿考
中华正阳门　东华门　西华门　润殿　孝思殿
东宫　西宫　慈寂宫　长庆宫　谨身宫　玉华宫
迎春宫　避暑冰山雪洞　射圃　暖阁

图 3　《荆藩家乘 · 宫殿考》页面

实际上，吴承恩在荆王府过了几年比较淡定的日子。利用这段水波不兴的人生时光，吴承恩抚平了在仕途上被深深刺伤的心灵，也趁势完成了自己一生的最大心愿。说实在的，今天回头看他的人生旅程，完成《西游记》的愿望可能在他的青壮年已经孕育，但科举的压力和仕途的颠簸耗费了太多的精力和时间，总不能给他一种安宁的心境，以致他自己都已经不再奢望。现在他以这种方式实现了自己多年前的意愿：做一个“野史氏”，写一部“盖不专明鬼，时纪人间变异，微有鉴戒寓焉”的书——当年是《禹鼎志》，今天是《西游记》。

王府的生活本来就很清闲，由于有王爷的支持，吴承恩整理唐僧取经故事的进展很快。到隆庆四年（1570），吴承恩侍奉的第五代荆王去世，荆王府改朝

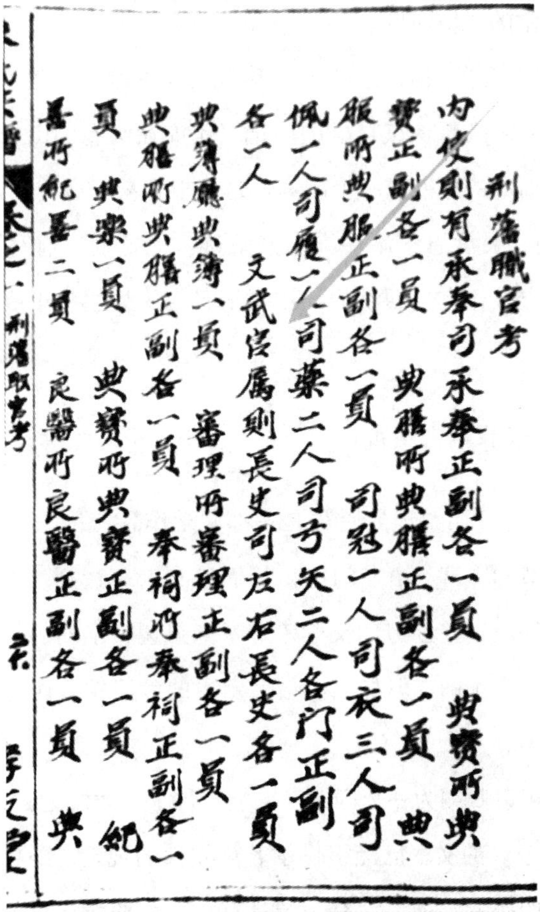

荆藩職官考

内使則有承奉司承奉正副各一員　典寶所典寶正副各一員　典膳所典膳正副各一員　典服所典服正副各一員　司冠一人司衣三人司佩一人司履一人司藥二人司弓矢二人各门正副各一人　文武官屬則長史司左右長史各一員　典簿廳典簿一員　審理所審理正副各一員　典膳所典膳正副各一員　奉祠所奉祠正副各一員　典樂一員　典寶所典寶正副各一員　紀善所紀善二員　良醫所良醫正副各一員　典

图 4　《荆藩家乘·职官考》页面

换代，吴承恩在王府已经有了两个多年头，算来已经完成一任了，按照王爷授意写的《西游记》也已经完成，于是他老人家整理行装，打道回府，书稿留在了荆王府。写《西游记》这样的小说，在旧时代绝不是什么值得夸耀的事，不会有任何收益，这点吴承恩很清楚，所以他没有想到把书稿带回去。王府曾经答应要刻印这本书，喜欢就让他去弄吧。但不知何故，也许王府发生了什么变故，吴承恩直到逝世（1580），整整十年都没有等来《西游记》已经刻印的消息，十二年后的万历二十年（1592），这部有一百回篇幅的《西游记》才在南京一个叫金陵世德堂的书坊面世。

旧时工匠逢有得意之作,总会郑重其事地留下题款。碰到不适宜留款的东西,也会设法在隐蔽处留一点自己的印记,比如在画卷的山水枝叶里写下自己的名字,在陶瓷器具的里壁敲一个印章,这都很容易理解,毕竟是自己的心血。在《西游记》中,吴承恩忍不住弄了点痕迹:他把荆王府写进了《西游记》,他也用了自己的方式,在《西游记》中为旧日东家恩主荆王府留一个千古"贤名"。

作者的文学素养不容忽视

对于读者来说,《西游记》首先是一部文学作品,乃是由于其主题的深邃、人物的精彩、情节的丰富、语言的特色等而跻身名著行列。很自然,其作者必须全方位地具备完成这些创造的文学素养。如果说,早期的取经故事经过了贩夫走卒之手,则完全正确;但如果说最后定本的世德堂《西游记》同样由贩夫走卒完成,可能吗?

具体而言,可以归纳为一个问题:谁能写得了《西游记》?

其实《西游记》的文本已经提供了若干硬性的规定。到目前为止,吴承恩之外所有被提名的作者候选人没有一位具有写作《西游记》的文学资格,包括李春芳。据说李春芳善写青词,但我们没见过,现在在他集子中见到的诗歌,也还是以平实为主,即使抒情,也都有一种内敛的意味,绝无《西游记》那样的张扬。丘处机的所谓"西游记",其中记录了很多丘处机的诗,且不论水平的高下,就这些诗的文笔风格而言,丘处机平实、纪事的文风,与神话《西游记》也根本就不是同一回事。

我们理解《西游记》的作者,从文学上来说,必须符合下列条件:

首先,《西游记》具有儒释道三教色彩却不改变世俗文学作品的本质:题材来自佛教,但作者于佛理并不精通;配角道士始终出现,但作者的态度甚为不恭;儒家的道德不显山不露水,但却是无处不在的最终评判标准。这其实就是选择作者的限定条件:有佛道两教知识,但却不是教中人物,儒学才是其所学根本——这就决定了作者是位科场中走过的读书文人。

其次,《西游记》的情节奇特如幻,语言幽默诙谐,性格鲜明滑稽,往往有匪夷所思的神来之笔,与《三国演义》《水浒传》《金瓶梅》等绝无混淆之虞。这些方面的特色是天生成就,不可模仿,并不是等闲的读书人可以做到的。我们必须物色那些风流倜傥、意气激昂、不拘小节、狂放张扬的角色,当然有诗文或者其他作品为辅证更好。

再次,《西游记》涉及社会文化生活的很多方面,如写到了围棋,说到了绘画,谈到了诗词,引用了神话,而且均非泛泛,其根底的深厚在行家眼里一目了然;在不经意中,涉及三教九流、五花八门,堪称无所不通、无所不精,其生活氛围的复杂性全在其中。这也是选择作者的限定,读死书的读书人显然又是不合格的。

吴承恩恰恰具备了最合适的条件。少年神童,官民惊艳,笔走龙蛇,上下九天,那种俊逸豪迈,与李白、苏轼走了同一条路子,打开他的集子《射阳先生存稿》看看,应该套得上古人的一句俗话即"信不诬也"。

关于更多的才艺,请看下一章的介绍,这里仅就诗文的风格举两个例子:

例一:驻节淮安的漕运总督唐龙母亲过生日,总督找人画了幅海鹤蟠桃图寄回家乡金华为老夫人祝寿,画上又找吴承恩题了首七言古诗,诗云:

> 蟠桃西蟠几万里,云在昆仑之山瑶池之水。海波吹春日五色,树树蒸霞瑞烟起。倚天翠巘云峨峨,下临星斗森盘罗。开花结子六千岁,明珠乱缀珊瑚柯。彼翩知是辽东鹤,一举圆方识寥廓。八极孤抟海峤风,千年遥寄神仙药。此桃此鹤世有无,细视始惊为画图。灵光散宝轴,辉映黄金涂。函之拜送仰天祝,我公心寄南飞乌。……金门更问东方朔,华表重逢丁令威。令威挥动白云袍,春酒年年艳碧桃。北斗一星随婺女,瑞华长傍紫微高。

这是在拍老太太的马屁,把她老人家说成是瑶池的王母女仙。这行文风格的逍遥和语言货色的驳杂,哪是一般的老书虫或者走江湖的先生可比,所谓的神话、旧典,各种稀奇古怪的奇思妙想,什么"开花结子六千岁"的"蟠桃"、偷桃的老祖宗"东方朔"、唐僧老家的"弘农郡"、西王母的"瑶池",真的就是信手拈来,脱口而出,哪还用得着苦思冥想。我们的读者还看到过比这更接近于《西游记》的吗?

例二:吴承恩五十岁之后,曾经在南京国子监读书数年,与以著名才子何良俊、朱曰藩为首的号称"江南才士""白下风流"的一帮文人有过密切交往。这期间,留下了一首艺术性非常之高的七古《金陵客窗对雪戏柬朱祠曹》。诗曰:

> 我梦倒骑银甲龙,夜半乘云上天阙。星河下瞰冻成石,卷起随风散为屑。划然长啸斗柄摇,两岸缤纷堕榆叶。仙娥并驾白鸾凤,顾我殷勤赠环玦。觉来开户仰视天,拊掌惊呼太奇绝。乾坤表里总一色,但见梅花扑香月。狂铺鹿茸坐翳花,长笛横吹古时铁。飞来老鹤鸣向我,顾影翩跹弄明灭。是时身在水精域,肝胆森森共澄澈。呼童问此何物邪?童子无知强名雪。祠曹老郎隔桥住,鼻气吹珠挂寒鬣。披书缩颈映窗读,声与饥鸦和鸣咽。茶香酒美君倘来,火蕨铜瓶水方热。

朱祠曹就是他的好友朱曰藩,此时在南京兵部任职祠曹,与吴承恩隔桥而住,有可能还户窗相对。大雪天,那边"祠曹老郎隔桥住,鼻气吹珠挂寒鬣。披书缩颈映窗读,声与饥鸦和鸣咽",读书读的是辛苦,与"头悬梁""锥刺股"也差不多;这边,赏雪、吟诗,再加上香茶美酒、火蕨铜瓶,读书读的是情趣,是兴致,一派名士风度。两相对照,真有天壤之别。再看,雪景、梦境,孰是人间,孰为仙境,已经难以分清,这种氛围,这种文笔,与《西游记》对照,如何?

文人风格的养成受多种因素的影响,学不得,仿不来。与吴承恩同期兼同事的归有光,号称大家,声名赫然,其《项脊轩志》《寒花葬志》深情绵邈,催人泪下,但却绝无半句在《西游记》中信手可以拈来的吴式才气。朱曰藩——就是上面的朱祠曹,在进士中以诗文见长,被认为是明嘉靖间"金陵六朝诗派"的领头人之一,但在他三十三卷的《山带阁集》中,几乎找不到一首有这种风格的诗文。这就是差别,不可弥合。什么样的范式与《西游记》更匹配,不能说毫无标准,如果连吴承恩的集子都没有翻过,所谓吴承恩是不是作者的种种意见能有多少说服力?

作者的社会意识不容忽视

一部影响深远的作品，必然有一些显著的特色和内蕴，这主要由作者的社会意识以及提供这些社会意识的环境所决定——有什么种子才有什么样的果，有什么作者才有什么样的书——这些，都是研究作品与作者关系的切入点。

举一个例子：《西游记》里的道士很多，且大部分是妖道、恶道，国王身边的道士尤其如此，比如比丘国国王、车迟国国王这样的君主往往受妖道的蛊惑。

我曾经和多位主张《西游记》作者为道教中人的研究者切磋，我说不管你们如何看见《西游记》中的丹道术语，或者引用了多少具有道教文化色彩的诗词韵语，我只问一句，如何解释《西游记》把道士写得猥琐、凶恶、无知、低能？这句话一定会问得对方哑口无言，因为确实解释不了。这就是显著的特色和深层的内蕴，不可改变的底色。

为什么？如果《西游记》的作者有明显的宗教倾向，比如是佛教中人，这个问题好理解。但《西游记》的作者却偏偏是"三教合一"论者，他承认道教应有一席之地，说太上老君就是玉皇大帝的总顾问，住在三十三重天之上；他还到处劝人家既礼佛，也修道，还敬贤，说这样才可以天下太平。那究竟是什么原因形成了作者对道教和道士这种态度呢？这个问题一定要放在嘉靖朝的历史环境中才能说得明白。明代中期社会上比较流行的是以儒学为核心的"三教合一"思潮，但嘉靖出奇地佞道造成了朝野隆重的道教氛围，这让以儒学为本的知识分子很不满意，对时政多有抨击，这就形成了嘉靖朝的文人既不得不承认道教，又处处不满于道教的奇怪现象。这就是《西游记》作者必须具备的一个外围条件。

还有哪些？

我们知道，《西游记》对社会的映射方式和其他的名著是不一样的：它既不正面描述所谓天下兴亡如《三国演义》，也不去揭华丽外衣后面的脓疮如《红楼梦》；既不"诲盗"如《水浒传》，也不"诲淫"如《金瓶梅》，它昭示的是唐僧虔诚的信念追求，悟空善恶分明的暴力，如果不是八戒有点小市民的恶俗，一部

《西游记》简直就是满满的正能量；但即使有猪八戒的市侩狡猾，有孙悟空的暴力倾向，有盘丝洞那么一点小小的色情，我们也不能说《西游记》就不深刻，就不隽永。因此，《西游记》的作者在人生态度上，总体上应该积极正面。

还有，《西游记》的作者显然不是罗贯中那样的江湖艺人。江湖艺人要把大众关心的天下兴亡讲得直白易懂，《西游记》的情节虽神奇，但却有很多文人情调和诗词歌赋，不适宜在酒楼茶馆开讲；显然也不是张士诚、施耐庵那样的暴政批评者（这里取《水浒传》作者大丰施耐庵说），因此没有那种视人命如草芥的戾气，没有喊一声"替天行道"的勇气，对暴政虽有批评，不过开个"皇帝轮流做，明年到我家"的玩笑；他也不是曹雪芹那样的世家贵公子，所以《西游记》里再多几次各级宴会，也没有把刘姥姥看傻了的茄鲞和妙玉那般饮茶，所谓的皇宫筵席也不过是泛泛地说说而已；他甚至不是秦楼楚馆的留恋者，更不会是帮派黑社会的参与者，你看《西游记》社会百姓的主体都是很干净规矩的生意人或者读书人，如旅店老板、寇员外等，绝无青楼女子和无行嫖客。我们不能说这些和作者的身份地位、社会环境没有关系。具备这样社会意识的人，又应该是什么样子？

其实吴承恩正是能够满足这些条件的人。我们在下一章会有详细介绍。

为什么他会有完成《西游记》的念头？吴承恩曾经正面为我们提供过答案。在他的《射阳先生存稿》中，有一篇不长的《禹鼎志序》，非常值得注意：他自称自己从小就爱读杂书，积攒零花钱偷偷地买，还往往要躲起来读，以逃避父师的呵责；尤其喜爱讲神鬼故事如《酉阳杂俎》《玄怪录》那样的志怪。为什么喜爱？因为其"善摹写物情"，也就是使用了文学的手段，天性喜欢。时间长了，自己就立志写一本，这种文学的冲动一直延续到需要为科举奔忙的中年，"斯盖怪求余，非余求怪也"——多么明确的文学激情！他的目标是"虽然吾书名为志怪，盖不专名鬼，时纪人间变异"，"微有鉴戒寓焉"，又是多么明确的文学标准！最根本的原因，在于他立志要做一个使读兹编者"憬然易虑"的"野史氏"。这样一个人，划归《西游记》名下不是很适宜吗？

很可惜，《禹鼎志序》往往被忽视，有时甚至是故意被回避。

第二章 《西游记》作者吴承恩研究

20世纪20年代以来，鲁迅、胡适、郑振铎等学术大师都曾有一段时间专注于中国通俗小说研究，对象就是现在广受追捧的诸多名著，《西游记》自然也在其中。自19世纪中叶渐入中华的西方文学理念，对通俗小说价值的认定与中国文人的传统有天壤之别，西学对文学作品的解读，尤其注意其影响社会的力度，且非常关注"作者"这个出发基点，通常都强调根据作者的社会环境和道义观念解析作品深层次的内蕴。受西学影响，鲁迅、胡适这一代学者也都把作者研究列入了关注的范围。具体到《西游记》，其作者研究也成了最重要的方面之一，吴承恩即在此背景下进入了研究视野。

鲁迅《中国小说史略》"明之神魔小说（中）"说到"一百回本《西游记》"时，罗列了吴承恩的一些资料。且有一段文字交代了把作者落实到吴承恩的追踪线索：

> 然到清乾隆末，钱大昕跋《长春真人西游记》（《潜研堂文集》二十

九）已云小说《西游记》是明人作，纪昀（《如是我闻》三）更因"其中祭赛国之锦衣卫，朱紫国之司礼监，灭法国之东城兵马司，唐太宗之大学士、翰林院、中书科，皆同明制"，决为明人依托，惟尚不知作者为何人。而乡邦文献，尤为人所乐道，故是后山阳人如丁晏（《石亭记事续编》）阮葵生（《茶余客话》）等，已皆探索旧志，知《西游记》作者为吴承恩矣。①

稍后，胡适在《西游记考证》里不仅引述资料进一步证明吴承恩的作者身份，且实际把吴老先生的身份引入了《西游记》的主题研究。他说：

> 《西游记》被这三四百年来的无数道士和尚秀才弄坏了。……因此我不能不用我的笨眼光，指出《西游记》有了几百年的逐渐演化的历史；指出这部书起源于民间的传说和神话，并无'微言大义'可说；指出现在的《西游记》小说是一位'放浪诗酒，复善谐剧'的大文豪作的，我们看他的诗，晓得他确有'斩鬼'的清兴，而绝无'金丹'的道心；指出这部《西游记》至多不过是一部很有趣味的滑稽小说、神话小说，它并没有什么微妙的意思，它至多不过有一点爱骂人的玩世主义，这点玩世主义也是很明白的，它并不隐藏，我们也不用深求。②

这段对后世影响甚深的话，第一是批了"金丹证道说"，第二是提出了"游戏玩世说"，其中虽然没有点明视吴承恩为作者的理由，但实际上显然以胡适本人对吴承恩的了解为依据，毫无怀疑的意思。

此后至今的近一百年间，《西游记》研究的进展和吴承恩身影的逐步明晰基本上是相向呼应，伴生同行，这是非常值得庆幸的进步。我们都知道，不能参照作者身世和思想的名著解读，注定是残缺的有遗憾的解读——这点，在以下

---

① 鲁迅.中国小说史略·明之神魔小说（中）[M]//鲁迅全集（9）.北京：人民文学出版社，1982：161.

② 胡适.西游记考证[M]//梅新林，崔小静.20世纪西游记研究.北京：文化艺术出版社，2008：26.

章节我们会得到深切的体验，因为有确切的证据告诉我们，《西游记》的许多现实社会指向，如果不能锁定吴承恩，是无法理解的。

一 地方史志文献著录及研究概述

方志与笔记是研究通俗小说作者的重要资料来源，无论是否名人名篇，概莫能外。鲁迅、胡适能够摸索走近吴承恩，依赖的也是方志和笔记。

如前所述，首先记录了《西游记》与吴承恩两者关系的是天启《淮安府志》，其卷一九"艺文志·一"著录："吴承恩 《射阳集》四册□卷、《春秋列传序》、《西游记》"；卷一六"人物志·二·近代文苑"中又有一条："吴承恩，性敏而多慧，博极群书，为诗文下笔立成，清雅流丽，有秦少游之风。复善谐剧，所著杂记几种，名震一时。数奇，竟以明经授县贰，未久，耻折腰，遂拂袖而归，放浪诗酒，卒。有文集存于家，丘少司徒汇而刻之。"后者虽没有直接提到《西游记》，但说到这位近代地方名人的"复善谐剧"和"所著杂记""名震一时"，与前者事实上形成了呼应，因此普遍被认为是相关辅证。

其后就是鲁迅提到的清代一批学者的笔记，其中大多以断想、猜测的形式记录了他们的点滴所闻和认知。① 纪昀（1724—1805）《阅微草堂笔记·如是我闻（三）》的记录文字已见于第一章，钱大昕（1728—1804）《潜研堂文集》的意见如下：

> 《长春真人西游记》二卷，其弟子李志常所述，于西域道里风俗，颇足资考证。而世鲜传本，予始于《道藏》抄得之。村俗小说有《唐三藏西游演义》，乃明人所作。萧山毛大可据《辍耕录》以为出邱处机之手，真郢书燕说矣。（卷二十九）

这二位断定《西游记》出明人手无疑，证据不容辩驳，很有见地，但他们似乎尚未看到天启《淮安府志》，因此不能确定他们心目中的"明人"究竟是谁；

---

① 以下资料均可见于：蔡铁鹰. 西游记资料汇编[M]. 北京：中华书局，2010.

也不知道更早一些，著名学者吴玉搢已然撰文考证了这个问题。

吴玉搢（1689—1773），淮安府山阳县人，贡生。幼承家学，于古文字学、考古学成果丰厚，声名为一时之冠。乾隆十一年（1746）参与了《山阳县志》的修订，然后将未曾入志但他认为值得记录的一些资料汇成一本《山阳志遗》，其中提到吴承恩与《西游记》的关系：

> 天启旧志列先生为"近代文苑"之首，云："性敏而多慧，博极群书，为诗文下笔立成，复善谐剧，所著杂记几种，名震一时。"初不知杂记为何等书，及阅《淮贤文目》，载《西游记》为先生著。考《西游记》旧称为证道书，谓其合于金丹大旨，元虞道园有序，称此书系其国初邱长春真人所撰。而郡志谓出先生手，天启时去先生未远，其言必有所本。意长春初有此记，至先生乃为之通俗演义，如《三国志》本陈寿，而演义则称罗贯中也。书中多吾乡方言，其出淮人手无疑。或云有《后西游记》，为射阳先生撰。（卷四）

这段话的内容十分丰富，首先他就是把天启《淮安府志》的两段话参照阅读，其意义我们已经反复提示；其次，他对照流行的"道长说"，认为两者虽然不能契合，但《淮安府志》"其言必有所本"，也就是一定有依据；其三，他认为其中的淮安方言可以为证。

再后出场的是另一位淮籍学者阮葵生。阮葵生（1727—1789），淮安府山阳县人，乾隆二十六年（1761）以中正榜录用，以内阁中书入值军机处，官至刑部右侍郎。此人家学深厚，父亲、叔父和弟弟都是进士，在地方上有"一门三进士，七世两乡贤"之誉；虽然非正榜出身，但仍与其弟阮芝生同享才名，被誉为"眉山兄弟"以比之于苏轼、苏辙。其传世的代表作为《茶余客话》，属杂记性质。其中说道：

> 金漳山先生令山阳，修邑志，以吴射阳撰《西游记》事，欲入志；余谓此事真伪不值一辨也。按旧《志》称：射阳性敏多慧，为诗文下笔立成。复善谐谑（剧），著杂记数种。惜未注杂记书名，惟《淮贤文目》载射阳撰《西游记》通俗演义。是书明季始大行，里巷细人乐道之，而前此亦未

之有闻。……观其中方言俚语，皆淮上之乡音街谈，巷弄市井妇孺皆解，而他方人读之不尽然，是则出淮人之手无疑。然射阳才士，此或其少年狡狯，游戏三昧，亦未可知。要不过为村翁塾童笑资，必求得修炼秘诀，则梦中说梦，以之入志，可无庸也。（卷二十一）

阮葵生颇为正统，认为这种"游戏三昧"的"村翁塾童笑资"，无须入志。但他对《西游记》与吴承恩的关系，丝毫没有怀疑。

晚了一辈的丁晏持同样观点。丁晏（1794—1875），还是淮安府山阳县人，清代校勘学家、经学家，道光元年（1821）举人，官至内阁中书。丁晏著述颇丰，在《淮阴脞录自序》中他说道："钱竹汀《潜研堂集》，谓《长春真人西游记》二卷，别自为书，小说《西游演义》乃明人所作，而不知为吾乡吴承恩作也。"其《石亭纪事续编》又说：

及考吾郡康熙初旧志艺文书目，吴承恩下有《西游记》一种。承恩字汝忠，吾乡人，明嘉靖中岁贡生，官长兴县丞。旧《志》文苑传称："承恩性慧而多敏，博极群书，复善谐剧，所著杂记几种，名震一时，《西游记》即其一也。"今记中多吾乡方言，足征其为淮人作。《西游》虽虞初之流，然脍炙人口，其推衍五行，颇契道家之旨，故特表而出之，以见吾乡之小说家，尚有明金丹奥旨者，岂第秋夫之针鬼，瞀仙之精算哉？且使别于真人之记，各自为书。钱氏之说，得此证而益明矣。

值得注意的是，除了前人的记录之外，丁晏和吴玉搢、阮葵生一样都谈到了《西游记》的方言问题，这是又一种取证途径的开辟，值得注意。

以上种种，认同者有段朝端、陆以湉、俞樾等时贤名流，但毕竟属于文人圈内事，影响范围有限。后来蒋瑞藻先生搜罗采摘，耙剔归类，把这类资料统统收入 1910 年编辑出版的《小说考证》。蒋先生此举，似乎有意为吴承恩一辩，但终究只停留在资料搜集的层面上。

胡适当时遗憾"最可惜的是我们至今还不曾寻到吴承恩的《射阳存稿》"。所以他列出的第一份吴承恩行状只有四行：

嘉靖中（约 1550），岁贡生。

嘉靖末（约1560），任长兴县丞。

隆庆初（约1570），在淮安与陈文烛、徐子与，往来酬唱，酒酣论文。

万历初（约1580），吴承恩死。①

说来有点传奇色彩，这个世界上居然真的有一部《射阳先生存稿》躺在那儿等待发现。1929年北平故宫博物院竟然把那部默默躺了三百多年的《射阳先生存稿》给捡了出来——不知道哪位皇帝或皇子收藏了这本书。其时《西游记》研究风头正劲，故宫博物院方面当然视为拱宝，不仅摘其诗歌在《故宫周刊》上连载以飨读者，而且于1930年重新铅排了一部专供研究者使用。

鲁迅、胡适开始现代研究之后，最重要最具基础意义的事件就是《射阳先生存稿》的再见天日，它对于吴承恩和《西游记》研究的推动不言而喻。1935年，赵景深先生根据《射阳先生存稿》编制了第一部初见规制占有12个页码的《吴承恩年谱》。② 1958年，刘修业先生根据故宫博物院的铅排本整理《射阳先生存稿》，以《吴承恩诗文集》为名交由古典文学出版社出版，并于书后附录了她在40年代编订的一部《吴承恩年谱》，篇幅达到三万字左右，已经大致覆盖了吴承恩生平的主要节点，形成了基本的学术框架。③ 20世纪80年代，在吴承恩的家乡江苏淮安成功召开了第一届全国性的《西游记》学术研讨会。本届研讨会上，公认最重要的成果是苏兴先生长达八万字的《吴承恩年谱》④ 和吴承恩故居及墓地的发现。其后，1991年刘怀玉先生在刘修业《吴承恩诗文集》基础上出版《吴承恩诗文集笺校》时，于附录中又推出了一部由其本人重订的《吴承恩年表》。⑤ 这部年表的特点是简明扼要，删繁就简，故其篇幅不大，但

---

① 胡适.西游记考证[M]//梅新林，崔小静.20世纪西游记研究.北京：文化艺术出版社，2008：19.

② 赵景深.中国小说丛考·西游记作者吴承恩年谱[M].济南：齐鲁书社.1983：251.

③ 刘修业.吴承恩诗文集·吴承恩年谱[M].北京：文学出版社，1958.

④ 苏兴.吴承恩年谱[M].北京：人民文学出版社，1980.

⑤ 刘修业，刘怀玉.吴承恩诗文集笺校·吴承恩年谱[M].上海：上海古籍出版社，1991.

却以刘先生为吴承恩诗文作笺校和完成《吴承恩论稿》时的大量积累为基础，学术价值自是又进一步。

但问题来自当年故宫博物院开放的是那个铅排本。这个本子属于过录，且由于赶制匆忙并未作认真校勘，可靠性自然要大打折扣，而且大得有点令人遗憾。1949 年，《射阳先生存稿》原本被带往台湾，从此之后的六十年间再也没有大陆学者见过，这是历史的宿命，毫无办法，刘修业先生整理的《吴承恩诗文集》，只能依据铅排本。1991 年，上海古籍出版社约请刘怀玉先生在刘修业整理的基础上再作校笺，出版《吴承恩诗文集笺校》，其底本仍然是故宫博物院的铅排本。二位刘先生为这部《吴承恩诗文集》的校勘付出了很大的努力，除以《故宫周刊》的选载参校以外，还找出了几乎所有能见到吴承恩诗文的各类文献，如《淮安府志》《山阳县志》《山阳诗征》《楚州丛书》，等等。在当时的条件下，校勘应称精审。但由于底本的先天缺陷，从文献整理的角度看，遗憾仍然殊多。2009 年秋天，我应邀赴台湾东吴大学讲学，期间利用东吴大学与台北"故宫博物院"隔双溪相望所距仅一箭之遥的便利，在该院的图书文献馆查到海内孤本、大陆学界无人目睹的《射阳先生存稿》传本，并将其录回；再汇集在上海图书馆发现的吴承恩唐宋金元词选《花草新编》和近年发现的若干篇佚文，出版了新一版的《吴承恩集（笺校）》，并汇集前人研究成果编订了新一版的《吴承恩年谱》；2016 年，又由作家出版社出版了在年谱基础上形成的纪实性传记《大道正果——吴承恩传》。至此，研究作者以及深入解读作品所需的三件套——文集、年谱、传记都已经齐备。

数十年来，经一辈又一辈学者包括我们自己的努力，终于可以看到吴老先生的身形轮廓，可以与他老人家进行跨越时代的心灵交流，可以用他的文学才华和人生道义作为解读《西游记》的指路灯——了解吴承恩的《禹鼎志序》《先府宾墓志铭》《答西玄公启》《二郎搜山图歌》《对雪戏柬朱祠曹》《送入我门来》，等等，已经是深入解读《西游记》的预修必备。

对吴承恩著述比较完整的统计是：

通俗小说《西游记》一百回，存；

文言小说《禹鼎志》，疑已亡——虽然在清末还有过目的记载，但实物一直没有任何线索；

诗文集《射阳先生存稿》四卷，存；

唐宋金元词选集《花草新编》五卷，其中一、二卷亡，三、四、五卷存；

辑佚诗文数篇。

关于《射阳先生存稿》

吴承恩著有《射阳先生存稿》四卷本身殆无异议。大致情况是：这部诗文集于吴承恩逝世后的第十个年头即万历十八年（1590）由其表外孙丘度整理刻印行世，前有曾任淮安知府的五岳山人陈文烛万历十八年（1590）的序，后有参与整理自称"通家晚生"的吴国荣万历十七年（1589）的跋，是为初刻本；过了二十多年后在万历四十年（1612）左右，丘度再次增补重刻，约请当时文坛名家李维桢题序，是为重订本。据说另有《续编》一卷，然而虽有记载却都似是而非，既没见到传本也没见到详备的描述，故学界多搁置不论。

从现存数据来看，明末至清初的一段时间内《射阳先生存稿》的流播还算广泛，因为曹溶的《明人小传》、陈田的《明诗纪事》、朱彝尊的《明诗综》中均有介绍或收录；但进入中叶之后我们就已经是只闻其名而难见其书了，比较确切的线索也只是《山阳艺文志》收录的吴进的一段话中，提到乾隆四十二年（1777）曾经见到过一个残本；再以后所有的消息大约就都是转录了，① 直至1929年，北平故宫博物院才重新发现了一部。如前所述，1949年北平故宫大批文物迁往台北，《射阳先生存稿》的原本随迁。

现藏台北"故宫博物院"的《射阳先生存稿》传本四卷分为两册，两册的封面上分别注有"卷一至二""卷三至四"字样，纸张虽已发脆，但品相还不错。全书高26.5厘米，宽16.5厘米；版心高20.5厘米，宽13.0厘米。每页十行，行二十二或二十三字，除补版的少数外，绝大部分刻工精细，字迹清晰。

---

① 以上资料均已收入蔡铁鹰. 西游记资料汇编［M］. 北京：中华书局，2010.

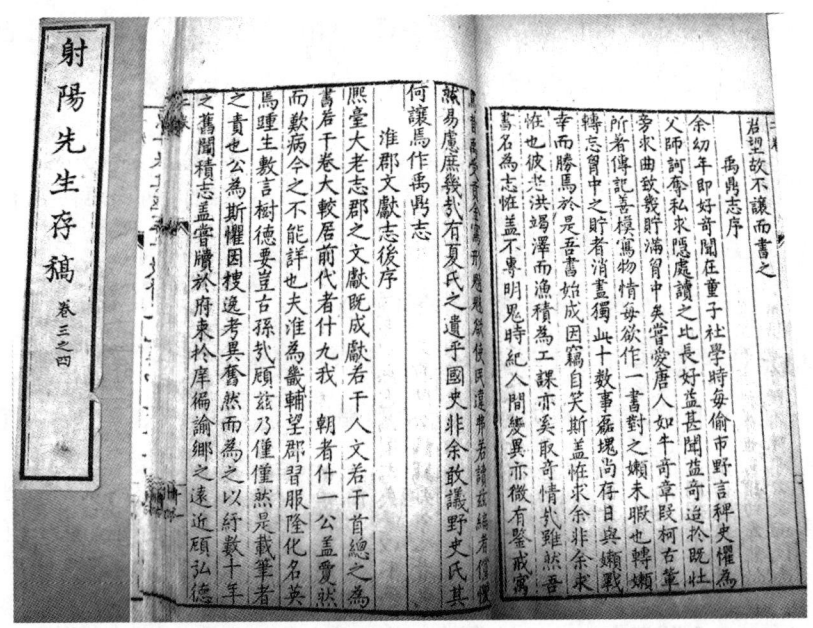

图 5 吴承恩诗文集《射阳先生存稿》万历重订本（现藏台北"故宫博物院"）

第一卷目录前有陈文烛落款万历庚寅的《吴射阳先生存稿叙》，三叶六页；李维桢无年月落款的《吴射阳先生集选叙》，四叶八页，页均六行十二字；第四卷末有吴国荣落款万历己丑的《射阳先生存稿跋》，草书，页六行。

正如俗语所云：眼见为实。找到《射阳先生存稿》的传本，不仅解决了《吴承恩集》的校勘问题，还使得围绕吴承恩诗文的一些疑团迎刃而解，主要有以下三点：

首先，确认了《射阳先生存稿》曾经重订的事实。我们之前已经知道，《射阳先生存稿》有万历十八年庚寅的初刻本和万历四十年左右的重订本。以往研究者根据前有李维桢序，已经断定传本属于重订本，但这个重订本与初刻本究竟有多大区别，则还是一个待查的问题。现在查看传本实物，发现有不少挖版、补刻的痕迹，这就说明传本确实是一个大部分利用了初刻的旧版但也经过二次整理的重订本。根据挖补造成的字体、纸张、页码等方面的差异，特别是重订时未作改动的目录，我们可以辨认出重订本与初刻本的差别。主要在于：

1. 重订本卷一"赋"增加了《述寿赋》《陌上佳人赋》两篇。依据是目录没有，而在正文中有，且能判断出是补版，页码重复但重复的部分有"又"字样以示区别。

2. 重订本卷一"七律"挖去《挽赵菊丛》《寿蒋雪鹤》两首而补刻了《赠子价》《庚戌寓京师迫于归志呈一二知己》。依据是目录中有前者无后者，正文中有后者无前者，且这一页有明显的挖补痕迹。

3. 重订本卷四增加了十三篇障词——前十三篇都是后增。依据是原目录缺这十三篇且正文中页码也是从第十四篇开始编排，插入的这十三篇也编了页码，但序号前均加"前"字样以示区别。

4. 重订本卷四增加了十七首词（十二个词牌）以及一个由九支曲子组成的套曲。依据是原目录无，且增加的部分字体、纸张均有差异。

其次，一个顺理成章的结果就是打消了我们成批发现吴承恩佚文的期待。吴承恩诗文的数量应该很多，但大多早已亡佚，所以吴国荣的《射阳先生存稿跋》说丘度搜集到的仅仅是"存十一于千百"。但李维桢在重订《射阳先生存稿》时说"丘公（按：丘度。）……复搜集玉叔（按：陈文烛。）所未及录者，已，病其太繁，属不佞校删而为之叙"，这句话很有想象空间：既然有增有删，动作不能算小，原刻本是何样子，删掉哪些，被删的还能见到吗？因此研究者下意识中也留下了有朝一日那些曾经刻进《射阳先生存稿》初刻本而后又被删去的诗文能重见天日的念想。而现在初刻本的面貌已经清楚，重订本增多删少，所反映的基本就是吴承恩存世诗文的全貌，李维桢的"病其太繁"，所指仅仅是丘度后来补充的部分而不是初刻本吴承恩诗文的全部，因此成批发现吴承恩佚作的可能已不存在，哪怕再有初刻的《射阳先生存稿》被发现。

再次，基本排除了续集存世的可能。清代淮安学者吴玉搢在《山阳志遗》中提到他曾经搜集到《射阳先生存稿》四卷的全部和一卷续集，对吴玉搢的话不能轻易表示不信，但我们却又一直没有见到传本或其他的证据线索，甚至吴玉搢自己录出的吴承恩诗文中也未见到超出我们所知者。根据现在初刻本、重订本基本清晰的面貌，我怀疑是否还有续集存在的空间。因为重订本补入的部分分量不轻，通常情况下编为一卷已经足够，在此之后再形成续集一卷的已经不太可能。或许，所谓续集就是重订本补入的内容，在补入之前曾经单独存在；或许，吴玉搢搜集的《射阳先生存稿》四卷是初刻本，那些重订本补入的内容尤其是第四卷对他来说就是续集。

关于《花草新编》

据载，吴承恩曾经以《花间集》和《草堂诗余》为底本，编纂过一本唐宋金元词选集《花草新编》，由于《射阳先生存稿》卷二收有《花草新编序》，陈文烛《二酉园续集》卷一也有一篇《花草新编序》，对读互证，《花草新编》的存在已经没有疑问。从陈序看，丘度似乎曾经准备刻印此书，时间与刻印《射阳先生存稿》大致相同，也就是在万历二十年左右。但我们后来却没有见过任何刻本的消息，因此是否真的已经雕版印制，还有疑问。

但抄本存在。清末民初，非常留意乡邦文献的淮安学者段朝端查询到一个抄本：

> 吾友汪君澄伯，为粟庵先生元孙，老屋数椽，楹书世守。予见其书目有吴某《花草新编》一种，诧为得未曾有，亟假以来，仅一残抄本，霉烂几不可读。盖射阳所辑历代词选。……第一行"《花草新编》卷之几"，次行"射阳吴承恩汝忠甫纂辑"。凡三卷：卷三中调，卷四、卷五长调。前二卷已不存，后不知尚有若干卷。间附评注……不知过录，抑明经自著。惟纸墨敝渝，蠹蚀纠结，展读不易，传钞料必更无此事，亦徒归零落而已。然犹幸为予所见，得以其名附见于此，自矜创获。……此册极厚，约百余叶，半叶九行，行十八字，虽行楷而古意可掬。每句旁识以小朱规，上下阕中隔大朱规，至为精审。奈触手粉碎，叹惋弥日。蔗叟附记。（《椿花阁文集·书残抄本〈花草新编〉后》）

这个抄本后来的去向不明。到20世纪50年代，传出上海图书馆收购到一部《花草新编》残抄本的消息。但当时这部抄本似乎未曾对读者开放，因此在此后的半个多世纪里，很少有人述及此事，《全明词》和《吴承恩诗文集笺校》

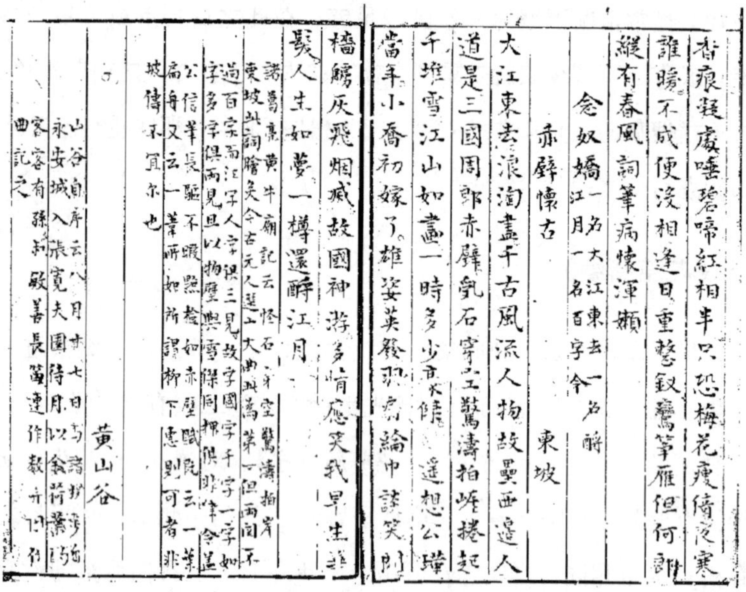

香痕疑處唾碧啼紅相半只恐梅花瘦倚夜寒
誰暖。不成便沒相逢日重整釵鸞箏雁但何郎
縱有春風詞筆病懷渾懶
念奴嬌 一名大江東去 一名酹江月 一名百字令
赤壁懷古 東坡
大江東去浪淘盡千古風流人物故壘西邊人
道是三國周郎赤壁亂石穿空驚濤拍岸捲起
千堆雪江山如畫一時多少豪傑遙想公瑾
當年小喬初嫁了雄姿英發羽扇綸巾談笑間
檣艣灰飛烟滅故國神游多情應笑我早生華
髮人生如夢一樽還酹江月
諸葛亮黃牛廟記云怪石穿空驚濤拍岸
東坡此詞膾炙今古元人選入大曲以為第一但兩間不
過百字而江字人字俱三見故字國字千字一字如
字多字俱兩見且以物壁與雪傑同押俱非全善
公信筆長驅不暇點檢如赤壁賦既云一葉
扁舟又云一葦所如所謂柳下惠則可者非
坡傳不宜爾也
黃山谷
山谷自序云八月十七日与諸甥步自
永安城入張寬夫園待月以金荷葉酌
客客有孫叔敏善長笛連作數弄
曲記之

图 6　吴承恩编《花草新编》明抄本页面（藏上海图书馆）

的介绍都很简略。但当 2010 年我抱着试试看的想法去上海图书馆查询时，竟然发现这部残抄本已经经过整修可以借阅了。这个残抄本很可能就是段朝端见到的本子，因为两者非常吻合。

所见并非如段朝端所述是一大厚本，而是经过重新封装分为四册，第三卷中调一册，第四卷长调两册，第五卷长调一册——第一、二卷原缺。透过装裱可以看出原书当初漫灭不堪的状态，所幸除少量边角略有缺失外，主要内容尚完整。其余则基本如段朝端所述：半叶九行，行十八字，楷书，算得上精审。由于抄本中有不同的字迹出现，我曾经认为此抄本可能与吴承恩无关，但近来以吴承恩手书的《沈公合葬墓志铭》为样本仔细对照，觉得此抄本为吴承恩手迹的可能性非常之大。此论姑且先留存照，具体容后再证。

三卷共收唐、宋、金、元代的词三百九十四阕（第三卷一百三十五阕，第四卷一百六十一阕，第五卷九十八阕），以宋代为主，略为点缀唐代及金元词作；使用了二百一十一个词牌，全部是中调、长调；其中取自《花间集》的六阕，取自《草堂诗余》的约一百六十阕。透过这些基本统计，我们可以发现：

1. 《花草新编》原本的篇幅就是五卷，缺失的仅是前两卷小令部分，因为到第五卷末，收录的已经是四片长调如《三台》《哨遍》《戚氏》之类，不再有延展的空间。

2. 以三、四、五卷及《花草粹编》的篇幅比照，缺失的第一、二卷小令应该有四百阕左右。这样全部《花草新编》应该选词约八百阕。

3. 《花草新编》虽然号称以《花间集》和《草堂诗余》为底本，但实际所采自这两本书的并非如想象中的那样有足够分量，吴承恩自选增补的倒占了一大半以上，这在很大程度上可以显示吴承恩本人的爱好和审美，有一定的研究价值。

对于《花草新编》，学界一贯不太重视，追根寻源者少，大抵认为这就是一部含金量平平，明代常见的词选集，选来选去都是他人的作品，对吴承恩研究价值有限。刘怀玉先生在《吴承恩诗文集笺校》里以附录的形式刊出了三十四条批语，让人大失所望的是，这些批语真的没有多少新意。

但我在得到残抄本全部并作初步研读之后，却认为如果换一个角度，即从词学、词史、选词史的角度看，这部《花草新编》自有非同小可的意义。

首先，对照《花草新编》与陈耀文编《花草粹编》则可以肯定，现在大有名声，已经成为明人选词代表的《花草粹编》，确实是在《花草新编》的基础上形成的，陈耀文大量占用了吴承恩的成果，攘夺了吴承恩应有的地位。

陈耀文（1526？—1607），字晦伯，号笔山，嘉靖二十九年（1550）进士，授中书舍人，后外任淮安府推官、宁波苏州同知、淮安兵备副使等职。在他万历十一年写的《花草粹编叙》里，提到他动手编选这部词集的时间是在二十多年前："嗣以漂泊东南，纳交素友淮阴吴生承恩、姑苏吴生岫，皆耽乐文艺，藏书甚富。余每得之假阅，辄随笔位序之，久之遂成六卷。"查嘉靖三十八年陈耀文任淮安府推官（天启《淮安府志》卷五《秩官志·二》），此时认识了已经入岁贡、挂名在南监读书的吴承恩，并开始与吴承恩讨论对词的共同感受。这是一种什么性质的讨论？20世纪50年代整理吴承恩诗文集的刘修业先生曾怀疑:"教我不能不猜疑陈耀文的《花草粹编》,也就是用他(吴承恩)的稿子改编而成的。"① 是否如此?确实!

证据一:《花草新编》残抄本选录的近四百阕中长调,几乎全部被《花草粹编》所收入。对这种同源关系的解释,只能是后者吞并前者。因为嘉靖三十八年吴、陈二人相识时,吴承恩五十四岁,《花草新编》完成已近二十年;而陈耀文三十四岁,《花草粹编》的杀青是在又二十四年之后的万历十一年(1583)。

证据二:陈耀文的《花草粹编叙》脱胎于吴承恩的《花草新编序》。这两篇序文都只有四百字多一点,但完全相同的部分竟达二百字以上,即除去陈耀文叙述个人经历的两小节之外,其余谈词的内容几乎全同!因此我们也不难确定它们同源的关系,谁是源,谁是流,不言自明。

虽然如此,我想我们可以不去全盘否定《花草粹编》的价值,也不说陈耀文剽窃抄袭了吴承恩的成果,等等,《花草粹编》毕竟搜集了三千余阕词、八百多词牌(调),数量是《花草新编》的四倍,这确实耗费了陈耀文的若干年精力,值得肯定,但《花草粹编》最初受启发于吴承恩,并且沿袭了吴承恩编选词集的设想、体例和已经选好的约八百阕作品,甚至占有了吴承恩的序言,这是不争的事实。最后仅以"纳交素友淮阴吴生承恩……藏书甚富。余每得之假阅"作为交代,显得陈耀文人品上还是有点瑕疵。《花草新编》本应有的历史地位已经不可能完全恢复,这点也许不能太多责怪陈耀文,但我们至少应该把创意的荣誉还给吴承恩。

其次,就要说到《花草新编》的历史地位,说到吴承恩的创意设想和编排体例,这其实是更值得探讨的问题。这里引出一个问题,即吴承恩的《花草新编》究竟完成于何时?

陈耀文说他在嘉靖三十八年于淮安府任推官时认识了吴承恩并开始有编词选的念头,研究者初期一般都认为这可以理解为是他受到了吴承恩的启发,而吴承恩的《花草新编》此时至少应该已经有了思路和框架。而我觉得《花草新

---

① 刘修业.吴承恩诗文集·附录[M].北京:文学出版社,1958:234.

编》形成的时间应当更早。《射阳先生存稿》卷三收有一篇《答西玄公启》，苏兴先生《吴承恩年谱》考出这是吴承恩为辞马西玄聘而作。西玄，马汝骥号。马曾在嘉靖十七年至十九年担任过南京国子监祭酒，大约因看中吴承恩的文才而有意延聘其担任书记之类的职务，吴承恩婉拒。其中有这么一段：

> 承恩淮海竖儒，蓬茅浪士，倚门肮脏，挟策支离。……徒夸罗鸟之符，误悉屠龙之伎。<u>囊底新编</u>，疏芜自叹，怀中短刺，漫灭谁投。真怀下里之羞，讵意当涂之赏。

这是自谦，大意说自己华而不实，都是屠龙之技，在别人看来并非实学，所以不堪重任。请注意"囊底新编"这一句，这是说自己有了一本颇为得意但别人并不会赏识的新书，这没有疑义。但这是什么书？有人认为是《西游记》。但我在看到了《花草新编》之后，忽然悟到："新编"不就是《花草新编》吗！在与任国子监祭酒的前辈打交道时，吴承恩怎么可能炫耀《西游记》？他明示珍爱、暗作炫耀的书只能是《花草新编》！看到抄本之后我也才理解到编这东西确实是需要花大力气用足功夫的，确实值得珍爱；而编选《花草新编》虽然不是丢人的事，但在科举功名没有着落的情况下，耽乐于此，也不会受到欢迎，吴承恩此时就此事表现出来的哀怨（别人不理解）和固执（坚持对文学的喜爱）实在可以理解。

以此为据，《花草新编》当在嘉靖十九年前就已完成——最迟在嘉靖二十二年，因为马汝骥本年离世。这样以来，那我们关注的就不仅是《花草新编》与《花草粹编》的关系，而是要关注它与《类编草堂诗余》的关系。

众所周知，最有影响的宋词选集是《草堂诗余》，何士信编成于南宋。其编排的体例后人称为"分类选词"，也就是将入选的词以春、夏、秋、冬四季分类，以下再细分情、景、思、恨等，如春情、春景、春思、春恨等。南宋以后，词选渐多，但仍不出旧例，直到嘉靖二十九年顾从敬刻出的《类编草堂诗余》，才有了"分调选词"的进化——也就是使用小令、中调、长调的概念，再按词牌将词作归类。这种体例，此后一直延续，成为明以后选词的主流。

对顾从敬在词史上的创新地位，到目前为止几乎没人怀疑。但现在看，把这种倡导重大变革的荣誉加之于顾从敬,似乎有点不那么可靠,因为吴承恩的《花草新编》正是分调的,而它完成的时间,应当是在嘉靖二十九年之前,早于《类编草堂诗余》,这倡导分调选词的第一人完全可能是吴承恩。

如果说《花草新编》因没能付印而不被人知可以理解,但谁是"第一人"就是学术上值得注意不应忽略的问题了。

二 吴承恩的生活背景与吴家家世

《射阳先生存稿》中保存有一篇《先府宾墓志铭》,是吴承恩为其父去世亲自撰写的动情之作,其中提供了不少关于吴氏家族的信息,赵景深先生后来能够把胡适当初四行字的行状扩展为较有规制的年谱,主要得益于这篇墓志铭。1975年,这篇墓志铭的原碑在吴承恩的故乡淮安被发现。1980年,当时的淮安县政府派员调查风传中的吴承恩故居和吴氏祖茔。这次调查,不仅证实了《先府宾墓志铭》的种种描述,且有了非常意外的新发现:找到了吴承恩本人的棺木,棺木上有"荆府纪善"字样,这与文献记载的吴承恩最后身份吻合,对于确认吴承恩作为《西游记》作者有非常重要的作用;又由于棺木里的头骨完好无损,因此我们可以借助雕塑手法和现代技术制作吴承恩本人真容的复原像。这是至今为止唯一一座古代文化名人的真容复原像——据说20世纪50年代建设北京明十三陵时,曾由中央特批取出定陵万历皇帝朱翊钧的头骨制作了一尊真容雕塑,称唯一,但后来在"文化大革命"中这尊头骨和雕像一起被毁,因此1982年由中国社科院贾兰坡先生指导,由张建军制作的吴承恩真容复原像就真的成了唯一。① 从技术角度说,这种复原像的相似度可以达到90%以上,主要差距就在于软组织部分如胡须、皱纹,等等;但换成艺术角度,这又为艺术家提供了发挥的空间。事实上,这尊真容像为吴承恩选择的年龄、装束和最重

---

① 有关详情请参看拙著《吴承恩年谱》提供的资料。吴承恩年谱[M]. 北京:中国社会科学出版社,2014.

图7 根据头骨复原的吴承恩真容雕像（中国社科院张建军制作）

要的神情气质，都非常恰当，生动地表现出了这位天才巨匠创作《西游记》时那种神情冷峻、凝神沉思的内蕴。

到目前，对吴家的生存环境和吴承恩的身世生平，已基本可以做出比较清晰的描述。大致如下：

吴承恩，生于明正德元年（1506），逝世于明万历十年（1580），享年七十五岁。字汝忠、以忠，号射阳居士、射阳山人，或又别号淮海浪士、野史氏，人多称吴射阳、射阳先生。明淮安府山阳县（今江苏省淮安市淮安区）人，其先祖约在明初时由涟水县迁入落籍，择居于山阳县治北五里处河下古镇之打铜巷。谱系如下：

先世涟水，三世以上谱牒不能详。

高祖吴鼎，生平不详。

　　曾祖吴铭，曾任余姚训导。

　　　　祖吴贞，例贡，曾任仁和教谕，但到任不久即病逝于任上。

　　　　　娶梁氏。

　　　　　　父吴锐，字廷器，号菊翁。布衣，经营彩缕文縠。

　　　　　　　娶徐氏，生女承嘉。

　　　　　　　　吴承嘉嫁沈山，有女沈氏。

　　　　　　　　　沈氏嫁丘岚，有子丘度。

　　　　　　娶侧室张氏，生子承恩。

　　　　　　　吴承恩，字汝忠，号射阳。贡生。任长兴县丞、荆府纪善。

　　　　　　　　娶叶氏，有子凤毛。

　　　　　　　　　吴凤毛订沈坤女，未婚早殇。

　　　　　　　　娶侧室牛氏，无子。

　　据现有资料看，吴承恩的高祖可能是小商人或者是小手工业者，事业略有小成后弃商习儒；其曾祖、祖父都通过纳捐的渠道做了学官。但由于祖父去世很早，家道复归艰难，其父吴锐则因贫未能继续学业，娶了经营小饰品的徐氏老板的女儿为妻，并承袭了妻家职业，经营一间售卖花边彩带小饰品的店面。家庭这种角色身份的转换，对吴锐的影响贯穿一生，对吴承恩的影响也持久而深刻。

　　吴承恩自幼聪颖好学，大约于十六岁时进学，成为淮安府学的一名少年生员；学中成绩优异，有"工制艺"的考语并被督学使者评价为"得一第如拾芥耳"。不久，凭借神童的声誉，吴家与淮安望族叶氏联姻，吴承恩就此进入淮安上流的社交圈，成为一颗众人寄予厚望的未来之星。

　　但他的科举之途却很不顺畅。在以后的二十多年中，吴承恩理论上有九次参加乡试的机会——实际上他也确实不离不弃地参加了六七次——却始终未能获得举人的功名。这个问题是吴承恩生平中最大的"谜"。这个谜恐怕不能用

"科场黑幕""文齐福不齐"之类的托词来解释，也不仅是由于他多才多艺，才艺压身。他喜爱文学，酷爱小说，甚至在科举压力最为严重的时候还完成了一部文言志怪小说的创作和一部唐宋金元词集的编选，这对他的注意力有一定影响，但更重要的是，他希望借文学来张扬道义，完成人生的政治理想，这其实已经远远超出了才智、能力、爱好等范畴而成为一个人生观的问题。吴承恩所选择的这种人生观，与科举的要求根本就无法契合，因此他的科举经历看起来似乎像是一个神童的带有极大偶然性、令人唏嘘的命运悲剧，但实际上却代表了儒学本质上的使命意识和真正的文学所必需的思维方式，与科举这种政治手段之间必然的博弈结果——尽管吴承恩自己未必意识到。

嘉靖二十九年（1550）四十五岁时，吴承恩不得不放弃科举的主渠道而以岁贡生的身份赴北京谒选，试图选出个教谕、训导之类的学官或者其他的佐杂职务。未能如愿后被分配至南京国子监读书，之后经历了长达十余年的南京坐监读书的生活，苦苦等候不知何时可能会降临的做官机会。之所以他耿耿于一官半职并能作如此长期的坚守，殆因老母的不懈坚持，而老母的意见其实又是老父的遗志——他们认为家中必须要出一个官员，以恢复"业儒"的身份，因此吴承恩必须坚持。

嘉靖四十三年（1564）五十九岁时，吴承恩青年时的朋友，时任礼部尚书转吏部尚书的老友李春芳了解到吴承恩的窘境，于是伸出援手，热心"敦喻"吴承恩再次进京选官，并帮助他谋得了一个长兴县丞的职务。嘉靖四十五年（1566），六十一岁的吴承恩欣然到任，但由于相当复杂的包含政治、文学等多种因素的纠纷，吴承恩与他的长官归有光关系"不谐"；隆庆元年（1567）年底，又很不幸地做了官场恶斗的政治牺牲品，被上司以贪赃的罪名逮系下狱。还是此时已成为内阁首辅的李春芳援手相救，为他重新安排了一个可以恢复名誉的八品新职——蕲州荆王府纪善。

纪善的职责是负责王府的礼仪监督和小王子们的教育。这是一个闲差，有点类似于清客或者八公之徒，陪王爷或者小王子玩玩就可以了。吴承恩利用这个机会仔细回顾了自己的一生，并在王爷的支持下，捡回了自己的人生夙愿，好好地玩了一把文学，完成了百回本小说《西游记》。

隆庆四年（1570），吴承恩回到了自己的家乡，诗文自娱，过上了不很宽裕但很受尊敬的致仕乡绅的生活，直至万历八年（1580）七十五岁时仙逝。他回乡后精心训练的表外孙丘度在万历四年（1577）老人家七十一岁时中举，次年连捷进士。这位表外孙后来以最隆重的方式对他的舅公表示了感谢——在吴承恩逝世十年后的万历十八年（1590）整理刻印了老人家的诗文集《射阳先生存稿》。

或许，荆王府某位王爷曾经许诺刻印《西游记》，因此吴承恩并未将《西游记》手稿带回淮安。后来手稿流出王府，被一位以"世德堂"为店号的书商唐光禄购得，并斥巨资刻印，于万历二十年（1592）在南京面市。世德堂本《西游记》的卷首陈元之《序》所称的三个"或曰"，约略记载了这个过程。

大约在万历四十年（1612），以光禄寺卿身份退休在家的丘度再次整理刻印了吴承恩的《射阳先生存稿》，并由当时文坛领袖李维桢作序；李维桢对吴承恩的诗文给予了高度评价。又十年，天启《淮安府志》开始编纂，鉴于吴承恩的"谐剧""杂记"虽然不称雅文但毕竟又"名震一时"的情况，新版府志特设"近代文苑"一栏，对这位乡邦奇才和他的《西游记》作了正式介绍。此后地方府县文献循例，对"吴承恩《西游记》"代有著录。

吴承恩因《西游记》而享盛名，但他的文学成就并不仅限于《西游记》。他还是明代嘉靖、隆庆、万历年间（1522—1572）江淮一带交际广泛、颇有名气的诗文作家。这些诗文，本身既有很高的文学价值，同时又是研究吴承恩和《西游记》的重要资料。

吴承恩交往的官宦乡前辈有胡琏、蔡昂、潘埙、叶荃、朱应登等，这些人物都曾在朝廷任职，有些在《明史》有传；他在官府中结识的亦师亦友的官员有先后任漕督唐龙、万表，多任淮安知府葛木、邵元哲、陈文烛，以及曾任推官的陈耀文等；他自幼相知的学伴挚友有朱曰藩、沈坤、张侃、倪润、李春芳、冯焕及胡氏、潘氏家族的青年才俊，这些人基本上都有进士身份和相应的官职；他在文坛上交往的有文征明、王宠、徐中行、归有光等名流时贤及何良俊、何良傅、文彭、文嘉、黄姬水等一代江南才士；而在市井生活中，他则以游走于众多的富商巨贾、高第宅门为生。

这是一个似乎并不特殊的家庭，一个似乎并不神秘的人物，一段似乎并不出众的经历，但就是这些与旷世奇书《西游记》发生了关系。

耐人寻味其实就在不经意中。就是那么一两点天赋，那么一两点特质，那么一些偶然与必然的相遇，一些社会与文学的碰撞，为一位挚爱文学、天赋才情且提炼了明确人生道义的"文人""奇人""达人"提供了实施理想的机会，提供了倾泻才情的机会，也就造就了旷世奇书《西游记》。

古镇之背景：深远的科举文化

昔日淮安府的西北隅，有一个古镇，叫河下。河下，是一个很普通的地名，但历史却悠久绵长，大致说来可以追溯到两千五百年前，而且至少在唐代以来的最近一千多年里，是淮安最为繁华富庶的所在，如果不是屡遭战火蹂躏，古镇排名榜上它一定可以占上鼎甲。眼下沿街的铺面虽然已经看出破败，但曾经的繁华在挂满蛛网的窗花中仍然可见，那可是古人诗歌中经常赞叹的"危楼"，即我们今天所说的高楼。石板街虽然已经不算平整，但横平竖直看得出是经过了粗略的规划。而最引人注目的是，这石板街比较所有的古镇旧城都算得上宽敞，即使人群熙攘也足够八抬官轿顺畅地来往。这是一种象征，某种需要的象征——就像现在的酒楼都必须配备足够大的停车场一样。

就是这个古镇，造就了吴承恩，孕育了《西游记》。要了解吴承恩，读懂《西游记》，也应该从这里开始。

淮安府，坐落在江苏北部，地理上属于淮河下游。淮河从中原腹地桐柏山区的沟沟坎坎中出发，一路相约，在皖北汇成由西向东的一段干流，然后经淮安再分流归入长江和黄海。淮河在河南的上游，水势湍急，激流奔涌，但进入皖北之后的干流，却由于流淌在宽广平坦的大平原上，另有了一番百舸争流、千帆竞渡的景象，成了长江、黄河两大水系之间又一条对古人来说至关重要的经济命脉。

春秋战国时期，淮河流域是各诸侯争霸的中心战场，下游则是楚国、吴国势力范围的交界处，或者说是两国兵锋相交的地方。那位著名的吴王夫差，曾经从苏州跑到淮水下游一带屯军养马，为了从长江沿线的后方基地向淮河前线输送粮草军需，吴王把长江与淮河之间一系列的湖泊挖通连接，形成了中国历史上第一条贯通南北的人工运河。这条运河当时叫邗沟——现在称里运河，在一个叫末口的地方与淮河相交。秦汉时期，淮河下游出现了中央政府统属下的行政建制，取其首府坐落于淮水以南的意思，定名淮阴郡——古人称山之南为阳，水之南为阴。南北朝时由于河流改道，淮阴旧城失去繁华，沦落为一个县的建制。但不远处的末口也就是今日的河下附近，则兴起一个新的中心城市——淮安，取"淮水安澜"之意。隋唐以来直至明清，淮安或州或府，变化眼花缭乱，但河下不温不火，始终占据着当年运河与淮河的交界河口，默默地迎送着驾车骑马、南来北往的客贾和张着白帆、东来西去的商船，一点一点地积累着自己的底蕴，慢慢地等待着属于自己的机遇。

明代，河下迎来了它的鼎盛时期，从永乐开始的大约一百年中，河下经历了两次绝好的发展机遇。

第一次机遇出现在永乐年间（1403—1424）。明朝于永乐年间将京城北迁，为了确保对北方京城和边地的物资供应，朝廷不仅疏浚了运河，而且在淮安设立了一个统管整个运河漕运的部级机构——总督漕运衙门，使得原来只是运河地理中心的淮安名副其实地成了整个运河的政治经济枢纽。

漕运，在唐、宋、元、明、清那几个朝代，是第一等的军国要务。由于地缘的原因，中国历代的政治、军事中心都在北方，而经济的中心即主要的赋税来源和粮食产地却在南方，因此无论何朝何代，总会有大量的国家税赋钱粮要运向北方，这直接催生了运河，当然也催生了运河的管理体系，这种依托运河、由国家直接管理的钱粮征收与运输，历史上叫漕运，管理漕运的庞大体系就叫漕政或漕务，包括：国家税赋钱粮的接收、仓储、保管、调运；专营漕粮、漕银运输的船队、船厂以及水手的组织管理；与仓储、船队运输有关的护卫军队；与官方漕船相辅相成的民船运输以及与此有关的地方政务和民间帮派，等等。

其范围也不仅限于运河沿线,而是通过与运河相接的河流一直延伸到提供钱粮的南方大多数地区,如浙、闽、湖、广等,号称"通衢九省"。其管理范围之宽、权力之大,实在不是今天哪一个行业可以包容的,它就是朝廷的经济命脉。明代迁都北京之后,漕运总督升格到由二品大员担任,成为朝廷的要职。而且这个总督漕运衙门破天荒地被责令迁出京城,设在了可以控管整个运河,具有枢纽位置的淮安,代表朝廷行使着对江南数省漕政的管理。漕运和后来相继来到的河道、盐务三大掌控国家命脉的经济巨头的落地,竟使这个城市一度成了除南、北二京之外高级官员最多的地方。

漕运、河道和盐务给淮安带来了无尽的繁华,也顺带滋润了城边的小镇河下。显而易见,无论是漕运还是河道、盐务,都有很多公务,当然也会有很多商务。公务可以在衙门里办,商务则要另选地点,河下既近在城下相对僻静,又消费发达足可供声色犬马。而无论槽船、粮仓还是卫所官兵、黑道帮派,都需要大量的服务人员,河下背靠县城面临运河,正是人员杂沓的水陆通衢。就在这个背景下,河下迎来了自己的第一个黄金发展期。

第二次机遇出现在弘治年间(1488—1505),与盐有关。食盐是国家的经济命脉之一,是税赋的重要来源,所以历代朝廷都将盐务列为专营经济项目,设专门机构管理各地盐场。天下闻名的淮北盐场,其管理机构驻淮安,属下主要业务部门掣签所,在明中叶迁至河下。

明初盐务实行的是"开中法"。所谓的开中法,是由于明初时北方外患比较严重,朝廷在华北及西北都驻扎了大量的军队,为了解决这些军队的粮饷问题,朝廷规定:凡希望获准经营盐业者,必须向边关输送粮草;粮草入库,才可以得到盐引(盐的供应计划,相当于今日的批文),然后凭盐引到指定盐场兑盐,再运往指定地点销售。这事实上是将盐的经营权当作了一种奖励,所谓的"中",大致上就是均衡交换的意思。由于盐业的巨大利润,明初向边关运粮的商人比较踊跃,有的甚至干脆在边地垦荒种粮,收获之后就地缴粮入库,然后换取盐引,再凭盐引往各盐场支盐运出售卖。弘治年间,时任户部尚书的淮安人叶淇鉴于边关形势已经变化,于是奏请改变政策,要求盐商改向国库直接交纳银两，国家用这些银两购买粮草自行解决边关军需，而盐商则回归经商本色直接由盐运使司发放盐引支盐销售。这一政策立即使大批原本分散于边关各地，不断向边关运粮甚至在边地垦荒的盐商，马上携款涌向了为数不多的盐运使司和掣签所的所在地。以淮北盐场而论，大批盐商瞬间到达河下，用"蜂拥而至"绝不过分。

可想而知，漕运、河道加上盐务对于河下来说，已经不是平添热闹的问题了。就这样，不到一百年的机缘巧合间，河下迅速聚集了大批富商巨贾，面貌大为变化，盖了大批的商铺宅邸，附带修建了精致的园林，一时"高堂曲榭，第宅连云"（黄均宰《金壶浪墨》卷一）。

当然，对河下以及生活在这里的吴承恩影响最为深远的并不仅仅是金钱与喧嚣，更重要的是这里形成的地域文化小气候。

中国古代，对商人身份有明确的界定："士农工商"，商人排在末位。尽管小商人成长为巨商之后，经济地位会有适当的提高，但是政治地位与仕宦——也就是业儒做官的人相比，还有天壤之别。中国的社会中，一个人，一个家族，财产再多，富得流油，但只要没有官位，就仍然没有贵可言，在法律上还是个平民，就得遵守许多以平民为对象的规矩。相反，只要有了官职，身份相应就贵，一旦贵了，就成了社会的特权阶层，即使官职不高，至少也可以免缴赋税，可以免受许多无端的欺凌羞辱，这对于许多人家来说，已经是幸福降临了。在整个中国的古代社会，富，实在还是一种低层次的社会满足，而官位更带来精神层面和社会地位上的享受，所以科举的独木桥上，总是熙熙攘攘，而各个社会阶层，都有向官宦汇流的强烈欲望。所以经商的人在掘得第一桶金以后，必然要以各种形式向士的社会阶层靠拢。有的交结官府，仰他人鼻息；有的附庸风雅，与文士为朋；最普遍的现象就是家族中形成分工，有人读书，争取做官，有人继续经商，提供经济支持；而这种分工延续到最后，则往往是弃商业儒。所以，凡富商聚集的地方，必定是文化活动频繁的地方，必定也是风流名士流向的地方，将来若干年以后，必定又是科举旺地，学者辈出的地方。

河下的商人也不例外，他们精神上的向往就是富且贵，即家门既有金银如山，又有冠冕出入。明初以来，河下的科举已经闻名遐迩，据《淮安河下志》等地方史志统计，明清两朝，河下这一弹丸之地，出过六十七名进士，其中状元、榜眼、探花都有，号称"河下三鼎甲"；有举人一百二十三人；有诸生一百四十多人；传记入《明史》《清史稿》的，也有十人以上。

吴承恩生活的年代，正是河下科甲方盛之时，"河下三鼎甲"里的探花蔡昂，是吴承恩仰慕的前辈，蔡府飞骑报捷的时候，吴承恩已经九岁，探花郎高中所引起的轰动应当会让他留下深刻的记忆；状元沈坤，更是吴承恩的总角之交，沈府与吴宅近在咫尺，鸡犬相闻。

这么一个古镇河下，是命运为吴承恩的特意安排。它对于吴承恩这位旷世奇才人生旅途的意义，开始于数十年之前，又要用数十年的时间才全部显现。

困顿的意义：穷孤的委巷吴家

古镇有条小巷，叫打铜巷，也是石板路，慢慢地从大街上延伸出去。小巷狭而长，显得幽深，巷尾的院落甚至有点模糊不清。

吴承恩的故居就坐落于其中。现在的吴承恩故居，是 1980 年由当时的淮安县政府拨款修复的，由于旅游的需要，规模已经陆续扩大了许多，以吴承恩当年的经济状况，恐怕不会占有游客所见到的那么大的院落。吴承恩在为其父亲写的墓志铭中描述，他年轻时，他们家是临街的，有间店面，做小杂货生意，吴承恩的父亲吴锐是老板兼店员。这么一个做小生意的家庭，在当地实在太普通。河下的经济支柱有三个方面，一是盐商，这些人都是富户；二是声色犬马、灯红酒绿的服务业；最大多数的人家是依靠漕运、运河谋生的工匠和草根商贩。吴家属于草根，且是那种在命运拼搏中失败的草根，用吴承恩自己的话说，就是"不显""穷孤"（《先府宾墓志铭》）。

吴家先世来自涟水。在元末明初的政权更迭过程中，地处江淮腹地的淮安是遭受严重破坏的重灾区，据方志和地方史料记载，当时赤地千里，居民死散殆尽，甚至有"淮人存者止七家"（曹镳《淮城信今录》）一说。战争结束后，明朝政府曾经组织大规模地向淮安移民和大量驻军以恢复这个交通重镇的元气，而周遭的农民也陆续向城市流迁重新落籍。吴家应该就是在这个时期迁入河下的。

迁入淮安的吴氏这一枝高祖叫吴鼎，初期，吴鼎很可能以经商为业。和进入河下这个氛围的所有人一样，吴鼎很快接受了地域文化的熏陶，即认定振兴家族，必须培养子孙后代读书，走业儒的道路。吴承恩曾说，他的曾祖吴铭和祖父吴贞"两世相继为学官"，具体而言就是吴铭做了浙江余姚的训导，吴贞做了仁和县的教谕。明清时代府、州、县都设"儒学"，掌管地方的教育和科举事务，相当于现在的地方教育局；府学的领导称教授，州学的称州正，县学的称教谕，各级儒学又都配备训导也就是教员数名，承担教学和管理的责任。教谕和训导在明代都没有明确品级，也就是通常说的"不入流"。按照惯例，有品级的称官，由朝廷任命委派，无品级的称吏，一般就地选聘，但教谕、训导例外，虽然没有品级但由朝廷直接管理，所以也算是官，叫学官。

学官也需要资格，通常得有举人或者贡生的功名出身，但在文献中却没有关于吴贞或者吴铭中举抑或入贡的记录，这就有了一种可能，即吴贞和吴铭的学官都是由例贡而来，也就是纳捐花钱买来的。这种方式在当时很常见，往往也是一个家族培养子孙业儒进入仕途的开始，没什么不光彩，这只说明吴家当时一定是经商的，能凑得出这笔不算菲薄的经费。显然，在经历了上代人的艰苦创业，具备了一定的经济条件之后，吴家便弃商业儒，花钱买了个小官，让子孙读起书来。这非常符合河下古镇的文化传统，河下很多人家都期待按照这种模式使家族由富而贵兴盛起来。

但吴家的业儒并未能继续下去，原因是发生了意想不到的变故。原来吴承恩的祖父，也就是担任浙江仁和县教谕的吴贞实际到任只有几个月时间便一病呜呼，客死异乡，妻子梁夫人和四岁的儿子吴锐也被抛弃在任所空旷的官衙里。所幸的是，据吴承恩介绍，他的祖母也就是梁夫人非常精明能干，她打点安排了丈夫的后事，带着尚不懂事的儿子辗转回到了家乡。

这一变故对吴家是致命的打击。吴家世代单传，自从业儒做官以后，就不能兼顾什么生意，只能靠官俸过日子了。明代官员的俸禄很低，仅够糊口，学官又是个冷门，没有灰色的收入。因此吴家的生活本来就不宽裕，现在，突然的变故不仅耗费了吴家的一点积蓄，而且那点微薄的俸禄和在社会上的那点尊严也在瞬间消失了，他们家从此就是人们眼中的孤儿寡母寒门之家。

年幼的吴锐尽管聪明好学，但已经不具备继续接受教育的条件。旧时穷苦人家可以选择在最初级的社学读书，社学不讲究资费，但逢年过节也得向先生献点束脩，也就是家里的土特产，白读书也是不可能的。吴锐在社学里读过一段时间的书，在老师不太理睬的情况下，也能学点只言片语，但这种学习，也只能满足心理需要，最终还是难逃辍学的命运。

在做出辍学的决定时，梁夫人与吴锐母子二人曾经抱头痛哭一场，因为梁夫人很清楚，吴氏业儒做官的路已经走不通了。这种人生的逆行，梁夫人和长大后的吴锐都知道这一点，但无可奈何。

潜藏的必然：失落的书痴店主

生活硬生生地将课本从手里夺走，这对孩子是一场影响深远的变故。孩子不能完全理解生活，但他会记住这件事。

据吴承恩回忆，吴承恩的父亲吴锐成年后"婚于徐氏"，"袭徐氏业"。民间甚至有故事说吴锐做了徐家"倒插门"的女婿，以此说明吴锐当年生活的艰难。但这可能有误解存在，吴家数代单传，走上这条路的可能微乎其微，最大的可能是吴锐的"婚于徐氏"，仍然是传统意义上的娶妻，但婚后以女婿的身份去人丁同样不旺的徐家继承了家业，或者在岳父的帮助下也做起了这行生意。

大约二十岁左右时，吴锐成了世代经商卖些针头线脑小商品的徐家女婿。徐家的经济状况可能要好得多，家底要殷实一些，吴锐不用再为生计发愁，但他得学做生意。徐家的店面应当在河下繁华的大街上，因为据吴承恩记载，店门前经常会有大官的仪仗经过。就是这么一个店面的柜台后面，从此坐上了一位文绉绉的小老板。

这个老板行为上与其他的同行有显著的区别。他完全不适应也不介意生意场上的一些明规则、潜规则。当时河下因为靠近码头，与南方的丝绸商接触较多，因此经营针头线脑、小装饰品的店家不少，有点类似批发市场，同行之间自然免不了会有些往来，但吴锐从不参加大家的酒席聚会，更谈不上参与欺行霸市、哄抬物价之类的事。他家小店经营的就是小商品，属于鸡零狗碎的小本生意，但他竟然不屑于讨价还价，愿买我就诚心相待，不买我也不花言巧语。街道市场有赋税摊派要各商户出钱时，吴锐每次都是将钱准备好等待胥吏也就是市场管理员来收取。刁滑的胥吏看吴锐老实可欺，便随口呵斥："你的钱要再增加一倍！"于是吴锐便不声不响地如数缴上。再加倍，再缴上。有人看不过，劝吴锐投诉，吴锐说："我家中财物都是官家的，现在已经惹得胥吏不高兴了，我又何苦再去惹县太爷不高兴？"以致满街的人都曾称他"老痴"。少小的吴承恩走在街上，经常会被人指脊梁称："这就是那吴老痴的儿子。"小承恩不堪忍受，回家后啼哭不肯吃饭，父亲这时候就会坦然地笑笑说："你的父亲确实有点痴，你还不就是老痴的儿子！"

介绍这些往事，当然不是为了表扬一位五百年前守法经营，不卖假货，按时纳税的经营户。我们其实希望读者提出疑问：人在江湖，身不由己，既然经营了小店，怎么会是这种情调？不会是故意矫情吧？

他确实很不像是一个生意人，而且本质上他根本就不是生意人，也从未把自己当作生意人。店里的买卖需要应付但那些其实并不是他关心的，他唯一放不下的就是书。除了生意，他每天就是坐在柜台后面聚精会神地读书，街上有官员的车马仪仗经过，满街老小嬉笑着看热闹，他却绝不受到影响。或许有些时候，他也会表现得神采飞扬，那就是他趴在柜台上给那些愚钝的邻居们讲故事的时候。据吴承恩说，他的父亲其实识字不多，对于认字的问题比如某字的读音、某词的解释并不十分关心，错也就错了，并不介意，但他对于历史人物——其实是他们担纲的道义——却十分关心，每当与别人谈起，平日木讷迟钝的他立刻就会变换出另一副面孔，不仅意气激愤，且高谈阔论能竟日不休。

这位小小杂货店的老板为何如此与常人不同，我们其实应该明白。在他的内心深处，始终有一道阴影，那就是家庭格局的改变以及由此导致的失学；他没有能力改变生活，不得不坐在柜台背后当这个小店的老板，但他的潜意识中始终有一种不屈服于命运的倔强。往大处说，他不甘心于失去修身、齐家、治国、平天下的机会；往小处说，他始终耿耿于吴家的业儒因贫穷而在他的身上中断，因此他以读书作为对往事的一种留恋和对现实的一种抗拒。

若干年后，这吴老先生在不知不觉中已经成为四邻敬仰的对象，因为他正直、公道，也因为他读书、明理。邻里之间若有嫌隙争辩，大家都会找吴老先生折辩，那些喜欢恶作剧的顽童见到老先生便会满脸通红地避让在路边，甚至知府大人也仰慕老先生的贤名而下请帖邀请他参加年底的乡贤聚会。

更重要的是，若干年后书痴店主的儿子吴承恩长了出息，小小年纪进了学，成了府学中有名额的学生，用俗话说也就是中了秀才。秀才虽然只是最初级的功名，但至少已经展示了未来仕途上的光明。这让吴锐很高兴，私下里他甚至已经悄悄地憧憬起自己因为儿子而得到朝廷封赠的前景。当然，从小受到熏陶，已经与老父灵犀相通的吴承恩也明白：老父深愧于自己无力改变命运，已经将吴家复兴的希望全都寄托在了儿子的身上。他是多么希望在有生之年能看到儿子金榜题名！小小吴承恩觉得自己责无旁贷，也相信能做到这一点。

这位书痴店主，毫不掩饰地表达了对儿子仕途的期望。但历史往往会在不经意间开个玩笑。必须提请注意的是，这位书痴店主自身的榜样，他读的书，本质上却代表了人生的失意和"堕落"，无形中培养了儿子与主流社会格格不入的另外一种生活志趣和人生道义。这其实就是吴承恩最后完成《西游记》的最基本的原因。

三　吴承恩的科举生涯与仕途坎坷

大明正德元年，也就是公元 1506 年，吴承恩诞生在河下古镇的打铜巷里。中国的公私记载中，但凡大人物降生于世，总会有诸如祥云、红光、惊雷等祥瑞或奇异天象伴随，但这一天，当人类的智慧之光再一次轰然乍现，照耀于这条小巷时，小巷却一如往常，只多了点儿婴儿的呱呱声和其家人的欢笑声。

正是此时此刻这个在宁静中诞生，没有人为其编造祥瑞而只有家人欢笑的小人物，却在若干年后走完自己的人生旅途时，将惊世骇俗的《西游记》留给了世界。

草根人家的骄傲

吴锐为儿子取名承恩。吴家原来几代都以单字取名，但大约由于吴家人丁不旺，四十五岁上娶侧室张夫人才生出了这新一代的传人，更由于老先生幼时有一段刻骨铭心的辍学经历，以致吴家的儒业在他手里被中止，所以他本能地对这个孩儿充满了朦胧的期望。在给这个小孩取名时，吴锐舍弃了传统，而让孩儿名"承恩"，不仅希望打破原有格局重新开始，而且以直接通俗的方式表示了明确的愿望：但愿有机会承受帝王朝廷的恩泽。

岁月荏苒，一晃数年已过，小承恩已经长成幼童。虽然生活还是一如既往的窘困，但孩童时代的吴承恩给家人带来了很多快乐，不仅是笨拙孩提的逗笑，而是发自内心的骄傲。因为这小孩太聪明，足以使吴家上下在邻里亲朋面前骄傲一回。在吴承恩晚年归乡时任淮安知府并与吴承恩结为忘年翰墨交的陈文烛，曾在若干年后为吴承恩的《花草新编》写了一篇序言，介绍了一些吴承恩的幼年故事。

第一个故事是画天鹅。说吴承恩也就刚刚两三岁时，就经常用石粉在墙上涂鸦，而画出来的大致都像。有天邻居老人家让他画只鹅，结果他画了只飞在天上的鹅。老人逗他，故作不解地问："鹅怎么能飞？"小承恩仰天大笑说："这是天鹅，你怎么这都不懂！"老人家张口结舌，直夸小承恩聪慧，无师自通。

第二个故事是考试。大约发生在吴承恩十六七岁时，有一次他参加了省里督学主持的学童考试。大约小承恩有杰出的表现，督学特意将小承恩叫到身边，挺有爱意地摸摸他的头，对大家说："这孩子将来一定大有出息。"原话是"一第如拾芥耳"，是说取得一官半职就如弯腰捡个草籽那么简单。

第三个故事是拜访。前面提过，蔡昂是"河下三鼎甲"之一，正德九年（1514）殿试第三。当时吴承恩已经九岁，不仅对探花郎当年高中所引起的轰动有所记忆，而且还把自己朦胧的崇拜也献给了这位乡前辈。后来蔡昂回乡养病时，吴承恩决定拜访他。蔡昂府上有人拜访很平常，但问题是拜访需要资格！吴承恩当时只是一个小商人的儿子，年龄也只有十四五岁，无论从哪个角度看他都不具备在探花府上走动的条件。这就产生了故事。吴承恩后来回忆时，很是得意，用了一个"登龙识李"的典故作注释。"登龙识李"说的是后汉时孔子的第二十代孙孔融拜访河南尹李膺的故事。孔融以早慧著称，十岁时随父亲赴京师。当时的一方诸侯李膺十分注意自己的身份，不轻易接待宾客，如果来访者不是当世名人或者通家世交，门人根本都不予通报。这倒引起了孔融的好奇，想看看这位李膺到底是何样人。他到了李府门上，对门人自称是李府通家子弟。李膺将他请入堂上后，看来者只是十来岁的童子，不禁有些奇怪，问道："莫非你的祖父与我有旧日情谊？"孔融回答说："我的祖上孔子与阁下的祖上李老子当年共同切磋互为师友，我与阁下自然也是世代通家了。"一席话使得在座宾客大为叹息，惊为奇才。这时有一位宾客迟到，座中人将刚才的一幕告诉他，他不以为然地说："少小聪明，长大未必出奇。"站在一边的孔融随口答道："听阁下的话，想必您就是早慧了！"引出一座大笑。

　　这就让我们有了想象的依据。当年探花府第的门槛也应很高，以吴家的家境，恐怕高攀不上，因此吴承恩的登门至少在形式上也是一次唐突的拜访。当然，少年吴承恩跨进蔡府时，应当也有一段卓异的表现，足以让蔡昂等前辈乡贤觉得眼前不请自来的这位年轻人"孺子可教"，也足以使吴承恩使用"登龙识李"的典故而不觉得惭愧。

　　吴承恩大约十六岁时进了学，成了府学的正式学员，也就是中了秀才，这是他人生中的第一个重要成就。

　　古人如果选择了儒业，也就是决定走读书求仕的道路，那就必须从社学、县学、府学开始一级级地读过考过，依次成为童生、秀才、举人、进士，然后走上官途。

　　旧时只要考中生员，理论上就已经跻身于士大夫集团，就有了一些象征性的政治和经济待遇，比如可以参加县乡一级的某些活动，可以去政府领一些口粮和零花钱。但实际上，秀才的名头给穷苦人家、草根小民带来的变化，远远不止这些，因为毕竟可以稍稍挺一下腰板，必定会使有心欺凌的人稍稍考虑一下：这人家中的那个孩儿潜力究竟有多大？在河下小巷里的吴家，这时就发生了一些很显著的变化。自称"通家晚生"，参加了《射阳先生存稿》整理的吴国荣在跋文中说：

> 射阳先生髫龄，即以文鸣于淮，投刺造庐，乞言问字者恒相属。

此外，除天启《淮安府志》记载吴承恩"性敏而多慧，博极群书，为诗文下笔立成，清雅流丽，有秦少游之风"，等等之外，吴玉搢《山阳志遗》又说：

> 嘉靖中，吴贡生承恩字汝忠，号射阳山人，吾淮才士也。英敏博洽，凡一时金石碑版蝦祝赠送之词，多出其手，荐绅台阁诸公，皆倩为捉刀人。

（卷四）

类似记载在各类资料汇编中都会出现，所以我们不再详细引述。相信吴家小店门口显然会变得热闹，有些人来道贺，有些人看热闹，还有人乘车骑马从大老远的地方来求篇文章或者请写几个字。无论是求字还是求文，都会有一些用不同形式表现出来的报酬——古人称润笔或笔资，银子铜钱算，鸡鸭果品也算。

最让吴老先生宽心的是，儿子开始交上了比较有身份的朋友。吴家不远处，有一家富商姓沈，家里也有个与吴承恩年龄相仿名叫沈坤的孩子在读书。相距虽近，两家却素无往来，原因只有一个：家境的区别——吴承恩只是一个卖丝绸彩带的"痴老汉"的儿子，而沈坤是当地的大商户。沈家主人人称卓亭公，对儿子管束甚为严格，谢绝一切闲杂人等，只为保证儿子能专心读书。但就在小承恩进学之后，沈家特意邀请小承恩去赴宴，让两个书都读得不错的孩童结交，相伴读书，并从此网开一面，允许吴承恩在沈家自由出入。吴老先生认为，这对于打开儿子内心自小就有的"痴儿子"的阴影，肯定会有帮助。

最让吴老先生意外的是，儿子开始得到了资助。因为文章写得好，少小吴承恩引起了邻县宝应的前朝才子朱应登的注意。朱应登比吴承恩大一个年辈，曾任陕西提学副使、云南布政使参政等职；而且文章写得好，时称为才子，有相当高的声誉。他有个儿子叫朱曰藩，此时也在读书，年龄较吴承恩略大。大约是为了给儿子寻找学伴，朱应登托人找到了吴家，表示愿意让孩子们结为朋友，而且邀请承恩去宝应他们家读书，他们家以藏书丰富而在当地著称。巧的是，吴承恩和朱曰藩的别号恰恰都与连接淮安、宝应的射阳湖有关，一号射阳、一号射陂，二位少年的才名一时骤起，算得上响彻周边，因此有"射湖之上，双璧竞爽"之说。

最让吴老先生高兴的事，还得算儿子的婚事有了眉目。淮安当时有大户姓叶，祖上叶琪做过弘治朝的户部尚书，叶氏家族中有位小姐尚未婚配，因仰慕少年吴承恩的才名而有意联姻。这在当时是典型的下嫁，吴家当然乐意接受，我们甚至可以想象出吴锐老先生当时一定会有的诚惶诚恐的神态。吴承恩十八岁时写了一篇骚体诗歌《寿陈拙翁》，为一位老前辈的八十寿辰作贺。这位前辈是淮安城内最大的富商之一，名望甚高，为他作贺的机会是伴随与叶氏的联姻而来的，因为这位前辈正是叶氏的亲戚。这意味着吴承恩从此开始可以凭借叶家的影响而在淮安城的上流社会里走动了。

朱曰藩、沈坤都成了吴承恩的终身好友。他们一起读书，一起享受少年才名，但后来却走了不同的人生道路。大约三十岁前后，朱曰藩、沈坤都中了进士，朱曰藩最后官至九江知府，应当是四品左右；沈坤殿试第一也就是中了状元，官至南京国子监祭酒，品级还要高一些，已经跨入省部级的行列。当他们已经威风八面的时候，他们的那位童年学友，却还困顿于"泥途"中。他们和吴承恩在人生轨迹上形成的差异，非常值得仔细推敲，我们了解吴承恩，应该以他们为映照。

傲人的另类才艺

吴承恩从青少年开始就是个奇人，浑身才艺。旧时代文人喜欢炫耀的那些玩意儿，除了音乐——我们没看到记载——其他还没有发现他有什么不会的才艺。

首先是善书。大凡文人都得会写字，写得好的就称书法，这是基本功。吴承恩在社会上小有名气，大约就是从为邻里乡亲写对联开始的。我们对吴承恩书法的赞赏，完全不用借助他人的余唾——可以自己看，吴承恩的遗墨还在，个中灵气、笔意我们自己可以体会：前面提到的吴锐的墓志铭，不仅文章是吴承恩写的，字也是吴承恩亲自书写上石的，这一合碑现存南京博物院；沈坤父母的合葬墓志铭也是吴承恩的作品——文是，字也是。沈坤母亲去世的时候，他已经官至南京国子监祭酒，相当于今日的教育部部长。沈坤将一系列文字操劳都托付给了当时不过是贡生身份的吴承恩，这既是友情，也是因为吴承恩胜任。这块碑的真迹在吴承恩故居可以欣赏到。

其次是善画。现在没有见到一幅吴承恩的作品，但这不用怀疑。这里讲几个故事。第一个故事讲，吴承恩退休回乡后，老朋友徐中行来访。徐中行，浙江长兴人，著名文学流派"后七子"之一，当时名头很大，官职也不低；吴承恩任长兴县丞时，徐中行因为母亲故去从知府任上回家守丧，与吴承恩相识并结为好友，现在赴任途中，路过淮安特意看看老朋友。时任淮安知府的陈文烛办酒招待，酒酣耳热之际，吴承恩忽然袖子一卷，说今天露个绝活给大家看看。唤来书童，准备笔墨，随意挥洒之间，即刻画了若干人物山水。掷笔之后，他叹口气说："这都是几十年前的玩意儿了，自从投身科考，就再也没有动过笔，今日放浪形骸，故技重演，惭愧，惭愧。"

第二个故事讲，宋代有位画家叫范宽，善画山水，且多雪景，吴承恩很欣赏。某天有位朋友拿来新近得到的一轴画卷，请吴承恩过目，画卷刚刚展开——"舒未盈尺"——吴承恩立马就说：这是范宽的《溪山霁雪图》！十分自信。打开，看题识，果然。然后吴承恩大发了一通关于绘画必须有神韵的议论。这件事见于吴承恩自己的《范宽溪山霁雪图跋》，可见他的鉴别之精。由此还想到《西游记》第四十八回，唐僧师徒经过通天河，住在陈家庄陈澄的家里，陈家四壁上挂了几幅名公古画，有《七贤过关》——说晋代阮籍、嵇康等竹林七贤的故事，《寒江钓雪》——写唐代柳宗元《江雪》诗诗意，《苏武餐毡》——说汉朝苏武被匈奴困于极北苦寒的故事，《折梅逢使》——写南北朝时陆凯《赠范晔》的诗意，巧得很，这几幅画都是雪景。

第三故事讲，某日著名江南才子、书画大家文征明这位已经七十六岁的老爷子忽然画了一幅《兰花图》，托人送给吴承恩，表示对吴承恩"千里思悠悠"。文征明比吴承恩要大一个年辈，吴承恩后来与文征明的儿子相交，也还算是小弟，何况文老爷子名声早已远播大江南北。文征明以脾气怪倔著称，达官显宦想要求一幅老爷子的字画，都得看他老人家是否入眼顺气，他主动送画给吴承恩算是哪门子怪事？其实理由也很简单，就是文征明看得上这位小辈。

再就是善弈——善下围棋。吴承恩的围棋水平，绝非等闲可比，能与当时的国手对局交往。在吴承恩的《射阳先生存稿》中，尚存两首围棋诗：《围棋歌赠鲍景远》《后围棋歌赠小李》，非常生动地描写了棋手们相见手谈的场面。"鲍景远"和"小李"，都是可考的当时国手。《西游记》中，也有若干处提到围棋，尤其是第十回开篇的《烂柯经》，正经的论棋经典。

最后一项是善诗文。吴承恩的《射阳先生存稿》前面已经有了介绍，这里还要再提一下。从《射阳先生存稿》可以看到几个显著的特征：

第一是博杂。包括赋、骚、颂、词在内的各种诗体；包括论、表、赞、启在内的各种文体；包括祭告文、墓志铭、障（幛）词、贺诗在内的各种笔法，但凡您能想到的，《射阳先生存稿》中几乎都有。看了这个集子，我们就会有恍然大悟的感觉，难怪《西游记》中有那么多稀奇古怪的数字诗、药名诗、藏头露尾诗、织锦回文诗，原来吴公擅长此道。

第二是高明。对吴承恩的诗和词，现代人很少评价，这与质量无关，而是因为吴承恩太过普通的身份，使他的诗词传播范围狭窄。实际上，吴承恩存世的作品中很有一些精品杰作，尤其是七古与七绝。陈文烛说吴承恩的诗堪称张耒以后的第一人，实在很公允。张耒，北宋淮安人，苏东坡的得意门生，"苏门四学士"之一，也算大名鼎鼎，是淮安人的骄傲。

第三是实用。吴承恩的官做得不够大，时间不够长，所以他的集子中除了自抒胸臆的作品之外，繁文缛节、虚情假意式的应酬并不多，多的是实用性很强的，往往属于有偿服务的命题之作或纯为谋取润笔的代作，比如为他人祝寿或吊丧，等等，吴承恩晚年大约就是以此为生的。这类商业性的文字中，他的拿手绝活是写障（幛）词。什么是障（幛）词？明清时江淮及江南旧俗，大户及官宦人家凡有添丁、升迁、寿秩等喜事，有赠"贺障"相庆的习俗。贺障，又叫锦障，类似于屏风，可以用布匹，可以用绸缎，也可以用织锦；颜色一般都用喜庆的金、红；简单的，写几个字表示祝贺就可以了，精致的，则要配上一篇华美的障（幛）词，做成屏风等装饰的样式。写障（幛）词虽然是俗事，但写作要求实际很高，既讲究形式规整、文字华美，用典切题，内容达意等一般的文法技巧，还特别要求俗事雅说，雅中见俗，吉祥喜气，可供把玩，这可不是急火功夫可以做到的，尤其是送给达官贵胄的障（幛）词，要放在大堂里展示，要供清客们雅评，几乎可以称为文字功夫的比拼。所以送人障（幛）词，那就一定非常考究，请高人代写障（幛）词，当然就是大多数送礼人的考虑。清末淮安的地方史料《楚台闻见录》中可以见到大商人阎双溪高价求购吴承恩障（幛）词的记录，在《射阳先生存稿》中，当年被高价收买的《贺阎双溪令嗣登科障词并引》《贺阎双峰晋官医院障词》也还在。

然而，这些才艺也许当年为吴承恩赢得了相当广泛的名声，特别是他出身于草根阶层，但我们却不得不将这些归入另类。这些才艺，常人若长于一项，即可引以为傲；然而对于吴承恩，却是病，多一项，就多一病。

这也许会引出一些不解。的确，所谓的善画、善书、善弈、善诗文都是旧式文人的随身长技，无此数技岂可妄称文人？但我们也应当明白，进入明代以来，对所有的读书人来说，科举是第一位的，其他的都是闲技——即使善诗文也是闲技。对那些功成名就的文人，这些闲技才是值得夸耀的；而与科举比起来，这些所谓的随身长技都是可有可无甚至是可恶的，因为这些会消耗大量的时间，而且会使人变得狂放不羁，最终影响到科举的前程。《儒林外史》写清代的读书人，明明白白地将其分为两类：做名士的和做举业的。做名士的会琴棋书画，会吟诗作对，看似风流倜傥，但如果这些人没有科举的成就为支撑，他还是会被社会瞧不起，被当作败家子、子弟戒；而做举业的也就是将全部精力放在科举上的人，取得功名才算走上人生正途。那位中举后高兴得发疯的范进，虽然不懂"风流"二字为何物，一项才艺都没有，但却能一路升官做到管教育的督学。这就是社会的主流意识。

对于吴承恩来说，在科举上有所建树之前，所有这些琴棋书画尽管傲人，但都是另类才艺，他很快就会吃到浑身才艺的苦头。

府学的落拓书生

进学以后，吴承恩面临的下一个人生目标就是乡试。乡试是省一级的科举考试，叫乡闱；因考期在秋季八月，故又称秋闱；由于放榜之时，正值桂花飘香，通常又美称桂榜。乡试中式的称举人，中举即有了做官的资格，所以对于业儒的士子，这是至为重要的一关：他们中的绝大多数，今后还要参加京城的会试，继续撞撞大运，这需要经过乡试这一关；而过关以后，不管是否能撞上大运，毕竟已经有举人在身，成败已经没有了那么大的压力，即使名落孙山，也可以在吏部选个小官小吏糊口。所以这是一个进则腾身龙门，退则衣食无忧的人生关口，必须全力以赴。每一次都是机会，每一次都是期待，每一个胸有雄心的学子都不会轻易放过——科举是所有选择业儒者的不归路，一旦踏上，只有继续走下去，直到跳过龙门或者跌得遍体鳞伤。吴承恩亦然。

从十六岁进学开始，到四十五岁入贡为止，吴承恩的这一生理论上有九次参加乡试的机会，而据考察，他实际上参加了七次。

嘉靖四年（1525），吴承恩二十岁；嘉靖七年（1528），吴承恩二十三岁，这两年都是乡试之年，吴承恩参加了，都失败了，也就是落榜了。落榜毫不奇怪，甚至是业儒者的必经之劫，即使是幸运者，没有三五次落榜的磨难，大概也无法走完这条漫长而艰难的人生旅途，中国文学史上很多名垂青史的人物如汤显祖、归有光、吴敬梓、蒲松龄、曹雪芹，等等，都曾是这条路上的失意者。

但嘉靖十年（1531）乡试的落榜却值得一说。这年吴承恩二十六岁。这次落榜对吴承恩的打击异乎寻常，因为一行赴省城的士子中，有他的学中好友沈坤和朱曰藩，他俩与吴承恩一起跨进了南京的江南贡院，然后双双上榜，留下了暗自伤心的吴承恩。

在与好友的地位瞬间形成落差的同时，甚至可能发生过更残酷的人生恶谑。《古今图书集成》记录了沈坤的一则小故事：说沈坤信奉关帝，参加乡试之前，曾虔诚地在关帝像前跪求显灵，赐示考题；沈坤焚香之时，有一位好友正巧前来拜访，听到沈坤的祈祷，不禁掩口暗笑，然后恶作剧地按照乡试的规则，拟了七道考题，悄悄地放在沈坤家供奉关帝的香炉底座下。第二天，沈坤见到大喜，以为是关帝所赐，随即模拟作文，熟记在心。等到中秋进场时，看主考所出示之考题，竟然与前日模拟的作文不谋而合。结果可想而知，放榜之日，沈坤中式成了举人，而他的那位朋友，也同时进场，但看来他完全没有把自己所拟的七道试题放在心上，反而名落孙山。

这则故事本意是褒奖沈坤敬奉关帝而关帝显灵，虽然试题出自同学，不过是假其手而已，所以同学自己却落了榜。但有学者认为那位开玩笑的同学就是吴承恩，因为前面说过，沈坤的父亲卓亭公对儿子期待很高，管束甚严，能直接进入沈坤书房的人不多，吴承恩是其一；而吴承恩"善谐剧"，开这样的玩笑当是他常有之举；最重要的是，他确实与沈坤一起参加了这次乡试且确实落了榜。

假如——姑且先用上这个词——这件事是真实的，对于吴承恩该是多大的讽刺！这比落榜本身要残酷得多。而这件事万一是真的——哪怕有一点真实的成分，对我们前面解读过的那位老人吴锐，又会是何等残酷的打击！比对吴承恩的打击更要严重得多。

第二年，也就是吴承恩二十七岁时，他的父亲吴锐老先生去世了。春上，这位向来健康鲜有疾病的老人，一日雇了艘小船，往城西大湖中散心——老人家出门时"意欣欣"，但归来后却一病不起。"意欣欣"是吴承恩说的话，但这实在是一个让人怀疑的用语，难道老人家真的那么高兴？

吴锐过世后，吴承恩亲自为父亲写了《先府宾墓志铭》，这是一个非常举动，其动机颇为可疑。吴家的先辈尽管只做了教谕、训导之类的学官，但也可以认为是世代以儒为业了，到吴锐这一辈被迫弃儒经商，在吴老夫子内心不知有多少委屈酸楚。而一切又已无可奈何，老先生只有忍辱负重，将委屈埋在心底，将希望寄托在未来。而这个儿子看来聪慧可人，似乎前途无量，但却才不正用，喜爱什么传奇、志怪之类，让老人家实在不太受用。上年大比，吴承恩与沈坤、朱曰藩等同赴南京应考，沈、朱二家门楣生辉，而自家的汝忠却名在孙山之外，可以说完全应验了老人家的隐忧。

忠厚木讷，以望子成龙为最大心愿的父亲终于没有在生前看到儿子披红挂彩跨马游街，这让吴承恩非常自责。在父亲的灵柩前，他做了一件违背旧制的事：自己动手撰写父亲墓前的铭文。

按照惯例，墓志铭的撰写者一般有两种角色：一是当世名公达贵，请出这类人物无非为炫耀或抬高墓主身份，后人也可以从中分享一份荣耀，但这类人撰写的铭文大多有固定的格式，行文比较老套，往往只是循例对逝者的家世交代一通，对逝者本人的事迹品德称颂一通，自然不可能有多少真情流露；另一类是墓主家族的亲朋好友——出自他们笔下的墓志铭则可以比较真切地反映逝者家人的心情，有些甚至是相当不错的文学作品。如韩愈为侄儿写的《祭十二郎文》，为挚友柳宗元写的《柳子厚墓志铭》，都是当今大学文学课本的保留篇目。而由儿子一类直系亲人撰写墓志铭，世所罕见，因为从常理上说，墓志铭对逝者的称颂都会有一些夸张，也就是会有"虚美"，如果是他人所写，虚美是撰写人的意思或者是代表公众的意见，家人不必承担责任，只要大致表示一下谦虚便行；而如果由直系家人来虚美，这也许就会成为一种自抬身价的诟病，因此由直系子孙为前辈撰写墓志而铭刻上石者，罕见。吴承恩选定自己撰写这种形式，当然会考虑所谓的影响问题，但他有太多的话要说，所以也就顾不上许多了。

通常墓志铭会用比较冷静的史笔，比较关注家族世系和逝者生平的记录，但一般缺少生活细节的描述，也就是有骨架而无血肉。然而吴承恩的这篇《先府宾墓志铭》完全不同，不仅篇幅在墓志铭中算得上长篇，而且笔墨都花在了对逝者人格和性格的刻画上，写出了一个非常真实的、活生生的忠厚木讷老人家，在哭诉失去亲人的沉痛之外还尽情地倾诉了内心的惭愧。老父逝世时虽然已七十二岁高寿，但吴承恩仍然不能原谅自己，因为父亲去世时仍是布衣身份。吴承恩本来有可能改变他的家族寒门形象，他的父亲及周遭的亲朋故旧对此也充满希望，但到当时为止他数次赴乡试又数次失望而归。本来这还可以用来日方长告慰，但就在前一年，他要好的学友沈坤、朱曰藩都已经中了举人，这给吴承恩造成了极大的精神压力，毋庸讳言，对他的老父也是无法回避的极大打击。因此吴承恩认为老父亲的去世肯定与此有关系，故而不能原谅自己——他要哭诉自己内心的惭愧，痛斥自己的"游荡不学问"。因此，"意欣欣"实在只是一种粉饰。对于父亲去世的原因，吴承恩不能不说；但对于真实的原因，他却又难以启齿，所以他畅酣笔墨，写他父亲一生的压抑、一生的期望，写他自己因愧对而形成的刻骨铭心的苦痛。《先府宾墓志铭》与其说是一个孝子的祭奠，不若说是他们父子的对话，说是吴承恩对他父亲的道歉。

数年之后，他还有一次沉痛的道歉，对象是他的恩师、前几年的淮安知府葛木。葛木是浙江上虞人，大概是一位比较亲民和关注教育的官员，地方志对他有很好的评价。除了关心民生疾苦之外，葛木在任上的一项重要政绩是创办了龙溪书院，亲自给学员讲课，并且对吴承恩曾表示过特别的关注，与吴承恩建立了非同寻常的感情。

嘉靖十四年（1535），葛木死于山西任上。葛木灵柩回家乡浙江上虞时途经淮安，在淮安做了停留，淮安士绅为葛木举行了公祭，吴承恩痛哭流涕地写了一篇祭文《祭卮山先生文》，其中说到当年葛木的关心，称葛木对他这个寒门出身的人给予了特别的勖勉：

> 昔人有言：感恩易尔，知己实难。承恩，淮海之竖儒也，迂疏漫浪，不比数于时人，而公顾辱知之；泥涂困穷，笑骂沓至，而公之信仆，甚于仆之自信也。

说自己家庭贫穷，这几年科举蹭蹬且性格迂疏，生活中承受了各种讥笑谩骂和风言风语，但葛木却对自己的未来充满信心，甚至超过了自己本人。

这段话颇值得玩味。葛木创办龙溪书院是在嘉靖八年（1529）之后，当时吴承恩已经两次乡试落榜。这虽不算什么耻辱，但毕竟会对吴承恩的声名产生影响，至少神童的光环不会再那么耀眼；而虽说此时的吴承恩对聪慧的名头未必那么看重，但面对他人异样的眼光和必定会有的冷嘲热讽——就是所谓的"泥涂困穷，笑骂沓至"，心理反应总是难免的。而且，因为穷，又因为父亲的痴名，当时的吴承恩可能有相当强的自卑心理，而自卑往往会以孤傲的形式表现出来即"迂疏漫浪"，也许还有些自暴自弃的迹象，这反过来又会加重与社会的隔阂，也就是他自己说的"不比数于时人"。这时候的吴承恩显得有点怪，有很强的对社会的不合作意识，也许可以称为青年烦躁期。而葛木看到了这位年轻人与众不同的"迂疏漫浪"背后，有一种天生才华在闪光。他以细致的关心体恤治愈了吴承恩的心病，所以吴承恩对葛木的感情不仅仅局限于一般意义上的"感恩"，而是称"知己"。

吴承恩本以为时日方长，后会可期，但如今时过境迁，葛木逝矣。吴承恩确实应该有许多话要向恩师葛木倾诉：一方面，他不能回避深深的自责。来自葛木的关心、期许、提携让他在荣誉、自尊和自信中度过了一段充满畅想的青年时光，但这是需要以功名作为回报的。他确确实实辜负了葛木的一片苦心，在让父亲失望而去之后，他又一次让最亲近的人失望而去。另一方面，他需要以在恩师面前的泣诉来缓解自己承受的压力。此时他已进入而立之年，即使像他的朋友沈坤、朱曰藩那样有个举人身份，也不再值得炫耀，何况他曾经顶过神童的光环如今却还是布衣之身！也许，他感觉得到周围怪异的目光，他必须承受这些目光的鞭挞而无法将自己的内心世界展示出来，唯一可以期待的，就是恩师的理解与原谅。但面对葛木的灵柩，他又从何说起呢？

今与公辞矣。碌碌人中，尘土如旧，我实负公，其又何言？自今以往，亦愿努力自饬，以求无忝于我公知人之明，庶他日少有所树立，亦厄山公门下士也，持此以报公而已。

"我实负公，其又何言"不知包含了吴承恩多少欲说还休的惭愧心情。此时他只有表示，希望有朝一日有所建树，可以自豪地称出自葛公门下，以此报答葛公，"庶他日少有所树立，亦厄山公门下士也，持此以报公而已"一句，就是吴承恩公开的、庄严的宣誓。

当时的吴承恩，尽管已经经受了一次又一次的打击，但他毕竟只有三十岁左右，尚可以以将来为筹码，向自己的恩师许诺。

其实，吴承恩辜负的远不止他的父亲和知府葛木。在他的交往中，我们发现很多乡前辈对他青睐提携的资料。这些乡前辈对他的期待都建立在以科举为衡量标准、以仕进为终极目标的传统社会意识基础上，今天并不具备积极意义，与吴承恩在文学上的辉煌业绩也没有多少关系，但作为一种真挚的感情，作为一种人生经历，值得珍惜。可惜的是，吴承恩没有按照他们的期望成长。叶氏一家、胡琏一家、潘埙一家，前后数代人才辈出，科甲及第接踵而至，络绎不绝，但与他们朝夕相处、比画切磋的吴承恩却连一个举人也没有中得。

但这也很可喜，吴承恩没有按照他们的期望成长，却铸就了自己独特的思想、个性和才艺，最后贯注于经世不朽的《西游记》。否则，我们会多了一位知县、知府甚至是侍郎、尚书，但却会少了一位伟大的文学家。

无奈的最后体面

三十五岁之后的几年，是吴承恩一生中最难度过的时光。嘉靖二十年他三十六岁时，沈坤成了本地有史以来的第一个状元，又三年，同窗好友朱曰藩、张侃、倪润同时进士中式，到这个时候，与吴承恩同在学中的朋友布衣之身的已经不多了。

中进士的这些昔日同窗，此时与吴承恩已经形成了实质性的差距。明制秀才虽算功名，但尚不可以做官；举人可以铨选入仕，但一般均会选个教谕、训导之类，至多也就是八九品的品级，因此读书人往往只把举人视为台阶，中举后往往仍是居家读书或者入国子监，以期在会试中更进一级。既然是居家读书，已经中举的人与那些学中的秀才们免不了还有频繁往来切磋研习的机会，相互之间也未必有人敢随意托大，因为说不上哪年乡试吴承恩这样的老秀才摇身一变也就成了举人，运气更好的话还会在第二年春闱连捷，一口气中了进士做了状元。但是，进士中式之后的情况就完全不同，进士要任实职，顷刻间就变成如假包换的七品以上的官身，就要由他人鸣锣开道前往某地任职成父母官了；而任实职三年之后又可以申请对父母的封赠。面对沈坤为自己父母争来的皇封——当年的卓亭公赠翰林院修撰，其母亲封安人——吴承恩不可能不想到自己布衣入土的父亲，为他老人家争得一分封赠的可能好像越来越遥远了。

封赠这个名词今人已经比较陌生，它是古人热衷的一种特殊荣誉。旧时官员走上仕途服务于朝廷，就得离开家乡，制度限制他必须异地为官，而且距离家乡至少得数百里以上，这样，因不能尽亲自赡养父母朝夕照顾的责任，在他身上便形成了一个与伦理相悖的道德的、情感的缺憾，即所谓"忠孝不能两全"。为了弥补这个缺憾，解决道德上的悖论，皇上会将官员的官爵封赠给他的父母——父母在世者为封，去世者为赠——官员有何爵号品级，父母就会得到相应的封赠，比如沈坤的父亲、吴承恩相当熟悉的沈公，就被朝廷赠为"翰林院修撰儒林郎"，这位老先生经商出身，何曾读书应考，与翰林院何干？其实这就是当年沈坤的职务。这种封赠是一种荣誉职衔，有一点象征性的俸禄，但没有实际权力。然而这对于原本很可能只是一介平民，以经商务农为生的老父老母已经足够了，从此可以荣耀乡里，可以与士绅们交往，还可以与县太爷之类的父母官絮絮品秩，充分满足一下自己乃至整个家族的荣誉感。应该说，这种封赠对于官员的家人来说，才是兑现了的、实实在在的荣誉与利益。

面对沈家的荣耀，我们很难想象吴承恩是如何掩饰自己的失落的。他不是心胸狭窄的人，大局上当然会为好友的一个个衣锦离去而高兴，但回望自己形单影只，内心的失落甚至是彻骨之痛也是难免的。

这时相伴在吴承恩身边的终身好友似乎只有一位了，那就是刚刚相识的李春芳。李春芳，字子实，号石麓，扬州兴化人，小吴承恩四岁，后来官级由礼部尚书、吏部尚书直至内阁大学士，也就是做了宰相，是吴承恩学友中地位品秩最高的一位。李春芳嘉靖十年（1531）中举，当时只有二十二岁，实在也称得上青年才俊；但到与吴承恩相识为止也是多年会试不第，这与吴承恩有点相像。中举后，李春芳曾因家贫转向淮安授徒也就是做家庭教师另行谋生，吴承恩于此时与其相识，并很快就结成了莫逆之交，那几年两人的交往大概比较密切，有点意气相投的感觉。此人对吴承恩后半生的影响很大，远超以上我们提到的那些同窗学友。但就是这么一位一见相投、交往渐深的朋友，也在嘉靖二十六年（1547）一不留神会试高中一甲第一名而暂时离开了。这是六年内吴承恩身边走出的第二位状元。

心静了，承认举业失败，那就要重新考虑后半生的生活。物质的生活吴承恩并不发愁，在他还年轻的时候，就不断有人上门求字问画，或代写各种祝词表启，收点润笔自在情理之中；但他的老母此时尚健在，老人家深知吴锐的愿望，吴承恩对此不能不予考虑。踌躇一番，吴承恩选择了入贡。

入贡是明清科举体系中比较特殊的一环，了解这一环的意义得从朝廷的干部培养制度说起。在当时"进士""贡举""杂流"三种并行的人才培养途径中，"进士"是国家高级人才，内阁重臣和方面大员必须有进士出身，这类人的选拔由科举完成。"杂流"指的是在基层不入流但实用性、针对性很强的小吏，如主簿、典吏、捕头、书记之类，一般通过花钱纳捐、军前效力、祖上余荫等途径取得，可以直接铨选任用。今日读者比较陌生的是"贡举"这一人才选拔途径，简单地说，府、县学培养的人才除直接考中进士的以外，其余人员如想任职都应当经过国子监的培训，这就是"贡举"的方式。举，推举，也指经过乡试录取的举人；贡，贡献，即指通过各种其他方式选拔出来的向国家贡献的人才。

从贡举的本意上说，在储备人才这个首要目标之外，主要是想解决长期考不中进士的老举人的问题。因为由于乡试不中，府、县学中大量的老秀才会坚持一年又一年地考下去，因为他们没有更多的路可走。其坚持不懈的精神固然可嘉，但府、县学的名额有限，一般县学二十名、府学也就四十名左右，老的不走，新的不能递补，于是就造成了渠道的拥堵。为了解决这一问题，明朝将久已有之的贡举制度改造成主要解决老秀才出路的一种制度，即用各种名目从老秀才中选拔人才，使之可以在一定程度上享受举人入监读书的待遇。这些被选拔出来的老秀才就称为贡生，也就是由地方政府"贡献给国家的人才"的意思。贡生的名额由朝廷分派给府、县学，基本上按年资排序的称岁贡，因朝廷有重要庆典而特别恩准的称恩贡，按照特定条件不论年资选拔的称选贡，花钱纳捐取得资格的称纳贡。贡生入国子监读书，称坐监。进了国子监，仍可参加乡试、会试，考中者走人做官去，屡考不中者经过一段时间的再学习然后出监，就可以在吏部排队等候铨选地方佐杂小官，官职小点，但也属正途出身。

对于雄心尚未消磨殆尽，年纪尚轻的秀才或者举人来说，入监显然不是首选。因为这一途将来的升迁空间要较"进士"出身的小得多，将来能升为地方主官的凤毛麟角。而且，入监读书必须要到北京或者南京生活，这给生员带来极大的困难，虽有国家的补贴，但在外开销太大，家中还无法照顾，没有一定的经济实力支持不了。但对于大量老举人、老秀才来说，入监仍是不错的比较体面的出路。入监以后，挨几个年头，总还有个正途出身，佐贰之职大小也是个官，这是那些在科举道路上走得很累，但还是想坚持到底的老书生应该去赶的最后一班车。

入贡，是吴承恩的最后一条体面出路，也就表示吴承恩已经放弃了仕途高官的美梦。吴承恩入贡的时间是在他四十五岁时。在府学中争得一个岁贡生的名额，吴承恩似乎松了一口气，但实际上吴承恩此时的内心如同打翻了调料筐，酸甜苦辣，五味俱全。前一年，他有位叫汪云岚的学中好友选择了入贡，被选派为巴陵县的教职，在送行时，吴承恩写了一首七古长诗《忆昔行赠汪云岚分教巴陵》：

忆昔龙溪鸣鼓钟，后有王公前葛公。君方弱冠游其中，玉树青葱明曙风。当场小战号佳手，乌府柏榜连作首。挥毫四顾气腾虹，擢第登科亦何有？风飞雨送三十年，襕衫犹在灯窗前。

葛公就是前面提到的知府葛木。吴承恩回忆了当时在书院意气风发的时光。但是现在呢？他的感受是：

后尘衮衮总新样，万事纷纭休问天。昨来始得随宾贡，共道文章小成用。骏骨谁知马首龙，卑飞不免鸦嘲凤。潞河冰尽春帆开，隔年重上黄金台。舒颜就教恍疑梦，执笔金凭犹自猜。丈夫功名未可必，时运到时终俯拾。

回头看，转瞬间三十年已经消逝，风飞雨送，命运难料，后学纷纷超越，前行之路已经走到了自己能达到的最后一个台阶，所有的骄傲都成了往事。现在虽然入贡了，多年苦读虽然勉强算是有了交代，但对于阑珊窗前消磨了半辈子时光，也曾经风采一时的他来说，实在不能甘心、屈辱、悲凉、痛心、倔强的混杂，决不会被一杯清茶掩盖。

尴尬的仕途生涯

数年之后，吴承恩进了南京的国子监读书。这是大部分贡生选官的必经之路。

明朝国子监洪武年间建于鸡鸣山下，后来京城北迁，国子监也就分南北两处，南京的仍然保留，简称南监。国子监的待遇其实不错，有良好的学习条件，包括教师、图书等，学习采用学分制，积分满者称及格，给予出身，一般就是州县副职，成绩特别优异的还及时上报；除分发生活用品外，年节俱有赏钱，家中有父母去世之类的大事，允许返乡探望还发给路费。但这些都是《明史·选举志》中记录的，大约也就是初期的状况，到吴承恩入监读书的时候，情况已经大不一样，大量空缺的地方官职位逐渐填满，国子学生选官的速度放慢，因此到明代中期入监尤其是入南京国子监读书的人数锐减，在监的也已大部分是老举人和老贡生，有时只有数百人，不过虚应故事，混个年头，坚守阵地而已。许多管理措施都已经形同虚设，监生们或呼朋唤友，诗酒相会；或捏造名目，告假回乡；甚或流连青楼，平添秦淮河畔的一份热闹。而这时候南京更有一批号称"白下风流"的文士喧嚣一时——白下是南京的又一称呼——吴承恩恰逢其会，惺惺相惜，也就卷入了这一潮流。所谓"白下风流"，是一批对功名不太重视，有家产不愁吃穿，有时间可以联朋会友，性喜自由，只爱逐胜征歌，耽酒吟诗的文士，明清两代都有几批这样的角色。这时的吴承恩，哪有心思再去读那些已经翻来覆去不知嚼了多少遍的四书五经，去谈什么替圣人立言！他结交了监中的活跃分子和社会上的诗文朋友，很是痛快地展示了一把他的被压抑的才情。

他把一切不痛快都深深地埋在了心底。有人批评说这是吴承恩生活中最没有价值的一段。其实，在那批人中，吴承恩的身份地位最低，经济条件最差，且相交时间也最短，交往双方的地位并不十分平等，我们甚至可以用上"附庸"这样的词——主要指的是小团体的话语权、引导权的问题。换句话说，吴承恩在人家的圈子里，只能就人家的话题附议。能让自己生活得轻松一些已经不容易了，"白下风流"没有政治倾向，至多有些风流，有些牢骚，有些颓唐，吴承恩即使有满腹政治牢骚，在这个环境里又能把他的愤世嫉俗发挥到什么样子呢？对于此时的他来说，能不能选个职位已经不那么重要，如果不是老母亲坚持，他早就打道回府了。

十余年后，嘉靖四十三年吴承恩五十九岁时，忽然得到了一个他自己根本就没想到的消息：有人愿意帮助选官。这不是开玩笑吧？不是！这个人就是他二十年前结识，然后又在嘉靖二十六年以令人瞠目结舌的辉煌、当年殿试第一离他而去的李春芳。李春芳这时已任吏部侍郎加礼部尚书衔——应该是正二品。

这一年春上李春芳派人往家乡兴化接父母到京城养老，顺便让家人途经淮安时拜会一下当年的好友张侃和吴承恩。李春芳在朝中是个很著名的小心谨慎的人，说难听点就是胆小不惹事。但那是他在官场上保护自己的一种方式，实际上对知己朋友倒称得上古道热肠，这些年并没有忘记自己未发迹时在淮安交的那些朋友。当他知道吴承恩现在的处境时，他觉得自己可以伸手帮一帮，于是又写信让吴承恩来京谒选。吴承恩尽管早已不去国子监了，但他选官的资格还在；而他年近八十的老母也还时时牢记这事，不断在儿子的耳边唠叨，他有当官的需要。

有了李春芳的关照，吴承恩的候选过程似乎要简单得多。嘉靖四十四年的年底或者四十五年春上，吴承恩得到了"长兴县丞"的正式任命。这在当时一定让许多人感到意外，因为到了明后期，岁贡能选出训导、教谕已经不错，选出县丞的可能则微乎其微，这里我们应当体会到李春芳站在背后的有力推动。

长兴是浙江北部太湖南岸的一个小县城，群山环绕，地处偏僻，但毕竟是在江浙一带——江浙在明代也是富庶地方——离家乡也不太远，是一个还算不错的空缺。嘉靖四十五年（1566）赴长兴县丞之任的吴承恩已然六十一岁。

在长兴的第一年，吴承恩的心情还是不错的。在县丞这个一人之下、数人之上的职位上，第一次有了责任感，第一次有了繁忙的事务，也第一次有了居高临下的感觉。这种感觉虽然不是他所追求的，但也挺新鲜。这一年，他忙碌而又有点兴奋。忙碌，指他所负责的粮草、马政是一县的主要工作，这些工作很烦，政策性也很强，吴承恩后来的牢狱之灾正是由此引发的。闲暇之余，便会走出来逛逛，有时是便装，像一个山野之人，扮演的是松下听风的角色；有时是官服，走下去也属体察民情，扮演的是父母官的角色，这种尘世之人与山野之人相交织的感觉，一定让他觉得非常新鲜畅快。他游山，访寺，赏景，饮酒，再与地方文士切磋切磋，方便时显一显自己的才艺，这很符合吴承恩的性情，正是做了他自己一辈子都想做的事，圆了所有文人都憧憬的梦。请看他的诗《长兴》六首：

  云去青山出树，雨余白水明畦。晓涧喧时见鹿，午窗睡起闻鸡。
  细雨飞花燕子，清波浅草鹅雏。贴树藏身啄木，穿林劝客提壶。
  桥通鱼米新市，花隐旗旌古祠。弛担津人待渡，杖藜野客寻诗。
  松径遥闻樵斧，园蔬满送筠笼。野馆时留道伴，山厨日倩僧童。
  栖鸟团风择木，游云渡水还山。落日行人自急，孤城韵角偏闲。
  骑火茶香入焙，生春酒熟明船。门院暗暗蚕月，烟波澹澹鱼天。

这六首诗为一组，写的是一个下午出门寻诗觅趣的各个片段：午后小憩，觉来携壶，穿林过涧，看飞花燕子、浅草鹅雏；信步逛入街市，与渡口等待的路人野老闲聊几句，也算是体察民情；松径尽头，远远已见古祠，自有道友、山僧相接，厨下小童已然忙碌，清茶热酒自在不言之中……请看这是多么惬意！一切都是那么宁静悠闲，充满诗情画意，哪有什么繁杂公务、仕途恩怨！

通说吴承恩在长兴因为反抗地方豪绅势力，维护民众利益而蒙冤下狱，坐了牢，但均语焉不详，令人生疑。真实情况究竟如何？

吴承恩的直接上司、长兴县令叫归有光，江苏昆山人，与吴承恩同年。论今天的名气，吴承恩挟《西游记》之威远胜归有光；但论昔日影响，归有光的才气文名远胜吴老夫子。当吴承恩在淮安、金陵的小圈子里略有点名气时，归有光在全国已经有了相当的影响。这位归有光也是少年神童，但科举蹭蹬，考了几十年，前一年六十岁时刚刚以进士身份得授长兴县令，而且也是第一次做官。不同的是，归有光是位纯儒，对信仰更坚定，清廉亲民，做县令是按照儒家的标准认认真真在做,为人也更刻板甚至刻薄,不同于吴承恩的率性开朗,游戏人生。老天将他们安排在一起,有点喜剧效果,也是悲剧的起因。

归有光到任后,做了一件在道义上无可挑剔,但让上司很不高兴的事:恢复粮长制度。什么是粮长制度?过去国家向农民征税,主要是收粮食,收来的粮食需要有人牵头上交,于是政府就将各地的交粮大户设为粮长,由他们将本地应缴粮草收齐交到指定地点,形成地方官员核实催缴,大户牵头收缴,军队派人接受的制度,称粮长制度。这个制度在明初实行得很顺利,大户顺带上缴一些小户的粮草,国家给粮长一些荣誉甚至是职衔,所以各大户都乐意担任粮长,有些地方甚至因争抢而要轮流担任。但进入明中叶之后,土地兼并渐趋严重,破产逃亡的农民渐多,实际人口与应该缴粮的人口有较大的差异,粮长已经无法收齐本地应缴的粮食,只有自己承担亏空,这就出现了大户千方百计将粮长派给中小户农民的现象,而中小户农民一旦被逼做了粮长就会因为填补亏空而倾家荡产。到吴承恩、归有光上任之前,浙江省开始推行一种里递制度,也就是让地方基层的管理者里递兼任缴粮任务。归有光对里递制度很反感,认为里递还是小户,面临的还是破产,粮长仍然应该由大户担任,大户吃点亏是为国家、为政府分忧,而且也不会伤筋动骨。所以他到任后顶住压力,在长兴仍然实行大户粮长制度。他把缴粮大户分为三批,每年轮换担任,亏损由他们自己担待,三年一转,实际上是让那些大户吃一点明明白白的亏。

归有光的这一措施在道义上值得称赞,在政治上却显得非常幼稚,根本改变小户破产的状况只能是调整土地政策,依靠大户的"奉献"维持显然只是权宜之计,那些被强迫担当粮长的大户,也就是县里的豪绅地主们,当然会带有各种反对抵触的情绪。更重要的是,他实行的这一套与上级的意图相悖,危机在这个时候已经埋下了。

隆庆二年元旦,是朝廷规定的外任官员进京朝觐的日期,归有光在列。考虑到路途遥远,他在元年的十月份就上路了。按照惯例,上司派来了一位代理县令——称摄令——来主持工作。交接时,归有光特意介绍了他所执行的三年一转的粮长制度,并把前面两年已经担任过粮长,本年也就是第三年即将担任粮长的大户名单郑重其事地交了出去，希望摄令照此办理。

摄令对此根本不感兴趣，他的身上事实上负有上级的特殊使命，就是趁此机会在长兴推行里递制度。他按照上司的要求重新分派了粮长的任务。但摄令的名单一公布立即在县里引起轩然大波，已经在三年一转的过程中交过粮的大户觉得冤枉，没交过的大户都想趁机躲避，官府猾吏和地方流氓乘机闹事，征粮事实上处于停滞状态。对于征粮，朝廷有明确的规定，浙江的漕粮必须在十一月底装船上路运往北京，这是没有商量余地的死命令。眼看时间一天天过去，征粮还是一片混乱毫无头绪，摄令这时慌了，为了不丢脑袋，他跑到上级湖州府自首，说自己贪赃枉法请求治罪。于是他和县丞吴承恩一起被逮捕下狱——县丞吴承恩作为归有光征粮方案的执行者，"难辞其咎"。出现这个案子是摄令很聪明的地方，贪赃可大可小，小的案件可以由地方处理，事实上是躲过了征粮失误的大罪，暂时缓解一下朝廷的征粮压力，在某种意义上说，也是摄令对自己的一种保护。吴承恩就这么下狱了，担待个贪赃的罪名，实际上是做了归有光与上司较劲的牺牲品。

吴承恩坐牢的时间并不长，救他的还是李春芳。李春芳这时已经做了首席内阁大学士，当时叫首辅。在他的帮助下，吴承恩迅速脱出长兴狱案，补授个荆王府的纪善。这也是个八品官，属平调，可能还包含一点奖掖的意思，因为同时代有县丞考级优秀，调任荆王府纪善的事例。

2017年第1期《文学遗产》发表了华东师范大学彭国忠先生的一篇文章《吴承恩长兴县丞任新考》[1]，说在整理《归有光全集》时发现了归有光在隆庆元年年底朝觐路上写给吴承恩的三封信，其中除了因为旅费银子被人骗走，归有光请作为县丞的吴承恩为他赶快催一笔银子送来之外，还称赞吴承恩品德高洁，并为吴承恩在此事件中受到牵连又幸被知府解脱而庆幸。

这是怎么回事？归有光的很多材料中对贪赃下狱的县丞恨得咬牙切齿，这是事实！彭先生的文章揭开了谜底：长兴县丞与县令归有光存在龃龉是真的，

---

[1] 彭国忠. 吴承恩长兴县丞任新考 [J] //文学遗产，2017（1）.

县丞下狱的事确实是有的，当时吴承恩也确实是长兴的县丞，但意想不到的是，这个县却有两位县丞，归有光的材料里说的县丞都不是指吴承恩，而是指另外一位与摄令混在一起的县丞。

天知道，居然有两位县丞！

但归有光的信中也说到，同样担任县丞的吴承恩在征粮事件中确实也受到诬陷打击——可能也确实下了狱，但很快即被知府解救。这样看来，我们在吴承恩这段经历的描述中可能有点混淆，但并不严重。首先，吴老先生确实受到了归有光的牵连，但被救了；其次，他被救了，救他的是知府大人，但背景仍然可能是李春芳，否则在这么一件大事中，知府怎么可能让吴承恩躲过一劫，并有了"荆府纪善之补"？

王府的难得机遇

在前面篇幅里我们已经多次提到了"荆府"和"纪善"，现在是详细介绍的时候了。

"荆府"，是荆王府的简称。永乐二十二年（1425），明成祖驾崩，仁宗即位，立长子朱瞻基为太子，其余各子同时封藩；庶六子朱瞻堈受封为荆王，开府于建昌（今南昌）。宣宗朱瞻基即位后，改元宣德，宣德四年（1429）各藩王包括荆王就藩。关于荆王府的沿袭更替，《明史》一一九卷"诸王列传·四"和一〇三卷"诸王世表·四"有详细介绍。

值得注意的是第五代荆王荆恭王朱翊钜，吴承恩实任荆府纪善，侍奉的就是这一位荆王。

"纪善"，明代藩王府的一项官职。明制，藩府职官由朝廷直接配置任命。朝廷设在藩王府的管理机构称长史司，设左、右长史各一人，正五品，配属九品的典簿一人；职责是"长史掌王府之政令，辅相规讽以匡王失，率府僚各供乃事，而总共庶务焉。凡请名、朝封、请婚、请恩泽，及陈谢、进献表启书疏，长史为王奏上。若王有过，则诘长史"。长史司之下有若干职能单位，主要有：审理所、典膳所、奉祠所、典宝所、纪善所，等等。纪善所设纪善二人，正八品，纪善掌讽导礼法，开谕古谊，及国家恩义大节，以诏王善。凡宗室年十岁以上，入宗学，教授与纪善为之师。从嘉靖九年《蕲州志》卷四"荆封"所记录的情况看，荆王府确实是按照以上标准规格配备官员的，"纪善"也在事实的配备之中。

荆王府坐落在湖北蕲春县的蕲州古镇。明朝初期的王，有权有势有军队，自从永乐帝朱棣以亲王的身份夺了侄儿建文的皇位以后，明朝就重新建立了一套王府的管理制度：王府可以享受当地的税收，有丰厚的经济收入，但不可以有军队，不可以干预国家政治和地方政事，甚至不可以随意进京，不可以兄弟串门见面。王府必须接受朝廷派出的官员，其事务受这些官员的指导和监督。说明白些，就是王爷们可以关门享受，但不得干涉你大门之外的任何事务，派去的官员就是监视者。

王府生活基本上仿照朝廷的格局安排，不过简单一些，或可称为简化版、微缩版。朝廷派来的最大官员是五品的长史，其职能类似于王府的宰辅或朝廷驻王府办事处负责人，凡涉及王府对朝廷的各种事务要经由长史办理，凡朝廷对王府的要求也总要由长史监督实行。吴承恩所任的纪善，有正八品的待遇，职能相当于朝廷的礼部和国子监一类部门，具体工作是在国家或王府大典时确认应有的仪礼，平时向王爷讲解孔孟圣人之道、国家礼仪大法，介绍古今忠臣孝子，并与从九品的教授一起负责宗室子弟的日常教育。王府的工作说起来庄严隆重，很让这些品秩不高的官员们满足了在科举上没有实现的虚荣心，所以他们有时也会戏称自己是"将相才"——做一任王府官员也就等于出将入相了。他们平时很清闲，这些官员们都很知趣也很自觉，清楚地知道王府的一切仪典不过是形式而已，王爷们各有所好，唯一不喜欢也不敢喜欢的就是政治，他们这些官员又何必去鼓噪骚扰呢？陪王爷作诗，填词，唱唱曲子或品茗纹枰、敬佛修道才是日常必修功课，无所事事，百无聊赖，与其说是官员倒不如说是王爷的清客更合适些。

蕲州的荆王府到吴承恩赴任时已经繁衍了五代，吴承恩侍奉的王爷称荆恭王，是位声誉不错的王，他在位期间荆王府一派和睦气象。荆王府当时的下级

图 8　湖北蕲春县蕲州镇。据称荆王府旧址即在此处

各路王爷中,有位樊山王值得注意。他好道,好神仙之事,地方史料称他"闻古有淮南八公、梁四公,慕之,折节名士"。吴承恩的一位间接朋友、著名文人吴国伦与这位王爷很熟,曾经写过一首《答樊山王朱载埨》诗说到了这位樊山王的日常生活,说平时打扮得就像个神仙,根本看不出有王爷的风范;说家里平时宾客很多,侍奉在周围,就像当年淮南王身边有八公之徒一样。

吴承恩大约是在王府完成了《西游记》。

第一条理由是世德堂本陈元之的《序》三个"或曰"已经把《西游记》与王府扯上了关系,这是严格的限制,而吴承恩在王府的任职具备了必要条件;第二条理由是吴承恩在《西游记》里描绘了王府的生活,这是他自己创造的充分条件。这两条在第一章里都有详述。而第三条呢,就是王府里有这位好修道养清客的樊山王,这是辅助条件,也很重要。第四条理由是吴承恩的一阕词《送入我门来》,算是辅证。这首词应该是这时期的作品,是他动手写《西游记》的宣言。词云:

玄鬓垂云,忽然而雪,不知何处潜来?吟啸临风,未许壮心灭。严霜积雪俱经过,试探取梅花开未开?安排事,付与天公管领,我肯安排。

狗有三分糠份，马有三分龙性，况丈夫哉！富贵无心、只恐转相催。

虽贫杜甫还诗伯，纵老廉颇是将才。漫说些痴话，赚他儿女辈，乱惊猜。

这首词的词牌创自南宋，原词词调欢快充满梦想，有点调侃意味地表示希望老天爷将一切我所希望的、渴求的，通通借一阵东风送入我门。但在吴承恩笔下这阕词被写得慷慨苍凉，活脱脱就是一位老人倔强地与命运抗争的宣言，完全换了一副风格。

说"玄鬓垂云，忽然而雪"，其时吴老夫子已经满头白发。但尽管岁月荏苒，时光逼人，作者却表示丝毫不肯服老，绝不允许就此丢弃自己人生追求的壮心。壮心是什么？就是做一个鉴戒社会的"野史氏"——请见下节。

说"严霜积雪俱经过"，必然在长兴任职之后。在那之前，他一直没有丢掉做官的念想，因为老母还在，老母的愿望像一把剑一样一直悬在他的头上；也一直没有机会真正体验一下他多年追求的仕宦生活。因此在他长兴任县丞之前谈不上"俱经过"。

说"安排事，付与天公管领，我肯安排"，必然与清誉有关。这里连续出现了两个"安排"，直观看似乎是填词中的一个病句，但实际上吴承恩诗词技巧十分稔熟，不会犯如此低级的错误。前一个"安排"的使用是为了代替不好听的"身后"二字；而他下决心不再考虑的身后事，无非是"不务正业""自甘堕落"之类的名节问题，这个问题在他的心中已经杯葛了若干年头，现在当是下决心做出抉择的时候了。

说"漫说些痴话，赚他儿女辈，乱惊猜"，必然是他酝酿已久有点惊世骇俗的东西。"痴话"二字，是他在这阕词中大动干戈的抒情，既不甘心命运又不服老，还要加上丈夫气概、老倔脾气的具体载体，一定会让儿女辈"乱惊猜"。您认为这会是吟诗填词么？吟首诗、填阕词算什么，张口就来的东西，还用得着拿杜甫、廉颇相比吗！

这"痴话"一定是《西游记》！人到晚年，吴承恩在生活中已经打磨掉了性格的棱角，大概不会再发愤青式的牢骚；但他对命运的抗争的倔强没变，"狗有三分糠份，马有三分龙性，况丈夫哉"！只不过选择了自己擅长的，也更圆通可变的方式——"痴话"。这"痴话"是幽默，是戏谑，是逗乐的，是"游戏"的，是"玩世"的。这是吴承恩一生的悲凉激奋，是彻骨痛心的无奈，是他的悲极而歌。吴承恩知道这会不容于世，所以他已经做好了"藏之名山，传之后世"的准备，让后人去做评价吧！

四 吴承恩的文学情怀与人生道义

当我们按照文学解读的基本要求把作者和作品联系在一起的时候，似乎应该提出一个问题：吴承恩为什么成为一位文学家？为什么沾染了通俗小说？为什么选择《西游记》？只有把这些问题想透了，找出完美可信的答案，吴承恩作者身份才会真正确定，他对解读《西游记》的影响才会真正显现。

没有人认为《西游记》是吴承恩的一时冲动。除了文学的天分，在这背后必然还隐藏着文学情怀和人生道义的长期养成，这才是促使他最后做出决断的根本原因。

科举，是他必须承担的家庭责任

吴家老宅坐落在打铜巷的巷尾。小巷狭窄幽深，以致后来的知府探望吴承恩时不得不弃轿穿行。前面已经介绍，吴家最初应该是小商人或者小手工业者，高祖父在经营略有小成后运作了一次家庭的整体转型，即通过纳捐的方式先后让儿、孙两代也就是吴承恩的曾祖父、祖父走入仕途，做了教谕、训导一类的学官；学官虽然卑微，但毕竟是官，有段时间，吴家有了两位朝廷官员，一在职，一候任，这似乎是兴旺的兆头——因此吴承恩后来称自家为"世儒者"，"两世相继为学官"。但吴承恩的祖父任浙江仁和教谕仅数月便病逝于任上，吴家子嗣艰难，数代单传，其时吴承恩的父亲吴锐年仅四岁，家道的中落已经不可逆转。这很让人伤感，由经商而业儒，犹如逆水行船，步步艰难，但毕竟仰头向上；而弃儒经商，则如激流放舟，一泻千里，颓势一旦形成即不可挽回。吴家在历经了几代人若干年的努力之后，不得已放弃期待回到"穷孤"的"肮脏泥涂"上。

　　这样的结局本来也不少见，人生无常，祸福难料，通常的结果就是认命。但当时还仅有四岁的吴锐却像催化剂一样，使得这场变故慢慢发酵，形成了吴家一种特殊的家庭小气候。根据吴承恩的描述，吴锐的许多行为如对环境的冷漠，对读书的挚爱，已经远不是一个生意人应有的姿态，他的行为与身份已经有了严重的悖离——他无可奈何地经商，但对经商又有强烈的不屑。如何看待这种人格的分裂是一件很关键的事，当我们回眸历史，仔细研究这位看起来无关紧要的老人时，关于吴承恩和《西游记》许多疑团的答案其实已经有了线索：穷孤不是问题，将相无种！穷孤状况下的心态才是关键。弃儒经商是一条人生逆行道，吴锐接受了现实，但心理创伤却从来没有痊愈。

　　吴锐对科举仕途一定有无穷的遐想和渴望，毫无疑问他会把期望寄托在儿子身上。吴承恩并没有具体描述父亲对他的棍棒管教，但其实老父亲的手不释卷——且不管他老人家读的什么书——就已经是一种无形且无尽的压力。但凡有一线可能，吴承恩都必须走以科举博功名的人生之路，并以在这条路上的成功光宗耀祖，这是他一定要承担的家族使命。

　　吴承恩早慧，并且"工制义"——也就是擅长八股文，这是一个很容易引起关注的才艺特点，他自己也甚为得意。他十六岁正式进学时，据说当时主考的督学使者对这个身型尚未长开显得矮小瘦削的孩子称赞有加，说这孩子将来必有出息，"得一第如拾芥耳"。约十八岁吴承恩与当地望族叶氏门中的一位姑娘定亲后，叶家一位有恩荫在身的族叔引导他进入了淮安上流社会的社交圈。前途似乎很光明。老父亲吴锐的地位在瞬间也有了巨大的改变，在街坊中他俨然已是一位德高望重的耆老，他过去的种种痴态都被视为是一种深谋远虑，甚至知府也郑重具函邀请他参加一年一度的乡饮，一切都预示着吴家面临着又一次命运的转折。

文学，是他自我选择的人生之路

　　但出人意料的是，在此后的二十多年中，吴承恩六七次参加应天考场的乡试，次次铩羽而归，最后不得不放弃了通过正途科考踏入仕途的梦想，仅以在学中年资靠前的优势谋得了一个岁贡生的身份，岁贡生当然也可以谋得一官半职，但发展的空间不可同日而语。

而一个与此相应我们必须注意到的事实是，这些年正是淮安府儒学数百年中最为辉煌的时期。与吴承恩同期并且有往来的学友当中，可考订的进士有六七位，其中还有两个半状元：第一状元朋友是沈坤，总角之交，关系一直保持到老死；第二个是李春芳，文墨之交，李春芳曾在淮安坐馆得以与吴承恩结为终身好友，后来不仅中了状元，而且位至隆庆朝首辅，把官做到了极致；半个状元朋友即嘉靖三十八年殿试第一的丁士美，小吴承恩十一岁，吴承恩为其父丁儒写过墓志铭，也算认识，只不过交往少一些，所以算是半个状元朋友。他们当年可都是同在一个屋檐下品茶论道、切磋诗文的伙伴！以当时的学中地位和社会影响而言，吴承恩不逊色于其中的任何一位。

在这个背景下再看吴承恩的失落，似乎他屡屡落榜的原因就有了特别关注的必要。纷纭诸说中，说吴承恩遭遇了科场黑幕、考官不公等最为常见，甚至有说嘉靖十六年应天科场案中"多讥时政"以致举人身份得而复失的考生就是吴承恩。但这些都是猜测，没有任何证据支持。

真正的原因虽然吴承恩不愿吐露——也许他自己并不像我们现在这样看得明白——那就是他对文学的自我选择。出乎所有人的意料。

大约在三十五岁到四十岁之间，吴承恩一边应付烦人的乡试，一边做了两件他自己非常得意但在他人看来却不可思议的事。第一，他编了一本唐宋金元词选集《花草新编》。《花草新编》前面已有介绍，这东西虽然不算太犯忌，但太费时间，熬心血编这个东西，对于仕途上奔走的人来说，行为已经出格。第二，他写了一本志怪小说《禹鼎志》，这是更值得好好说道的事。《禹鼎志》书已经亡佚，但《禹鼎志序》却在《射阳先生存稿》中留了下来，它向我们展示了吴承恩一些完全没有在其他文献里出现过的真实生活状态。他说：

> 余幼年即好奇闻。在童子社学时，每偷市野言稗史，惧为父师诃夺，私求隐处读之。比长，好益甚，闻益奇。迨于既壮，旁求曲致，几贮满胸

中矣。尝爱唐人如牛奇章、段柯古辈所著传记，善模写物情，每欲作一书对之，懒未暇也。

这让我们实在觉得不可思议：少小顽劣，躲开父师监督，翻阅诸如《玄怪录》（作者牛僧孺即牛奇章）、《酉阳杂俎》（作者段成式即段柯古）之类的传奇志怪，算是情有可原，但如果"比长"，也就是成为被寄予厚望的青年才俊之后仍然耽乐于此，甚至"好益甚，闻益奇"，就是当之无愧的不务正业；如果再到"既壮"，也就是在科举激流中面临不进则退的险境时，仍然冥想"每欲作一书对之"，那肯定是病入膏肓不可救药了。

我们不知道吴承恩用什么方法，在何种程度上掩盖了自己的真正兴趣而表现得让家长和老师都很满意，表面上仍然维持了奋发上进的形象；或许他真的很聪明，在偷读传奇志怪的同时可以轻松应付学中的制义功课，以致人们更多地看到了他的表象而给了很多夸奖。但说到这里，我觉得解释吴承恩的屡试不第已经不那么困难了，甚至有点不太相信一个悬在脑海里很长时间的疑问竟有如此简单的答案：吴承恩必然要承担的功名大业与他人生理想的选择简直就像关公战秦琼一样可笑滑稽，事实上他的内心深处自始至终存在着对举业的抵触。

他远不是一个体制内好好读书的"乖孩子"，只不过没人看到被他一系列表演所掩饰的真相。在他身上，实际上已经呈现了人格、志趣、行为的背离——请别忘了，那个社会环境和吴氏家族交给他的历史使命是由科举而走入仕途，这个使命吴承恩似乎念念不忘，但事实上并没有很好的为之努力，琴、棋、书、画这些闲技夺去了吴承恩的时间；摹写情状、摄人心魄的野言稗史，夺去了吴承恩的情趣；以下我们还会说到，"不专明鬼，时纪人间变异，亦微有鉴戒寓焉"的文学精神，占据了吴承恩的灵魂。

鉴史，是他担当不弃的社会道义

再来看《禹鼎志序》。这篇文章是打开吴承恩内心世界，真正了解吴承恩的一把钥匙。

禹鼎本身是一个次生神话故事，在古代被归入志怪范畴。说大禹因治水有

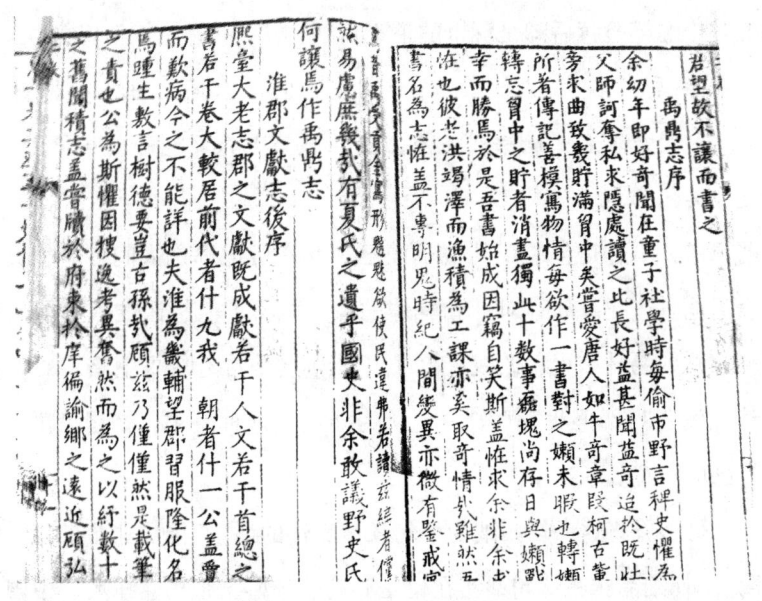

图9　现藏台北"故宫博物院"的《射阳先生存稿》中《禹鼎志序》书影

功而成为受人尊敬的部落联盟领袖，为了有效统治，他把天下划分成"九州"，用各州进贡的青铜铸成九只鼎，以一鼎对应一个州作为一种政权的象征，送你一只鼎就意味着赋予了你一方区域的管理权。为了更好地管理，大禹又在鼎上刻上了我们后世称为"魑魅魍魉"的图案——就是曾经兴风作浪而后被降伏的各种妖魔鬼怪——以便百姓有所警惕。他认为，只要熟记巨鼎上的教训，就可以趋吉避凶，建立和谐社会。吴承恩说明自己写作《禹鼎志》的目的，就是承袭昔日大禹铸鼎的最初意愿："写形魑魅，欲使民违弗若"，也就是把魑魅鬼怪张榜公布，让老百姓有个借鉴，能及时辨识不受其害。因此他在写作方法上"不专明鬼，时纪人间变异，亦微有鉴戒寓焉"，也就是他的故事虽然以鬼怪为主，但其实是在演述人间时变，有明显的教育意义。他说他自己打小就对这个题材感兴趣，虽然长成后其他"胸中之贮者消尽"，但"独此十数事，磊块尚存"，最后还是强烈的兴趣占了上风，"于是吾书始成"。序中他的语气充满如释重负的轻松和庆幸，"因窃自笑，斯盖怪求余，非余求怪也"，也就是还不失幽默地说：并不是我去找它，而是它盯上了我。

貌似轻松的笑脸背后却是沉重的道义责任：

> 虽然吾书名为志怪，盖不专明鬼，时纪人间变异，亦微有鉴戒寓焉。……读兹编者，傥悚然易虑，庶几哉有夏氏之遗乎？国史非余敢议，野史氏其何让焉。

所谓志怪，不过是包装用的幌子而已，其实所记都是人间变异，吴承恩已经明确表示他讲述故事的针对性和具体的象征意义。他想让谁悚然警醒而"易虑"改变主意？易什么虑，改变什么主意？当然是希望故事中暗示影射的对象以及"读兹编者"不再戕害百姓，他认为能收到这种效果，就是大禹——有夏氏和他自己的本意。

最后，吴承恩将这一切归纳为一句豪情满怀的话："国史非余敢议，野史氏其何让焉。"仔细品味，这句话实在也是心高、气盛、张扬、托大。中国是一个史官文化十分发达的国家，既有历代官修的煌煌正史，也有民间撰结的各式野史，修史往往超出记录历史事件本身的意义，而成为对社会的评价和批判社会的工具。越到后来，野史越来越具有个性灵魂，往往会下意识地矫正正史偏差而扮演反对派的角色，至少会成为作者独具个性的社会意识的一种显示方式。吴承恩不具备修编国史的身份资格，所以他说"国史非余敢议"，但他认为做一个"野史氏"则是他的权利，也是他的责任，而他是不会躲避这种责任和权利的——"其何让焉"！

这简直就是一位当代愤青。吴承恩不具备"指点江山，激扬文字，粪土当年万户侯"（毛泽东《沁园春·长沙》）的胸襟气魄——他没有那样的历史环境，但他对社会责任、对历史道义"其何让焉"的担当精神、批判精神，决不愧对四书五经所教导的修身、齐家、治国然后平天下的人生原则，也足以勾画出他由凛然正气支撑的时代形象。花费二十年的时间完成《禹鼎志》，显然不是一次兴趣的冲动，也不仅仅是一次文学的成功，而更应该是吴承恩以史为镜鉴戒人间的人生道义的一次集中宣泄。

与《禹鼎志》可以印证的是他大约在同一时期完成的长篇古风《二郎搜山图歌》，其诗为二郎而歌，为朝政而议，为自己而叹，直刺现实而锋芒毕露：

李在唯闻画山水，不谓兼能貌神鬼。笔端变幻真骇人，意态如生状奇诡。少年都美清源公，指挥部从扬灵风。星飞电掣各奉命，搜罗要使山林空。名鹰搏拿犬腾啮，大剑长刀莹霜雪。猴老难延欲断魂，狐娘空洒娇啼血。江翻海搅走六丁，纷纷水怪无留踪。青锋一下断狂虺，金锁交缠擒毒龙。神兵猎妖犹猎兽，探穴搗巢无逸寇。平生气焰安在哉，牙爪虽存敢驰骤。我闻古圣开鸿蒙，命官绝地天之通。轩辕铸镜禹铸鼎，四方民物俱昭融。后来群魔出孔窍，白昼搏人繁聚啸。终南进士老锺馗，空向宫闱啖虚耗。民灾翻出衣冠中，不为猿鹤为沙虫。坐观宋室用五鬼，不见虞廷诛四凶。野夫有怀多感激，抚事临风三叹息。胸中磨损斩邪刀，欲起平之恨无力。救月有矢救日弓，世间岂谓无英雄？谁能为我致麟凤，长令万年保合清宁功。

　　李在是明前期的宫廷画家，以山水闻名，因此诗歌的第一句从看到他的人物画感到惊讶开始。全诗可以分为两部分：前一部分描写赵二郎擒拿山精水怪的风采，张扬豪放，肝胆开张，叱咤风云，回肠荡气，正是男儿气概，这是抒情的因由；从"我闻古圣开鸿蒙"起，就开始了吴承恩的自由发挥，完全变成了对社会的抨击，具有了非常强烈的现实批判精神。

　　"我闻古圣开鸿蒙"四句说自古就有铸镜、铸鼎以辨忠奸的传统，所以政治清明，天下和融；"后来群魔出孔窍"四句泛指近来世道之昏暗混乱，已经是群魔乱舞，白昼鬼叫了。这是赤裸裸的影射明朝政治，铸镜、铸鼎影射洪武帝朱元璋、建文帝朱允炆或立牌于宫中，或下诏于天下，秉执严禁内宫干政的政策；而后来群魔则是指英宗以来尤其是武宗时期，宦官恣意不法的状况。为何有这么一说？请继续看。

　　"民灾翻出衣冠中"四句，是这首诗写作主旨的暴露，或者说是吴承恩对天长吁的直接原因。"猿鹤""沙虫"用的是周穆王南征事，"一军尽化，君子为猿为鹤，小人为虫为沙"，直接影射世宗朱厚熜嘉靖十八年（1539）的出巡。这次出巡，实在是明朝惹出风波的一件大事，民怨如沸。吴承恩不是革命者，因此他不能把矛头对准皇上，但所谓"民灾翻出衣冠中"，由那些阿谀奉承怂恿皇上出巡的官员承担责任则是自然结果。"五鬼""四凶"都是用典，在明代也都有具体所指，即指严嵩、郭勋、张瓒、胡守中等权奸恶人。

再来看"野夫有怀多感激"数句。吴承恩自称野夫，说自己满腔激愤，临风叹息，胸中屡有锄奸灭贼之心，但却无权无力，白首书生，百无一用，究竟拯救百姓的英雄在哪里？他的答案不可能超出儒学给出的范围，救世还得仁政、王道，也就是他期盼的"铸镜""铸鼎"，最好是由"虞廷"也就是明主来"诛四凶"。但令我们感到有点意外的是，他借二郎神发挥说事，其实表述了一种对当时知识分子很危险的情绪：如果仁政、王道实在不能奏效，那不妨来点二郎神那样的暴力。在这里，我们已经看出将来孙悟空大闹天宫，把牢骚发到玉皇大帝面前的预兆。

这一点，不是所有文人包括吴承恩的那些好友和我们所知道的那些英名传世的文人骚客所能做到的。

有这样的情怀，最后以《西游记》作为人生的结束语，还奇怪吗？

机缘，成就了他酣畅的人生宣泄

是谁培养了吴承恩甘为"野史氏"而主动承担社会责任的人生道义？是谁把吴承恩引上了以描摹情态为手段的文学之路？对吴承恩进行另类培养引导的最大的嫌疑人，就是那位日夜期待他在功名上有所建树的老人家吴锐。

吴锐好读书，且由于远离科举，读书反倒比较随意。吴承恩在《先府宾墓志铭》为他父亲保留了书单：

> 自六经、诸子百家，莫不浏览，独《尚书》、左丘明《春秋》，未尝一日置也。于诸书训诂声切，不甚通悉，然独得大旨要归焉。居尝逸逸，口不能道辞，及与人谭说史传，上下数千载，能竟日不休。每读书至屈平见放，伍大夫鸱夷，诸葛孔明出师不竟，周子隐战没，檀公见收，岳鄂武穆死诏狱，未尝不双双流泪也。

显然，六经、诸子、《尚书》、《春秋》都是障眼法，屈原、伍子胥、诸葛孔明、岳鄂武穆王才是老人家阅读的主体，而且我强烈怀疑，以吴锐的文化水平而论，他所阅读的很可能并非原著而是市面上流行的通俗文学唱本、话本之类，他不必再去钻研制义所必需的经籍坟典，也无须去揣摩考试的那些技巧，所以可以比较潇洒地关注人物，与他们同悲同喜。

又好谭时政，意有所不平，辄抚几愤惋，意气郁郁云。

这又特别提醒，老人家读书，动情投入，不仅读，而且评说；不仅评说，而且评说时政；不仅评说时政，而且愤愤然喜怒形于色。这样的读书其实是一种非常文学的读法，是在提炼文学的道义精神，是在张扬文学的感染力。这对于当时的小小读书郎吴承恩而言，简直就是以身作则，现身说法，是在年复一年、日复一日地为他讲解、灌输民族的传统文学精神。在这个环境下长成的吴承恩，如果不热爱文学，如果不能表现出传统文学精神的传承，倒是显得有点怪异。有此一解，那少年吴承恩攒起零花钱，冒被发现遭呵斥责打的风险，躲入街角破庙读地摊上的杂书，就与他父亲读书时"于诸书训诂声切，不甚通悉，然独得大旨要归"没有太大的区别了；而后来写《禹鼎志》干脆就是对老父亲"好谭时政，意有所不平，辄抚几愤惋，意气郁郁"的直接传承——《西游记》更是。

这时候我们可以讨论吴承恩与科举的杯葛了。

科举是什么？科举说到底是一种政治制度，需要的是"圣贤之说"包裹的政治伦理。明清的科举与文学事实上已经形成社会性、制度性的分割与对立，它对文学的排斥已经深入到了每一个环节、每一处程序、每一点方式，无可救药。比如科举的要义是"代圣人立言"，即试题给出圣人语义，让考生模拟圣人的语气加以发挥，这似乎给出了表达政治诉求的空间，但这种发挥可以冠冕堂皇，也可以慷慨激昂，然而却不可以真正触及时政，否则就是"死路"一条。自从读了吴承恩的《禹鼎志序》之后，我从根本上就不相信吴承恩能考出什么好成绩——一个若干年都想着承担社会职责、用故事去教化社会的人，怎么可能满嘴都是不着边际的假话空言！

科举又恰恰不需要任何形象思维。从内容上讲，科举答题的性质就是政论，需要雄辩、犀利、精确、清晰，要能把空话废话都讲得头头是道。从形式上讲，各部分之间强调逻辑关系，上如何起，下如何承，讲究丝丝入扣，繁杂苛刻。

无论内容还是形式，都没有神游四海、心骛八极的需要，也没有写形鬼魅、笔走龙蛇的空间。府县学的小考、会课、岁考惯例用小题，小题琐细具体，比较容易做得圆融，即使有些技巧性高的险、难、怪题，有时靠机智急变也可以应付，这大概就是吴承恩为何在学中负有"工制义"盛名的原因。但是在乡试、会试之类国家大型考试中，则一般用立意比较正大的大题，要求有一定的政治意识，这就不是吴承恩的急智可以弥补的了。所以他始终没有迈过乡试这道关。

荆王府是吴承恩的一个特别机缘。负责王府和小王子的教育当然仅仅是象征性的。这是个闲差，大体上相当于王爷的清客，陪着吟诗填词，听琴观弈就可以了。荆王府有位樊山王好神仙丹道之术，平时身着五彩道袍，头戴纯金道冠，植松引鹤，鹤步龟息，吴承恩跟在这位王爷后面，习吐纳，会道友，倒也优哉游哉。我们目前虽然没有看到对吴承恩写作《西游记》具体描述的文献，但其中过程已经大致可以猜度。从一些诗文唱酬可以看出，由于王府官员大都是各种类型的仕途失意者，相互之间显然比较容易沟通，所以吴承恩觉得分外轻松，很可能到达王府后不久，便在樊山王怂恿、鼓励，甚至是直接指定的情况下，开始了百回本《西游记》的整理写作。而从吴承恩这个角度来说，唐僧取经是一个流传已久的故事，青少年时已经耳熟能详，现在他不需要完全重起炉灶，而故事的渲染、润色对他来说，完全就是信手拈来的事情，这一点，如果我们读一读吴承恩留下的数十篇障词，就会有足够的信任。当然，对他更重要意义在于王爷重新点燃了他内心的道义热情，使他有可能真正做一回以史为镜、鉴戒人间的"野史氏"。

他保留了唐僧取经故事原本的整体框架，但对其中杂糅的释道做了筛选改造，形成了《西游记》以儒学为内核的文化精神与社会道德伦理，这是他意识形态的本色。

他利用了原本张扬教义的神仙打架情节，点染出大众社会更乐于接受的诙谐幽默，彻底完成了题材的通俗化，这是他擅长的独门绝技。

他通过为故事增加人间社会背景的手法，使它们都具备了与现实社会对应的特征，从而寄托了自己的批判和理想，这是他"野史氏"的道义追求。

第三章 《西游记》历史传承与主题

百回本的《西游记》问世以后,在明代剩下的五十多年间(1592—1644)形成了迅速传播的态势,现在可查可考的当时在市场上流传的翻刻本有六七个之多。古代的图书翻刻虽然不需要缴付版税,但其人力物力的投入仍非常巨大,必然需要市场热烈的反应作为支持,因此我们可以肯定,当年的大众百姓甚至官宦士子中,由这个百回本引发的"西游热"一定掀起过高潮。那些"天界谁的地位最高""哪位神佛本领最大"之类现代人热衷的阅读意见,或许早已有之。进入清代,一仍其旧,到乾隆年间,阮葵生在《茶余客话》中归之为一句话:"是书明季始大行,里巷细人乐道之。"这就是今人称《西游记》家喻户晓、妇孺皆知的源头。

这里有一个貌似高大上但其实最为基本的问题:《西游记》凭什么爆红如此?原因有二:

1. 与吴承恩这个人的文学才华有关。我们的读者也许都知道《西游记》取经故事是依据真实的历史事件、历史人物而生成，原型就是大唐高僧玄奘法师西行印度求学的经历。还在玄奘取经回程的路上，有关他的传说故事就已经诞生，形式各种各样，到吴承恩悄然出世的时代，已经流传了九百多年。是吴承恩最终对流传已久的取经故事进行了系统的改造，在一百回通俗小说《西游记》的形式下重新整合，以鲜明的文学道义，极高的艺术技巧，塑造了鲜活灵动的人物，打造了神奇的故事情节，把"唐僧取经"给炒火了。

2. 吴承恩固然不可或缺，但在吴承恩之前的九百多年间，取经故事又凭什么在江湖上扬名立万呢？这就与取经故事的天赋文化底蕴有关。是玄奘取经所代表的人类执着的信念、追寻理想的毅力，以及由此而演绎出的征服自然、克服困难的能力，轰动朝野，感动了当时的整个社会。从"西游记"的第一个故事开始，"唐僧取经"就是一个世袭罔替的核心，没有哪朝哪代的"西游记"故事能离开这个灵魂。这一点吴承恩很清楚，所以他的《西游记》坚持以取经为中轴，目标灵山，步步向西；任何一段故事，必由取经而起，终究回归取经结束；讲的是取经路的艰难，赞的是取经人的心诚，而不管徒弟们如何神通广大，绝不能离开手无缚鸡之力的师父。这就是取经故事的天赋底蕴。

把上述两点联系起来，就是文化继承，就是薪火相传。原始题材的文学禀赋、吴承恩的艺术手段，借助"唐僧取经"的核心支撑，产生出了文学元素的种种价值；玄奘的印度求学是根，是火种，是内敛的灵魂，吴承恩的文学张扬是叶，是燎原，是绚丽的羽毛。

但这一点，很容易被现代人忘记，现代人最容易出错的地方，就是把唐僧的终极目标忽略了，把《西游记》变成单一的儿童读物或者虚拟状态下3D炫技的空间。

一　唐僧西天取经的历史依据

鲁迅在《中国人失掉自信力了吗》中说过一句几乎人人知晓的话："我们从古以来，就有埋头苦干的人，有拼命硬干的人，有为民请命的人，有舍身求法的人……虽是等于为帝王将相作家谱的所谓'正史',往往掩不住他们的光耀,这就是中国的脊梁。""舍身求法的人",正是指玄奘等一类人。

玄奘西行印度求学,发生在唐代贞观年间。它本来只是一件宗教范畴内的事件,一桩个人行为,但由于机缘巧合,激发了事件内在的光芒而成为朝野共鸣的社会事件、文化事件。

为了清晰表述其中促成转变的种种因素,我们从佛教的传播说起。

西域古道上佛教的传播

世界上有两河流域、尼罗河流域、黄河流域、恒河流域等几处大的人类文明摇篮,文化的种子就从这些地区传播到全球各地。其中印度河文明在四千多年前就已经繁盛起来,且延续得非常稳定。三千多年前,原来在欧亚大陆草原上游荡的雅利安人入侵了印度河流域,雅利安人以自己的吠陀文化为主体,加上一些原住民的原始宗教,创造了印度的婆罗门教。婆罗门教从那时起一直延续到现在,现在大致上叫印度教,是印度的国教。

大约二千五百年前,在相当于我国春秋的时候,释迦牟尼创造了佛教。释迦牟尼与孔子是同时代人。他原是古印度北部迦毗罗卫国的王子,释迦牟尼是对他的尊称,意为"释迦族的王子",在成佛之后,他被尊称为"如来",即佛祖的意思。佛教的教理教义非常繁富,而且极具思辨的特色,绝非轻易可以习得。我们这里不讨论佛教的教义,只是交代一些与解读《西游记》有关的内容。

首先,佛教有大、小乘之分。佛教创立的时候本无所谓的大乘、小乘,那时可以称为"原始佛教";后来由于对教义的理解不同,出现了一些大众化的教派,自称大乘佛教,而将以前的都称为小乘佛教。乘,意思是道路、运载,所谓的"大乘佛教"往往都是自称,说自己的修行就像大船大道一样,能够把更多的人运载到永生的极乐世界去,在中国就叫"普度众生"。而所谓的"小乘佛教",往往是他称,指那些比较原始的、只会自修自救的苦行僧教派。佛教中首先流行的是小乘教,但大乘教后来居上,因此中国佛教早期传入的是小乘佛教,但不久便普遍流行大乘佛教。玄奘本人所修行的也是大乘佛教,并不像《西游记》里所说只懂小乘而对大乘只有敬仰而一无所知。

其次，大乘佛教还有显、密之分。佛教中有些教派在发展中求变，与婆罗门教及原始宗教结合，形成密宗；所谓"密宗"，是说得自于佛的秘密传授，即"秘密佛教"之意。而相对的其他教派都是得自于佛的公开传授，就叫"显宗"了。密宗有明显的特点，一是有强烈的神秘色彩，二是有系统的咒术仪轨。传入中国的佛教，大多是显宗，但在特定时期比如中唐以后，有大量的密宗传入，当时经过西域各国及西藏本土化的佛教，都带有浓厚的密宗特点。这对于我们探讨《西游记》取经故事的形成，有重要意义。

再次，密宗中仍有杂密、纯密之分。密宗的出现很早，印度的婆罗门教和其他原始宗教一直都有使用咒术密法的传统，因而佛教从出现起就受到了咒术密法的影响，虽然释迦牟尼明确反对使用咒术密法，但使用咒术的一派在佛教里几乎就没有停止过。这一派中不自觉地使用了咒术密法的，在中国被称为"杂密"。后来又有系统学习咒术密法形成密宗专项理论的，被称为"纯密"。由于使用咒术密法制造神秘气氛是所有原始宗教共同的特点，所以印度佛教在向外扩张传播面对各种原始宗教时，更容易被输出，因此更先被他人接受的往往是密宗教，在佛教传播的过程中，密宗事实上担任了先锋的角色。

早期与显宗一起从西域进入中国的基本上是杂密，大约在公元八九世纪，也就是相当于中国的中晚唐时期，原本的杂密不自觉地形成了系统化的有特殊地位的纯密，并从两个方向进入中国。一个是传统的西域传播线路，在中原得到强盛发展，并以中国的内地为平台，传入日本、朝鲜。另一个方向是西藏。在西藏，由于密宗充分显示了自己对付当地原始宗教的拿手好戏，因此格外旺盛而形成独树一帜的藏传佛教，建立政教合一的一统天下。中晚唐时期，藏传佛教也进入了中原。藏传佛教是与《西游记》有关、值得一提的另一支重要异质文化，在取经故事成长的过程中，若即若离、时隐时现总有一些藏传佛教的气味。

关于佛教传入中国内地的时间、路线以及文化特点，我们也要做一些探讨，这对于理解取经故事的产生同样是重要的。

佛教传入中国的时间，比较通行的说法是在东汉明帝（公元58年即位）之时，正式记载可见于比较严谨的史书——范晔的《后汉书》。如果考虑到这是上层的情况，那么把佛教在民间传播的时间稍作提前也是可行的。佛教传入的路线，是由印度出发，经过今天的巴基斯坦、克什米尔地区、阿富汗，到达中亚和我国的新疆地区，再经由丝绸之路的东段进入内地。

值得特别强调的是，宗教的传播，不是交通上的直通车概念，而是波浪形的扩张。印度的佛教自公元前3世纪阿育王时期得到极大的发展后，便开始了扩张，大规模地向四方派出传道师，这一举动甚至被西方的研究者称为"人文史上第一重要之事实"、传道史上"最广大的计划"。扩张的第一波是将佛教由中心地区扩张到今日印度的北部及克什米尔、巴基斯坦地区，时间在公元前3世纪；第二波是将佛教扩张到今日阿富汗、吉尔吉斯斯坦、哈萨克斯坦及中国的新疆一带，在古代这一带是大月氏、安息、康居及于阗，也叫西域，时间大约在公元前一二世纪；第三波就是经由西域将佛教扩张到中国内地，但是这一波扩张的出发地不是印度而是西域诸国。

这很重要。因为我们现在可以查到取经故事中的很多情节事实上来自中亚西域，是伴随着经过西域本土化的佛教进入中原的。

高僧玄奘印度求学经历

玄奘俗姓陈，名祎，洛州缑氏镇（今河南偃师缑氏镇）人，生于公元602年。他的生平在以下将要详细介绍的《大慈恩寺三藏法师传》里有记录，请参看第六章。

陈祎的父亲是一位儒者，让小陈祎受到了良好的传统教育；同时父亲还是一个佛学爱好者，这点对少年陈祎的影响极大。耳濡目染之下，陈祎很小便产生了出家做和尚的念头，并在洛阳接受了朝廷的剃度，取法名玄奘，正式成为一名披袈裟的小小出家人。二十一岁时，玄奘受了"具足戒"。"具足戒"又称为"大戒"，是佛教僧尼的高等级戒律，佛教认为，要成为合格的僧侣，必须经过长期的修行，而一旦被授予"具足戒"，就说明这个人在佛学上已经具有了很高的造诣。

在读完了多部佛教经典以后，玄奘发现佛教的宗派很多，教义各不相同，研究越深，疑问越多。虽然他跟随国内不少佛学权威学习过，又几乎访遍了著名学者，但仍然觉得不能解开心中的疑团，便想学习前贤法显和尚，往印度求取真经。说来也巧，这时印度和尚波颇法师带着梵文佛经多部，从海道辗转来到长安，住在长安兴善寺。波颇法师是印度佛教的权威学者——那烂陀寺戒贤法师的学生，戒贤法师深通佛教各派学说，对大乘佛教的"瑜伽宗"学说很有研究。玄奘从波颇法师口中得知戒贤法师还在那烂陀寺讲学，于是就有了到那烂陀寺拜戒贤法师为师的念头。玄奘邀请了一些志同道合的人，一起上表给朝廷，申请出国到印度去留学取经。但是，由于唐王朝建立还没有几年，全国还没有完全统一，加上突厥不时入侵河西走廊一带，所以朝廷对出国西行控制得相当严格，绝不允许随意进出，因此玄奘他们的出国申请没有得到批准。

其他的人都心灰意懒，唯独玄奘于贞观元年乘长安一带饥民外逃的机会，混在逃荒的人群中，离开长安西行。在长安至瓜州一线，玄奘躲过了朝廷的追捕；出瓜州，玄奘经历九死一生，穿越了号称八百里绝无人烟的莫贺延碛戈壁；在高昌古国（今新疆吐鲁番），玄奘以绝食为手段，生死相搏，谢绝了高昌国王的盛情挽留；然后经过龟兹（今新疆库车）、跋禄迦国（今新疆拜城、阿克苏一带）、凌山（今新疆乌什别迭里山口）、大清池（今吉尔吉斯斯坦伊塞克湖）、素叶城（今吉尔吉斯斯坦托克马克），取道迦毕试城（今阿富汗喀布尔），翻越克什米尔大雪山，经过一年多的长途跋涉，终于进入了北印度。

在印度，玄奘首先来到群山围绕的迦湿弥罗国（在今克什米尔境内）。迦湿弥罗国地处喜马拉雅山西麓，是小乘佛教的发源地之一，佛教在这里占有至高无上的地位，玄奘在这里用两年的时间学习了小乘佛教的主要经典和"声明学"（语言学）、"因明学"（逻辑学）。在当时佛教的中心中印度，玄奘参观了为纪念释迦牟尼说法而建立的一座二百多尺高的佛塔、为纪念大乘佛教瑜伽宗学说的创建者无著而建立的一座佛寺、为纪念印度古代佛教哲学家世亲而建立的寺院，等等。然后玄奘继续东行，参观了舍卫国佛教圣迹的祇园、释迦牟尼之父净饭王的正殿以及释迦牟尼诞生处、释迦牟尼苦悟六年得道的菩提树、得道后首先说法的鹿野寺等古迹，最后到达了玄奘在国内时就十分仰慕的那烂陀寺——相当于《西游记》中的西天雷音寺。

那烂陀寺在今天印度的巴腊贡地方，是当时印度的文化中心，佛教的最高学府。当时的那烂陀寺有八个大院，高高矗立、规模宏大、气势雄伟，与周围的五十多所佛寺交相辉映。寺内僧人主要研究大乘佛教，占统治地位的是以戒贤法师为代表的瑜伽宗。住持戒贤法师已经一百多岁了，被尊称为"正法藏"（指通晓了佛教全部经、律、论的人），是印度公认的佛学权威。因为年事已高，体弱多病，戒贤法师已经多年不说法讲经了，但他破例为玄奘开讲了大乘佛教瑜伽宗的主要经典——《瑜伽师地论》，并且一连讲了十五个月。玄奘在那烂陀寺潜心研习数年，读尽寺内珍藏的佛教经典；还诵读了婆罗门教的经典，研究了印度佛教各家各派的学说，学习了印度各国的语言，终于取得了"三藏法师"的称号——这个称号并非像《西游记》里所说是李世民随意所赐，而是一个非常难得的至高荣誉。按照印度佛教的规则，精通五十部经、律、论的僧人才可以称为三藏。如何理解精通五十部经、律、论这个概念？还以那烂陀寺为例，那烂陀寺常驻僧人过万，精通二十部经、律、论的有一千多人，精通三十部经、律、论的有五百多人，而精通五十部的三藏法师多年来只有九人。

十多年后，玄奘已经学有所成，于是决定返回祖国。他拒绝了印度各国国王的挽留与赠送的其他物品，只要了一些随行人员和一头驮经的大象，然后与一些流落在印度的北方僧人（即中亚与我国新疆一带）一起结伴踏上返程。归国的途程同样充满困难与艰险，在翻越大雪山之后，原有一百多人的队伍只剩下七位僧人和二十多个脚夫，其余的都在漫天冰雪中消失了；在今塔什库尔干一带，他们又遇到了强盗，连驮经的大象都因受惊吓跌入山谷而溺水死亡。

到达和田，玄奘暂停休整了一段时间。除了要补充因大象落水造成的经卷损失之外，他还有一个心结要解开，因为他是当年的偷渡者。他给当时的大唐皇帝李世民写了封信，托商队带往长安。信中说十七年前自己为了探求佛法求取真经，违反了朝廷当时禁止百姓擅自西行的规定，从凉州（今甘肃武威）偷

图10　玄奘学成归来入境处，背后即是贯通中国和阿富汗边境的明铁盖山口

渡出关，沿丝绸之路西行印度，刻苦求学，现已返回，希望朝廷能赦免以往，准允回国。信中还简要叙述了西行印度取经，行程五万余里所经历的种种艰难险阻和在印度周游各国的求学经历。

　　李世民当时正停留在洛阳，准备起兵征讨高丽，他依稀记得大唐立国之初，为了防范突厥部族入侵滋事，确曾有过不准军民人等擅自出关的诏令，但他却再也回忆不起曾经驳回过一个年轻僧人西行求学的申请。此时他当然不会再追究往日的这些琐事，但也没有将这封信随手搁置，因为他已被这位僧人十几年的求学经历深深地感动：他深知西行路途是何等的不易，如果没有十分的毅力，穿越浩瀚的沙漠戈壁，翻过终年积雪的天山，都是不可能的；他也充分理解玄奘孤身一人在异乡求学的艰难，如果没有十二分的执着，仅语言文化的隔膜，生活习俗的不同，便足以让人半途而废。他决定亲自给这名法号玄奘的僧人回信（《答玄奘还至于阗国进表》）。在信中，李世民尊称玄奘为法师。他告诉玄奘法师：听说法师西行归来，我非常高兴，已命令沿途的官员迎接护送，请法师速来与我相见。这是一个值得一书的事件。李世民能如此厚待一个从西域回来的僧人，可见玄奘对他的感动有多深切！

贞观十九年（645）的正月，玄奘经过历时十七年、往返五万里的旅程后，平安地回到了唐朝的首都长安。玄奘法师将要回来的消息早已传开，官民人等当时并不太清楚这位玄奘法师的过去经历，但大家都知道他西游印度十七年取经，现在回来了——这已足够了。玄奘进城那天，留守长安的唐朝宰相房玄龄命令重要官员都到城门外迎接。玄奘进城后，住在弘福寺。第二天，朝廷将玄奘从印度用二十匹马驮回来的法器和经卷陈列在长安城最繁华的街道。这一天，长安城里的空气中散发着香烟的气息，街道上撒满鲜花，街道两旁站满官吏、僧侣和百姓，排成数十里的长队。

李世民随即在洛阳召见了玄奘，仔细询问了玄奘西行取经及归途中的见闻和经过。玄奘对答如流，有条不紊，李世民极为满意。

此后的二十多年中，在李世民与其子唐高宗李治的支持下，玄奘一直在优裕的条件下译经，朝廷为他从各地抽调了学术渊博的高僧和爱好佛学又文笔流畅优美的官员组成译经班子，到他去世为止，共译出佛经七十三部，一千三百三十五卷。此中玄奘又创建了中国佛教的一个新的教派——唯识宗（法相宗），成为中印文化交流史上他人难以企及的一座高峰。

首先应该了解的两本书

进一步追寻玄奘事迹演化为取经故事的历程，我们首先要介绍两本书：玄奘本人的西行实录《大唐西域记》（简称《西域记》）和弟子们为他撰写的传记《大慈恩寺三藏法师传》（简称《三藏法师传》）。①

玄奘回国后与唐太宗李世民第一次见面时，太宗对玄奘提出了两个要求，第一是希望他还俗做官；第二是希望他能将西行经历写出来。对第一条，玄奘拒绝了；对第二条，他接受了。玄奘毕竟是从西域过来的人，他对西域各国的

---

① 本书使用的版本为：玄奘. 大唐西域记 [M] //季羡林. 大唐西域记校注. 北京：中华书局，2000；孙毓棠，谢方点校. 慧立，彦悰. 大慈恩寺三藏法师传 [M]. 北京：中华书局，1983.

政治、民族关系有着深刻的了解，对李世民在西域扩疆建功的意图也了然在胸，因此他心领神会地答应李世民，他将会把西行的各种经历见闻记录下来，呈送御览。这部书，就是玄奘口授，其弟子辩机笔录，至今仍在中西交通史及南亚中亚史研究中占有重要地位的《大唐西域记》（简称《西域记》）。玄奘在末卷赞颂了唐王朝的统一事业，并希望这部《西域记》能从中发挥作用，他说自己仰慕张骞、班超为统一西域立下的历史功绩，又为自己的见闻能够超越前人而感到高兴。这应当认为是玄奘撰写《西域记》时的真实心态，正因为这样，玄奘以佛教徒的身份所撰写的《西域记》中，着重叙述的却是国俗民情和政治地理现状。

玄奘在这部书中追述了亲身经历的一百一十个和传闻得知的二十八个以上的城邦、地区、国家的情况，内容十分丰富。山川地形，城邑关防，交通道路，风土习俗，物产气候，文化政治，等等，文笔朴质严谨，绚烂雅致，简扼流畅而无不历历在目；涉及的地区又异常广阔，从我国新疆西抵伊朗和地中海东岸，南达印度半岛、斯里兰卡，北面包括今中亚南部和阿富汗东北部，东到今印度支那半岛和印度尼西亚一带。由于这部书的记载，中世纪中亚、南亚等国的概况跃然纸上，而这一地区的古代历史和地理的文字资料留传下来的很少，《西域记》因此显得格外可贵。如《西域记》开篇写出高昌国至阿耆尼，其对阿耆尼的纪录是：

> 阿耆尼国东西六百余里，南北四百余里。国大都城周六七里，四面据山，道险易守。泉流交带，引水为田。土宜糜黍、宿麦、香枣、葡萄、梨奈诸果。气序和畅，风俗质直。文字则取印度，微有增损。服饰毡褐，断发无巾。货用金钱、银钱、小铜钱。王，其国人也，勇而寡略，好自称伐。国无纪纲，法不整肃。伽蓝十余所，僧徒二千余人，习学小乘教说一切有部。①

"高昌"即今新疆的吐鲁番，当时已经被大唐占领，设置了在唐诗中经常出现的管理

---

① 玄奘. 大唐西域记 [M] //季羡林. 大唐西域记校注. 北京：中华书局，2000：48.

机构安西都护府，所以玄奘把至高昌国之前的一切行程全部省略；"阿耆尼"即今新疆焉耆回族自治县，当时还由突厥人占领，是大唐继续西进面临的第一个目标，玄奘提供的信息显然具有极强的针对性和目的性。在当时，这些都是占领和统治一个地区必须掌握的资料，在今天这又是研究历史文化必须掌握的资料，因此无论古代还是近代，相关研究领域的学者，无不把《西域记》视为圭臬。

由于《西域记》包含有特定的目的，因而偏重于记录西域各国的政治、文化、经济、交通状况，对于崇拜玄奘的普通百姓和他的弟子们而言，未免过于严肃。所以在玄奘逝世后，他的两位弟子慧立、彦悰将他的生平及西行细节编纂成一本《大慈恩寺三藏法师传》（简称《三藏法师传》）行世。《三藏法师传》的前五卷为慧立所撰。慧立原为幽州照仁寺住持，后被召集到京城参加玄奘主持的译经工作，以弟子身份与玄奘朝夕相处达二十年之久。他将日常听取而未见于《西域记》的玄奘取经事迹，汇集成书，从玄奘的家世写起至玄奘回国为止，共五卷。初稿完成后，慧立怕有缺失遗漏，影响玄奘声誉，将书藏在地窖里秘不示人，直到自己生命垂危时，才叫门徒取出公布。其后玄奘的另一位弟子彦悰受众僧之托，对这五卷传记重新作了整理，将玄奘回国后译经的过程及逝世后的情形又写成后五卷，两者合一形成了完整的玄奘传记。其中补出的《西域记》特意省略的玄奘长安至高昌国的一段经历尤其重要，《西游记》中出现的唐僧与太宗结为兄弟、女儿国国王所谓"御弟哥哥"的情节素材，都来源于玄奘在高昌国的真实往事。

《大慈恩寺三藏法师传》相对于《西域记》有明显的分工意识。《西域记》以事为主，以风俗、民情、经济、地理、宗教为主，《大慈恩寺三藏法师传》则以人、以生平事迹、游学经历为主。作为传记，《大慈恩寺三藏法师传》的文学特点更明显些，这部八万余字的传记叙事层次分明，行文典雅，文字措辞都很有特色，较之《西域记》要生动得多。梁启超曾在《支那内学院精校本玄奘传书后》一文中赞誉其为"古今所有名人谱传中，价值应推第一"。

我们今天对玄奘的了解基本上都来自上述两本书，《西游记》的相当一部分故事或者情节也都来自这两本书。但是，这两本书的重要性还是在一定程度上被忽视了,在相当长的一段时间里,我们很少把《西游记》研究的话题延伸到《西域记》和《大慈恩寺三藏法师传》,而实际上我们应当充分注意到,正是《西域记》和《大慈恩寺三藏法师传》为后来各种各样的取经故事注入了灵魂。

二　追寻理想是基本文化传承

　　二十年后玄奘逝世,安葬在长安城东的白鹿原。这一天,方圆五百里内有一百多万人赶来;入夜后,有三万多人露宿在他的墓旁。再五年后,玄奘迁葬到樊州(今陕西西安南),迁葬那天,许多人又来送葬,情景不下于五年前初葬时。

　　玄奘受到的尊敬和礼遇其实是相当令人惊讶和不解的。虽然他翻译出卷帙浩繁的佛经数十部,也基本奠定了佛教高端学派唯实宗的基础,但这与普通百姓的关系毕竟有限,为何唐太宗、高宗父子对其礼敬有加,为何竟有百万之众为他送葬?紧接而下,一代代《西游记》的读者,还可以引申出一个貌似简单但却充满哲理的问题:为什么这位僧人走一趟印度会变成世代不衰的故事?

　　这个问题其实就是关于《西游记》主题的探讨。

诚重劳轻:唐太宗敬仰玄奘的基本理念

　　第一个答案:在哲学意义上,玄奘以践行证实了任何理想都是值得尊重的。

　　当代德国著名哲学家恩斯特·卡西尔有一段话,是关于"文化"的一段哲学化的归纳:

　　　　作为一个整体的人类文化,可以被称之为人不断自我解放的历程。语言、艺术、宗教、科学,是这一历程的不同阶段。在所有这些阶段中,人都发现并且证实了一种新的力量——建设一个人自己的世界,一个"理想"世界的力量。[①]

[①] 恩斯特·卡西尔. 人论[M]. 上海:上海译文出版社,1984:288.

如果换成通俗的语言，就是说"文化"（包括语言、艺术、宗教、科学）的核心，乃是人类对理想的追求。人类"发现"和"证实"理想的过程，就是文化的形成过程。

前面已经叙述，当年玄奘归国到达于阗时，曾忐忑不安地上表朝廷，表示了对多年前私自出关的歉意，希望得到谅解。但让他意想不到的是，李世民不仅亲自给他回了信，而且安排于阗至长安一路的官员沿途护送。玄奘进城那天，除了官员在城门外迎接，长安城里的百姓也倾城而出，欢迎这位从西天取经归来的法师。在后来的二十多年中，李世民父子与玄奘保持了密切的来往，为玄奘提供了译经所需要的一切条件。

百姓们并不了解这位玄奘法师的经历，也并不都是佛教徒众，为何迸发出如此热情？即以李世民而论，他对玄奘的兴趣与关心似乎也与佛学无关，因为他自己本人非但不是一个佛教徒，而且在政治上号称是道教祖师老子的后裔。玄奘归国的第二年，当玄奘按照要求完成《大唐西域记》并与新近译出的佛经一起呈上时，他说了一段大实话：

> 朕学浅心拙，在物犹迷，况佛教幽微，岂能仰测？请为经题，非己所闻。又云新撰《西域记》者，当自披览。①

这段话出自《答玄奘法师进西域记书诏》，记录在《大慈恩寺三藏法师传》里，表现了李世民对佛经与对《西域记》完全不同的态度：佛教太高深，为佛经题名的事请免吧；但《西域记》一定是要看的，因为这是国计民生。那么，又是什么使得他们父子能二十年如一日为玄奘提供所需的一切？

应该说，当时的人们——包括李世民父子——对玄奘的热情乃是基于以上卡西尔说到的"发现"和"证实"。玄奘的西行，最本质的内容就是体现了人类对理想的执着追求，以及必须有的信念和征服各种阻碍的毅力。玄奘的理想并非高不可攀，但他的信念、毅力却是常人所不具备的，难怪李世民在《大唐三藏圣教序》中用一句"诚重劳轻"评价玄奘，把玄奘百折不回的诚意看得最

---

① 慧立，彦悰. 大慈恩寺三藏法师传 [M]. 北京：中华书局，1983：136.

为重要。对于所有的人，理想都是永恒的存在，白日尚可做梦，何况入寝之后，套用时下的流行语，"一个不小心"，就有了数不清的美梦。但大家也都知道，美梦成真的前提是很苛刻的，常人并不具备那种信念和毅力，因而在和自己的对比中，每个人都会由衷地、特别地感受到玄奘的可敬可佩。这是玄奘的取经为何会变为永久故事的第一个答案。

英雄情结：你为我们证明了理想的可行

第二个答案是，在现实意义上，玄奘的坚毅证明了任何理想都是可能的。这是唐初特有的社会背景赋予玄奘西行的意义。我们回顾历史的时候，往往慨叹唐朝人气势的恢宏与自信，想一想贞观初年玄奘出走时，正逢朝廷为防突厥骚扰而封闭玉门关，玄奘历尽千辛万苦方才走出国门；而他回程归国时，大唐的势力已经到了数千里之外，李世民在答玄奘的信中已经可以很轻松地说："沿途我已经安排了官员接送，他们不会让你再遇到困难。"这仅仅是才过了十多年。李世民接见玄奘的时候，正在洛阳组织兵马征讨辽东，他心里想的却已经是如何解决地处极西的西突厥，这种雄才和社会的时尚，非常值得注意。

玄奘并不是往西天的第一人，在他之前，究竟有多少人往西天取经，已经无法统计，许多人都在途中化为缕缕孤魂。翻翻《大唐西域记》和《大慈恩寺三藏法师传》，其中都介绍了：在玄奘往西走的一路上，随时可以见到一堆一堆的枯骨，一朵一朵的磷火，那些只可能是三种人：商人、士兵、取经者。现在所知的第一位取经成功者是东汉僧人朱士行。他在三国时期佛教刚刚传入中国不久就去西域取经，行程达一万余里，历时二十三年，在于阗国（今新疆和田）得到了佛教的重要经典《大品般若经》。朱士行虽然没有走到印度，但从时间上说，他比玄奘要早大约四百年，在当时能走到于阗，对常人也是不可思议。现在所知的第一位成功到达印度的取经者是东晋时山西人法显和尚。他从长安出发，经丝绸之路去印度取经。其活动范围虽然比玄奘小些，但也遍访了东、西、南、北、中五印度，游历了三十多国，最后经海路回到山东青岛，历时十四年，回国后译出了很多重要佛经。他也比玄奘早了二百多年。

玄奘的成功，与众不同的是在时机上有意义重大的巧合，他的事迹与整个大唐社会弥漫的开疆拓土、建功立业的气氛完全吻合，无形中以自己的行为为社会做了一个榜样和楷模，再一次证实了追求理想的可能和发现了达到目的的力量，于是整个社会就由好奇而至由衷地钦服并直接表现为巨大的热情。因此，玄奘的事迹就很自然的由一个宗教事件转换为社会事件，玄奘本人也就成为大众崇拜的偶像。这种热情的迸发，与我们今天对体育、探险、发明等超人行为的兴趣和崇拜是完全一致的，其意义已经完全超越了玄奘取经的具体目的。而正是这种超越了具体目的的意义，使玄奘的取经具备了成为文学表现对象的价值。

这就是玄奘取经事件的基本价值。

三　初心、主题与主题的多样化

玄奘所代表的理想、信念、毅力和激发出来的社会热情，对于文学，都是极有活力，极有意义的制约因素、规定因素。

古人对于文学没有太多的理论表述，但他们知道必须有核心价值的存在，也懂得如何选定题材的核心价值。

执着信念追寻理想是取经故事的初心与核心主题

在玄奘事迹成为公众话题之后不久，就在两个方向上出现了最初的取经故事。一个方向是在佛教的范畴之内，最初的故事甚至可能就诞生在玄奘回程的途中，我对这些蛛丝马迹用了一个新的概念，称之为"原生的取经故事"，这些故事的主要元素是取经途程的艰难险阻和信众们认为的神迹；另一个方向是以文人为代表的社会文化，最初的歌颂应该是唐太宗的《大唐三藏圣教序》和唐高宗的《述圣记》，其后则有刘肃的《大唐新语》、段成式的《酉阳杂俎》、李昉的《太平广记》和欧阳修、苏轼等的零星记录，大抵为称颂、纪事和猎奇。这两个方向上的故事相互影响启发，又不断经历世俗化的进程甚至逐渐揉进了

图 11　西安兴教寺所藏《玄奘法师像》，又称《玄奘负笈图》

道教文化，人物逐渐增加，情节日渐复杂；在形式上则由口头传说和零星记载进化形成初具形态的变文、戏剧、杂剧、宝卷，等等，最后终于完成长达九百年之久破茧化蝶的蜕变，汇成我们今天见到的百回通俗小说。

《西游记》[1] 第一回有一个不太起眼但却贯穿始终的细节：

> （太宗）当时在寺中问："谁肯领朕旨意，上西天拜佛求经？"问不了，旁边闪过法师，帝前施礼道："贫僧不才，愿效犬马之劳，与陛下求取真经，祈保我王江山永固。"唐王大喜，上前将御手扶起道："法师果能尽此忠贤，不怕途程遥远，跋涉山川，朕情愿与你结为兄弟。"……玄奘感激

---

[1] 本书引用版本主要为：李洪甫整理校注.西游记整理校注本[M].北京：人民出版社，2013；参以李天飞校注.西游记[M].北京：中华书局，2014；黄肃秋校注.西游记[M].北京：人民文学出版社，1980. 以下凡无分歧者，即只标出回目不再详注版本和页码。

不尽道:"陛下,贫僧有何德何能,敢蒙天恩眷顾如此?我这一去,定要捐躯努力,直达西天;如不到西天,不得真经,即死也不敢回国,永堕沉沦地狱。"随在佛前拈香,以此为誓。

这个誓言,是唐僧承诺的使命,在之后的情节中反复出现,若干艰难时刻,唐僧都以此勉慰自己。

最重要的是,这乃是历史真实。《大慈恩寺三藏法师传》记玄奘法师在莫贺延碛中由第四烽火台向第五烽火台进发时,失手将水袋落地:

> 时行百余里,失道,觅野马泉不得。下水欲饮,袋重,失手覆之,千里之资一朝斯罄。又路盘回,不知所趣,乃欲东归还第四烽。行十余里,自念我先发愿,若不至天竺,终不东归一步。今何故来?宁可就西而死,岂归东而生?于是旋辔,专念观音,西北而进。①

短暂的犹豫终于被信念战胜,这就是贯穿玄奘西行印度的信念,而这一信念被以后的故事直到《西游记》都很认真地继承了,不管后来的取经故事如何发展,不管情节多么眼花缭乱,所有的取经故事都尊重一个事实:取经不能离开唐僧,唐僧的理想信念和坚韧不拔始终是故事不变的主线和灵魂;只要像唐僧那样坚持到最后,哪怕是猴,是猪,是笨拙的沙和尚,都可能修成正果。你看《西游记》中,唐僧身经艰难困苦,一路跋山涉水,忍饥挨饿,面对那些杀人不眨眼的恶魔,手无缚鸡之力,身无防身之技,一旦被抓,不是"大惊""失色",就是"落泪""暗泣",但从不求饶。一旦被救,不作其他考虑,就是催促徒弟们赶快上路。通常最难应对的美色诱惑,唐僧却最有主意。西天路上的女妖精包括那位女儿国国王,个个都是美色,施起媚术,哪一个都能弄得人神魂颠倒。唐僧却从来没想到在那些送上门来的温柔之乡里歇脚。如:

第二十三回"四圣试禅心",观音化作一个雕梁画栋、帘栊高挑的富实之家的家长,徐娘半老,风韵犹存,愿带三个如花似玉的女儿,以自家"家资万贯""良田千顷"作为嫁妆"坐山招夫",但唐僧闻言,"推聋妆哑,瞑目宁心,寂

---

① 慧立,彦悰. 大慈恩寺三藏法师传 [M]. 北京:中华书局,1983:17.

然不答",根本不予考虑。

第五十四回在女儿国,看提媒的太师列出的条件多优厚:"我王愿以一国之富,招赘御弟爷爷为夫,坐南面为孤,我王愿为帝后。"但唐僧"低头不语""越发痴哑",最后还是用孙悟空的"将计就计"之计,狠心涮了国王一把。

第六十回"木仙庵",出场的是别具一格的杏仙,不仅貌美,且能谈诗,所营造的正是中国古代文人心念中最为珍惜的"红袖添新夜读书"的意境,但唐僧仍然不为所动,"变了颜色,跳起来高叫""只是不从"。

第九十六回"寇员外斋僧",猪八戒贪吃,埋怨"师父忒也不从人愿!不近人情!……放了这等现成好斋不吃,却往人家化募,前头有你甚老爷、老娘家哩?"考虑到已经辛苦十四年,已经接近西天,这个要求也不算越轨,但唐僧骂道:"你这夯货,只知要吃,更不管回向之因。……汝等既要贪此嗔痴,明天等我自家去吧。"

其实很容易看到,执着信念,追寻理想——是玄奘西行印度的初心,是一切取经故事的根本意义,也就是《西游记》的核心主题。

近代百年来,取材于《西游记》的艺术演绎从未间断;近二三十年来,随着电视、互联网等新的媒体介质的出现和3D、虚拟现实等影像技术的发展,取材于《西游记》的影视作品、游戏产品、书刊音像和综艺演出层出不穷,形成了一波又一波的文化热潮。在传播的意义上,这种现象体现的是《西游记》故事的文学魅力和新的产业趋向。在文化意义上,它代表了现代读者对《西游记》文化精神的解读、认知和传承,其中不乏央视1986版电视连续剧《西游记》这样的经典,也不乏《大圣归来》这样具有一定深度思考的优秀作品。但值得注意的是,相当部分从《西游记》中撷取题材的影视、演艺、综艺作品,对作为载体的《西游记》取材简单,理解肤浅,甚至表现了一定程度上的文化粗暴;往往只借用《西游记》的人物情节元素而不考虑对主题的移植和彰显;衍生情节时不考虑原著风格,任意混杂添加;利用原著元素时碎片化严重,成为技术复杂但内容空洞的炫技之作。这里说一个真实的事例:某地计划投资数十亿建设一座以《西游记》为题材的大型游乐项目,但参加招标的各大公司数十位文案和设计人员中,阅读过《西游记》原著的几乎没有,所有人对《西游记》的印象都来自电视剧和游戏。这在一定程度上表现了利用经典文化的浮躁心态,实际上我们随时可以看到的一个现象就是,青少年认识《西游记》的途径已经非常狭窄,难得还有人能完整地阅读《西游记》;对《西游记》的解读也已经严重变形,唐僧成了软弱无知的象征、孙悟空成了顽劣和暴力的代名词。面对偏差,我们强调《西游记》的核心主题显然成了一项基础工作。

多样多元主题是《西游记》解读的题中应有之义

由于视角和阅读层面的不同产生不同的、细分的主题解读,比如"金丹大道说""游戏玩世说""求放心说""市民写心说""惩恶扬善说""追求光明说",等等;包括出现对主题的不同归纳形式,如"双重主题""主题转换""主题分化",等等,都是题中应有之义。

细分的主题解读往往还与时代及社会潮流有关,代表了当时社会对《西游记》的特定认识。

1. 早年取经故事的浮沫"金丹大道说"

此处"早期",主要指明清两代的三百多年。其时以传统的序跋、评点形式探讨《西游记》主旨的记录为数不少,即如鲁迅所言的所谓"谈禅""讲道""劝学"均在其中,其中大部分我们放置以下介绍,此处仅以"金丹大道说"作为代表。

在世德堂本《西游记》前面署名"秣陵陈元之"的《序》中,谈到这本《西游记》的底稿曾经有一篇旧序,说:

> 旧有叙,余读一过,亦不著其姓氏作者之名,岂嫌其丘里之言与?其叙以为孙,猻也,以为心之神。马,马也,以为意之驰。八戒,其所戒八也,以为肝气之木。沙,流沙,以为肾气之水。三藏,藏神、藏声、藏气之三藏,以为郭郭之主。魔,魔也,以为口耳鼻舌身意恐怖颠倒幻想之障。故魔以心生,亦心以摄。是故摄心以摄魔,摄魔以还理,还理以归之太初,即心无可摄。此其以为道之成耳。彼以为大丹丹数也,东生西成,故西以

为纪。

这段云天雾地，想意会都很难的表述，就是至今还很有拥趸的"金丹大道说"的肇始。

金丹道是道教的一个流派。道教早期的炼丹术，利用矿石重金属原料通过化学反应炼制，因此称外丹。唐代以后，因炼丹、食丹频频致人死亡，外丹学渐趋中落，代之而起占据主导地位的是新的金丹道——又称内丹派。这个内丹派号称以人的身体为鼎炉，以人的精、气、神为药物，认为只要依据一定的口诀，运用一定的方法火候，就可以在体内炼出"丹"——内丹，从而达到成仙的目的。内丹的修行有一套口诀，主要是用于控制修行者的实际操作和精神状态，如精、气、神、心猿、意马，等等；由于内丹修行是从外丹学演变而来，所以其许多名词还是借用自外丹学，如铅、汞、金公、木母，等等；同时又由于它是以人体为炼丹的鼎炉，所以它的许多术语又是暗示人的器官，如姹女、婴儿、玄牝、脊关，等等。《西游记》研究中所谓的"金丹大道说"，即认为《西游记》是一本引导内丹修炼的书，其主题、情节都是为了提示和证实内丹修炼的各种关节，即如前引的陈元之序。第一章提到的《西游证道书》臆测作者，冠以"长春真人丘处机"，乃是"金丹大道说"顺理成章的延续。整个清代，几乎都有"金丹大道说"阐发所谓的学理。在现代胡适、鲁迅倡导"玩世游戏说"之后，此说曾经较为沉寂，但在20世纪的最后十年，经李安纲重新诠释，"金丹大道"再次成为人气不断的活跃之议。

我本人对"金丹大道说"持强烈的批评意见，认为《西游记》中虽然确实有金丹道的术语存在，但那并不是吴承恩提供的内容，因此根本不可能形成一个可以作文学解读成的体系；金丹道自身吸取了中国古代文化中哲学、医学、运动学的一些原理，尚且可说有一定的文化成分，但无论如何其在《西游记》中只是一些随机附着于情节的零言碎语，拼凑不出系统的修行引导，与取经故事原本的内蕴无关，再从约定俗成的学术意义上说，有证据不足之弊、牵强附会之嫌。

当然，仅此未必能说服持论者，我们必须解释《西游记》中金丹道术语的来源。这个我们在民间宗教的经文宝卷中找到了答案。弘治、正德年间，民间秘密宗教罗天教大炽，其教义源自佛教，创教人罗梦鸿经常在造经时引用取经故事和其中人物唐僧、大圣、八戒等作为譬喻，形象生动地对下层信徒进行教义宣传。这些引用本来与金丹道无关，读者可参看著名的研究资料《消释真空宝卷》，这份宝卷即罗梦鸿所造，因此绝无金丹修炼的只言片语。但进入嘉靖朝后，迫于社会整体佞道的压力，罗天教的第二代传人秦洞山改教义为外佛内道，并开始在宝卷中引入道教内丹学说，取经故事也就被纳入内丹修炼的范畴。由此之后，在民间流行甚广的宝卷中开始频频出现金丹术语，如嘉靖中期的《普明如来无为了义宝卷》中就有了这么一段：①

  锁心猿，合意马，炼得自乾。

  真阳火，为姹女，妙理玄玄。

  朱八戒，按南方，九转神丹。

  思婴儿，壬癸水，两意欢然。

  沙和尚，是佛子，妙有无边。

  迷人不识朱八戒，沙僧北方小婴童。

  性命两家同一处，黄婆守在戊巳宫。

这其中显然已入金丹道的轨道。把这些集中出现在正德至嘉靖的资料罗列起来，它们所说明的问题就显现出来了：在这段时间中，取经故事曾经被民间道教利用过，因而被嵌入了道教的金丹说。吴承恩是从科举道上跌落的读书人，长期浸淫的是儒家精神，热衷的是文学寄寓，对道教略通皮毛但不感兴趣。与他有关的，只是他容忍了底本中的金丹术语而没有全部删落。

  2. 明人颇有见地的"求放心说"

  世德堂本问世不久，在文人圈中即已产生反响。万历年间的谢肇淛《五杂组》中便有了这么一段话：

---

① 本章所引宝卷及相关文献，均可见于：蔡铁鹰：西游记资料汇编[M]. 北京：中华书局，2013.

> 小说野俚诸书，稗官所不载者，虽极幻妄无当，然亦有至理存焉。如《水浒传》无论已。《西游记》曼衍虚诞，而其纵横变化，以猿为心之神，以猪为意之驰，其始之放纵，上天下地，莫能禁制，而归于紧箍一咒，能使心猿驯伏，至死靡他，盖亦求放心之喻，非浪作也。（卷十五事部）

所言之"放心"，语出《尚书·毕命》的"虽收放心，闲之维艰"。"放心"指的是人的自由放纵之心；"收放心"，就是把不受拘束的精神管起来，收敛起来。孟子接过这一概念，发挥成为"学问之道无他，求其放心而已矣"（《孟子·告子上》），并纳入了他的"性善说"，意思也是要人们把失去的良心、本心收聚起来，不要让其泛滥，要回归到"善"的本性。

用"求放心"来表述《西游记》的主旨，简洁明了，言简意赅。清初的《西游证道书》虽然是说道的，它伪造的所谓虞集《西游记序》虽然也是为说道张目，但它也承认"求放心"确是可以考虑的：

> 虽其书离奇浩瀚，数十万言，而大要可以一言蔽之，曰收放心而已。盖吾人作魔、成佛，皆由此心：此心放则为妄心，妄心一起，则能作魔，其纵横变化无所不至，如心猿之称王、称圣，而闹天宫是也；此心收，则为真心，真心一见，则能灭魔，其纵横变化亦无所不至，如心猿之降妖缚怪，而证佛果是也。然则同一心也，放之则其害如彼，收之则其功如此，其神妙有加于前，而魔与佛则异矣。故学者但患放心之难收，不患正果之难就，真君之谆谆觉世，其大旨宁能外此哉！

这一说至今在《西游记》研究中仍然经常言及，堪称经典。正是在这一思路上，当代的学者往往将孙悟空的经历归纳为"追求——挫折——成功"的人生三部曲，认为从大大的"放心"追求无限制的所谓自由幸福到四处碰壁，最后在紧箍儿的约束下收了"放心"终成正果的历史，是一条完整的人生道路，是一部典型的精神发展史，认为从这个角度看，《西游记》可以说是中国的《浮士德》。还有当代学者认为"求放心"可以与明代"三教合一"的思潮结合起来观察，体现了当时思想开明、个性解放的需求。

3. 新文化运动后经典的"玩世游戏说"

这是现代以来第一个产生广泛影响的主题说。首倡者为胡适、鲁迅二位中国通俗小说研究史上的第一代大师。胡适在长文《西游记考证》中说过一段非常著名的话：

> 我不能不用我的笨眼光，指出……这部书起于民间的传说和神话，并无微言大义可说；指出现在的小说《西游记》的作者是一位"放浪诗酒，复善谐谑（剧）"的大文豪作的，我们看他的诗，晓得他确有"斩鬼"的清兴，而绝无"金丹"的道心；指出这部《西游记》至多不过是一部很有趣味的滑稽小说、神话小说；他并没有什么微妙的意思，他至多不过有一点爱骂人的玩世主义。这点玩世主义也是很明白的；他并不隐藏，我们也不用深求。①

鲁迅对此表示同意，在《中国小说的历史的变迁》中说到了《西游记》的玩世游戏特征：

> 承恩本善于滑稽，他讲妖怪的喜、怒、哀、乐，都近于人情，所以人都喜欢看！这是他的本领。而且叫人看来，无所容心，不像《三国演义》，见刘胜则喜，见曹胜则恨。因为《西游记》所讲的都是妖怪，我们看了，但觉好玩，所谓忘怀得失，独存鉴赏了——这也是他的本领。至于说到这本书的宗旨，则有人说是劝学，有人说是谈禅，有人说是讲道，议论很纷纷。但据我看来，实不过作者出于游戏……（《第五讲：明小说之两大主潮》）②

在《中国小说史略》中，他也说：

> 故虽述变幻恍惚之事，也每杂解颐之言，使神魔皆有人情，精魅亦通

---

① 胡适. 西游记考证 [M] //梅新林，崔小静. 20 世纪西游记研究. 北京：文化艺术出版社，2008：26.

② 鲁迅. 中国小说的历史的变迁 [M] //鲁迅. 鲁迅全集·第九卷. 北京：人民文学出版社，1981：328.

世故，而玩世不恭之意寓焉。①

二位以上的论述，文字倾向性上略有区别，但不妨碍其大体精神的相似，所以我们将其集中为"玩世游戏说"。

"玩世游戏说"对后世形成了极大影响，至今仍是各类文学史、小说史必定的讲题。其原因在于：

首先，这是西学东渐之后第一次在文学本身的意义上探讨《西游记》的主题。《西游记》问世之后，明清都有评判，但诚如鲁迅所言，传统文人的关注点主要只在"劝学""谈禅""讲道"一类，这些在"五四新文化运动"的背景下毫无疑问都被归为陈词滥调。而"玩世游戏说"着眼于"恍惚之事"中的"解颐之言"，就是注意神话情节中的讽刺揶揄；着眼于"神魔"身上的"人情"，就是看到了虚拟世界对于现实生活的观照；所谓"忘怀得失，独存鉴赏"，则是在强调故事潜移默化的教育作用。这是新方法的使用，新领域的开拓，新方向的调整，是胡适、鲁迅在文化意义上清除旧说的范例，一如他们在《红楼梦》研究中横扫旧"红学"一样，后世云随影从，几乎必然。

其次，这是新文化人关注通俗小说以来，把作品与作者互动研究的一个范例。无论"游戏"还是"玩世"，都是基于对吴承恩的把握，这也体现了胡适、鲁迅研究方法上的进步和眼光的锐利：游戏和玩世，是一种人生态度，是一种文学风格，而这些都可以在吴承恩身上找到依据；《淮安府志》关于吴承恩"性敏多慧""复善谐剧"的记录，反过来又在《西游记》中得到印证。这种把作品文本与作者互动研究的方法，是胡适、鲁迅等推行新文化关注旧小说的一段得意之笔。由此后世研究《西游记》，都很注意文本与作者的关系，这对于寻绎神话故事背后的社会意义，有很重要的引领意义。

再次，"玩世游戏说"本身又是准确而有意味的定位。吴承恩这类人都是儒生，接受的是王道、仁政、民本、爱人等孔孟学说，追求的是修身、齐家、治

---

① 鲁迅. 中国小说史略·明之神魔小说（中）[M] //鲁迅. 鲁迅全集·第九卷. 北京：人民文学出版社，1981：161.

国、平天下的理想。但儒生的境界有两种，一种是动手的志士仁人型，注定要担负兼济天下的重任，鲁迅说他们"为民请命""舍身求法"，都是中国的脊梁；一种是动口的愤世嫉俗型，在独善其身的同时，用游戏的方式、玩世的态度担负着对社会批判的责任。不用举其他的例子，可以用前面提到的归有光与吴承恩来分别表示。

归有光属于第一种，我们不仅在他的文章中看到他对贫苦小民的关心，感受到他那种仅仅当了一个小小的县令，就觉得身有千斤重担的责任感；而且看到他一有机会，就毫不犹豫地尽自己所能为小民减轻负担的实际行动。我们曾经查阅过归有光的《震川先生集》①，他在长兴任职的大约两年时间里，绝大多数文章都与县里的政事有关，而相当一些篇幅又都在描写小民的诸般可怜可悲之状，与他的《项脊轩志》《寒花葬志》等散文名篇虽然内容不同，但深情凄婉的风格一致。

吴承恩属于第二种，在他青年时期的诗歌文章中，我们就看到热切关心社会的呼号和对丑陋官场的强烈不满，他骂那些贪渎的官员是"鬼"，是"凶"，说恨不得手中多出一把"斩邪刀"，愤怒牢骚几乎伴其一生，并由愤怒牢骚而产生了讽刺揶揄的文学。但是他没有直接的政治功利性，不太介意功名得失而以做鉴戒社会的"野史氏"为己任，所以他冷嘲热讽，把实现社会理想放至虚拟空间中，以《西游记》的神话形式，借助孙悟空之手杀鬼斩妖。这也是一种流畅而且比较容易接受的链接。

由此生发，响应者众。

4. 新中国成立初期堪为时代标本的"孙悟空叛徒说"

新中国成立以后，随着社会建设逐步走上正轨，文学艺术研究也逐渐恢复。1954年围绕《西游记》曾产生过一次规模较大的讨论，这次讨论由张天翼发表在《人民文学》1954年第2期上的一篇长文《西游记札记》引起。

张文称用辩证唯物主义阶级分析的方法研究《西游记》，直接把故事的神魔

---

① 周本淳校点. [明] 归有光. 震川先生集 [M]. 上海：上海古籍出版社，1981.

斗争延伸为封建社会地主与农民的斗争，说《西游记》中的天界人物如来、观音、玉帝、太上老君，等等，不管他是佛教还是道教的，都是地主剥削阶级的象征，天兵天将如托塔天王、哪吒、二郎神等都是他们的帮凶；一众妖魔则都是被压迫者、反抗者，所谓的妖魔只是地主剥削阶级对他们的污蔑称呼；孙悟空原本也是妖魔，是无产阶级反抗者，但他后来受到招安，背叛了本阶级，转而充当打手鹰犬，镇压农民起义，作品因此被定义为"反映农民与地主之间的矛盾与斗争"。鉴于当时历史唯物主义和阶级斗争学说在知识分子中间还是新鲜事物，在人文学科的应用尚少先例，且张天翼是甚具影响的著名作家，因此此文一出，即引起热烈反应，一时响应者、批驳者纷出。多数文章赞同张文，认为这是一个清除旧时代陈腐观点的范例。但把当时的文章罗列起来观察，与其说是研究《西游记》，倒不如说是在模仿张文做一次新的世界观、文艺观的尝试。

如果说阶级划分——一方是神，一方是魔——在故事的整体视野上还能自圆其说，那么落实到人物身上就有了麻烦，尤其是面对孙悟空。按照张文和后来的参与讨论者的意见，《西游记》中的各路神仙和妖魔面临着阶级划分的问题，魔代表的是农民起义，啸聚山林是起义和反抗；天宫的神佛玉皇大帝代表的是统治阶级，降妖伏怪是残酷的阶级压迫和武力镇压；孙悟空本来是无产阶级，受到天宫统治者玉皇大帝政治上的压迫，因此奋身造反，可敬可佩，应该成为人们心目中的英雄。但大家也都能看出，孙悟空前七回的大闹天宫和此后取经途中的降魔伏怪，所属的阵营不一样，在思想内容上是对立的。对此张文的解释是"后者否定前者"，认为孙悟空开始是反抗阶级压迫的"英雄"，但后来"投降了神的阵营"，做了保护唐僧西天取经的保镖，与最初啸聚山林的同伴站到了对立面，成了农民起义阵营的"叛徒"，《西游记》的主题也因此发生了转化。

这就是著名的"主题矛盾说""主题转化说"，通常会被直接称为"孙悟空叛徒说"。有关评说可参见竺洪波的《四百年〈西游记〉学术史》。①

此说在"文化大革命"期间流传甚广，几乎成了普通群众阅读《西游记》的入门引导和研究《西游记》的方法论准绳，引导了声势浩大的庸俗社会学潮流。然而它毕竟只是特定时代的产物，改革开放之后，此论渐渐式微而至80年代后期便无人问津，至今更仅是一件时代标本。

5. 改革开放后主题研究的五彩纷呈

在时间上，改革开放后主要是指20世纪80年代以后。从那时起，《西游记》的主题研究逐渐摆脱了"阶级斗争"等特定时代社会意识的影响，也超出了古人直观感受的论述范围，更多进行了文学、文化、历史、社会学等多元角度深入探讨。以下以近三十年来高校的文学史教材为样本加以介绍，一般说来，文学史教材被认为是学界主流成果的集中概括。

追求光明说 人民文学出版社由游国恩等主编的《中国文学史》，是改革开放后一段时间内在高校占据绝对主导地位的专业基础课教材。其对《西游记》"思想内容"的介绍，仍然可以见到阶级矛盾划分这一社会意识形态的背景，认为吴承恩"突出了全书战斗性主题，同时把孙悟空的形象提到了全书的首要地位"：

(大闹天宫)这一美妙的遐想，不消说，体现着苦难深重的人民企图摆脱封建压迫，又要求征服自然，掌握自己命运的强烈愿望。因此从这种意义上说，《西游记》的主题思想在前七回就奠定了。

……一方面追求自由的"妖界"英雄在斗争中不断成长，另一方面是等级森严的神权统治以镇压来维持秩序。这正是现实封建社会的基本矛盾在神话中的再现。孙悟空生气勃勃的反抗斗争，在厂卫横行、民不聊生的嘉靖朝代，无疑是黑暗中的一线光明，给了人们意味深长的启示；同时也体现了作者憎恨秦汉以来的专制王朝，并把希望深深寄予"豪杰之士"的

---

① 竺洪波. 四百年《西游记》学术史[M]. 上海：复旦大学出版社，2006.

思想。①

这样的表达，后来被归纳为"追求光明说"。它对孙悟空形象的阐述发挥难脱窠臼，但能从作者的社会意识寻找根源，应该说是增加了客观性。

这部文学史也谈到了唐僧在取经中的主导作用，承认因为他不畏艰险，美色与富贵不能动摇的决心，"那三个桀骜不驯的徒弟才能一意同行，没有拆散这小小的取经队伍"。

针砭时弊说 20世纪90年代后期由上海古籍出版社出版的郭预衡主编《中国古代文学史》，虽然被认为与游编文学史属于同样的学说体系，但在《西游记》思想内容的描述上有破有立，主要的是抛弃了阶级划分的理论框架，而把矛头集中在吴承恩通过孙悟空这一形象对明代社会的批判：

> 《西游记》的不少故事是虚构的、荒诞的，但作者的构思却是抽象于现实的；形式是幻想的、海阔天空的，而内涵却是真实的、深刻的。作者的主观创作意图并非是直接面向社会，抒写现实人生，但客观意义却是在"游戏中暗传密谛"。在作者的谐谑、幽默、嘲讽，甚至是插科打诨中，对晚明的时弊世俗随笔点染，旁敲侧击；指桑骂槐，无不切中时弊。这便是神魔小说《西游记》的内容，其现实意义不同一般小说的艺术个性之所在。②

这又被归纳为"针砭时弊说"，在本质上，它与"追求光明说"基于同样的切入视点，但由于理论上的旧约束已经比较淡薄，因而能更多地接近作品的客观真实——不管有意无意，《西游记》中确实有不少对明代现实社会的深刻反映。这一点，我认为随着对吴承恩研究的深入，我们可以越来越多地剥离出一些在特定历史时期、特定历史背景下嵌入《西游记》取经故事的现实社会因素，比如其中大量国王佞道、道士作恶的情节事实上可以看作明代嘉靖时期社会氛围的逼真描写，比如有些故事，如比丘国食用小儿心肝，可以直接在社会生活中

---

① 游国恩等. 中国文学史（四）[M]. 北京：人民文学出版社，1964：108.

② 郭预衡. 中国古代文学史（四）[M]. 上海：上海古籍出版社，1998：172.

找到对应的事实。

明心见性说 进入20世纪以后还有一种有重要影响的《中国文学史》由袁行霈主编高等教育出版社出版,其中将《西游记》的主题归纳为"游戏之作",认为《西游记》既不是直接抒写现实的生活,又不类于史前的原始神话,在它神幻奇异的故事中,诙谐滑稽的笔墨外,蕴含着深刻的主旨:

> 就其最主要和最具特征性的精神来看,应该说还是在于"游戏中暗传密谛",在神幻、诙谐中蕴藏着哲理。这个哲理就是被明代社会个性思潮冲击、改造过了的心学,因而作家主观上想通过塑造孙悟空的艺术形象来宣传"明心见性",维护封建社会的正常秩序,但客观上倒是张扬了人的自我价值和对于人性美的追求。①

在具体论述上,认为《西游记》想通过孙悟空的形象来宣传"三教合一"化了的心学是一清二楚的,作品通过一个恣意"放心"的大圣,有限度而不自觉地赞颂了一种与明代文化思想相合拍的只求个性和自由的精神,那些周而复始的险阻和妖魔,都是作为修心过程中障碍的象征,即所谓的"心生,种种魔生;心灭,种种魔灭";认为"这都表现了取经路上的孙悟空还是那样的反对束缚、尊重自我和向往自由,具有一种强烈的个性精神","取经,本是一种事业,但实际上已成了他坚韧不拔地追求的一种理想的象征"。

这里的"游戏之作",其实已不能等同于当年胡适、鲁迅的"玩世游戏"之说,其中糅合了"求放心""心学""三教合一"的内容,内容丰富得多且也打开了思考的空间,因此我觉得用"明心见性说"概括更好。

双重构架说 章培恒、骆玉明主编的《中国文学史》被认为具有鲜明的学术个性,多有新意。该书认为《西游记》是一部充满幻想、情节离奇的小说,容易做出附会的解释,清人所论,"或云劝学,或云谈禅,或云讲道,皆阐明理法,文词甚繁"(鲁迅《中国小说史略》)。但应该看到,《西游记》只是一部神话小说,而不是什么哲理、道德或政治的寓言。一般不怀偏见、不刻意穿凿

---

① 袁行霈. 中国文学史(四)[M]. 北京:高等教育出版社,2005:127.

的读者，也只是从其中得到一种娱乐性的、驰骋幻想与诙谐嘲戏的快感。然而他们又指出，小说中没有深隐的特别用意，不是指它与现实人生无关。一部小说的趣味，总是反映出一定的社会氛围与人生喜好；甚至，愈是抛开生硬的理性观念来写作，这种反映愈是自然真实。《西游记》的形成过程中有两个阶段是最重要的。一是它基本成型的元末，一是它最后完成的明嘉靖中后期。而这两个时期的共同特点，是社会思想开放活跃，市民阶层的力量处于上升状态，作为主要面向市民的通俗读物《西游记》，其趣味与这种背景关系甚大。

关于主题的归纳，他们认为：

> 《西游记》中包含着两个基本的文学母题和相应的两个故事结构，相互重叠地构成小说的总框架。第一个母题关系到人性的自由本质与不得不接受约制的矛盾处境，在小说中表现为孙悟空从无法无天、绝对自由的状态到受到禁制，皈依佛门正道的过程。不过小说中对孙悟空难以拘束的一面表现得更多些，这可以说作者在感情上对人性向往自由的一面有更大兴趣。第二个母题是所谓"历险记"式的，它在古今中外的虚构性文学中最为常见（如荷马史诗《奥德赛》即属于这一类型），这种故事除了便于展开离奇的情节，也蕴涵着人必须历经千难万险才能获得最终完善和幸福的意义。在小说中，它表现为孙悟空、唐僧等人西天取经的过程。①

我把他们的表述归纳为"双重构架说"。

其余种种，见仁见智，出于不同的观察角度，体现不同的文化理解，均有合理之处，不再一一叙述。

---

① 章培恒，骆玉明. 中国文学史（四）[M]. 上海：复旦大学出版社，2005：153.

第四章 《西游记》成书的主要节点

《西游记》整体上说就是一个大故事：西天取经。如果细分一下，就是三大段：

第一大段：第一至八回。一般叫"大闹天宫"，描写孙悟空从花果山灵石里蹦出来和他称王、学艺、闹天宫直到被压在五行山下的故事。

第二大段：第九至十二回。一般叫"取经缘起"，主要叙述故事核心唐僧玄奘的家世和唐太宗发起超度大会，邀请唐僧主持并引出西天取经事由的经过。

第三大段：第十三至一百回。一般称为"取经途程"。主要叙述唐僧离开大唐地界，一路上收了悟空、八戒、沙僧和白龙马组成取经团队，历尽千辛万苦，冲破层层魔障，最后取得真经回朝的过程。

按照《西游记》的说法，唐僧取经一共经历八十一难，但一难并不等于一个故事，有时一个故事会分为好几难，《西游记》实际上有四十二个故事。

了解这四十二个故事的基本划分和其中的主要人物主要情节，是我们探讨

《西游记》故事形成过程的基础功课。以下我们会从不同的角度详细介绍这些故事，现在大致整理如下：

（1）唐僧出城逢虎受惊；（2）双叉岭刘伯钦收留；（3）两界山收悟空；（4）鹰愁涧收白龙马；（5）观音寺收黑熊精收回袈裟；（6）高老庄收八戒；（7）灵吉菩萨黄风岭收黄风怪；（8）流沙河收沙僧；（9）四圣显化试禅心；（10）五庄观活人参果；（11）三打白骨精；（12）宝象国二十八宿降黄袍怪；（13）太上老君平顶山收金角银角大王；（14）乌鸡国文殊菩萨收青毛狮子精；（15）观音收伏红孩儿；（16）龙宫太子黑水河收鼍精；（17）车迟国斗圣灭虎力鹿力羊力大仙；（18）通天河观音收服金鱼精；（19）金兜山太上老君收独角兕大王；（20）女儿国留婚；（21）琵琶洞昴日星官灭蝎子精；（22）真假美猴王；（23）火焰山降服牛魔王；（24）祭赛国二郎神助降九头鸟；（25）木仙庵谈诗；（26）弥勒佛小雷音寺收服黄眉怪；（27）八戒奋力过稀柿同；（28）朱紫国降服金毛犼；（29）盘丝洞；（30）多目怪；（31）狮驼国；（32）比丘国救童子寿星收坐骑；（33）托塔天王收无底洞老鼠精；（34）灭法国；（35）隐雾山剿灭豹子精；（36）凤仙郡求雨；（37）玉华国王子拜师降狮子精；（38）金平府观灯降犀牛精；（39）天竺国降玉兔精；（40）铜台府寇员外家辨诬；（41）凌云渡脱凡胎；（42）通天河老鼍沉水失经。

这些故事的情节惊险有趣，有很多匪夷所思的奇思妙想。这些都哪儿来的？很重要，当读者阅读《西游记》走进文学的范畴时，可能都有这一问。

答案可能会使您对吴承恩有点失望。前面已经说过，中国小说在吴承恩的时代还属于"集体创作"的时代，当时的小说家们还没有形成完整构思一部作品的概念，所有小说都经过了长期的流传，经历了很多人有意或者无意的努力，也都渗透进了各种社会因素，因此肯定不是吴承恩一人所为——当然，从故事细节和语言描述的角度看，主要功绩还得归吴承恩所有。

我们强调的是，这些故事逐步形成完善的漫长过程，对于了解当时的历史、社会、文化，都有很重要的价值——说白一些，就是我们通常所说的历史出自文献记载，既不详细也不一定真实，且大量的细节都被筛选掉了，根据文献，我们今天其实已经没有办法了解当时社会的生活细节。但在通俗小说中，很多历史的原貌和细节在无意中被写进了故事，因此从小说的故事情节中我们可以复原出通常不易看到的真实而细致的情景：这个故事或者这个情节，是谁创造的，有什么文化背景和什么原因，又为什么受到追捧，受到哪些人的欢迎追捧，把这些弄明白了，我们就看到了当时真实的社会。

这个过程值得探讨。但说来话长。

以下先介绍一下我们探讨《西游记》故事的来源与形成过程所受到的最初启发，然后介绍我们所了解的上述那些故事的前世今生。

旧说折辩："《大唐三藏法师取经记》系南宋话本"是一种误认

1990年以后几年，著名学者冯其庸先生曾八次以七八十岁的高龄，赴新疆帕米尔高原实地考察玄奘当年学成归国的线路。第七次，冯先生借助于边防部队的帮助，一直上到中国与阿富汗交界处海拔4700多米的明铁盖山口边防哨所，终于找到了玄奘学成回国时经过的山口。

冯其庸先生实地考察的启示

在冰雪高原绝少人烟的边防哨卡，冯先生听到了关于公主堡的故事和波斯商人一千只羊的故事，这两则故事在玄奘《大唐西域记》卷十二里都有记载：

> 揭盘陀国……其自称云是至那提婆瞿旦罗（唐言汉日天种）。此国之先，葱岭中荒川也。昔波利斯国王娶妇汉土，迎归至此，时属兵乱，东西路绝，遂以王女置于孤峰，峰极危峻，梯崖而上，下设周卫，警昼巡夜。时经三月，寇贼方静，欲趋归路，女已有娠。使臣惶惧，谓徒属曰："王命迎妇，属斯寇乱，野次荒川，朝不谋夕，吾王德感，妖气已静，今将归国，王妇有娠，顾此为忧，不知死地，宜推首恶，或以后诛。"讯问喧哗，莫究其实。时彼侍儿谓使臣曰："勿相尤也，乃神会耳。每日正中，有一丈夫从日轮中乘马会此。"使臣曰："若然者，何以雪罪？归必见诛，留亦来讨，

进退若是,何所宜行?"佥曰:"斯事不细,谁就深诛?待罪境外,且推旦夕。"于是即石峰上筑宫起馆,周三百余步,环宫筑城,立女为主,建官垂宪。至期产男,容貌妍丽,母摄政事,子称尊号,飞行虚空,控驭风云,威德遐被,声教远洽,邻域异国,莫不称臣。……以其先祖之世,母则汉土之人,父乃日天之种,故其自称汉日天种。①

建在山上的城堡在新疆的塔什库尔干境内,至今犹在,叫公主堡,乃是当年英国探险家斯坦因发现时如此命名,此后大家都沿用了;在当地塔吉克族人中古堡则被称为"克孜库尔干",即"姑娘城",与斯坦因的命名暗合。而关于波斯商人一千只羊的故事,《大唐西域记》的原文是:

> 大崖东北逾岭履险,行二百余里,至奔攘舍罗(唐言福舍)。葱岭东冈,四山之中,地方百余顷,正中垫下,冬夏积雪,风寒飘劲,畴垄舄卤,稼穑不滋,既无林树,唯有细草,时虽暑热,而多风雪,人徒才入,云雾已兴,商侣往来,苦斯艰险。闻诸耆旧曰:昔有贾客,其徒万余,橐驼数千,赍货逐利,遭风遇雪,人畜俱丧。时揭盘陀国有大罗汉,遥观见之,悯其危厄,欲运神通,拯斯沦溺,适来至此,商人已丧。于是收诸珍宝,集其所有,构立馆舍,储积资财,买地邻国,鬻户边城,以赈往来,故今行人商侣,咸蒙周给。②

现实版的故事与记载稍有出入,大意说波斯商人赶着一千只羊和骆驼,在这个山谷里遇到了大风雪,商人们看到了危险,便将财宝聚集起来埋藏在一个山洞里,留下标志,希望有一两个人生还,将来还来取这些珍宝。但可惜商人们全部冻死了,财宝也被后人捡走了。现在,在明铁盖山口还有一座波斯商人的墓。据说,明铁盖的"明"在波斯语里就是一千的意思,指在这里死了一千只羊。

冯先生对此非常感兴趣,这两个故事在《大唐西域记》中出现,足以说明当年玄奘经过了这里;凭借这两个故事与《西域记》的对比,冯先生找到了当

---

① 玄奘. 大唐西域记 [M] //季羡林. 大唐西域记校注. 北京:中华书局,2000:985.
② 玄奘. 大唐西域记 [M] //季羡林. 大唐西域记校注. 北京:中华书局,2000:989.

年玄奘回国时的确切路线。①

我们对这两个故事也感兴趣,因为这两个玄奘时代的故事,竟然能够以口头传说的形式保存下来,实在是意想不到。玄奘归途究竟经过哪个山口的问题,至今专门研究中亚史、中亚地理的学者仍有分歧,当然也不会是战士们自己杜撰出来的,只能来自世世代代的传说。这是一种多么强大的文化力量!这对我们探讨唐僧取经故事的原生问题,是一个非常好的启示。既然玄奘之前的故事能够以口头流传的形式保存下来,那么玄奘的取经为何不能变成故事,也以各种各样的形式保留下来呢?

最初的取经故事,事实上就是诞生在玄奘回程的路上,这些故事当然还很简单粗糙,现在只能依稀查到蛛丝马迹般的线索,但这些故事具有良好的先天文化基质,在其后九百多年时间里,终于长成为有百回之巨的小说《西游记》。

王国维、罗振玉的不慎误认

现代意义上的《西游记》研究肇始于一百年前。1914 年,遗落日本已久的《大唐三藏法师取经记》进入了罗振玉、王国维的视野,次年又经由罗振玉影印而为世人所知。

当时罗振玉正流寓京都,在得到有人收藏唐僧取经故事旧本的消息之后,循迹查访,先是在政界显赫人物三浦将军处借到了一个大字本的《大唐三藏法师取经诗话》,然后又从学界著名人物德富苏峰处借到了一个内容全同的小字本《大唐三藏法师取经记》,遂互校影印公布。由于罗振玉当时因为大字本较为完善便为影印本选择了《大唐三藏取经诗话》为名,所以它也就成了今人使用的通用名称。但这未必是历史的真实,它的准确的名称倒更可能是《大唐三藏法师取经记》,所以在本书中已经改称。这完全不是为了标新立异,而是因为《大唐三藏取经诗话》极易产生误导——"诗话"是什么?迄今除了评判诗歌的

---

① 冯其庸. 玄奘取经东归入境古道考实:帕米尔高原明铁盖山口考察记[J]. 文艺研究,1999(3).

"诗话"之外，研究者还没有发现通俗文学领域中有所谓的"诗话"。如其反复产生误解，倒不如直接改过来，况且将"诗话"改为"记"，不谓无据。"乙卯春"，也就是1915年，当时也在日本的王国维见到了大字本，留下了一篇不足千字的短文，后来因为被附在罗振玉影印本的末尾，习惯上就被称为"王国维跋"；此文之外，罗振玉先后在"丙辰"年也就是1916年写了两篇表述自己意见的跋，相应地也就被称为"罗振玉跋一"和"罗振玉跋二"。①

以下我们将有对这部《大唐三藏法师取经记》及王国维意见的评价。现在先简要介绍一下这本在《西游记》研究中意义重大的资料。

《大唐三藏法师取经记》（简称《取经记》）全书约1.1万字，分为17小节，用"到……处第……"分割，也就是分别讲了十多个小故事。第一节原缺，应是"法师"启程取经之缘起——请注意，这处缺失非常可惜，因为这部《取经记》现在可以见到的部分，从头到尾都对取经人称"法师"而并无"玄奘"的确指，所以有人怀疑它的底本应该不是玄奘取经而"法师"另有其人，缺失了第一节，也就是缺失了通过取经缘起来辨认取经人的机会。

《大唐三藏法师取经记》

第一［题原缺］　　行程遇猴行者处第二　　入大梵天王宫第三　　入香山寺第四　　过狮子林及树人国第五　　过长坑大蛇岭处第六　　入九龙池处第七　　［题原缺］第八　　入鬼子母国处第九　　经过女人国处第十　　入王母池之处第十一　　入沉香国处第十二　　入波罗国处第十三　　入优钵罗国处第十四　　入竺国度海之处第十五　　转至香林寺受心经处第十六　　到陕西王长者妻杀儿处第十七

既然其中只称"法师"并未说明就是玄奘，那我们又为什么说它是早期的唐僧

---

① 均可见于李时人，蔡镜浩．大唐三藏取经诗话校注［M］．北京：中华书局，1997；蔡铁鹰．西游记资料汇编［M］．北京：中华书局，2010．以下凡引用此书不再出注，唯将书名改为《大唐三藏法师取经记》。

取经故事？因为，其中出现了"猴行者"！他应该是孙悟空的前身，这不会错。

王国维最初的研究，也就是那篇《跋》有两个要点：第一，这是一个南宋临安的刻本；第二，这是当时盛行的"说话"的一种：

> （《大唐三藏取经诗话》）卷末有"中瓦子张家印"款一行。中瓦子为宋临安府街名，倡优剧场之所在也。……此云"中瓦子张家印"，盖即《梦粱录》之张官人经史子集文籍铺。

> 此书与《五代平话》《京本小说》及《宣和遗事》，体例略同。……皆《梦粱录》《都城纪胜》所谓说话之一种也。

由于"中瓦子张家印"是原本的落款，所以后人对王国维的第一个判断从未产生任何疑问，甚至又进而导致大多数人对第二个判断也寄以充分的信任。数年后，胡适在《西游记考证》中就有这样一段话：

> 民国四年，罗振玉先生和王国维先生在日本三浦将军处借得一部《大唐三藏取经诗话》……因定为南宋"说话"的一种。……我们看完这个目录，可以知道在南宋时，民间已有一种唐三藏取经的小说，完全是神话的，完全脱离玄奘取经的真故事了。①

这已经把《大唐三藏法师取经记》产生于南宋说得言之凿凿。后来，又有研究者认为"诗话"的意思就是有诗有话，并进一步推定这其中的话就是"说话"中"说经"一家的遗存。此后数十年来，各类文学史、小说史关于《西游记》形成过程的描述基本都以王国维的论断为准绳，其标准序列是：

1. 唐宋以来笔记传奇中零星记录的取经故事；
2. 南宋临安的"说经"话本《大唐三藏法师取经记》；
3. 元末明初杨景贤的二十四折杂剧《西游记》；
4. 元明之交仅存片段的宝卷、平话《西游记》；
5. 明后期吴承恩的百回本通俗小说《西游记》。

这个序列看似井然有序，但其实很有问题。最主要的问题都与王国维貌似非常

---

① 可见于梅新林，崔小敬. 20世纪西游记研究 [M] //北京：文化艺术出版社，2008：7.

正确的基本判断有关：

第一，"中瓦子张家印"的落款其实只能表示此书南宋时在临安有过一次刻印，但并不能证明这部《大唐三藏法师取经记》就是这个时期或者就是张家的原创作品，王国维实际上在下意识中犯了一个将刻印当原创、将发现当起源的错误。

第二，说《大唐三藏法师取经记》是"话本之一种"，是一个并无证据的疑问判断，其自身事实上没有明确可认证的话本特征。只要我们将《五代平话》《京本小说》及《宣和遗事》与《大唐三藏取经诗话》作一些简单的比照，就会发现它们之间的差异实在很大。

第三，大约因为《大唐三藏法师取经记》是佛教题材，南宋说话中恰恰有"说经"一家，而这门"说经"又没有留下确切可对照的作品，因此后人往往把《大唐三藏法师取经记》进一步坐实，说它就是"说经"的样本。但事实上，尽管有学者做过努力，但我们至今还是没有确认任何一部属于"说经"并可与《大唐三藏法师取经记》进行比对的作品。

对于王国维的判断，早在20世纪50年代曾经有人怀疑，1954年中国古典文学出版社出版《大唐三藏取经诗话》时的"出版者前言"有这么一段话：

> 但是书里面的这些诗，虽然都是中国七言（也有三言和五言）诗歌的形式，性质却接近佛经的偈赞；话文也和佛经相近；因此，它的体裁与唐朝五代"讲唱经文"的"俗讲"类似，可能受了它们的影响。①

这大概是对《大唐三藏取经诗话》的最早怀疑，但这种疑问表述得较为委婉。程毅中先生也有类似的说法，在《宋元话本》一书里，他虽然说现存的《大唐三藏法师取经记》"应该是一本早期的说经性质的话本"，但他认为，"唐代讲佛经故事的变文，如《降魔变文》里所讲的舍利佛与劳度叉斗法的故事，和他很有些相似的地方。这本《取经诗话》可以看作唐代变文的直接后裔"。② 王力

---

① 大唐三藏取经诗话·前言[M].上海：古典文学出版社，1954.

② 程毅中.宋元话本[M].北京：中华书局，1980：29.

先生在《汉语史稿》的一条脚注里则认为《大唐三藏法师取经记》是宋代作品，可能还是北宋的作品。虽然王力先生并没有更多的陈述理由，但至少表示他对传统的认识有所怀疑。①但鉴于王国维的声望地位，也是由于在《大唐三藏法师取经记》本身的研究上没有突破，所以怀疑一直没有得到证实，而所谓"南宋""临安""话本""说经"便构成了上述序列的关键词。

这个序列完全不能解释《大唐三藏法师取经记》自身的发育背景和它与后来各种形态取经故事之间的承续关系：如果我们相信取经故事起源于南宋，那么从南宋往前看，漫长的数百年中没有比《大唐三藏法师取经记》更古朴的材料，取经故事的出现对于临安来说似乎是飘然而至；往后看，《大唐三藏法师取经记》与在年代上相差无几的"平话""杂剧"形态上有太大的差距，中间没有可信的过渡演变，又让人不能相信取经故事的平行进化有如此之快，如此之繁复。

研究者深受其困。

当代学者多角度的重新论证

直到1982年，《大唐三藏法师取经记》才被重新定位。接踵出现了两篇对《取经记》出于南宋话本的传统观点表示颠覆性怀疑的重要文章。

一篇是语言学家刘坚先生的《〈大唐三藏取经诗话〉写作时代蠡测》。该文从语言学的角度，选取语音、语法、语汇三个方面的大量实例对其诞生时间作了非常充分的论证，认为："《大唐三藏取经诗话》与敦煌所出《庐山远公话》《韩擒虎话本》《唐太宗入冥记》《叶净能诗》一样，其时代早于现今所见宋人话本……这部话本的时代还有可能往上推到晚唐五代。"②

另一篇重要文章是李时人、蔡镜浩二位先生的《〈大唐三藏法师取经诗话〉成书时间考辩》。这篇文章与刘文的观点不谋而合，同样认为《取经记》应是

---

① 王力. 汉语史稿（中）[M]. 北京：中华书局，1958：413.

② 刘坚.《大唐三藏取经诗话》写作时代蠡测[J]//中国语文. 1982：(5).

唐、五代寺院"俗讲"的底本。如认为其每一节都有书中人物"以诗代话"情况，这种形式在敦煌变文中经常出现，但由于在表演上限制了艺人模仿故事中人物的口吻语调，所以到了宋代"诗话"已经无人使用；该文还认为，从《取经记》所表现出来的对佛教的狂迷和幻想，尤其是那种佛教压倒一切、咄咄逼人的气势，都表明它只能是佛教极盛时期的作品，而不大可能是更多反映市民阶层思想和意识的宋代话本。就其中的佛教观念而言，大都也是较早的密宗、净土宗等粗俗的僧侣主义的货色，很少反映入宋以后在佛教中占统治地位的禅宗思想。①

他们一致认为：《大唐三藏法师取经记》应该是唐、五代时期在西北寺庙里形成的俗讲教科书。

这两篇文章的出现加上同时期在敦煌发现的取经故事壁画，算是彻底打破了王国维的魔咒，"西域""佛教""俗讲"成了重做序列构建的关键词，研究者们已经可以在完全不同的基点上欣赏新的风景。此时把目光伸展向取经故事的源头，探究早期取经故事发生的可能已经逐渐浮现，又十多年后，本人在一篇题为《唐僧取经故事原生于西北之求证》② 的文章中正式提出"原生的取经故事"的概念，并着手整理零星可见的实例，然后借此排出新的《西游记》取经阶段演化序列。新的序列共分为五个阶段，以下我们介绍前四个阶段，最后一个阶段"百回本阶段"其实我们说的已经很多，故不在这里单列。

第一阶段：以《大唐西域记》为代表的原生取经故事素材

在唐宋的传奇笔记中，虽然有一些关于玄奘西行的零星记载，有些也包括了基本的故事元素，但它们真的是太零散太文人化，而且也很难找到在以后年

---

① 李时人，蔡镜浩.《大唐三藏法师取经诗话》成书时间考辩 [J] //徐州师院学报，1982 (3).

② 蔡铁鹰. 唐僧取经故事原生于西北之求证 [J] //明清小说研究，2004 (2).

代里的延续，所以依赖这些资料寻找《西游记》取经故事源头的努力都是奢望，而西域才是我们真正应该注意的地方。

西域古道自大汉张骞出使西域之后，日渐繁忙。玄奘曾经从这条路上走过，但寻找这条路上发生和传播的一些关于玄奘的悲情壮举故事的实证，就像寻找古道上一千多年前的驼蹄马迹一样，异常之困难。可是这项工作必须得做，否则破解《西游记》的诞生之谜根本无从谈起。好在有若干前辈不仅身体力行做出了榜样，而且也证明了这项工作并不虚妄。前述冯其庸先生在20世纪的90年代八上帕米尔高原，一直走到玄奘当年行程中出境的别迭里山口和归程入境处海拔4700多米的明铁盖山口。正是在冯先生的鼓励下，我也把走一趟帕米尔，亲身体验玄奘的行程定位为自己的学术目标，并为此做了多年的准备；而这个目标又有幸在国家社科基金的资助下于2014年得以实现。

通过本次考察，我们得到的一个强烈印象就是：唐僧取经的故事与西域的丝绸古道，与古道上玄奘的行迹，有着无法回避的联系，千丝万缕，若隐若现，我们所熟知的许多唐僧取经故事，都能在古道的文化扬尘中找到蛛丝马迹。

敦煌榆林窟壁画

我们通常所说的敦煌石窟主要指莫高窟（也称千佛洞），但莫高窟其实只是整个敦煌艺术宝库中开放出来的一个点，敦煌艺术，至少应包括莫高窟、西千佛洞、东千佛洞、榆林窟这四个部分，它们基本上属于同一艺术系统，只是后三者因规模较小、交通条件不便等原因很少为人所知。

20世纪80年代初王静如先生披露在敦煌榆林窟发现了唐僧取经壁画，其特征是有猴行者伴随玄奘取经礼佛。① 这些壁画引起了广泛的关注，非常有效地将研究者的目光引向了西域。后来，著名敦煌学学者段文杰先生再次撰文介绍榆林窟的取经壁画，说在敦煌一带榆林窟、东千佛洞已经发现唐僧取经图6幅（文中实际介绍5幅）——除榆林窟第2窟、第3窟、第29窟的三幅外，还有

---

① 王静如. 敦煌莫高窟和安西榆林窟中的西夏壁画 [J] //文物, 1980 (9).

两幅出现在东千佛洞第 2 窟的水月观音图中，左右相对各一幅。①

这些壁画的发现是近几十年来《西游记》研究中最重要的发现。介绍如下：

榆林窟第 2 窟：壁画为"水月观音变"，主像为水月观音，取经图位于整幅壁画的右下角，自左而右画的是唐僧隔水向观音合十礼拜，猴行者牵马随后，马仅露出头部，猴行者右手搭在前额作远望状。

榆林窟第 3 窟：壁画为"普贤变"，主像为普贤，取经图位于左侧边缘的中部，自右而左画的是唐僧面临深渊，俯首礼拜，其后猴行者牵着白马，双手合十，仰天大叫，马背驮有莲花宝座，上置一包袱。

榆林窟第 29 窟的壁画据王文原介绍为"自左而右画的是白马，唐僧弯腰拜询，猴行者在前下方，最前是白衣人，手执鲜花，作答语状"。段文杰先生的介绍也重复了这段话。但这幅画可能是误读，并非取经壁画，我在《西游记的诞生》中曾引用了 20 世纪八九十年代的敦煌研究院美术研究所所长关友惠先生的这一意见，后来也确实没有见到对这幅所称取经壁画的详细介绍。

东千佛洞第 2 窟。段文杰先生介绍说，主像是水月观音，左右相对各一幅，据描绘"唐僧、猴行者及白马驮经步行于海边"。这幅壁画，我们在这次考察中已经很幸运地亲眼目睹了。

我们说这些壁画最重要的意义在于猴行者的出现，这就可以与《大唐三藏法师取经记》的故事两相映照，从而证明"白衣秀才"猴行者的出现，绝不是一个偶然的事件。两个猴行者一定有一个共同的故事源头和文化圈，而地域概念相对明确的壁画则圈定了其范围一定在敦煌附近。

"僧行七人"

《大唐三藏法师取经记》说玄奘取经有五个随行"小师"，后来加了一个白衣秀才猴行者，就成了"僧行七人"。在《取经记》整个的故事叙述中，这句话被多次重复。

---

① 段文杰.榆林窟党项蒙古时期的壁画艺术 [J] //敦煌研究，1989 (4).

图 12 榆林窟第 3 窟壁画,取经图在左侧中部

从历史的视角看，玄奘当年出发时没有随行；从故事的视角看，唐僧的五个随行没有任何必然性，也不包含故事因素，这所谓的"僧行七人"源自何处？

然而《大慈恩寺三藏法师传》里有玄奘回程时"时唯七僧"的记载，其卷五云：玄奘回程经北印度的僧诃补罗国时，"时有百余僧皆北人，赍经像等依法师而还"，即有家在北方的僧人要与他搭伴上路，返还自己的家乡。由于沿途遭遇雪崩、盗贼等原因，至翻越最困难的克什米尔大雪山到达喀什于阗时，"时唯七僧并雇人等约二十余"。①

随行的僧人都是"北人"，即北方人。北方究竟在哪儿？按照玄奘《大唐西域记》记载，当年的克什米尔和阿富汗一带的众多小国，是突厥人的领地，并不信仰佛教，"人性犷暴""少信佛法""僧徒甚少"，只有到了今新疆境内，才重新回到了佛教的领地。因此，那些随玄奘返回北方家乡的僧人显然应该是于阗周围一带的人。当时的喀什、于阗既是佛教的传播区，又是西域丝路重镇，所以玄奘在此逗留修整，与他随行的僧人也就在此分手各回家乡。

那么，这六个与玄奘一起历经艰辛，同路归来而在喀什、于阗留下或分道的僧人，作为事件的亲历者，无论是出于自身的炫耀，还是出于对玄奘的尊崇，都完全可能成为取经故事的最早创造者。

唐御弟

《西游记》说玄奘由长安出发时，大唐太宗李世民亲为相送并拜为兄弟，从此玄奘便有"御弟"的称号：

太宗……当时在寺中问曰："谁肯领朕旨意，上西天拜佛求经？"问不了，旁边闪过法师，帝前施礼道："贫僧不才，愿效犬马之劳，与陛下求取真经，祈保我王江山永固。"唐王大喜，上前将御手扶起道："法师果能尽

---

① 此类描述多次见于：玄奘. 大唐西域记 [M] // 季羡林. 大唐西域记校注. 北京：中华书局，2000；孙毓棠，谢方点校. 慧立，彦悰. 大慈恩寺三藏法师传 [M]. 北京：中华书局，1983. 以下不再详引。

此忠贤，不怕途程遥远，跋涉山川，朕情愿与你拜为兄弟。"玄奘顿首谢恩。唐王果是十分贤德，就在那寺里佛前，与玄奘拜了四拜，口称"御弟圣僧"。

这一段十分温情，尤其是经过女儿国国王的演绎，"御弟哥哥"变成了一句著名的戏谑。而实际上玄奘由长安出发时，孤身一人且属于违背禁令私自出关，并一直受到官府的追捕，与"御弟"完全没有关系。

但玄奘却确实又做过御弟，那是在高昌国。当年玄奘走出八百里戈壁到达伊吾（今新疆哈密）时，已经有一位高昌国的使者在伊吾专候。原来高昌国王笃信佛教，他已经听到玄奘的大名并知道他将穿越沙漠，于是早早派人在此等候迎接。玄奘为国王的诚意感动，改变了原来计划的线路，随使者去了高昌。国王对玄奘尽弟子礼，并盛情邀请玄奘在高昌留驻弘法，甚至不惜动粗扣留玄奘。玄奘坚辞，直至以绝食为手段，坐禅四天水米不进，几致虚脱，最后终于感动国王得以脱身，临别，国王与玄奘结为兄弟。事见《大慈恩寺三藏法师传》卷一：

> 法师既被停留，违阻先志，遂誓不食以感其心。于是端坐，水浆不涉于口三日。至第四日，王觉法师气息渐惙，深生惭惧，乃稽首礼谢云："任法师西行，乞垂早食。"……遂共入道场礼佛，对母张太妃共法师约为兄弟。

晒经台（晾经台）

《西游记》第九十九回说唐僧师徒回程过通天河，自有白头老鼋来接；老鼋渡师徒四人及白马到河中时，因唐僧忘了在佛祖前问所托之事，一怒之下沉入水底。次日师徒四人在河边高崖上，开包晾晒，至今彼处晒经台尚在。

我们相信这是一个古老的原生故事。据《大慈恩寺三藏法师传》卷五所记，玄奘回程，谢绝了印度诸王的一切馈赠，仅接受了一头大象，用以驮经。途中，由于意外而在进入我国新疆境内，到揭盘陀国（今新疆塔什库尔干）时打湿了经卷："复东北行五日，逢群贼，商侣惊怖登山，象被逐，溺水死。"到达瞿萨旦那国即于阗国时，玄奘稍作停留，一边派人在于阗寻访所遗失的经卷，一面

图 13　慕士塔格峰附近的山口，应该就是当年玄奘失经的地方

修书向朝廷禀报。在写给李世民的《还至于阗国进表》中，他也提到大象溺水的事："为所将大象溺死，经本众多，未得鞍乘，以是少停。"大象溺水而亡，晒经是必然的，对经卷比较系统地整理应该是在于阗。

在西北，有许多关于玄奘晒经的传说，长期在西北工作的杨国学、朱瑜章先生提供的一个统计说，在甘肃附近就有六处晒经台遗迹：

第一处，在甘肃天水市社棠镇西北，当地称是孙悟空选的晒经台；

第二处，在甘南藏族自治州夏河县境内大夏河畔，是一处藏族风格的晒经台；

第三处，在青海玉树州境内通天河大桥附近，有几块平整的巨石，当地人说是当年唐僧的晒经台；

第四处，在甘肃临泽板县板桥乡土桥村境内；

第五处，在新疆巴音郭楞州和静县境内的开都河下游；

第六处，在甘肃高台县县西十公里的宣化乡台子寺村。

这些所谓的"遗迹"即使都是附会也要有契机，这么多、这么集中的附会需要一个合理的解释。最基本的解释就是他们应该有一个共同的故事源。

上述第六处遗迹，也就是甘肃高台县的晒经台对我们似乎有重要的启示。高台置县，始于西汉，初名乐涫，唐代叫福禄，明初改名为高台县。而之所以取名"高台"，《高台县志》有说明："明洪武五年，冯胜平定河西，置高台县，因台子寺为名。"这已经明明白白地告诉我们，被称为玄奘取经归来晒经处的台子寺早在明初就已经存在，而且可以相信不仅有寺，且有相当的规模，否则岂可因此而定为县名。同是《高台县志》，记载了台子寺旧时一个戏台上的楹联："台虽不高，县名因斯而立；寺本甚大，圣经赖以得存。"看来这个台子寺的来源，因依附玄奘取经晒经而得名，出现在明初之前，且有相当规模，这几点都不应有问题。

其他

可以作为原生取经故事的线索加以考察的，还有毗沙门天王、深沙神、金毛鼠、火焰山，等等。因为这些故事将在其他章节中作为例证引用，故此处不再详说，请读者在以下的篇章中注意。

第二阶段：早期结集的取经故事——以佛门的俗讲为样章

取经故事形成的第二个节点应当是在佛教传播的框架内，形成一个统一的故事《大唐三藏法师取经记》；这个故事应当与俗讲有关——佛教中面向僧众，直接讲解教理教义的叫僧讲，面向普通信众，以讲解佛的事迹和故事为主要手段的叫俗讲。

佛教的结集传统有助形成俗讲故事

佛教向有文化结集的传统，印度佛教几次重要的发展，都形成了大规模的结集；结集的通俗说法就是无遮大会，任何人都可以参加和发表意见，也有人专门收集这些意见；结集的产品就是佛经。西域各国佛教都有各种各样的结集，其描述在《大唐西域记》和《大慈恩寺三藏法师传》中可以见到。陈寅恪先生在《〈西游〉玄奘弟子故事之演变》一文中曾以昙学、威德造《贤愚经》为例，叙述了印度故事进入西域，又经西域进入内地成为佛经故事的经过。其所引僧祐《出三藏记集》九《贤愚经记》讲述道，当年昙学、威德等八人结伴游学到于阗，恰逢般遮于瑟大会，也就是汉人所说的五年一次的无遮大会、结集大会。会上各寺高僧各自宣讲心得，昙学等八人随缘听讲，然后将各人所听到的记下来，翻译出来，汇集在一起，于是就有了《贤愚经》。陈先生说："据此，则《贤愚经》者，本当时昙学等八僧听讲之笔记也。今检其内容，乃一杂集印度故事之书。由此推之，可知当日中央亚细亚说经，例引故事以阐经义，此风盖导源于天竺，后渐及于东方。"①

俗讲也是一种故事结集，是出于面向普通听众的目的而形成的专题故事结集，我们认为《大唐三藏法师取经记》即是取经故事的一次结集。

这种结集又是如何形成的呢？张锦池先生认为需要把取经故事的源头追溯到《大慈恩寺三藏法师传》这个"故事摇篮"，认为《大唐三藏法师取经记》的主要故事均可在《法师传》中窥见结集：

> ……以至于鲜有研究者用心去从《三藏法师传》中探讨《取经诗话》的故事渊源。这实在是个不小的疏忽，以至于认为《取经诗话》的故事来自民间，几成学界的共识。事实上，只要略加考察，便不难发现：《三藏法师传》乃是《取经诗话》的故事摇篮。其主要故事大多源出于此。
>
> ……《取经诗话》的故事来源具有博采的特点，但主要取资于《三藏法师传》，其中也包括猴行者的形象。……《取经诗话》的成书当然有这方面的民间传说可供资取，但作品中作者个人创作的故事似乎相对多一些，其主要取资于《三藏法师传》一事似应从这方面获得解释。②

这里寻找《大唐三藏法师取经记》故事源头的意图很明显，尝试在《三藏法师传》与《大唐三藏法师取经记》之间建立联系线路的目的也比较清晰。也就是

---

① 陈寅恪. 西游记玄奘弟子故事之演变 [M] // 梅新林，崔小静. 20世纪西游记研究. 北京：文化艺术出版社，2008：449.

② 张锦池. 西游记考论 [M]. 哈尔滨：黑龙江教育出版社，2003：59.

说，张先生认为取经故事主要是依托《大慈恩寺三藏法师传》,渐渐地汇拢民间故事，逐步形成了现在看到的《西游记》故事。

张先生的意见在广义上是对的。我非常赞成探讨《大唐三藏法师取经记》的源头，也非常赞成将《大唐西域记》《大慈恩寺三藏法师传》作为重要的源头加以考虑，但又认为那是一个广义上产生影响的源头，并非创作上直接引为参考的源头，因为《大唐西域记》《大慈恩寺三藏法师传》与《大唐三藏法师取经记》在取材和风格上有太大的差异；且张先生坚持认为《大唐三藏法师取经记》乃"北宋中后期说经话本"，那么在唐初的《大慈恩寺三藏法师传》与北宋中后期的《取经记》之间建立一条贯穿近400年的，以个人创作为主要形式的直线联系，恐怕不太符合实际。我认为有更早的源头，那就是上一节我们说到的原生的取经故事；包括原生故事、《大唐西域记》、《大慈恩寺三藏法师传》和文人笔记等汇集的一个点，就是《大唐三藏法师传》。

《大唐三藏法师取经记》的一种假说

虽然我们认为《大唐三藏法师取经记》是唐五代时期形成于西北寺院的俗讲，但具体的产生机制和原因目前还不清楚。

这里介绍一种有意义的假说。

假说来自张乘健先生，他对《大唐三藏法师取经记》的生成机理有完全不同的意见。他认为《取经记》的生成首先是一个宗教的问题，要从佛教内部的宗派冲突去了解生成的动因。他认为《取经记》中的一些讹误都是看点。[①]

1.《大唐三藏法师取经记》所表现的宗教教义不是唯识宗而是密宗。如《入香山寺第四》表现的是所谓"一切众生悉有佛性"论，而明确反对这种论的恰恰是玄奘的唯识宗；如结尾"天宫降下采莲船"，三藏法师一行"七人上船，望正西乘空上仙去也"，这即是密宗所谓的"即身成佛"；再如取经途中所

---

① 张乘健. 大唐三藏法师取经记史实考原 [J] //文史：(38); 张乘健. 古代文学与宗教论集 [M]. 长春：吉林人民出版社, 2001.

见的"天宫",是毗沙门的天宫,所授的"三般法"隐形帽一顶、金环锡杖一条、钵盂一只,都不是一般意义上的佛法,而是密宗的法术。

2.《大唐三藏法师取经记》中写到皇帝共六次,其中五次称"明皇",只有一次称"太宗"且是在最后一行。通考全书,对照史实,这一位大唐皇帝不是唐太宗李世民而应是唐明皇李隆基。

3. 玄奘生前并未被皇帝封为"三藏法师"。《大唐三藏法师取经记》说:"皇帝宣谢,三年往西天取经一藏回归,法师三度受经,封为'三藏法师'。"查唐太宗、唐高宗和玄奘往来的皇家文件,均称玄奘为"法师""玄奘法师"而从未有封"三藏法师"之说。

4. 玄奘西行求法并非"奉唐帝敕命",取经之初未得到来自官方的赞助,往返时间为十七年。而《大唐三藏法师取经记》中说玄奘"三年往西天取经一藏而归",三藏法师多次声明:"贫僧奉敕","奉唐帝敕命东土众生往西天取经作大福田"。

5. 玄奘乘危远迈,杖策孤征,从无弟子助手始终随行。而《大唐三藏法师取经记》载三藏法师取经之初有"僧行六人",猴行者加入后成"僧行七人",归国时也是"僧行七人"。

6.《转至香林寺受心经处》定光佛秘而不传的不是《般若波罗蜜多心经》而应是《仁王护国般若波罗蜜多经》。专为"皇王"说法的《仁王护国般若波罗蜜多经》是不空取回并翻译的,不空将其郑重其事地交给了唐代宗,唐代宗也曾举办过盛大的迎接仪式。这应当是《大唐三藏法师取经记》定光佛郑重传授《心经》的故事原型。

张先生认为,《大唐三藏法师取经记》真正的主人——即取经人,并不是玄奘,而是另有其人,即中唐时期学贯中西、名震大唐的三藏法师不空,其事迹与《取经记》对应简直就到了严丝合缝的程度。这本书原来应该是"不空取经记"之类,后来密宗消退,便被改为玄奘的取经记。其中有一个极为关键的问题也有意思,即不空取经走的是海路,是从南海出发经马六甲海峡而到达狮子国(今斯里兰卡),再从狮子国入印度的。对此,张乘健先生认为,《取经诗话》原本讲述的就是海路故事，虽然后来经过删改，增加了沙漠、火类坳等，但仍可见出原来大海的痕迹——其中出现的几个奇怪的"溪"，原来都是大海。

假说非常诱人但需要更多证据支持

我认为张先生的考证，从纯粹的文本出发，还做不到无可辩驳，关键是不空曾经有一部通俗取经故事的前提是假设的，因此后面所有被篡改成《大唐三藏法师取经记》的推测都有假说的成分。

但这个设想却非常诱人，至少我个人对此兴趣盎然，不仅以上所举出的那些例证体现出巨大的、具体的说服力，而且在这个设想之下，我们过去关于《大唐三藏法师取经记》的许多疑团都可能得到解释。比如，我们一直想不通这个不中不西、半文半白、长短不齐、有佛有俗的东西究竟是如何被炮制出来的？佛教中人完成的吗？不像；俗家人写的吗？也不像。话本吗？不像；变文吗？也不完全像。原来它是寄生物，难怪。

中唐一段，密宗得天独厚地取得极大发展，不空法师在朝廷位同三公，肃宗以天子之尊尚且不称其名但称其号，"三藏法师"无人不晓，围绕他产生一部"取经记"在理论上是可能的。但一时的鼎盛也加剧了佛教与道教、儒教的冲突，以致过分集中于密法真言的密宗一脉骤起骤落，到晚唐甚至已少有人知晓不空的大名了，远不如玄奘的声名来的持久。这时将原本歌颂不空的"取经记"改换人物变为以玄奘为主角的《取经记》也就不奇怪了——无论是有意还是无意。

这和我们前面关于《大唐三藏法师取经记》的一些研究成果，尤其是零星原生取经故事的概念简直不谋而合，一个是前因，一个则是后果。在这基础上可作进一步推想：

不空的"取经记"原来应该是相当于僧讲的东西，主要说不空取经途中如何得益于佛法，克服千难万险的经历，因为是僧讲，所以应当比较严肃，因而我们从可怀疑的片断如大梵天宫、香林寺、九龙池等可以看出，原本的"记"确实没有太多的故事成分；

到晚唐五代，不空消失了，不知在什么契机催动下，不空"取经记"的主角被代之以玄奘。都是取经，稍作改动即可——动机我猜测就是玄奘事迹通俗化的需求，与俗讲的兴起有关，因为是编一本"俗讲"的教材，因此就不必太认真了，在一个底本上改动填充就可以了，也就相当于一次结集吧。

不空的"取经记"是底本，是培养基，是砧木，而玄奘取经的故事则如同植入的苗木。植入的玄奘取经故事主要来源于两个渠道：

在西域寺院中流传的零星故事——当然，这些故事是否形成系统我们不太清楚，也许有些已经比较连贯也未可知，但它们一定是在寺院僧众中甚至是在一般大众中广泛流传着。

《大唐西域记》《大慈恩寺三藏法师传》中记录的故事——这两本书当然是重要来源，但其间一定有个神化、虚化的过渡阶段。诚如前面所言，让信奉唯实宗、能读能讲玄奘生平真实的高僧直接去讲《大唐三藏法师取经记》中的故事，恐怕不太现实。

植入的故事与原有的故事其实是可以辨别的，标准是：

凡与热带风光、海路行程有关系的，都是原有的。除上述大梵天宫、香林寺、九龙池外，大概还有竺国、鸡足山、蛇子国、沉香国、波罗国、优钵罗国，等等，我原来总是怀疑这些故事如此之短，即使是以信徒为对象的"俗讲"而非商业性的演出，又如何保持它的故事吸引力？现在想来，颇有恍然大悟的感觉，原来人家最初根本就不是讲故事而是严肃的宣教内容，就如《大藏经》里众多的佛经都是一段一段的故事一样。

凡是与西域有关的，都是后增入的，如毗沙门、火类坳、深沙神、猴行者。这都是我们前面猜测的所谓的原生取经故事。正是这些故事，寻机寄生于不空的"取经记"而取得了扩展的机会。

当然这还需要更多的证据支持，但有梦想才有希望。

第三阶段：宋金世俗的取经故事——以民间的队戏为象征

20 世纪 80 年代，山西省文化厅结合编写《中国戏曲志》，举办了一次戏曲方面的抢救性普查，成果颇丰。其中最重要的事件是当地传统上祭祀赛社用的节目程序本《迎神赛社礼节传簿四十曲宫调》（以下简称《礼节传簿》）在一个农民家里被发现，其中有一个队戏《唐僧西天取经》的节目单。它的出现，使我们对宋金时期取经故事的发展有了基本的了解，在唐五代以《取经记》和敦煌壁画为代表的取经故事与元明间以杂剧、宝卷为形式的取经故事之间，补齐了一个关键的环节。

三晋地区昔日祭赛风气甚浓，晋东南包括今河北一带的区域内，每年都要按照该地神庙的传统祀神节日举行活动，如潞城县城隍庙、潞城县南贾村的碧霞宫等，都有悠久的办赛传统。祭赛一般分"官赛"和"调家龟"两种。"官赛"是围绕一座神庙由许多村联合举办的，总负责人称"维首"，具体组织赛社祭祀者称"科头"，每年按照该神庙的传统祀神节日举行；官赛除由堪舆家担任"科头"（主礼生）外，其演出节目均由乐户担任，唱的戏总称"队戏"，又名"乐剧"，包括队戏（又可分为正队戏、供盏队戏、哑队戏三种）、院本、杂剧、清戏等。办赛一次，往往要组织全县或几个县的乐户参与组班。"调家龟"是由一个自然村的村民自办的赛事。

无论"官赛"或"调家龟"，赛期均为三天，即头场、正赛、末赛。举赛之前一天，要把各路神祇从村内各庙迎进大庙，还要按流年月日十二辰次，决定二十八宿神祇当值。赛期全村张灯结彩，每天从早上起要在神殿前举行一套像宋代皇帝大宴一样的祀神供盏仪式，按主礼生唱礼程序，上七盏酒，一方面向神祇供献馔肴，同时要在拜殿或露台上献演器乐曲、献歌和"曲破"一类歌舞，以及队舞、百戏和有故事情节的队戏。祭祀供馔完毕，舞队"合唱""收队"后，便转移至神殿对面的舞台上，表演"正队戏""院本"和"杂剧"。这种赛社活动，在上述地区一直延续到抗战时期方才停止。

祭赛既有如此规模与繁杂的仪式，一定需要有人操持，这种核心人物也就是所谓的科头与仪式的主礼生——在当地，也就是俗称阴阳先生的堪舆家。堪舆家一般都是世代相传的，他们主持祭赛也就是世代相传的。他们手中一般都有一件记录各种祭赛规格、仪式的秩序册，也就是《礼节传簿》。

现在我们见到的《礼节传簿》实物，持有者是潞城县崇道乡南舍村的曹占标兄弟。曹氏兄弟对家世了解甚详，说他们家从上溯二十二代的远祖曹震兴于明中叶充当阴阳官起，世代都操堪舆业。明万历二年（1574），曹震兴之孙曹国宰从办官赛的南贾村抄来《礼节传簿》，珍藏如至宝，堪称看家饭碗。也正因为该村的"调家龟"基本没有停止，曹家亦世代以此为业，是以这本《礼节传簿》才得以躲过一次次劫难而保存至今。"文化大革命"中，阴阳先生所受的冲击可想而知，但这本曹家家藏的至宝被塞在破棉絮中还是幸存了。

从《礼节传簿》的全称《迎神赛社礼节传簿四十曲宫调》即可以看出，它是为迎神赛社的传统活动服务的，是赛社完整运作仪程的记录，而其内容的重点是以音乐为基础的"曲"（可以理解为是早期戏剧各种形式的总称）。的确，《礼节传簿》记录了这一地区古代迎神赛社、驱傩逐疫原始民俗遗风和西周以后延续两千多年的音乐教化传统，记录了"唐教坊俗乐二十八调"和"两宋四十大曲"在民间赛社祀神中的运用，内容相当丰富。据统计，其中保留了大曲"曲破"与宋词曲、金元俗曲曲名目四十七个，叙事曲破、叙事歌舞队戏名目一百一十五个，"正队戏"名目二十四个，"哑队戏"角色排场单二十五个，"院本"名目八个，"杂剧"名目二十六个，综上述全部音乐、歌舞、队舞、队戏、院本、杂剧等名目达二百四十五个之多。其中有一部分剧名存在于宋杂剧、金院本、元杂剧中，而另一批剧名则可能是新的发现。专家普遍认为，这本《礼节传簿》不仅是研究上党地区音乐、歌舞、戏曲史的重要史料，也对研究我国古代民间歌舞、戏曲史，民间与宫廷乐舞、民间与宗教祀神驱傩乐舞相互关系，词曲体歌舞与诗赞体歌舞、戏剧在民间的演变，提供了重要的史料与线索。①

《礼节传簿》全文两万余字，分为四个部分。

第一部分为"周乐星图本正传四十曲宫调"，介绍了我国古代音乐中八种不

---

① 以上介绍据：寒声．迎神赛社礼节传簿四十曲宫调注释·前言［J］；寒声，栗守田，原双喜，常之坦．迎神赛社礼节传簿四十曲宫调初探［J］//中华戏曲（3）．太原：陕西人民出版社，1987．以下所引资料同，不再详注。

同材料制作的乐器,并与传说中的八位星君比附;第二部分记载了汉光武帝敕封的云台二十八将,又与星象家所说的二十八宿比附;第三部分介绍了二十八宿值日及供馔献乐的情况,供馔仪式音乐及戏曲剧目均有记录,是《礼节传簿》的核心部分,占了大部分篇幅。例录如下:

  昴日鸡　其宿男人形,披发,青衣白裙,乌履。双手执象戟而立。好食硬物,置下拍板。[双调],第四品,行三曲:《新水令》《降圣乐》《彩云归》。此七星行十一度。上居金牛宫,下临赵地。酉。队戏陈列于后。

  计开:前行说《酒词》

  第一盏　《老人星歌》曲,补空,《天净沙》;

  第二盏　靠乐歌唱,补空,《本调慢词》;

  第三盏　"温习曲破",补空,再撞再杀;

  第四盏　《出岑彭》,补空,《独行千里》;

  第五盏　《水淹张韩》,补空,《秋胡过关》;

  第六盏　《风花雪月》,补空,《拷打高童》;

  第七盏　合唱,收队。

  正　队　《唐僧西天取经》舞;

  院　本　《错立身》;

  杂　剧　《赵氏孤儿大报仇》。

第四部分为"哑队戏"角色排场单,是祭赛的主要演出剧目、压轴戏的演出节目单,共二十五个。《唐僧西天取经》就保存在这一部分中:

  《唐僧西天取经》一单　舞

  唐太宗驾,唐十宰相,唐僧领孙悟恐、朱悟能、沙悟净、白马,行至师陀国;黑熊精盗锦兰袈纱;八百里黄风大王,灵吉菩萨,飞龙柱杖;前到宝象国,黄袍郎君、绣花宫主;销(按:镇)元大仙献人参果;蜘蛛精;地勇夫人;夕用(按:多目)妖怪一百只眼,蓝波降金光霞佩;观音菩萨,木叉行者,孩儿妖精;到车牢(按:迟)国,天仙,李天王,哪吒太子降地勇,六丁六甲将军;到乌鸡国,文殊菩萨降狮子精;八百里,小罗女铁

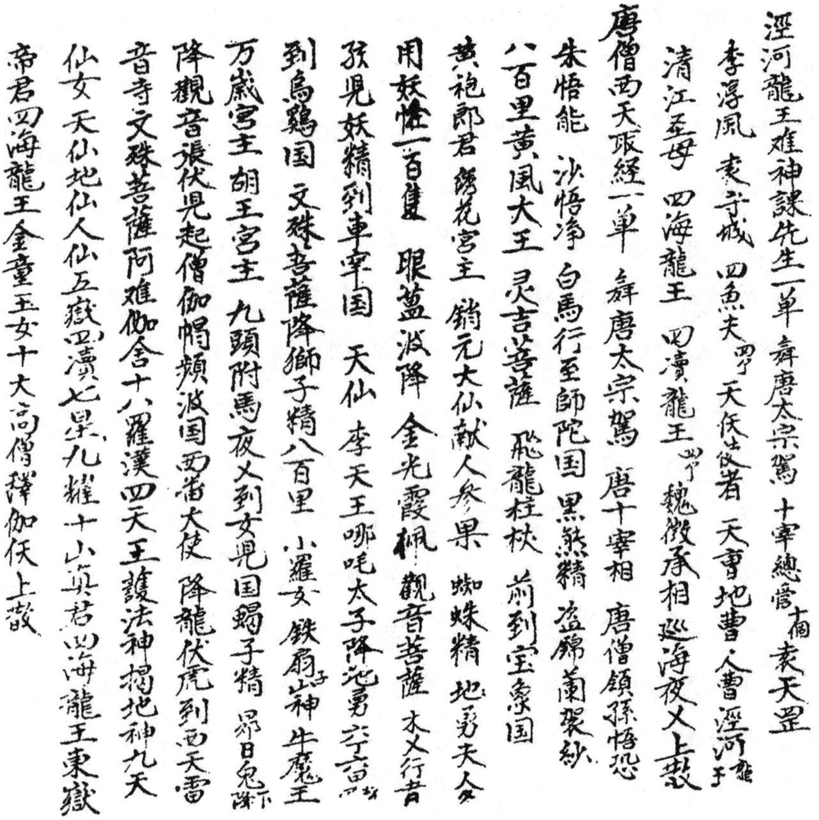
涇河龍王難神課先生一單 舞唐太宗駕 十宰總管 表天罡
李淳風 袁守誠 四魚夫 天仸出役者 天曹地曹人曹涇河
清江聖母 四海龍王 四瀆龍王 魏徵丞相 巡海夜叉上裁
唐僧西天取經一單 舞唐太宗駕 唐十宰相 唐僧領孫悟空
朱悟能 沙悟淨 白馬行至師陀国 黑熊精 盜錦蘭袈裟
八百里黃風大王 灵吉菩薩 飛龍柱杖 前到寶象国
黃袍郎君 綉花宮主 鎮元大仙 獻人参果 蜘蛛精 地勇夫人
用妖怪一百隻 眼盖波降 金光霞桐 觀音菩薩 木叉行者
孩兒妖精 到車遲国 天仙 李天王 哪吒太子 降
到烏鷄国 文殊菩薩 降獅子精 八百里 小羅女 鐵扇子 山神 牛魔王
万歲宮主 胡王宮主 九頭附馬 夜叉 到女兒国 蝎子精 昴日兔 下
降觀音張伏兒起僧伽帽頻波国 西番大使 降龍伏虎 到西天雷
音寺 文殊菩薩 阿難 伽舍 十八羅漢 四天王 護法神 揭地神 九天
仙女 天仙 地仙 人仙 五嶽 四瀆 七星 九耀 十山真君 四海龍王 東嶽
帝君 四海龍王 金童玉女 十大高僧 釋伽仸 上散

图 14 《礼节传簿》中队戏《唐僧西天取经》页面（两页拼接）

扇子，山神，牛魔王；万岁宫主，胡王宫主，九头附马，夜义；到女儿国；蝎子精，昴日兔；下降观音张伏儿起僧迦帽频波国；西番大使，降龙伏虎，到西天雷音寺，文殊菩萨，阿难，伽舍，十八罗汉，四天王，护法神，揭地神，九天仙女，天仙，地仙，人仙，五岳，四渎，七星，九耀，十山真君，四海龙王，东岳帝君，四海龙王，金童，玉女，十大高僧，释伽仸，上，散。

在追寻这个剧目的意义之前，我们首先必须确定它的形成时代，这就涉及以下几个问题，这些问题相互关联。

第一个问题：《礼节传簿》的抄写年代与形成年代

《礼节传簿》全名应为《迎神赛社礼节传簿四十曲宫调》，手抄本，标明抄成于万历二年（1574），经鉴定，也确系明代抄本。

但万历二年只是抄写的年代，由于在《礼节传簿》中所见的剧本最迟都可判定出现在明初而没有年代非常切近万历二年的作品，因此研究者一般认为这个版本的《礼节传簿》实际形成年代要早一些，应该是在明代前期永乐年间或稍后一些，应该与当时的山西猛增大量的乐户有关。乐户以吹弹歌唱为业，是中国古代社会地位最为低下的一等人，有时就与娼妓相类，明清的小说中往往直接将妓院称为乐户。乐户的来源，除了世代从业的继承以外，主要的来源就是犯罪人员的家属或受株连的人员，到明代，政治犯的家属加入了这个行列，明太祖平定天下后，将元朝功勋重臣的家人都没入乐籍，用一个教坊司管着。永乐靖难之役以后，朱棣又将大批建文帝追随者的妻孥都编入了乐籍，发配山西，上党地区应该是当年朱棣流放乐户的主要目的地之一，今天还有许多乐户的后裔。这些乐户的到来，对于传统的祭赛来说，无疑增添了新鲜力量，他们的祖先不少做过朝廷重臣，甚至有的还是皇亲国戚，只是因为触犯了所谓"天颜"，被贬为"贱民"并定其子孙"世世代代不得与民同齿"，他们的文化修养比当地的乐户当然要高出一筹。当这些人心情平静下来接受命运之后，当地的祭赛显然就会成为他们施展才华的道具，在这种情况下，对传统的祭赛礼仪做一些修订、完善是完全可能的。

对于我们所见的潞城本《礼节传簿》底本在明前期形成这一观点研究者几乎没有异议，但对于这个本子在明代前期时究竟是修订还是新创，尚有分歧。

第二个问题：关于《礼节传簿》的修订期

我在《西游记》研究中引入《礼节传簿》得益于黄竹三先生的惠示，之后黄先生又告诉我，在潞城本之后，潞城的邻县也发现了一份清嘉庆年间的《礼节传簿》，所收主要剧目与明万历本基本相同（指明以前剧目），不同的是另新添了明万历至清初之剧目若干。这是一个很有意义的发现,也就是说我们可以看到这两个本子体现的传承与修订。

将这两份《礼节传簿》对照起来,可以发现三个问题:

1. 《礼节传簿》是传统的祭祀仪式,是一种在实际使用中会根据需要不断修订的世代积累型作品,很可能并不是在明代前期新创的。首先是因为祭赛的严肃性而导致了它的仪式的稳定性和延续性,既然祭赛是从更古代延续下来的,那它的主要仪式也应是延续下来的;其次是因为明中叶以前的通俗小说都是世代积累型不用说,戏剧也是如此,大名鼎鼎的汤显祖"临川四梦"就都是旧题材的沿袭,像《礼节传簿》这样复杂的系统工程显然不可能一蹴而就,应当也是一个世代积累的东西。

2. 嘉庆本的出现使我们大致猜测每次修订的间隔期。我们根据现有资料来排一个顺序:可以预见的底本永乐本(潞城万历本的主体)——潞城万历本——清代嘉庆本——新中国成立。可以见出:永乐本至万历本,间隔150至200年;万历本至嘉庆本,其间间隔也是150至200年;嘉庆本至新中国成立的1949年,还是150年左右(还没来得及修订)。

3. 赛社的基本程式和剧目都是比较固定的,传统节目在世代相传中都能被保留下来,而新增剧目研究者一般都能辨认。这点在研究者中没有太大的异议。

修订期的问题是很现实的问题,也是一个不能否认的问题。以上述三点为基点,我们还可以做一些适当的延伸:如果承认《礼节传簿》是这样一次次修订而来的,按照现在所知的修订间隔来看,明前期永乐期间完成一次修订的《礼节传簿》其更古老的底本毫无疑问来自元代甚至更早的宋金。

推测底本更为久远当然得有依据。依据就是对剧本生成年代的判断。

第三个问题:《唐僧西天取经》生成年代的判断依据

《礼节传簿》面世后,仅全部二百四十五个剧目就着实让研究者忙活了一阵。这些剧目中,有的以前在录,有的则不为人所知;有的以前仅仅存目,但这次却有了尚算详细的节目单;有的被认为已经消失了,但实际到明代还在舞台上演出；有的以往被标错了体裁，而这次得到了确切的纠正……这其中的意义，恐怕还得有相当一段时期才能真正搞明白。

基础的工作当然是剧目的分类。分类的形式很多，对我们来说有明确意义的归类研究有：

1. 黄竹三先生将所有一百七十四个剧目分为两类，第一类以宋杂剧、金院本、南戏、元杂剧与之比较，"即可发现它们和宋杂剧、金院本、南戏以及与元杂剧有密切的关系，其中一部分本身就是宋元时期的作品"；另一类较晚出，基本上可以肯定是明前期繁盛的民间戏曲演出。《唐僧西天取经》被黄先生列为第一类，其参照对象是吴昌龄的杂剧《唐三藏西天取经》。另一位研究者张之中先生则认为《唐僧西天取经》即有可能是吴昌龄《唐三藏西天取经》的祖本。

2. 张之中先生也将剧目分为两类，但分类原则不同。一类为末盏供酒之后在舞台上演出的正队戏、院本、杂剧，他认为这类剧目都比较古老，很少宋元以后的作品，"多是宋元之前的剧目"；另一类为四至六盏供酒中在献殿上演出的剧目，这类剧目较杂，已经出现了明代早期的剧目。而且张先生注意到《礼节传簿》的二十五个队戏剧目，大部分取材于历史故事，少数为神话传说，至于生活故事、儿女私情的戏一个也没有，他认为："都是出于敬神的严肃要求。"这正是古老祭祀仪式的基本需要。《唐僧西天取经》的演出被列为正队，当然也是久远的剧目。

3. 从《礼节传簿》用于祭赛压轴演出的包括《唐僧西天取经》的二十五个角色排场单看，其中有十八个为神仙道化剧，其余七个为历史剧，竟无一个表现现实的世俗生活，这应该是古老祭祀活动的遗存痕迹。窦楷先生还分析过这些哑队戏中的人物，发现特色是人神混杂，朝代不分，写佛祖释迦牟尼的《习达太子游四门》竟然有中国传统的美女杨贵妃、西施、昭君、妲己、绿珠等相伴；人物中有周人、春秋战国人、汉人、晋人、唐人，"唯独宋以后便没有了，这说明……它很可能是宋以前的作品，至少是宋代才有的"。均见上述《中华戏曲研究》（3）。

综上所述，至此我们应当相信《唐僧西天取经》是遗存在《礼节传簿》中的古剧旧响。

第四个问题：《唐僧西天取经》属于性质古老的队戏

《礼节传簿》中有明显的元末明初痕迹这不奇怪，因为《礼节传簿》是在永乐之后修订的；说《唐僧西天取经》是宋金旧响也不奇怪，因为修订不会改动世代相传包含祭赛活动核心内容的底本，但如果把它们猜想得更古老呢？

相当的研究者都认为，《唐僧西天取经》无论从哪个角度看，都带有沧桑久远的痕迹，趋向于认为它的形成应该在宋代，至少是在金代，称其为宋金作品最为合适。

除了上面提到的种种理由以外，还在于它是队戏——一种具有时代象征的戏剧形式。

在《礼节传簿》中，队戏占有异乎寻常的重要地位，在祭祀（供盏）后于舞台上正式献演的剧种中，队戏、院本与杂剧三者并列，说明都是郑重的祭赛仪式，所以当《礼节传簿》刚一面世，整理者们就断然肯定它有非同小可的意义，"可以为戏剧史补入空白"，因为"以往戏剧史家研究宋、金、元戏剧，更多地着眼于说唱诸宫调、元杂剧等曲牌体音乐流变脉络"，而通过队戏的发现，我们"可以明显地看出形成中国戏剧，还有一条路子，即由乐舞、叙事乐舞、供盏队戏、哑队戏、正队戏，即从歌舞、叙事歌舞，进而吸收诗赋体念白、诗赞体吟诵，到诗赞体说唱往下延续的板腔体戏曲"。这段出自黄竹山先生之口的话已足可体现队戏的重要意义。

"队戏"这个名词在早期的戏剧资料中曾经出现过，实际上包含了中国古代戏剧的一个重要构成部分——也就是说，中国戏剧早期的主要形式除了杂剧、院本之外，还有第三种：队戏。但是由于杂剧在元代的特定条件下异样发展，院本与队戏却没有进入文人的视野，失去了精加工的机会，虽然还在民间搬演，但生存的空间越来越小，最后终至被杂剧、南戏淹没。而队戏较之院本似乎更为不幸，长期以来竟然没有实物为证，因而并没有引起认真的关注。

对于我们来说，"队戏"的发展进程有一个具体的意义，就是根据《礼节传簿》中各种概念的相互关联带来的可比性，排出它们之间的演进顺序：乐舞——队舞——队戏——（哑队戏、正队戏）——直至与杂剧、南戏重叠，从而大致确定《唐僧西天取经》的生成时间。

那么，这个过程起于何时，止于何时？

"队舞"一词最早见于中唐诗人王建的宫词，"青楼小妇砑裙长，总被抄名入教坊。春设殿前多队舞，朋头各自请衣裳"，与唐代盛极一时的乐舞有关。对"队舞"这个词，任半塘先生作过解释，说唐代一人起舞叫"白舞"；四人或五人按照东西南北中的方位站定而分舞，叫"方舞"；多人表演的集体舞蹈则叫"队舞"。宋人在继承唐人遗制的基础上有了明显的改进和发展，将唐人单纯的情绪舞蹈进而发展成为有一定故事情节的舞蹈，如唐时的《柘枝》《剑器》《浑脱》《菩萨蛮》《解红》等舞蹈，至宋便成为《柘枝队舞》《剑器队舞》《玉兔浑脱队舞》《菩萨蛮队舞》《小儿解红队舞》。①"队戏"应该是一种由队舞演进而来的比较初级的戏剧形式，文字资料首见于宋代刘斧《青琐高议》后集卷之五"隋炀帝海山记"下，记载隋炀帝游北海，梦遇陈后主，其中涉及"队戏"。

关于队舞、队戏，北宋孟元老《东京梦华录》也有记录。卷九记十月十二日京城"宰执亲王宗室百官入内上寿"时的盛况：

> 十二日，宰执、亲王、宗室、百官，入内上寿大起居揖笏舞蹈。乐未作，集英殿山楼上教坊乐人效百禽鸣，内外肃然，止闻半空和鸣，若鸾凤翔集。百官以下谢坐讫……诸杂剧色皆浑裹，各服本色紫绯绿宽衫，义襕，镀金带。自殿陛对立，直至乐棚。每遇舞者入场，则排立者叉手，举左右肩，动足应拍，一齐群舞，谓之"接曲子"。……
>
> 第一盏御酒……舞者入场，至歌拍，续一人入场，对舞数拍。前舞者退，独后舞者终其曲，谓之"舞末"。……
>
> 第五盏御酒……参军色执竹竿子作语，勾小儿队舞……小儿舞步进前，直叩殿陛……杂戏毕，参军色作语，放小儿队。又群舞《应天长》曲

---

① 任半塘. 唐戏弄 [M]. 北京：作家出版社，1958：212，375，213.

子曲场。……

第七盏御酒……参军勾女童队入场……舞步进前成列……唱中腔毕，女童进致语，勾杂戏入场，亦一场两段讫。①

其中形式、规格等等，均与《礼节传簿》相似。可见队舞、队戏是当时实际存在的民间娱乐和祭祀的仪式。

对于把队戏《唐僧西天取经》定位为宋元或宋金作品，曾有学者表示怀疑，认为《礼节传簿》能够确定的抄写时间只在明代，其余所有均为推论。但这个问题我认为现在因为一件文物的及时出现而已告解决，最新发现的宋金石刻图可以作为《唐僧西天取经》的佐证。

2014年春夏间，有网友发来一幅取材于唐僧取经故事的石刻画像拓片并让我鉴定一下。自从拙编《西游记资料汇编》出版之后，这种事应算常有，以各式与《西游记》有关的文玩为主。这并不是很有意思的游戏，一来我并非文物专家，鉴定非我所长；二来其中很多或者是有意无意形成的陷阱，或者本身并无太大研究价值，因此我对应这类要求非常谨慎。但现在这位网友发来的拓片却让我眼前一亮，甚至有点兴奋：以我对唐僧取经故事各类资料的了解，我判定这幅石刻画像应该不迟于元代，而且有可能早在宋金——如果这一判断能得到证实，那它就是目前所见最早的唐僧师徒四人一马的取经图。我与网友取得了联系，表明了我的意见，网友说，这确实是在一座金代墓葬中出土的墓道门框，墓中伴有一块署有确切年份的墓志铭，铭文署有明确的落款"大定三年"即南宋孝宗隆兴元年（1163）。我很关心那块墓志碑的下落，因为从证据的角度看，墓志铭的重要性不言而喻。但网友说，墓志碑已经不知去向，而且由于种种原因，他无法提供进一步的线索。

这幅石刻取经故事图像上有完整的师徒四人和白马驮经的情节，因此我将其命名为《唐僧师徒取经归程图》。画像中右侧为前方，师徒四人一马自左向右

---

① 东京梦华录·都城纪胜·西湖老人繁胜录·梦粱录·武林旧事［M］. 北京：中国商业出版社，1982：15.

前行,正符合取经归程的方向。悟空头戴东坡巾在前,呈大踏步向前的姿态,有棒夹在左腋下,右手搭在额头,作回首眺望状,似乎是在招呼随行众人;悟能八戒紧随其后,左肩挑经卷担,右手提衣襟跨步,作努力前行状;再后是白马,鞍具华美,驮有经卷;白马后面跟随的是悟净沙和尚——一个白白净净的和尚,兵器在左肩,似乎是月牙铲之类;队伍的最后是唐僧玄奘,头戴毗卢帽,双手合十,背后有佛光。整个画面动感十足,人物姿态生动,线条尤其优美流畅。

把它定为宋金器物的理由有三:首先,有证据表示师徒四人一马的队伍在元代之前已经形成,这是取经故事演变的大背景。主要证据一是广东省博物馆藏有一元代瓷枕,所绘彩图为取经故事,四人一马。瓷枕已经经过鉴定,属于元代耀州窑,年代没有疑问。而这幅图整个画面动感十足,人物姿态生动,线条尤其优美流畅,显得非常成熟,绝非信手涂鸦之辈。其次,取经故事中,"归程"的取经故事更为早出,我们现在看到的早期的取经图,都是表现取经的归程,就是都用马驮回了经卷,敦煌榆林窟、东千佛洞的取经图都是如此。第三,最重要的是,《唐僧师徒取经归程图》中人物服饰显示了时代的特征。请注意,悟空头上的帽子叫东坡巾,这是典型的宋朝人服饰,入元之后已经很少见。

有了这幅《唐僧师徒取经归程图》,我们应该可以相信,世俗化的取经故事在宋金或者宋元时期已经成型。

图15 《唐僧师徒取经归程图》

第四阶段：元代多形态取经故事——图册·杂剧·平话

现在可以看到的元代取经故事的资料最为丰富也最为复杂，大致可以反映出这是整个故事体系发展迅速但形态尚未定型的阶段。

传统上研究者经常会关注陶宗仪《辍耕录》"院本名目"提到的"和尚家门《唐三藏》"和锺嗣成《录鬼簿》提到的"吴昌龄《唐三藏西天取经》"杂剧，但它们显然来自古老的宋金时期，因此这里并不将它们作为元代新生的形态看待。这里所说的元代的多形态取经故事另有其他。

多元形态之一——图册《取经记》

这里所说的图册，最初的整理者命名为《唐僧取经图册》[1]，绘成于元代，精美、完整，很多人没有见过，当然也很少有人讨论过。

首先是由于这部图册被不知名的收藏者从元代悄悄地保存到清中叶，没有留下任何记录；清代匆匆露了一面以后又不知所踪，直到1992年才在日本被重新发现，中国的研究者有幸目睹则是在21世纪初日本学者整理复制之后。其次是图册已经被印制出来，顶级的现代技术保持了图册的原貌，但是我们却看不懂其中由三十二幅精美画面构成的取经故事，无话可说。

下面我把这本图册原本提供的信息、日本学者的意见和我个人的一些初步看法汇集在一起。鉴于图册的基本内容使用的是"唐僧取经"这个概念，显然要早于以下将要介绍的杂剧《西游记》和平话《西游记》，因此这里把它列为元代取经故事的形态的"之一"——也就是第一种。

图册的存在证明了元代是取经故事演化最为复杂的时期，且各种形态之间的关系我们现在还很难厘清；取经故事的形态多样丰富，也就意味着其中文化元素的丰富多样。

---

[1] 王振鹏绘，矶部彰整理. 唐僧取经图册 [M]. 东京：株式会社二玄社，平成13年.

图册1992年在日本首次见到介绍，我曾经向日本学者寻求有关收藏者、发现者的问题，但被告知收藏者有保密的要求。图册后来由日本著名学者矶部彰先生和板仓圣哲申请到日本文部科学省特定领域研究费资助而印刷出版。矶部彰和板仓圣哲在图册的前面各有一篇文章，介绍自己的初步成果。矶部彰在《元代〈唐僧取经图册〉研究要旨》文中说这部图册的作者是元代画家王振鹏，后为清人梁章钜所藏。板仓圣哲在附于图册之后的《传王振鹏〈唐僧取经图册〉在元代画史中的位置》有更详细的介绍：

> 现存《唐僧取经图册》分为上、下2册，蝴蝶装，卷末有清代福州文人梁章钜（字闳中、茝林等，号退庵、古瓦研斋，1775—1849）6跋。根据此6跋之记载，知本图册原为梁氏同乡、名叔重者所藏。道光十八年（1838）梁氏初次观览本图册时，以为乃唐人尉迟乙僧所作，其后，经不断览阅，发现册上书有"孤云处士"名款，才订为元代画家王振鹏（1280？—1329？）所作。到了道光二十二年（1842）时梁章钜虽已老迈，但终于收得本图册云云。梁章钜之书画收藏在当时颇为知名，这在自著《退庵金石书画跋》及《归田琐记》等中可见一斑。不过，却未见有任何关于本图册之记载。

他又说：

> 由于传称作者王振鹏之画风与本图册颇有不同，因此传称归传称，并不能一味相信。在32幅册页当中，画风不尽相同，以在山水背景上加上蟹爪树、云头皴等为特征的李郭派山水表现为最多。从画风上来看，其中大部分与同时代的李郭派似有密切关联。另一方面，上册第1图、第9图，下册第14图、第16图等4幅，使人联想起南宋画院代表画家李唐、萧照、李嵩等之画风，可以认为是继承了南宋画院故事人物画之传统。其他作品中，并有与南宋林庭珪、周季常合作的《五百罗汉图》（京都大德寺等藏）类似的表现。也就是说，同时包涵各种风格要素在内的本画册，反映了元代画坛上汇聚华北、江南等不同绘画传统及多样性之特征，在此该特别加以提出。

造成这种状况的原因，板仓圣哲认为可能是因为这是工房作品，也就是有集体流水线作业的可能，因此他肯定图册出自元代的一位或者一批画家之手。

图册原有清人梁章钜的跋文六篇，记录了梁章钜从第一次见到此图册到最终收藏于己手的经过与感受。梁章钜，清代道光年间人，曾有任职经历，著名收藏家。以下录第五篇以助了解：

> 余初观此册，据叔重所言，谓为尉迟乙僧之迹，遂信以跋之。今再借观，白日谛审，隐隐有孤云处士款字，半边尚存。考之孤云处士乃元王振鹏之赐号也。今以孤云处士《汉宫秋月图》对看，用笔着色，其气味正复相同，定为孤云处士真迹无疑。前题之误，今特表而出之，真大快事也。
>
> 梁章钜。

图册的三十二幅取经图原来大概都有题签，大致说明了每幅画的内容，现在有些失落错乱，给研究图册的内容造成一定困难，但从整体上看仍然非常重要，因为这些题签已足以显示它们与现在看到的《西游记》故事有所不同。以下我们列出一些题签：

> 张守信谋唐僧财　遇观音得火龙马　流沙河降沙和尚　石槃陀盗马毗沙门天王与索行者　八凤山寺收猪八戒　唐僧过女人国　佛赐法水救唐僧　飞虎国降大班　飞虎国降小班　五方伞盖经度白蛇佛影国降瞿波罗龙　玉肌夫人　旃檀大仙说野狐精　释迦林龟子夫人　金葫芦寺过火焰山　过魔女国　东同国捉狮子精　六通尊者降树生囊行者　金鼎国长爪大仙斗法　中印度寻法迦寺　哑女镇逢哑女大仙　明显国降大罗真人　悬空寺遇阿罗律师　过截天关见香因尊者　毗蓝园见摩耶夫人　白莲公主听唐僧说法　万程河降大威显胜龙　唐僧随五百罗汉赴天斋　唐僧取经回国

这些取经图的内容显然和我们所知的取经故事有相当大的差距；无论以下面将要介绍的杂剧《西游记》还是宝卷、平话，或是以吴承恩的百回本章回小说《西游记》与之对照，我们都发现了以前闻所未闻的取经故事内容，这非常肯定地说明了在元代之前，取经故事还有不同的体系存在。

图 16 元代取经图册上 2 "张守信谋唐僧财"

多元形态之二——杂剧《西游记》

1127 年的南渡,是中国文化的再一次大规模南迁,成千上万的中原官员及民众像潮水一样仓皇向南,就此造成了以临安为首都的新的政权,也造成了南宋至元、明这数百年间南方文化的繁华与中心地位——尤其是浙闽一带。

唐僧取经的故事应该是在这个时候传播到了南方——在此之前,我们没有发现南方存在唐僧取经故事的文献。

传到南方的取经故事与此前的有不同:

其中比较粗糙原始的一支,在临安再次被刻印,就是我们今天看到的、前面说的也挺多的"中瓦子张家印"《大唐三藏法师取经记》;还有在泉州开元寺西塔上的猴行者石雕;还有刘克庄诗里提到的"猴行者"。这一支后来就失去了踪影，它的大部分故事都没有得到延续，以它的粗糙和佛教色彩，基本可以肯定它不是吴承恩《西游记》里孙悟空的直系祖先——这也许可以成为其中的"大唐三藏法师"原本是不空三藏的一个旁证。

其中比较精致的一支——也就是走入民间的那部分，以队戏《唐僧西天取经》和吴昌龄杂剧《唐三藏西天取经》为代表。它们在南方经历了一次重大的文化变革，尤其是吸收了南方固有的"通天大圣""齐天大圣"故事，而演变为混杂南北，两猴（孙悟空、齐天大圣）合一猴（美猴王齐天大圣孙悟空）的杨景贤杂剧《西游记》。

杨景贤杂剧《西游记》是取经故事在这一时期进行文化整合的核心。其理由简单清晰：

1. 原本的故事都叫"唐僧取经"，"西游记"三个字作为取经故事的名称在这里是第一次出现，这是一个完全独创的名称，也是一个具有标志意义的名称——请注意，这个名称绝非佛教所有，它标注着取经故事文化属性已经发生了变化。

2. 孙悟空第一次有了一个附加的名号："齐天大圣"。这个名号原本诞生于南方的民间崇拜，在此之前已经独立存在了很多很多年，和取经没有任何关系，但从现在起，这个名号属于孙悟空，并且为孙悟空带来了很多新的故事，再若干年后经过吴承恩的精细加工，就有了最令今人心醉的"大闹天宫"桥段。

杂剧《西游记》原名《杨东来先生批评西游记》，因为实在看不出这位杨东来先生批了点什么，所以一般都直接简称为杂剧《西游记》。现在所见的是明万历甲寅年（1614）刊刻的本子，1928年发现于日本内阁文库秘藏的《传奇四十种》中，后排印本传回中国。剧本前原有总论，称这本杂剧《西游记》为元人吴昌龄所撰，后孙楷第先生在《吴昌龄与杂剧西游记》（收入《沧州集》）一文中指出所谓吴昌龄之说实为误植，真正的作者应是元末明初人杨景贤，此说现被广泛接受；又因多认为杨景贤仍属元人，所以习称为元人杨景贤作；但也有称为元末明初人杨景贤作。

杨景贤，蒙古族人，因跟从姐夫杨镇抚移居钱塘，人即以杨姓称之。原名暹，后易名讷，字景贤、景言，别号汝斋。元末明初之际，杨景贤也是一个小有名气的人物，擅长杂剧、散曲，著有杂剧18种，可惜传世不多。明永乐年间，曾受宠于朱棣，后卒于金陵。与《续录鬼簿》的作者贾仲明相交甚善，友谊达五十年，故贾在《续录鬼簿》录齐了他的18种杂剧剧目，还介绍说"善琵琶，好戏谑，乐府出人头地。锦阵花营，悠悠乐志"。

《西游记杂剧》六本二十四折，其各折为：

第一本：之官逢盗、逼母弃儿、江流认亲、擒贼雪仇

第二本：诏饯西行、村姑演说、木叉售马、华光署保

第三本：神佛降孙、收孙演咒、行者除妖、鬼母皈依

第四本：妖猪幻惑、海棠传耗、导女还裴、细犬擒猪

第五本：女王逼配、迷路问仙、铁扇凶威、水部灭火

第六本：贫婆心印、参佛取经、送归东土、三藏朝元

这样的长度在元杂剧中实数第一，故其所附弥迦弟子"小引"云："曲之盛于胡元故矣，自《西厢》而外，长套者绝少，后得是本，乃与之颉颃。"

重要的问题是：这样的故事长度是如何形成的？或者换句话说，即杂剧《西游记》是由哪些故事构成的？有位研究者认为："《西游记杂剧》第一本、第四本情节安排集中，曲白通畅，很可能出于'当行'文人之手；中间的三本，结构粗疏，语言质朴，有较浓的民间文学色彩。"① 也就是他认为这部长达六本二十四出的杂剧实际上是由几个小的杂剧组成的。这是一个非常重要的发现，由此深究，便有可能找到为《西游记杂剧》定性的突破口。

1. 先看这两本体制的完整性。第一本，四折讲唐僧出身的故事，正是完整的杂剧剧本规制；第四本，讲完整的猪八戒出身故事，也是一个独立演出的剧本规制。在杂剧《西游记》中，除齐天大圣孙悟空的故事占两折以外，其余各故事均只占一折，比较均衡也算合理。但唐僧出身、八戒出身这两个在以前毫无迹象的故事竟然各占了整整一本，抢了悟空的风头。尤其是猪八戒，他有何

① 熊发恕. 西游记杂剧作者及时代考辨 [J] //四川师范大学学报，1990 (2)：53.

资格享有六分之一的篇幅，沙僧的资格不是比他老得多吗？唯一的解释就是这唐僧、八戒两个故事原来已经有了单独的剧本，又被整体加入杂剧《西游记》。

2. 在杂剧《西游记》中，已经看到了吸取南戏表演形式的痕迹，比如不再严格区分旦本、末本而采用轮唱的方法。六本二十四折中，主唱一折以上的人物有近二十人，例如第二本四折由尉迟恭、胖村姑、木叉、华光各唱一折；第三本由金鼎国女、山神、刘太公、鬼子母各唱一折，应该说也很均衡。但第一本则全由"夫人"唱，是一个典型的旦本；第四折也是比较完整的旦本，前三折全由"裴女"演唱，第四折"细犬擒猪"因为全是武戏，才改由二郎演唱，一句话，这两本都还是比较纯正的北杂剧风格。这又可以说明第一、第四两本原是两个独立的剧本。

3. 按照杂剧规制，每本应该有一两个楔子。杂剧《西游记》六本都没有标出楔子，但不标出不代表没有，而是比较隐蔽地附载于某一折里。巧得很，也正是第一、第四本有楔子出现。第一本第一折前面的一段，由"观世音上云"开始到"水手刘洪上云"，就是典型的楔子，刘洪以下才是正文。第四本第十三出"妖猪幻惑"，从"猪八戒上云"到"梅香引朱郎上"也是一个楔子，这梅香的第二次上场才是正场。

以上几点已经说明第一、第四两本的故事，在杂剧《西游记》整合改造的过程中，它们是作为整体加入的。如果还不够清楚，我们还可以反过来看，就是暂且剔除这两本，再看剩下的三、四、五、六本：

　　神佛降孙、收孙演咒、行者除妖、鬼母皈依

　　妖猪幻惑、海棠传耗、导女还裴、细犬擒猪

　　女王逼配、迷路问仙、铁扇凶威、水部灭火

　　贫婆心印、参佛取经、送归东土、三藏朝元

这四本显然上与古老的队戏《唐僧西天取经》和吴昌龄的杂剧《唐三藏西天取经》相承，下与后来的百回本《西游记》的核心情节衔接，情节虽有繁简之别，但一脉相承的线索清楚明白。

显然可以看出在取经故事的演化中，存在着一根主线。而杂剧《西游记》

吸收了第一本唐僧故事、第四本猪八戒故事，对故事情节起了锦上添花的作用，确实是一个整合改造的重要阶段。

但杨景贤更重要的功绩是在第三本对"孙悟空"的改写，其中新加的"神佛降孙""收孙演咒"两折，虽然还是演孙悟空的故事，但此时的孙悟空已经与原本队戏里、杂剧里的孙悟空有了很大的不同，已经有了一个新的名号叫"齐天大圣"，也有了新的故事如"盗仙衣仙酒"等。这是杂剧《西游记》最大的创造和最大的贡献，也是杨景贤将取经故事重新命名为《西游记》的一个考虑。

要真正了解杨景贤的创新，我们得从福建发现久已失传的民间崇拜"齐天大圣""通天大圣"说起。数年前，有报道称福建顺昌县博物馆馆长王益民先生在该县宝峰山发现了供奉"齐天大圣""通天大圣"牌位的双圣庙与相关碑刻石雕。这个发现引起过一阵很大的骚动，后来的研究成果大出众人意料，醍醐灌顶般地提醒我们：孙悟空与齐天大圣原本其实不是同一只猴！是我们自己犯了数百年的糊涂，将两只猴当成了一只猴。这一发现，就如捅破了一张窗户纸。

这些个问题在下一章"孙悟空形象的文化溯源"中有详细的讨论，这里只做简单介绍。

众所周知，《西游记》研究的学术界有一个著名的命题，就是"孙悟空的原型来自哪里"，由百年前的学术大师鲁迅、胡适领军，分别形成了"本土说"与"外来说"。

其中"本土说"认为孙悟空的猴形象，中国早已有之，历代参与取经故事创作的人，以中国古代的猴为原型创造出了广受欢迎的孙悟空。关于中国古代的猴，学者们举出的例证有很多：如汉代《易林》中有"南山大玃，盗我媚妾。怯不敢逐，退然独宿"的记载；魏晋《抱朴子》有"猿寿五百岁，而变为玃"的说法；《吴越春秋》有个很著名的越女袁公的故事；《搜神记》中有"猳国马化"的故事；唐代《李汤》说了淮水水怪无支祁的故事，最著名的是初唐《补江总白猿传》中白猿的故事，那个猴精已经不是一般盗人盗色的蟊贼，其修炼出来的功夫，已入道教轨范。宋人话本《陈巡检梅岭失妻记》的基本情节，仍是从《补江总白猿传》延伸出来的，只是更复杂些。而夺人妻女入申阳洞的猴精（明瞿佑《剪灯新话》）不仅神通广大，而且也形成了一个家族，声称弟兄三人，一个是通天大圣，一个是弥天大圣，一个是齐天大圣，小妹便是泗州圣母。齐天大圣的名号算是打出来了，其秉性也算定型。杂剧《二郎神锁齐天大圣》是这个故事的巅峰：

（齐天大圣上云）吾神乃齐天大圣是也。我与天地同生，日月并长，神通广大，变化多般。闲游洞府，赏异卉奇花；闷绕清溪，玩青松桧柏。衣飘惨雾，袖拂狂风。轻舒猿臂起春雷，举步频那轰霹雳。天下神鬼尽归降，盖世邪魔闻吾怕。吾神三人，姊妹五个。大哥通天大圣，吾神乃齐天大圣，姐姐是龟山水母，妹子铁色猕猴，兄弟是耍耍三郎。姐姐龟山水母，因水淹了泗州，损害生灵极多，被释迦如来擒拿住，锁在碧油坛中，不能翻身。我听知得太上老君，炼九转金丹，食之者延年益寿。吾神想来，我摇身一变，化作一个看药炉的仙童，扳倒药炉，先偷去金丹数颗，后去天厨御酒局中，再盗了仙酒数十余瓶，回到于花果山水帘洞中，大排筵会，庆赏金丹御酒，岂不乐哉！不怕天符玉帝差，吾身忿怒夯胸怀。仙酒灵丹延寿永，洞中排宴乐开怀。①

但是，重要的是，大家都没有发现一个基本事实：即中国古代的猴故事尽管丰富，但从来没有与唐僧取经发生关系！包括在元杂剧中出现的齐天大圣——你看上面一段引文，与唐僧取经有关系吗？没有，只是我们一直误认为有。也就是说，我们一直对中国古代的猴"齐天大圣"有着误解。顺昌大量发现的"齐天大圣"祭祀碑，证明了在南方的民间崇拜中有一种猴精家族的存在，他们有自己的文化源头，有自己的系列故事，但最初与唐僧取经没有任何关系，只是在这里才被杨景贤吸收到唐僧取经故事中——重要的事说三遍。

现在我们终于明白，杂剧《西游记》里的齐天大圣孙悟空，其实由两只来源完全不同的猴构成。叫孙悟空的猴，伴随着原始的取经故事出现，开始叫猴

---

① 无名氏. 二郎神锁齐天大圣 [M] //孤本元明杂剧//西游记资料汇编. 北京：中华书局，2010：449.

行者，然后叫孙悟空、孙行者，是佛教文化的延伸物，应该可以称为是一个"外来猴"，前面我们提到的猴都是他，取经途中伏妖降怪，包括降伏猪悟能、沙悟净的也是他。杂剧《西游记》里新引进的，大闹天宫的猴叫齐天大圣，是中国文化中土生土长的一只妖猴。这个本土猴家族早已形成，早已生成了有明显道教色彩的盗仙桃、盗金丹之类的大闹天宫的故事。

我们现在还应该注意：

一个不争的事实：根据目前所知的资料看，取经故事题名"西游记"也就是第一次使用"西游记"的名称，是从杨景贤的杂剧开始的。此前无论是记述性的《大唐西域记》、传记性的《大慈恩寺三藏法师传》，还是俗讲《大唐三藏法师取经记》、队戏《唐僧西天取经》，包括元代前期吴昌龄的杂剧《唐三藏西天取经》，从来都没有出现"西游"这个词。

又一个不争的事实：杂剧《西游记》从宗教色彩上说，已经是"城头变幻大王旗"，原本的佛教题材已经被罩上一层厚厚的道教色彩。如"西游"即是道教用语，从老前辈庄子的《逍遥游》开始，到魏晋的游仙诗，再到唐代的游仙窟、游仙枕，等等，道教（家）对这个"游"赋予了一种似乎可意会而不可言传的特殊意义。

这些事实归结为一点结论，即杂剧所演绎的取经故事，已经由道教作了脱胎换骨的改造。我们不难判定这次合并的革命性意义。原本佛教的题材为道教所接受，这是取经故事最终走向世俗化的标志，无异于打开了与社会最广泛接触的大门；两个猴系统的故事互相补充，形成了明确的杂交优势，给取经故事增加了若干风生水起、鹜落霞飞的精彩故事——比如大闹天宫。

本土文化正是取经故事在元代形成新的形态的活水之源。

多元形态之三——平话《西游记》

在元代，取经故事还有另一种形态存在，即平话《西游记》——也就是一种依赖口语传播的白话语体取经故事，它在民间传播得很广泛也很活跃，故事很精彩，更可能是后来吴承恩直接依据的底本。

这个平话《西游记》没有完整的写本留存，现在只能看到几段残文。其中在《永乐大典》送字韵、梦字类中，这些残文讲述了与百回本《西游记》非常接近的一段取经故事，现录其部分如下：

《西游记》　长安城西南上，有一条河，唤作泾河。贞观十三年，河边有两个渔翁，一个唤张梢，一个唤李定。张梢与李定道："长安西门里，有个卦铺，唤神言山人。我每日与那先生鲤鱼一尾，他便指教下网方位，依随着百下百着。"李定曰："我来日也问先生则个。"这二人正说之间，怎想水里有个巡水夜叉，听得二人所言，"我报与龙王去。"……老龙感谢，拜辞先生回也。

玉帝差魏征斩龙　天色已晚，唐王宫中睡思半酣，神魂出殿，步月闲行。只见西南上有一片黑云落地，降下一个老龙，当前跪拜……魏征曰："陛下不问，臣不敢言。泾河龙违天获罪，奉玉帝圣旨，令臣斩之。臣若不从，臣罪与龙无异矣。臣适来合眼一霎，斩了此龙。"正唤作魏征梦斩泾河龙。唐皇曰："本欲救之，岂期有此。"遂罢棋。

从字面上做最基本的判断，这则资料有两点可以注意：

1. 由于《永乐大典》许多条目下采用摘录的方式，因此一般会注出原文出处。由此而观之，篇首《西游记》三字应是原书的书名；

2. 孙楷第先生说"此书语意大类话本"，确是得当之言。其中突兀插入的"玉帝差魏征斩龙"和末尾"正唤作'魏征梦斩泾河龙'"应是说话的段落标志。这就是现在把这些残文称作"平话"的原因。平话者，平铺直叙、只说不唱也。而《永乐大典》自身就是时间坐标，它告诉我们，至迟在明初已经有了话本或类似形态的《西游记》取经故事。

能够证明平话《西游记》元末明初已经存在的另一个证据出现在一本朝鲜人的著作里。1959年日本学者太田辰夫在《神户大学学报》上发表了《〈朴通事谚解〉所引〈西游记〉考》一文，依据《朴通事谚解》一书的残文提出在吴承恩《西游记》之前还有一个平话性质的《西游记》。赵景深先生不久后于1961年撰文说中国在中华人民共和国成立后影印过这本《朴通事谚解》，北京大学还作了索引,然后赵先生将《朴通事谚解》所记录的几段平话一一做了介绍;① 1962年出版的中国社科院文学所编写的《中国文学史》在论述《西游记》的成书过程时也引用了这几段残文。

《朴通事谚解》中保留这些《西游记》研究重要资料的原委是这样的:相当于中国元代时的朝鲜,出现了一本帮助朝鲜人学汉语的会话教材《朴通事》。这本书是一位自称翻译官的老朴所著的,使用汉语原文为教材,摘抄了不少当时的流行文字和生活语汇,所以对于今天的中国元代社会研究等颇有参考价值。《朴通事》至迟在元末明初已经出现,因为朝鲜的史料在相当于中国明代永乐年间时已经提到这本教材;稍后,明代正统年间(1436—1449)朝鲜颁布"谚文",也就是朝鲜的拼音文;再到相当于中国的嘉靖前期的时候,一位叫崔士珍(1506—1544)的人对《朴通事》作了注疏,在原来汉文的下面加注谚文对音、义训,书名也就改称《朴通事谚解》。这本书已经亡佚,我们现在所看到的是清代康熙年间(1662—1722)由边暹、朴正华等人根据《老·朴辑览》重新补订的本子,所以在作者的位置有时也写"边暹"二字。②

其中关于平话《西游记》的残文以摘录的形式出现(括号均为原文所有):

"长老的佛像铸了么?"

"铸了三尊佛,我待要上金来,前日三更前后贼入来,把我二三年布施的金银钞锭,都偷将去了。没计奈何,我如今又往江南地面里布施去。一来是十分命不快,告诸佛菩萨,愿满之日死时也不愁。"

"罢罢,师傅善因不灭。你休生息慢心,沿路上用心好去着。往常唐三藏师傅(三藏,俗姓陈,名祎,洛州缑氏县人也,号玄奘法师。贞观三年,奉敕往西域取经六百卷而来,仍呼为三藏法师。三藏:经一藏,律一

---

① 赵景深. 谈西游记平话残文 [J] //(上海)文汇报,1961. 7. 8.

② 杨栋. 元曲研究失落的两部珍贵域外文献 [J] //报刊复印资料·中国古代、近代文学研究,2001(6):112;胡明扬. 老乞大谚解和朴通事谚解中所见的汉语、朝鲜语对音 [J] //中国语文,1963(3):185—192.

藏，论一藏。曰修多罗，即阿难圣众结集为经；曰毗奈耶，一曰毗尼，即优波尊者结集为律；曰阿毗昙，即大菩萨衍而为论。藏即包含摄持之义。非藏无以积钱财，非藏无以蕴文义，谓摄一切所应知义，无令分散，故名为藏也。）西天取经去时节，（《西游记》云："昔释迦牟尼佛，在西天灵山雷音寺，撰成经、律、论三藏金经，须送东土，解度群迷。问诸菩萨往东土寻取经人来。乃以西天去东土十万八千里之程，妖怪又多，诸众不敢轻诺。唯南海落迦山观世音菩萨，腾云驾雾，往东土去。遥见长安京兆府一道瑞气冲天，观世音化作老僧入城。此时唐太宗聚天下僧尼，设无遮大会，因众僧举一高僧为坛主说法，即玄奘法师也。老僧见法师曰：'西天释迦造经三藏，以待取经之人。'法师曰：'既有程途，须有到时。西天虽远，我发大愿，当往取来。'老僧言讫，腾空而去。帝知观音化身，即敕法师往西天取经。法师奉敕，六年东还。"）十万八千里程，正是瘦禽也飞不到，壮马也实劳蹄。这般远田地里，经多少风寒暑湿，受多少日炙风吹，过多少恶山险水难路，见多少怪物妖精侵他，撞多少猛虎毒虫定害，逢多少恶物习蹶。（《音义》云："刁，难也；蹶，颠仆而不能行也。"今按法师往西天时，初到师陀国界，遇猛虎毒蛇之害，次遇黑熊精、黄风怪、地涌夫人、蜘蛛精、狮子怪、多目怪、红孩儿怪，几死仅免。又过棘钩洞、火炎山、薄屎洞、女人国及诸恶山险水，怪害患苦，不知其几。此所谓刁蹶也。详见《西游记》。）正是好人魔障多，行六年受多少千辛万苦，到西天取将经来，度脱众生各得成佛。师傅你也休忙，慢慢的到江南沿门布施去。愿满成就着，久后你也得证果金身。"（今按：证，应也，得也。果，果报也。金身者，《佛三十二相》云："身，真金也。"言果报者，《观经疏》云："行真实法，感得胜报也。"又修善得善果，作恶得恶报，谓之果报。又生时所作善恶谓之因，他日报应谓之果。谓证果者，如三藏法师取经东还，化为栴檀佛如来。详见下。）

"我两个部前买文书去来。"

"买甚么文书去？"

"买《赵太祖飞龙记》《唐三藏西游记》去。"（《西游记》：三藏法师往西域取经六百卷而来，记其往来始末为书，名曰《西游记》。详见上。）

"买时买四书、六经也好。既读孔圣之书，必达周公之理。要怎么那一等平活？"

"《西游记》热闹，闷时节好看，有唐三藏引孙行者。"（孙行者：行者，僧未经关给度牒者，谓之僧行，亦曰行者。《西游记》云："西域有花果山，山下有水帘洞，洞前有铁板桥，桥下有万丈涧，涧边有万个小洞。洞里多猴，有老猴精，号齐天大圣。神通广大，入天宫仙桃园偷蟠桃，又偷老君灵丹药，又去王母宫偷王母绣仙衣一套，来设庆仙衣会。老君、王母具奏玉帝，传宣李天王引领天兵十万及诸神将，至花果山与大圣相战失利，巡天十力鬼上告天王，举灌州灌江口神曰小圣二郎，可使拿获。天王遣太子木叉与大力鬼往请二郎神，领神兵围花果山。众猴出战，皆败，大圣被执当死。观音上请于玉帝，免死；令巨灵神押大圣前往下方去，乃于花果山石缝内纳身，下截画如来押字封着。使山神、土地镇守，饥食铁丸，渴饮铜汁。待我往东土寻取经之人，经过此山，观大圣肯随往西天，则此时可放。其后，唐太宗敕玄奘法师往西天取经，路经此山，见此猴精压在石缝，去其佛押出之。以为徒弟，赐法名吾空，改号为孙行者，与沙和尚及黑猪精朱八戒偕往。在路降妖去怪，救师脱难，皆是孙行者神通之力也。法师到西天受经三藏东还，法师证果栴檀佛如来，孙行者证果大力王菩萨，朱八戒证果香华会上净坛使者。"）

"到车迟国，和伯眼大仙斗圣的你知道么？你说我听。"

"唐僧往西天取经去时节，到一个城子，唤做车迟国。那国王好善，恭敬佛法。国中有一个先生，唤伯眼，外名唤烧金子道人。（《西游记》云："有一个先生到车迟国，吹口气，以砖瓦皆化为金，惊动国王，拜为国师，号伯眼大仙。"）见国王敬佛法，便使黑心，要灭佛教。但见和尚，拿着曳车解锯,起盖三清大殿,如此定害三宝。一日,先生们做罗天大醮,唐僧师徒二人,正到城里智海禅寺投宿,听的道人们祭星,孙行者,师傅上说知,到罗天大醮坛场上藏身,夺吃了祭星茶果,却把伯眼打了一铁棒。小先生到前面叫点灯,又打了一铁棒。伯眼道:'这秃厮好没道理!'便焦燥起来,到国王前面告未毕,唐僧也引徒弟去到王所,王请唐僧上殿,见大仙打罢问讯,先生也稽首回礼。先生对唐僧道:'咱两个冤仇不小可里。'三藏道:'贫僧是东土人,不曾认的,你有何冤仇?'大仙睁开双眼道:'你教徒弟,坏了我罗天大醮,更打了我两铁棒。这的不是大仇?咱两个对君王面前斗圣,那一个输了时,强的上拜为师傅。'唐僧道:'那般着?'伯眼道:'起头坐静,第二柜中猜物,第三滚油洗澡,第四割头再接。'说罢,打一声钟响,各上禅床坐定,分毫不动,但动的便算输。大仙徒弟名鹿皮,拔下一根头发,变做狗蚤,唐僧耳门后咬,要动禅,孙行者是个胡孙,见那狗蚤,便拿下来磕死了。他却拔下一根毛衣,变做假行者,靠师傅立的。他走到金水河里,和将一块青泥来,大仙鼻凹里放了,变做青母蝎,脊背上咬一口,大仙叫一声,跳下床来。王道:'唐僧得胜了。'又叫两个宫娥,抬过一个红漆柜子来,前面放下,两个猜里面有甚么。皇后暗使一个宫娥,说与先生,柜中有一颗桃。孙行者变做个焦苗虫儿,飞入柜中,把桃肉都吃了,只留下桃核出来,说与师傅。王说:'今番着唐僧先猜。'三藏说:'是一个桃核。'皇后大笑:'猜不着了!'大仙说:'是一颗桃。'着将军开柜看,却是桃核,先生又输了。鹿皮对大仙说:'咱如今烧起油锅,入去洗澡。'鹿皮先脱下衣服,入锅里。王喝采的其间。孙行者念一声'唵'字,山神、土地、神鬼都来了。行者教千里眼、顺风耳等两个鬼,油锅两边看着,先生待要出来,拿着肩膀掜在里面。鹿皮热当不的,脚踏锅边待要出来,被鬼们当住出不来,就油里死了。王见多时不出时,'莫不死了么?'教将军看。将军使金钩子,搭出个烂骨头的先生。孙行者说:'我如今入去洗澡。'脱了衣裳,打一个跟斗,跳入油中。才待洗澡,却早不见了。王说:'将军,你搭去,行者敢死了也。'将军用钩子搭去,行者变做五寸来大的胡孙，左边搭右边趄，右边搭左边去，百般搭不着。将军奏道：'行者油煎的肉都没了。'唐僧见了啼哭。行者听了跳出来，叫：'大王，有肥枣么？与我洗头。'众人喝采，佛家赢了也。孙行者把他的头，先割下来，血沥沥的腔子立地，头落在地上。行者用手把头提起，接在脖项上依旧了。伯眼大仙也割下头来，待要接，行者念'金头揭地，银头揭地，波罗僧揭地'之后，(《西游记》云："释迦牟尼佛在灵山雷音寺，演说三乘教法，傍有侍奉阿难、伽舍诸菩萨、圣僧罗汉、八金刚、四揭地、十代明王、天仙地仙。"观此，则"揭地"神名，然未详何神。)变做大黑狗，把先生的头拖将去。先生变做老虎赶，行者直拖的王前面飚了，不见了狗，也不见了虎，只落下一个虎头。国王道：'元来是一个虎精。不是师傅，怎生拿出他本像。'说罢，越敬佛门。赐唐僧金钱三百贯，金钵盂一个。赐行者金钱三百贯打发了。这孙行者正是了的，那伯眼大仙，那里想胡孙手里死了。古人道：'杀人一万，自损三千。'"

"宋舍看春去来。"

"我不去，其实怕看去，我从来不曾看。"

"你休强不要去。"

"你自听我说，强如亲自看。那牛厂里，塑一个象一般大的春牛，……一个塑的小童子，叫做芒儿，……立地赶牛。顺天府官、司天台官众官人们，街上两行摆着行，前面动细乐大乐吹角。第二，一个十分可喜的衙衙，妆二郎爷爷。(二郎，神名。爷爷，尊敬之称。今辽东城内有二郎神庙。按《西游记》："西域花果山洞有猴精，号齐天大圣，神变无测，闹乱天宫。玉帝命李天王领神兵往捕，相战失利。灌州灌江口立庙有神，曰小圣二郎，又号二郎贤圣。天王请二郎捕获大圣，即此庙。额曰：'昭惠灵显真君之庙'。"然未知何神。打春之日，取此塑像，盖亦未详。又见孙行者注下。《宣和遗事》云：宣和七年十二月，有神降，坤宁殿修保观，观者乃二郎神也。都人素畏之。)身穿黄袍，腰系白玉带，头戴幞头，脚穿朝云靴，手拿结线鞭，骑坐白马珠鞍，一个小鬼拿着大红罗伞，马前马后跟着的大小鬼卒，不知其数……这般摆队行，……这般闹起来，打的打、躧的躧。这般战场里，干无来由做甚么去？常言道：'好儿不看春，好女不看灯。'"①

由以上残文透露的信息看，平话《西游记》在元末明初时的存在，已经没有太大的疑问，只可惜飞龙在天，仅仅留下几片甲鳞，我们还不能完整地窥见其全貌。

还有一种可以证明平话形态取经故事确实存在的资料，是研究者也很重视的《销释真空宝卷》，其中也谈到了《西游记》的取经故事，实际上可以认为它是平话《西游记》的一份情节梗概：

> 唐圣主，烧宝香，三参九转。祝香停，排鸾驾，送离金门。将领定，孙行者，齐天大圣。猪八界，沙和尚，四圣随跟。正遇着，火焰山，黑松林过。见妖精，和鬼怪，魍魉成群。罗刹女，铁扇子，降下甘露。流沙河，红孩儿，地勇夫人。牛魔王，蜘蛛精，设入洞。南海里，观世音，救出唐僧。说师父，好佛法，神通广大。谁敢去，佛国里，去取真经？灭法国，显神通，僧道斗圣。勇师力，降邪魔，披剃为僧。兜率天，弥勒佛，愿听法旨。极乐国，火龙驹，白马驮经。从东土，到西天，十万余里。戏世洞，女人国，匿了唐僧。到西天，望圣人，殷勤礼拜。告我佛，发慈悲，开大沙门。开宝藏，取真经，三乘教典。暂时间，一刹那，离了雷音。取真经，回东土，得见帝王。②

由于它也是以通俗语体出现，因此通常都认为它与平话《西游记》有同源或者近亲关系。

这部《销释真空宝卷》的篇幅不长，但很重要，因为它罗列了当时唐僧取经故事的主要情节。那么，它又是何时形成的呢？

---

① 以下所引平话宝卷均可见于：西游记资料汇编 [M]. 北京：中华书局, 2010.
② 初见于：胡适. 跋销释真空宝卷 [M] // 蔡铁鹰. 西游记资料汇编. 北京：中华书局, 2010：456.

宝卷主要流行在佛门和佛教信众之中，算是一种宣讲佛教教理教义的通俗方式，其功用与变文相似，其形式也被认为与变文有密切关系。郑振铎曾有一篇短文谈宝卷与变文的关系，除了说宝卷是变文的长房子孙外，还说到"初以为宝卷是很近代的东西的假设是完全被破坏了。虽然宋版的宝卷尚未被发现，然元代写本的《目连救母出离地狱升天宝卷》一册已足以证明宝卷的生命力是紧接变文的"。①《销释真空宝卷》在 20 世纪初与元代西夏文藏经一起被发现，因此它本身形成的时间颇费猜详，郑振铎以为当是元代遗物，胡适却认为此卷是明朝甚至是晚明的写本。我最初的意见是：这本《销释真空宝卷》不可能是元代的，因为在这个故事中，孙悟空已经被叫作"齐天大圣"，以上我们仔细分析过，"齐天大圣"应该是在杂剧《西游记》形成的元末明初被引进了取经故事，带有"齐天大圣"标志的取经故事应该不会早于那个时期，或者至少不会早得太多；但这个宝卷也不会形成于吴承恩《西游记》之后，因为被证实或被公认带有明代文化背景、带有吴承恩个人气息的故事如朱紫国、玉华县、比丘国、木仙庵、神狂诛草寇、真假美猴王等都还没有出现。所以我认为应当是明前期的东西，与平话《西游记》大约是同期，也可能同源。后来我们从马西沙、韩秉方先生的《中国民间宗教史》②找到了一些能够弄明白《销释真空宝卷》的材料，原来它是明代民间宗教罗教的经卷。

罗教，又称无为教、罗祖教，是明代中后期诞生而对明清民间各教各派都产生过深刻影响的一种民间宗教。创始人罗梦鸿（1442—1527），主要生活在正德、弘治年间。罗教的经典称"五部六册宝卷"，形成于正德四年（1509），其中的《叹世无为卷》《巍巍不动泰山深根结果宝卷》等都提到了唐僧取经故事。据《中国民间宗教史》第五章介绍，罗教"实质是一种释、道、儒三教融合或杂糅的产物，而以佛教的色彩较为突出"，它"把三教玄妙的哲学思想世俗化，

---

① 郑振铎. 什么叫做变文？和后来的宝卷、诸宫调、弹词、鼓词等文体有怎样的关系 [M] // 郑振铎. 古典文学论文集（上）. 上海：上海古籍出版社，1984.

② 马西沙，韩秉方：中国民间宗教史 [M]. 北京：中国社会科学出版社，2004.

转化为老百姓容易接受的道理，然后用一种群众喜闻乐见的宗教文学形式——宝卷——表达出来"。罗教讲究悟道明心，成佛成祖，到达"真空妙有"的境界。"真空"是罗教常用的一个术语，有时指世界本源，要求信徒体悟出"我是真空"的境界；有时又将冥冥之中无所不在的真空拟人化为"老真空"，他们的宝卷中有《销释真空扫心宝卷》（简称《真空宝卷》）、《销释童子保命宝卷》、《销释印空世纪宝卷》，等等，其中都提到了"真空""老真空"。

罗教的很多经典都喜欢用唐僧取经的故事为譬喻，除前面提到的《销释真空宝卷》之外，还有如"五部六册宝卷"中的《叹世无为卷》：

三藏师，取真经，多亏护法。孙行者，护唐僧，取了真经。

三藏师，取真经，多亏护法。猪八戒，护唐僧，度脱众生。

唐三藏，取真经，多亏护法。沙和尚，护唐僧，取了真经。

老唐僧，取真经，多亏护法。火龙驹，护唐僧，取了真经。

三藏师，度众生，成佛去了。功德佛，成佛位，即是唐僧。

孙行者，护佛法，成佛去了。他如今，佛国里，掌教世尊。

猪八戒，护佛法，成佛去了。他如今，现世佛，执掌乾坤。

沙和尚，做佛法，成佛去了。他如今，在佛国，七宝金身。

火龙驹，护唐僧，成佛去了。他如今，佛国里，不坏金身。

这些宝卷都是罗教早期的经，形成于弘治后期，首次刊刻于正德四年（1509）。

第五章 《西游记》故事的多元背景

新中国成立后,毛泽东主席指示将《金瓶梅》翻印出来,发给省军级以上干部人手一套——为了方便阅读,还专门嘱咐印了大字本。此举很多人不能理解,《金瓶梅》不是"淫书"吗!我们教学中其实也会碰到这样的问题,为什么老师对《金瓶梅》似乎都有眷恋情节,不离不弃,喋喋不休?

答曰:《金瓶梅》为中国小说划出了新时代,尽管它有淫秽的描写,但它的价值更重要,谈社会、谈文学都绕不过它。

第一,普通读者未必知道,明代由《三国演义》《水浒传》《西游记》《金瓶梅》构成的四大奇书中,《金瓶梅》出现最晚,同时也带来了一个非常值得注意的题材变化,即中国的小说家第一次在选材上跳出了历史、神话的框框,学会了观察和描写自己身边的社会生活,这就使他们的作品具备了至关重要的现实意义。毛泽东主席看中的正是这一点,他希望那些进城之后、位高权重、面临严重腐败诱惑的高级干部能从西门庆身上来点触目惊心。我们研究者从文学的角度上对《金瓶梅》的评价也很高,至少我认为它和《西游记》一起,都是中国古代夭折了的启蒙运动的代表作,其价值与莎士比亚的戏剧、塞万提斯的小说等同。

第二,中国的小说家学会了自起炉灶,开始尝试从头至尾完整地讲一个属于自己的故事。在《金瓶梅》之前,中国的通俗小说已经有了篇幅巨大、精彩绝伦的《三国演义》《水浒传》和《西游记》,但它们都是有很多人在若干年里一点一点堆积起来的,很多和尚道士、贩夫走卒都做了贡献,只是最后罗贯中、施耐庵、吴承恩把故事讲得完美无缺,改无可改,人人信服,于是他们便成了公认的"作者"——正式的学术的名称应该是"写定者"。从《金瓶梅》开始,"世代积累"结束了,"个人创作"成了主流。

"世代积累"结束了,但它不是一个可以轻易抛弃的东西,它其实可以被视为一座宝库。

从"三分天下"的汉末,到罗贯中生活的元末明初,中间经历了大约一千二百年,一千二百年的文化流转,孕育了一部《三国演义》;从玄奘西行的唐初,到吴承恩生活的明中后期,时光流淌了大约九百年,九百年的文化交集,造就了一部《西游记》;《水浒传》要年轻些,但从宋江的"去时三十六,来时十八双"草寇梁山起,到施耐庵完成定型,也有二百多年的演变。其间无数人为故事的延展、衍生做出了贡献,本来就是那么一点简单的历史记载于是成了宏篇巨著。我们应当注意的是,这期间任何一个故事的出现,都有它的历史必然因素,任何一段情节的修改,也都有基于文化的影响和考虑,任何一种情感的被建立被抛弃,也难免和时代的风尚有关,难道我们不认为现在追寻那些历史必然因素和其中的文化影响,不是在回忆、描绘、理解一个时代和它的社会?而文学作品提供的世俗的、直观的、细节的描写和抒情的感受,是任何历史文献做不到的,所以说"世代积累"的作品是一座宝库,何况"世代积累"的作品为数不多,除了上述之外,大不了再加上《封神演义》等。

在第四章中,我们论述了"原生的取经故事"这个概念,旨在说明《西游记》在最初的历史事实的基础上,经过一个漫长的成长时期,吸收了多种多样的情节元素，经受了多种多样的文化碰撞，最后才经由吴承恩这位文学天才润色而成。这个过程，包含了丰富的文化积淀，是"世代积累"型古代小说独有的文化价值，也是我们今天应该在《西游记》中看到的文化价值。

具体而言，就是：

第一，《西游记》的许多取经故事今天看都是神话，但最初，却是真实；

第二，《西游记》的许多早期故事能在长期演化中得以保存，事出有因。

有证据吗？当然有。以下我们将说到《西游记》的取经故事有多样来源，有的来自西域玄奘西行沿途的传说，有的来自佛教的传播，有的来自《大唐西域记》《大慈恩寺三藏法师传》的记载，有的甚至直接以西域的自然地理特征、以历史事件进入情节。

火焰山：西域地理特征直接进入情节

《西游记》里许多匪夷所思的故事常被认为是吴承恩的奇思妙想，但其实未必，也许吴承恩有润色之功，但却不一定是构思的首创者。

《西游记》第五十九至六十一回讲的是"火焰山"孙悟空智斗牛魔王、三借芭蕉扇的故事。这个故事非常经典也非常古老，它是一个以西域自然地理直接进入情节的实例。

如果我们现在问，火焰山有原型吗？也许有人会说：有，在新疆，在吐鲁番。这句话既错又对。说错，是因为吐鲁番虽然有座火焰山，但它是旅游文化附会出来的景点，其实与《西游记》无关。说对，指这句话误打误撞确实说对了，因为火焰山的真正原型也确实在新疆，却并非是吐鲁番的那座山。

这话有点拗口，像绕口令，我们下面慢慢地把它说清楚。我们先说附会出来的火焰山景点。

西北地区，本来就阳光直射，多旱少雨，加之吐鲁番处在天山山脉南麓的一处大盆地中，地势低洼，盆地效应非常明显，因此向来很热，热到40摄氏度实在也很平常，每年都有资料说室外温度的最高纪录超过70摄氏度如何如何。

据说过去这里的老百姓家家都有地窖，白天躲在地窖里避暑，早晨傍晚才出来干活。说县衙的大厅里会有一只大木桶，县太爷每天上班的第一件事，就是让衙役们为他打满一桶水，然后他就坐在这桶里办公。因此这个地方自古就被称为火洲，至少在唐代就是这样，唐代著名诗人岑参，就曾经写过一首诗叫《过火洲》，说严冬经过这里，但人和马仍然被热风吹得汗流不止。所谓的火焰山，在吐鲁番盆地中北部。山不算太高，主峰海拔大约800米，但它非常有特色，整座山脉光秃秃、赭红色，就像是一把把大火炬，从直觉上确实有遍地火焰的感受。当导游领你到那儿，远远地用手一指，说"大家已经到了火焰山"，那个时候，身临其境的感觉便会油然而生，当然都愿意相信这就是《西游记》里的火焰山。

但是，这并不是《西游记》里描写的那种遍地起烟、真火真焰的火焰山，仅仅是像而已，只是一种文化上的附会。

附会的发生，应当是在清代中期。清代前期在新疆频繁用兵，采用屯垦开边的政策，后来又将伊犁、迪化（今乌鲁木齐）辟为官犯流放地，让他们在那儿开发守卫。这就使得吐鲁番成为交通要冲，官道就从火焰山下经过。途经此处者多有文人墨客，因此也会产生一些文学化的话题，嘉庆元年，有位叫洪亮吉的犯官经过此地，他见到火焰山之后，曾感慨地说，火焰山原来在这儿哪：

小说家所言，皆有所本。如《西游记》之雷音寺、火焰山，皆在吐鲁番道中。余谴戍伊犁日，曾过之。①

洪亮吉是当时的一位著名才子，文章做得甚好，甚至到了"每一篇出，世争传之"的程度，所以他的话也被广为传颂，这就是我们查到的直接附会的最早记录，大概传说就是从这儿开始的。

既然吐鲁番的火焰山属于附会，那真正的火焰山原型又在哪儿？早在唐代，唐僧取经故事中已经有了火焰山，而且是真火真焰的火焰山。请看《大唐三藏法师取经诗话》：

---

① 洪亮吉.北江诗话［M］//刘德权点校.洪亮吉集.北京：中华书局，2001：22.

又忽遇一道野火连天，大生烟焰，行走不得。①

这"火"是野火；这"烟"，是有焰的烟，言之凿凿。《西游记》火焰山的状态，与之一脉相承，第五十九回借一位老者的口有过描述：

敝地唤作火焰山，无春无秋。四季皆热。……（那山）却有八百里火焰，四周寸草不生。若过得山，就是铜脑袋，铁身躯，也要化成汁哩！

后来这火竟然"火头有千丈之高"，悟空束手无策，只得退回，显然这里的火焰山与新疆吐鲁番的石头火焰山真有些不同。

真火真焰火焰山的原型，便是新疆的煤田自燃大火。这是新疆一个特有的地理现象。

我国北方的地下，蕴藏有一条从新疆准噶尔盆地开始，自西向东延伸至甘肃、内蒙古、陕西、山西直至辽宁、黑龙江大兴安岭脚下的巨厚优质煤层，藏煤丰富且埋藏较浅，有的甚至露天，最典型的是陕西省的神府煤田，总的蕴藏量占全国的百分之十五，扒开一层表土，下面就全是煤，尽管挖就是。优质煤的燃点往往又都比较低，遇雷电、野火甚至于与空气接触氧化都会引起自燃；一旦火起则连片蔓延，遍地烟焰，火高数尺，颇为壮烈，很难自己熄灭，因此会有持续几个世纪大火的现象。由于人烟稀少，历来煤田自燃以新疆为甚；而同样由于人烟稀少，人们所知也甚少，一个著名的自燃煤田硫磺沟，距乌鲁木齐市仅仅几十公里，已经烧了不知多少年，但包括乌鲁木齐市市民在内，却很少有人知道自己身边有个日日夜夜燃烧的大煤田。现在，据说已经扑灭了，也正是由于报道灭火的成就我们才知道新疆还有如此独特的景观。

这样的煤田自燃，唐代时竟然就已经有！专家们说这些煤田自燃大火的历史都很悠久，由于这些煤田都在边远地区，在当时的条件下没人会去注意它，更不会有人试图扑灭它，往往就在地下肆无忌惮地蔓延，直到把整个煤田烧掉，因此烧上个数千年都不算回事。确切的证据来自《宋史·外国传·高昌》所引王延德《西州程记》：

---

① 李时人，蔡镜浩校注. 大唐三藏法师取经诗话 [M]. 北京：中华书局，1997：17.

> 山中常有烟气，涌起，若云雾。至夕火焰若炬火，照见禽鼠皆赤。采者着木底鞋取之，皮者即焦。

王延德是宋初人，太平兴国七年也就是公元982年，受命出使西域。他在从高昌（今吐鲁番）赴北庭（今吉木萨尔）的途中写下了《西州程记》，其中提到当地有自燃的煤田。他提到的自然煤田就是今天新疆奇台县的北山煤田，这座煤田在宋初就有记录，自燃大火近十年前才刚刚被扑灭，而其燃烧之开始，不知在何时，早于唐代几乎是必然的。类似的还有轮台县阳霞煤田，久远以来一直在熊熊燃烧，且就在玄奘法师当年经过的西域古道上，直到2012年才被扑灭。

2014年，我和同事经新疆煤田灭火局安排，在库车实地考察了一个自燃煤田的灭火工地。火点是距公路四五公里的一溜四个山头，公路上可以看到。但这火点并不是想象中的明火，而仅仅是一连串的红色山包。工程师告诉我们，这一串山头的下面是一条藏煤带，带状的红色就是地下煤火烧出来的。

图上只看到一串山头中间的两个，左边是一个人工尚未干预的山包，可以看到暗红色的一条地下火带，右边山顶可以看到灭火队的作业面。灭火队的工作，就是扒开岩面，然后往煤田里注水。在山顶，工程师把探针往刚刚扒开的岩面刺了一下，仪表上显示的是428摄氏度。

图17 遍地烟焰的自燃煤田，有点妖雾弥漫的意思

这些在西域古道上并不罕见的自燃煤田，应该就是《大唐三藏取经记》里火类坳"遍地烟焰"的来源——当我们用这一"发现"与灭火局的工程技术人员交流时，引起一阵大笑，他们的原话是：我们从来就这么认为。

图18　实测岩石温度428摄氏度

谁把这个故事带进《西游记》我们还不知道。《大唐西域记》和《大慈恩寺三藏法师传》和唐人笔记中都没有线索。它第一次出现就是在《大唐三藏法师取经记》中，直接以西域自然地理特征进入取经故事的情节。

金毛鼠：西域宗教风情衍生出的故事

《西游记》里的精灵各种各样，大到狮子老虎，小到花鸟鱼虫，经过吴承恩妙手这么一点染，信手拈来就把它塑造成一个可恶可恨甚至有时候还有点可爱的妖精。但有些妖精的身世却不是吴承恩创造的，它们大有来头，客大欺店，吴承恩改变不了它们的命运。

《西游记》第八十一至八十三回讲述的是陷空山鼠精的故事。故事说陷空山里面有个无底洞，洞里有一个闭月羞花沉鱼落雁的美丽的女妖精，叫地涌夫人。

这位地涌夫人费尽心机把唐僧捉到了洞里,软磨硬泡,一定要和唐僧成亲取他的元阳。为了营造一点温馨的气氛,妖精还在洞里面摆了一桌酒席。当孙悟空打到这个洞里的时候,发现地下三百里洞洞相连,处处相通,竟然查不出唐僧被藏到哪儿去了。就在焦躁的时候,忽然飘来一阵香烟,孙悟空顺着这烟走过去,找到了一个小洞,洞里面摆放着一个十分精致的供桌,桌子上面放了一个镏金香炉,里面正在烧着香,香烟味就是这里飘出的。香炉前面供奉着两个金色的牌位,其中大的一点的上面写着"尊父李天王之位";小一点的上面写着"尊兄哪吒之位"。悟空赶快把这个牌子摘了下来,到了玉皇大帝那儿撒泼耍赖告御状,告李天王纵女成精,谋害人命。李天王觉得也很冤枉,他想不起来这个事,拔出刀来就要砍悟空。这时哪吒过来把父亲拉到一边,悄悄地告诉他说:"父亲息怒,这个事是真的。说当年有一个老鼠精,因为被您降伏,您没有杀她,她为了感恩,认您做了义父,就在她的洞府里供上了您的牌位。"

《西游记》没有说这座陷空山无底洞在哪儿,但是这个故事却不是无根无蒂,而是大有来头,它历史的长久,地域的遥远,吴承恩根本不可能想到。

它的根居然扎在西域。玄奘法师当年从印度回来的时候,经过一个叫瞿萨旦那的国家,他看到这个国家的都城外面,有一座非常非常大的鼠壤坟,就觉得很奇怪,他还打听到了一个关于这个国家金毛鼠王的故事。事见《大唐西域记》卷十二:

> 王城西五六十里,大沙碛正路中,有堆阜,并鼠壤坟也。闻之土俗曰:此沙碛中,鼠大如猬,其色则金银异色,为其群之酋长。每出穴游止,则群鼠为从。昔者匈奴率数十万众,寇掠边城,至鼠坟侧屯军。时瞿萨旦那王率数万兵,恐力不敌,素知碛中鼠奇,而未神也。洎乎寇至,无所求救,君臣震恐,莫知图计,复苟设祭,焚香请鼠,冀其有灵,少加军力。其夜瞿萨旦那王梦见大鼠曰:"敬欲相助,愿早治兵。旦日合战,必当克胜。"……匈奴之闻也,莫不惧焉,方欲乘驾被铠,而诸马鞍、人服、弓弦、甲缝,凡厥带系,鼠皆啮断。……于是杀其将,虏其兵,匈奴震慑,

以为神灵所佑也。瞿萨旦那王感鼠厚恩,建祠设祭,奕世遵敬,特深珍异。①

故事大意是说,当年匈奴派十万大军来侵犯这个国家,屯兵在城外,眼看就是朝不保夕的局面了。国王慌乱中灵光一闪,忽然想起这个国家曾经有过的鼠王会显灵的故事。于是病急乱投医,赶快设立了一个香案,给鼠王烧香,请鼠王保佑这个国家。当天夜里,国王果然梦到鼠王,鼠王告诉他说:"你今天夜里出城冲击敌营,我一定相助。"国王听了以后,半夜整顿兵马冲出去,冲到敌营里一看,敌营里所有马鞍、衣服、兵器,凡是有带子的地方全部被鼠啃断了,十万大军没法打仗了,只能束手就擒。然后国王就把这个鼠王奉为国家的精灵。故事里面说到的小老鼠,在草原上面非常多,小的就如家鼠,大的像兔子。它生活在食物链的最底端,草原上天上飞的地上跑的那些食肉动物,都以这种小老鼠为生。这种小老鼠喜欢在草原上钻洞做穴,刨出来的土堆成土堆就被称为鼠壤坟。

这个故事发生在西域,后来进入到中原,进入了《西游记》。但却并不是玄奘把它直接带到《西游记》里面来的。我们还要绕一个弯子来说一说,这和西域当时的宗教风情有关。

前面说过,佛教分为大乘小乘,大乘佛教里面又分为显宗、密宗,公开传授的叫显宗;秘密传授的叫密宗。印度佛教最早传到中国来的时候,基本上都是显宗,但是到了中唐以后,印度国内的形势发生了变化,然后由印度源源不断传到中国来的佛教便都以密宗为主。密宗重法术,因此故事也就比较多,中唐玄宗开元年间,有著名的三位印度来的护法法师无畏、金刚、不空,称为是"开元三大士",是他们把这个小老鼠的故事带进中原来的,见著名密宗僧人不空的《毗沙门仪轨》:

唐天宝元载壬午岁,大石、康五国围安西城。其年二月十一日,有表请兵救援,圣人(按:玄宗。)告一行禅师曰:"和尚,安西被大石、康□□□□□国围城,有表请兵。安西去京一万二千里,兵程八个月。然

---

① 玄奘.大唐西域记[M]//季羡林.大唐西域记校注.北京:中华书局,2000:1017.

到其安西,即无朕之所有。"一行曰:"陛下何不请北方毗沙门天王神兵应援?"圣人云:"朕如何请得?"一行曰:"唤取胡僧大广智即请得。"有敕唤得大广智(按:即不空。)到内云:"圣人所唤臣僧者,岂不缘安西城被五国贼围城?"圣人云:"是。"大广智曰:"陛下执香炉入道场,与陛下请北方天王神兵救。"急入道场,请真言未二七遍,圣人忽见有神人二三百人,带甲于道场前立。圣人问僧曰:"此是何人?"大广智曰:"此是北方毗沙门天王第二子独健,领天兵救援安西,故来辞。"圣人设食发遣。至其年四月日,安西表到云:"去二月十一日巳后午前,去城东北三十里,有云雾斗暗,雾中有人,身长一丈,约三五百人,尽着金甲,至酉后鼓角大鸣,声震三百里,地动山崩停住三日。五国大惧尽退兵。抽兵诸营坠中,并是金鼠咬弓弩弦,及器械损断尽不堪用,有老弱去不得者,臣所管兵欲损之,空中云:'放去不须杀。'寻声反顾城北门楼上有大光明,毗沙门天王见身于楼上。"①

说有一天西域的五个小国家,联手侵犯大唐的安西,安西地方政府快马向朝廷求救。信传到唐玄宗的时候,唐玄宗感到非常为难,因为安西距离中央政府内地很远,号称有万里之遥,如果派军队去要八个月的时间;等到八个月以后,这个安西城还在吗,就是很有疑问了,所以唐玄宗在救与不救、怎么救的问题上非常纠结。这时一位叫不空的护法大法师走过来了,他问唐玄宗说你为什么不请毗沙门天王呢?于是他设立一个香案,请毗沙门天王派神兵救安西。这个香案刚刚设立起来以后,天上就来了云雾,空中出现了二三百金甲神人。不空告诉唐玄宗说这些神人就是毗沙门天王派到西域去救援的神兵。两个月以后,安西的捷报快马送到了,说某天某日也就是唐玄宗请毗沙门天王的那一天,城楼上面忽然起了一阵乌云,乌云当中看到了几百个金甲神人,个个都有一丈以上的身高;说这些神人冲到敌人的阵营里面把敌人很快地打败了,而敌人所

---

① 大正新修大藏经·密教部·毗沙门仪轨 [M] // 大正兴修大藏经刊行会大正十三年修订本.

有的那些有带子的器具，全被毗沙门的部下小老鼠给咬了不能打仗了。

　　这个故事显然来自瞿萨旦那国小老鼠的故事，不过它已经进化了，已经和佛教紧紧地联系在一起了。小老鼠也不再是散兵游勇，它们成了毗沙门天王的部下。这是一个非常重要的变化，就像山上水边老百姓自己哼哼的原生态小调，经过改造以后就变成了民歌；它走出这一步，以民歌的身份出现，就有可能走得更远。故事也一样，它一旦进入了一个更大的背景，就可以流传得更广，当毗沙门变身为托塔李天王进入《西游记》时，这些小鼠也就迅速跟进，成了《西游记》里的角色。

图19　据说是英国探险家斯坦因1900年拍摄的尚存的鼠壤坟

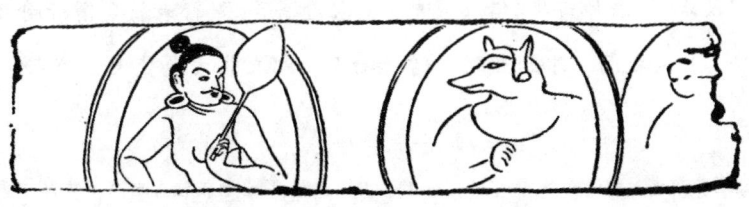

图20　斯坦因发现的绘有国王、鼠王的木板画像

李天王：代表不同宗教关系的联系人

毗沙门是谁？为什么会是《西游记》中的李天王？李天王不是一位道教的神吗？为什么西域的小鼠会成为他的部下？有一连串的问题会要求我们解答。

毗沙门与李天王之间的复杂关系，其实映照了佛教和道教之间的复杂关系，从中我们可以看到宗教文化嬗变的痕迹。

毗沙门原本是来自印度的一位护法神，他首先跟随佛教来到西域这一带，扎下根来以后成了这一带佛教里最高的神。上一小节提到那个瞿萨旦那国，就以毗沙门作为自己国家的创世纪之神。事见《大唐西域记》卷十二：

> （瞿萨旦那）王甚骁勇，敬重佛法，自云"毗沙门天之祚胤也"。昔者此国虚旷无人，毗沙门天于此栖止。……其王迁都作邑，建国安人，功绩已成，齿耋云暮，未有胤嗣，恐绝宗绪，乃往毗沙门天神所，祈祷请嗣。神像额上，剖出婴孩，捧以回驾，国人称庆。既不饮乳，恐其不寿，寻诣神祠，重请育养。神前之地忽然隆起，其状如乳，神童饮吮，遂至成立。智勇光前，风教遐被，遂营神祠，宗先祖也。自兹已降，奕世相承，传国君临，不失其绪。故今神庙多诸珍宝，拜祠享祭，无替于时。地乳所育，因为国号。①

唐僧取经故事形成之初，毗沙门是第一批进入故事的大神——这是原生的取经故事诞生于西域的最好例证之一。我们看《大唐三藏法师取经记》第三节"入大梵天王宫"：

> 法师问曰："天上今日有甚事？"行者曰："今日北方毗沙门大梵天王水晶宫设斋。"法师曰："借汝威光，同往赴斋否？"行者教令僧行闭目，行者作法。良久之间，才始开眼，僧行七人，都在北方大梵天王宫了。且见香

---

① [唐]玄奘. 大唐西域记 [M] // 季羡林. 大唐西域记校注. 北京：中华书局，2000：1006.

花千座，斋果万种，鼓乐嘹亮，木鱼高挂；五百罗汉，眉垂口伴，都会宫中，诸佛演法。

……斋罢辞行。罗汉曰："师曾两回往西天取经，为佛法未全，常被深沙神作孽，损害性命。今日幸赴此宫，可近前告知天王，乞示佛法前去，免得多难。"法师与猴行者，近前咨告请法。天王赐得隐形帽一事，金镮锡杖一条，钵盂一只。三件齐全，领讫。法师告谢已了，回头问猴行者曰："如何得下人间？"行者曰："未言下地。法师且更咨问天王，前程有魔难处，如何救用？"法师再近前告问。天王曰："有难之处，遥指天宫大叫'天王'一声，当有救用。"法师领旨，遂乃拜辞。猴行者与师同辞五百罗汉、合会真人。是时，尊者一时送出，咸愿法师取经早回。①

图 21　京都山科的著名寺庙毗沙门堂

显然，毗沙门天王是一个带有浓重西域色彩的文化元素。又显然，这是取经的最核心的人物，其地位和作用类似于后来《西游记》中的如来和观音。

---

①　李时人，蔡镜浩校注. 大唐三藏法师取经诗话［M］. 北京：中华书局，1997：5.

中唐以后密宗进了中原以后毗沙门就跟着佛教的密宗到了中原，成为唐代的战神、军神，当时军队旗帜上画的都是这个毗沙门，小老鼠的故事也就跟着传过来了。到了宋代，道教盛行，道教是多神教，狮子老虎都可以修成大仙大圣，但是道教的神尽管很多，大圣也很多，却缺少那种体面的、高贵的、有门第的大神，特别是缺少军事方面的大神，于是道教就到佛教当中去请，把毗沙门天王请过来作为道教的护法神，把他的身份明确为唐代大将李靖，封为道教里天兵天将的统领，统领玉皇大帝的十万天兵到处降妖捉怪，叫托塔李天王；他的儿子独犍（也作"独健"）也就改名叫哪吒，成了所谓的哪吒三太子；他的原来部下各种各样的小妖精也就成了李天王手下各种各样的天兵天将。所以《西游记》说鼠精是托塔天王的义女是哪吒的义妹，其实一点都不错。

毗沙门从宋代之后，在佛教里的地位一路下降，最后成为寺庙里看守山门的四大金刚之一北方多闻天王，在《西游记》里原本那种雄视天下的地位没有了，只能以新的托塔李天王的身份出现。只有在日本的寺庙里，毗沙门仍然被作为重要神祇看待，因为日本继承中华文化的范本，取自唐代。

这个故事追根寻源，真的有一条宗教文化转换的线索贯穿在里面，我们可以一直把它追溯到唐代，可以一直追溯到西域，这就是《西游记》里暗藏的文化价值。吴承恩在完成《西游记》的时候，利用了很多很久远的故事，他未必知道这些故事的来龙去脉，但当我们今天仔细辨认的时候，就会感受到《西游记》的文化原来是如此的源远流长。

车迟国：一连串的西域政治宗教话题

高昌以西，就是车师、龟兹、飒秣建诸国，当年玄奘在这些国家经历的一系列事件也被混搭成了车迟国的故事。"车迟国"是《西游记》故事的一场重头戏，孙悟空与虎力大仙、鹿力大仙、羊力大仙生死相搏，经历了一场苦斗。

车迟的名称应该来自车师国。车师与车迟，由于音译的不同似乎有一点区别，其实是同一回事，这在语言学上是可以得到合理解释的。

车师国旧址在高昌国以西。车师汉代以来也算是个著名的西域古国，但在玄奘到达时已经被高昌国占领。玄奘离开后不久，高昌国又被大唐消灭，其所在也就是大唐安西重镇所在地。但车师这个国家虽然已经消亡，它的名称以后很长一段时间里却还在使用，尤其是在喜欢用典故的文人中，如盛唐著名的边塞诗人岑参有一首诗，叫《走马川行送封大夫出师西征》，其中有句：

　　虏骑闻之应胆慑，料知短兵不敢接，车师西门伫献捷。

岑参当时是安西都护府的军中幕僚，驻地就在古代的车师，他为主帅的出征写了这首诗，说我军兵强马壮，敌骑定会望风而逃，我就在车师的西门等候您的捷报。

　　龟兹旧址在今库车，也就是在高昌国、车师国的更西边一些。当年玄奘大约在七月份到达高昌，八月份再从高昌出发赴龟兹，到龟兹时应该是在秋天，此时天气已见寒冷，虽然龟兹距离将要翻越的葱岭还很远，但考虑到前方已经没有多少信佛的大国，因此玄奘决定在此过冬。据记载，在龟兹玄奘逗留了两个多月，然后在次年初春出发，于初夏时翻越了葱岭。

　　龟兹也是一个佛教盛行的地方，但与大唐不同的是，龟兹信奉的主要是小乘佛教。当时的佛教领袖是位众人敬仰的高僧叫木叉毱多，曾在印度游学二十多年，造诣高深。他对玄奘颇为客气，但遗憾的是他信奉的是小乘佛教。我们前面已经介绍了大、小乘佛教的区别，也说到玄奘奉行的是大乘教法，因此他和木叉毱多之间不可避免地发生了教义论辩。玄奘向木叉毱多请教时提到大乘经典，木叉毱多很不高兴地说："你怎么问起这等邪书，真正的我佛弟子是不学这些的。"而玄奘本来对木叉毱多崇敬的心意，也自此云消雾散。从《大慈恩寺三藏法师传》的记载来看，论辩的最后是玄奘取胜，木叉毱多对玄奘也非常钦服，但两人的关系却渐渐疏远，甚至到了木叉毱多不愿再见玄奘的程度。

　　对于这些事件的严肃性我们不可忽视。我们应当把玄奘的绝食看作是一次与高昌王温柔的生死相搏；我们也应当把玄奘与木叉毱多的论辩看作一场虽然没有生死之虞，但事关尊严与荣誉的斗法。在宗教氛围中，信仰的不同是最深刻的分歧，所谓"道不同，不相与谋"，说的是对信仰或教义分歧最简捷的处理原则，而这往往是做不到的，更多见的是激烈的口舌之辩和意气之争。我们去青海、西藏旅游，寺院僧侣们的辩经非常值得一看：参与的僧侣分为立论者（立宗）和发难者（辩宗），立论者提出论点后，坐地应对，气定神闲，莫测高深；发难者可以是一人，也可以是数人，围住立论者，口若悬河，滔滔不绝。口辩还经常伴随身动，常见的姿势是提问者左手前伸，指向坐在地下的立论者，右手高高扬起来，向前拍下去，发出清脆的响声，同时高抬左脚，跺下去，再大喊一声，那气势就如巨石击卵，泰山压顶，紧张而热烈。这是同门之间的学习切磋，胜负的结果不过是自鸣得意和羞愧自责的区别而已。但如果这样的辩经发生在不同教派之间，往往就意味着无穷无尽的、不可调和的争吵；而如果发生在不同宗教之间，那就是刀光剑影的另一种形式。玄奘后来在印度，就经历了一次与外道婆罗门教以项上人头为赌注的辩经。那次辩经，玄奘赢了，失败的婆罗门如约上门等候处置，但得到了玄奘的宽恕；而我们这里做一个假设，假设婆罗门赢了，他们会留下玄奘脖子上的人头吗？

但车迟国的斗法更可能与遥远一些的飒秣建国有关。飒秣建国古称康国，在今中亚接近伊朗处。这个国家当时信仰拜火教不事佛法，有事都会点起火把，造成一种恐怖的气氛。《大慈恩寺三藏法师传》记载，玄奘初到飒秣建之时，因信仰不同也被民众围攻，民众持火驱逐玄奘几乎把庐舍也烧了，而国王起初也很怠慢，不乐意处理此事。玄奘耐心地给国王讲解佛教精义，一夜之间使国王改变了信仰，下令逮捕闹事者。事在《大慈恩寺三藏法师传》卷二：

> 至飒秣建国，王及百姓不信佛法，以事火为道。有寺两所。炯无僧居，客僧投者，诸胡以火烧逐不许停住。法师初至，王接犹慢。经宿之后，为说人天因果，赞佛功德，恭敬福利，王欢喜请受斋戒，遂至殷重。所从二小师往寺礼拜，诸胡还以火烧逐。沙弥还以告王，王闻令捕烧者，得，已集百姓令截其手。法师将欲劝善，救之。王乃重笞之，逐出都外。自是上下肃然，咸求信事，设诸大会，度人居寺。[①]

---

① 慧立，彦悰. 大慈恩寺三藏法师传 [M]. 北京：中华书局，1983：30.

从情节生发的规律来看，车迟国斗圣的情节完全就是这件史实的故事版，而时间、地点的混搭，也在情理之中，对于内地的吴承恩之类的文人，高昌、龟兹和飒秣建没有太大的区别——他们都是西域胡人。

与龟兹关系最为密切的应该是《西游记》中的乌鸡国故事。《西游记》说师徒四人到达乌鸡国时，国王已经被一个妖魔沉入井底，而坐在金銮殿上的国王则是妖魔假扮。师徒四人从井底救了国王，又请来文殊菩萨让假国王现了真身，原来是菩萨的坐骑青毛狮子。悟空欲问罪，菩萨说这个狮子不曾害人，悟空追问道："三宫娘娘，与他同眠同起，坏了多少纲常伦理，还叫着不曾害人？"菩萨道："玷污她不得，他是个骟了的狮子。"悟空伸手一摸，果然。

这个情节，我们很容易理解为是作者为了照顾儒家的纲常而设计的情节，但实际上《大唐西域记》却说这个故事在西域有非常直接的原型。其卷一中屈支国（按：即龟兹。）记：

  闻诸先志曰：昔此国先王崇敬三宝，将欲游方观礼圣迹，乃命母弟摄知留事。其弟受命，窃自割势，防未萌也。封之金函，持以上王。王曰："斯何谓也？"对曰："回驾之日，乃可开发。"即付执事，随军掌护。王之还也，果有构祸者曰："王令监国，淫乱后宫。"王闻震怒，欲置严刑。弟曰："不敢逃责，愿开金函。"王遂发而视之，乃断势也。①

大意是说国王外出，命王弟留守，王弟预感到此事会有麻烦，为了避嫌，先自阉割，又把割下来的残物放在盒子里交给国王自己保管，让国王在回归后开启；后来国王归国之时，果然有人以"淫乱后宫"的名义构陷王弟，而王弟也凭借金函里的残物证明了自己的清白。这件事的核心是：与王后同起同眠的代理王是阉割了的。我们认为，它与《西游记》里情节一定有渊源关系。

玄武门：一种另类历史价值观的体现

唐太宗游地府的故事出现在第九回，不太显眼，但是它却能折射出被保留

---

① 玄奘. 大唐西域记［M］//季羡林. 大唐西域记校注. 北京：中华书局，2000：62.

在故事情节中的，我们传统文化当中的一种历史道德观。

取经的真正开始是在第九回。第九回似乎漫不经心地讲了一个无关轻重的开场白：由长安城外两位世外高人的对话引出的梦斩泾河龙——唐太宗游地府的故事，但其实个中隐藏着刀光剑影：情节来自唐代一段血腥的历史事实"玄武门之变"，讲述的是一个批评君王的"唐太宗游地府"故事，昭示的是一种传统的历史价值观，我们不可小视。

《西游记》第九回说：大唐贞观年间，长安城外有两位世外高人，一位是樵子，一位是渔夫。有一天这二位碰在一起聊天，樵子说，我在山中不慕荣华，无忧无虑；那一位就说，我在水里打鱼为生，也是无忧无虑，逍遥自在。这个渔夫说话之间，透露出一个秘密，说长安城里西门大街上来了一位算卦的袁先生，他的卦算得很准；渔夫说他已经与这位袁先生签订了一个双赢的协议，那就是每天送袁先生一尾鲤鱼，作为他算卦的课金，那么袁先生每天算一卦，告诉他在哪里打鱼，当然是网网不空。

这两位河边的说话，被河里面巡河的夜叉听去了。这条河叫泾河，泾河里面有一个龙王，当然就叫泾河龙王。龙王听到夜叉的报告之后很生气，于是就打扮起来到长安城内去找算命先生。龙王打扮很文雅，书生模样，但是出言不善，暗含杀机，说：请你给我算一卦，什么时候下雨。这位袁先生也不知道看没看出眼前的就是龙王，把手伸到袖子里掐了一阵，说：巧了，正好明天有雨，明天早晨七点开始起云，九点打雷，十一点下雨，下两个小时雨停。这一说龙王乐了，很高兴，马上和袁先生打了一个赌说：如果明天真下雨，我送五十两银子过来，作为课金；如果明天不下雨，那我就不客气了，我就要到你这来砸了你的门面，扯你的招牌，要把你赶出长安城去。龙王觉得这个赌稳赢不输，我是龙王，这块土地上刮风下雨的事由我说了算，怎么能由你一个算卦的说了算呢。龙王这个时候有点太自大了，他忘了自己只是个刮风下雨的执行者，而什么时候刮风，什么时候下雨，下多大的雨，这件事是由玉皇大帝决定的。结果等他回家的时候，玉皇大帝的一道旨意到了，告诉他明天得安排一场雨，怎么下，下多少，都和刚才袁先生说的一样。

龙王心高气傲，一时糊涂，行雨的时候就改了时间，改了地点，也改了行雨的雨量，然后去找袁先生算账。结果袁先生告诉他，你违背天条，已经被判了死罪，明天要到天上的剐龙台上去砍脑袋，只有找监斩官也就是唐太宗身边的宰相魏征才有可能挽回。龙王病急乱投医，想魏征是人间的宰相，唐太宗是人间的皇帝，找唐太宗去说个情，也许管用，于是托梦给唐太宗。唐太宗不知道这里面到底有多么严重的后果，也就答应了，第二天早朝以后特意留下魏征对弈一场，意思就是说要把魏征看管在这。到了午时三刻的时候，焦躁不安的魏征忽然打起瞌睡来，其实是元神出窍，上天执行了他的使命，把老龙王头砍下来了。

被砍去脑袋的龙王怪唐太宗失信，于是在阴间告了唐太宗一状，唐太宗这时候也只有到阴间去走一遭与龙王对质。在阴间他遇到了一个姓崔的人叫崔判官，曾经是他的部下，这位崔判官帮助他很快解决了和龙王之间的矛盾。但是他遇到了另一个大麻烦，就是他在阴间碰见了被他亲手杀死的哥哥李建成和弟弟李元吉以及他们的部下，一大群的冤魂野鬼。这批人看到他马上大呼小叫：李世民来了，还我命来，还我命来！唐太宗吓得不轻，无处躲避，后来在崔判官的帮助下，许愿要大赦天下，要做一场水陆大会超度亡灵，这才把事情遮掩过去。他回到阳间以后当然要兑现诺言，于是做水陆大会超度亡灵，这种情况下江流儿就被选为主持水陆大会的高僧；正好这时候观音从西方来寻找取经人，也选中了江流儿，取经就从这里开始。

本来说到取经让江流儿出场就是了，为何要绕一大圈从唐太宗说起？这里大有玄机。唐太宗的一段故事其实早已有之，叫"唐太宗游地府"。《西游记》里出现唐太宗游地府这个故事，又扯上唐僧取经，和历史上的一些政治公案有关，也和我们传统文化当中的一种历史道德观有关。

这就涉及一个重大的历史事件"玄武门之变"。玄武门之变发生在唐代武德九年，也就是公元626年，应该定性为是发生在长安城里面的一场宫廷军事政变。我们都知道唐太宗李世民和他的贞观之治，但唐代第一个皇帝不是李世民而是他的父亲李渊；第一个年号也不是贞观，而是李渊用的武德。我们知道，中国在南北朝时期以后经历了长期的动乱，隋朝隋文帝统一了中国，但是不久隋炀帝又来了一番折腾，导致天下大乱。在各路乱世英豪中，太原节度使李渊是最强大的一支，动乱当中他和他的三个儿子如狼似虎，很快就占领了中原地区，建立了自己的大唐帝国，用年号武德。

俗话说："上阵父子兵，打虎亲兄弟。"在夺取天下的过程中，李渊的三个儿子都起了很大的作用，但是天下打下来了，享受成果的时候，特别是涉及谁来继承皇位的时候，麻烦来了。三个儿子中，老大太子李建成、老二秦王李世民、老四齐王李元吉都有自己的军队和谋士，形成了一个围绕着自己的军事政治集团。但这弟兄三个的关系却非常不好，互相钩心斗角，针锋相对，这让李渊非常为难。他想快刀斩乱麻，于是把大儿子李建成扶为太子，希望用这个方法来解决矛盾，但矛盾并没有真正得到解决，没有当上太子的李世民心里不服这个可以理解，当上太子的老大李建成，心也放不下去，有这么一个势力强大处处都比自己高明一点的弟弟坐在身边，他能放心得下吗！最后，李世民抢先动手。有一天，他趁李建成和李元吉同时到宫中去见父亲的时候，在他们必经之处即玄武门埋伏下自己的精锐部队，然后他亲手射死了哥哥李建成，又让部下尉迟恭射死了弟弟李元吉，这就是历史上非常著名的"玄武门之变"。一场血腥的残杀解决了所有问题，三天以后，李渊宣布立李世民为太子，国家一切大事交由李世民处理；第二年李渊宣布退位做太上皇，然后李世民登上皇位，改元贞观，一个新的历史时期从此开始。

从历史发展的角度来说，这次事变应该是值得庆幸的，因为以他们三兄弟之间的关系，矛盾是没有办法调和的，发展下去一定会出现分裂割据重新混战的局面。李世民抢先动了手，他留了下来，应该说是历史的幸运，因为李世民很能干，后来他把国家治理得井井有条，造成了著名的贞观之治就是证明。但是，这次玄武门之变有两条道德缺陷：第一条违制夺权，因为李建成毕竟是正式的太子；第二条骨肉相残，毕竟是李世民先动手杀同胞兄弟。因此历来都有史家批评李世民的皇位来路不正，对他的那种弑兄、杀弟、逼父的行为进行道德指责，如明代有位著名史学家、思想家叫王夫之，他在评价李世民的行为的时候，用了八个字：穷凶极恶，毫无人性。这相当具有代表性。后来这种舆论慢慢地发展就变成"唐太宗游地府"的这个故事。大概大家觉得唐太宗的才能没有什么可指责的，也指责不了，那就让他在阴间，在另外一个环境下接受道德的批判，让他承受一些亲情基础上的痛苦和内疚，让他表现出一定程度的忏悔，这就是为什么唐太宗游地府会在唐代出炉的原因。

但这个故事为什么会与《西游记》有关？这个故事诞生在唐代，在晚唐文献里已经有了，当时这个故事独立自成体系，和《西游记》没有任何关系，《西游记》早期的故事即明代之前的、元代的故事，都没有这个部分，我们看一看杂剧《西游记》就知道了——它的唐僧取经，就是小和尚江流儿主持大会，然后观音来了，问有没有人愿意去取经，玄奘说愿意，大家把他送走就行了。这也就是说，《西游记》中的故事到明代初期的时候，和唐太宗没有任何关系。

为何后来又有关系？因为洪武后期，明朝也发生了一场军事政变，也是违制夺权，也是骨肉相残，史称"靖难之役"。明代的第一个皇帝朱元璋有二十六个儿子，他把这些儿子除了太子以外，全部都封为诸侯王。当时的诸侯王有钱、有权、有军队，地方政府和附近的军队都要听他指挥，形成了朱氏王朝的核心力量，在明朝建立国家保卫边疆的过程中，在稳定社会的过程中，这些诸侯王起了很大的作用。其中朱元璋特别喜欢的是第四个儿子，也就是驻扎在北京的燕王朱棣，甄选自己继承人的时候，朱元璋曾经考虑过朱棣，但这个念头因为明显与礼法不合而被放弃。后来太子朱标早逝，朱元璋又一次面临着培养接班人的问题，这时候按照礼法，皇位继承人应该是朱标的儿子，也就是朱元璋的长孙朱允炆。但是朱元璋对他这位孙子很是看不上，认为他太文弱，身上担不起国家的这副重担，就想把皇位传给他欣赏的朱棣。但是后来这也被大臣以礼法不可违背劝阻了，朱元璋只好把皇位传给了朱允炆，就是后来的建文帝。但是朱元璋的这一犹豫，无疑是对朱棣的一次纵容和怂恿。后来朱允炆上台不久，他的这位叔叔就在北方起事造反了，用四年的时间攻下了南京城，赶走侄儿朱允炆，自己做了皇帝。朱棣坐上皇位以后，对他的遣责批判比当年要厉害得多了，对付汹汹舆论，朱棣的办法就是杀人，有时一个案子就株连杀人上万。但是不管他怎么杀，这件事情在士大夫当中，在知识分子当中，在老百姓当中，总是一个话题，人们总有对建文帝的同情和对朱棣的指责。朱棣其实也是一个很了不起的帝王，但是这个和封建礼法制度是两码事，封建礼法制度其实是有道理的，因为皇帝会经常更换，如果没有秩序，没有一个法定的秩序，就会出现纷争。

在明初这个时候的《西游记》故事里出现唐太宗游地府的故事，和朱棣的篡位夺权应该是有关系的。人们同样考虑：我们没有办法谴责你，没有办法让你从皇位上退下来，我就在道德上批判你，就用唐太宗游地府这个故事来隐射你的政权来路不正。这就是这个故事为什么产生，又为什么在《西游记》里面出现的原因。当然这个故事和吴承恩没有关系，因为这个故事是在吴承恩之前就出现在《西游记》里面的，吴承恩受的是儒家教育，他也赞成儒家的礼法制度，所以他就把这个故事保存下来了，保留在《西游记》里面。

第六章 《西游记》人物的文化原型

在"《西游记》故事形成的节点"一章中我们已经捋出了几个阶段,其中不难看出唐僧取经故事在不同阶段所受到的不同文化介入的痕迹,而且很显然,每一次不同文化介入都会导致情节的一次重大变化和发展。

黑格尔说过,存在的都是合理的——这是哲学,换句曾经流行的话说:世界上没有无缘无故的爱,也没有无缘无故的恨。所有变化的发生,在看似偶然的背后都有必然的原因,这在《西游记》的几个主要人物身上也能清晰地体现出来。

《西游记》对孙悟空、猪八戒、沙和尚、白龙马和唐玄奘的身世均有介绍:

孙悟空是花果山上石头缝里蹦出来的猴子,吸取天地精华而孕育,生来就曾惊天动地,又屡经奇遇学成一身武功;后来闹了地府,闹了龙宫,又闹了天宫,终于被如来用计压在五行山下。

猪八戒原是天河里的天蓬元帅,因带酒调戏了嫦娥而被贬下凡,究其天生相貌应该不差，倒霉的是他下凡投错了胎，进了猪的肚子，长成了一副奇丑的怪模样，在高老庄连骗带抢，娶了媳妇高翠兰，暂且落脚。

沙和尚青不青黑不黑晦气脸色，本是玉皇殿前的卷帘大将，也算是玉皇身边的亲信，但因为是打碎了琉璃盏而被贬入流沙河，每七天受一次利剑穿肋的惩罚，就靠抓几个渡河人度日。

白龙马身份高贵，乃是西海龙王敖闰之子，有点纨绔子弟习气，不知因何事纵火烧了龙宫大殿上的明珠，被龙王上表天庭，告了他一个忤逆不孝的罪名。被玉帝吊在空中痛打三百，即将被问罪诛杀。

观音往东土寻找取经人，发现了这几个可造之材，于是让他们皈依佛门，收拾行李上路去灵山取经。要求是必须风餐露宿，不避艰险，步步亲历，跨越千山万水，然后才能取得真经班师回朝。

这些当然是神话，是故事，但别以为神话故事就是随口胡诌。非也。一方面，《西游记》笔法甚为严谨，情节线索都有交代呼应，一小妖一小怪，一兵器一法宝，均不得马虎。另一方面，时代和文化对情节人物均有限制，唐僧取经的故事在吴承恩之前已经存在了九百多年，其间有无数的人参加了故事的创作修改，这师徒几位的身世已经由不得胡诌了。

也许有人会质疑：研究这些干吗？哪儿的猴不是猴，哪儿的猪不是猪？答：不一样！我们关心猴子生在哪座山上，是对那座山为何能生出猴子感兴趣。当然，这是比喻。我们关心的是决定孙悟空从开始的毛头毛脑走到后来美猴王的文化因素；关心的是猪八戒为什么是猪而且在高老庄娶了媳妇；我们关心的是在孙悟空、猪八戒等的背后，哪些人出于哪些动机而做了哪些努力。我们要从这里开始，一层一层地扫去罩在历史上的灰尘，牵出一件件被忽视的历史事件，去看已经过去的那个时代的社会生活，当然最终还是为了更好地认识我们现在的生活。

一 唐三藏形象的文化溯源

《西游记》的主角唐三藏——或者直呼为唐僧，虽然以历史人物玄奘法师为原型，姓名一样，法号一样，取经的经历大体上也是一样，但两者的身世不一样，情节不一样。文化动因何在？文学原因何在？

《西游记》"江流儿"故事

谈唐僧形象的文化渊源，得从《西游记》的第九回说起。《西游记》研究中，有一个很著名的"江流儿身世"的问题，就与它直接联系在一起。

所有《西游记》的第一回到第八回也就是孙悟空大闹天宫一节都是相同的，再往后第十三回到第一百回取经途程也都是一样的，但不同版本的第九回到第十二回则有所不同。不同之处就是对唐僧身世的处理有别。

可能有三种情况：

简单的江流故事：书中没有单列章节，只有简单地以诗歌（韵语）形式介绍了唐僧身世。这一种版本的第九回到第十二回的回目是：

第九回　　袁守城妙算无私曲　　老龙王拙计犯天条

第十回　　二将军宫门镇鬼　　唐太宗地府还魂

第十一回　　还生受唐王遵善果　　度孤魂萧瑀正空门

第十二回　　玄奘秉诚建大会　　观音显象化金蝉

这四回讲的是"唐太宗入冥"的事，算是引子，从樵子、渔夫的对话开始，到唐太宗还阳后建水陆大会超度亡灵，引出唐僧往西天取经。对于唐僧的家世履历，只是在第十一回唐僧出现时用一段简单的所谓的"诗"加以介绍：

灵通本讳号金蝉，只为无心听佛讲。

转托尘凡受苦磨，降生世俗遭罗网。投胎落第就逢凶，未出之前临恶党。父是海州陈状元，外公总管当朝长。出身命犯落江星，顺水随波逐浪泱。海岛金山有大缘，迁安和尚将他养。年方十八认亲娘，特赴京都求外长。总管开山调大军，洪州剿寇诛凶党。状元光蕊脱天罗，子父相逢堪贺奖。复谒当今受主恩，凌烟阁上贤名响。恩官不受愿为僧，洪福沙门将道访。小字江流古佛儿，法名唤作陈玄奘。

最早的百回本《西游记》，也就是金陵世德堂本，就是这个样子。

完整的江流故事：其第九回讲述说，当年唐僧的父亲、海州人士陈光蕊高中状元，被当朝宰相殷开山的女儿温娇小姐抛绣球招为驸马；后来陈光蕊赴洪州上任，途中遇盗被害，强盗冒名顶替赴洪州做官，殷小姐为了保住腹中的小孩忍辱偷生，在生下小孩后将其放入江中随水漂流。镇江金山寺的长老在江边捡到小孩后唤作"江流儿"，将其留在寺中收养，长成后取法名玄奘。玄奘长大后了解真相解救了亲娘，又在水府中找到了被龙王救下的父亲。后来陈光蕊升任朝廷学士，殷小姐从容自尽，江流儿立意安禅，于是在洪福寺中修行，直到被推荐主持唐王的水陆大会。这种版本的第九回到第十二回的回目是：

第九回　　陈光蕊赴任逢灾　　江流僧复仇报本

第十回　　老龙王拙计犯天条　　魏将军遣书托冥吏

第十一回　　游地府太宗还魂　　进瓜果刘全续配

第十二回　　唐王秉诚建大会　　观音显象化金蝉

实质性的不同是叙述了完整的江流儿故事，安排为第九回，而将原来的第九回拆开压缩进了后面的三回，如此一来原来这三回的回目就都不同了。

这种安排最早见于清初的《西游证道书》。我们在第一章介绍了《西游证道书》的刻印者是位姓汪的学道之人。他刻印的《西游证道书》除了为《西游记》找了一位作者丘处机，极力把《西游记》说成是修炼道家金丹的教科书之外，还对世德堂本没有唐僧身世的详细介绍感到奇怪和不满，于是假称找到了一个包含有唐僧出身也就是江流儿故事的古本，说：

童时见俗本竟删去此回，杳不知唐僧家世履历，混疑与花果山顶石卵相同……后得大略堂《释厄传》古本，读之，备载陈光蕊赴官遇难始末，然后畅然无憾。

这段话里的"俗本"指世德堂本，至于"大略堂《释厄传》古本"的模样，则现在还没有人见到过，因此一般认为是汪澹漪的说辞。

汪澹漪的这种安排自然就成了一个新的版本，这个本子在清代很流行，现在若干种在专业上要求不高仅供大众阅读的《西游记》，都是采用他的这个版本。

"附录"的江流故事：我们知道，出版社出版《西游记》，都要找一个好的底本。所谓的好，首先指最接近原作原貌，不能是屡经翻刻的；其次包括内容完整，字迹清晰，刻工精湛，校对仔细，等等，越是著名的出版社对这一点越是讲究。在这个意义上，世德堂本是最好的底本，符合上述的各项要求。1955年，人民文学出版社以世德堂本为底本，校注出版了一种新的《西游记》。1980年，又做了少量修订出版了第二版。这个本子是目前最精致、印刷量最大的一种《西游记》，大家有兴趣可以翻一翻版权页上的印数记录，印数大概是以百万计的，这还不包括许多其他出版社使用这个版本的印数。当时第一版以世德堂本为准，但直接插入了《西游证道书》的江流儿部分。出第二版时，考虑到这一部分不是世德堂本原有的，直接插进去在学术上显得不够严谨，但事实又是自从汪澹漪《西游证道书》加上了这个故事后，一直都比较受欢迎，将这个已经成型的故事丢掉，也有点儿可惜。后来几经斟酌，采用了一个变通的方法，即主体还是保持世德堂的原样，但用"附录"的方式将江流儿的故事穿插在第八回和第九回之间，这样既有学术的严肃性，又保留了精彩的故事，皆大欢喜。从阅读的角度看，加上这一段也没什么不好；而既然人民文学出版社权威版本都这样做了，大家也就乐于相从了，所以这种情况应该是比较多见的。

读者手头的《西游记》，应当不出于这三种情况之外。

世德堂本没有第九回是不争的事实，但这江流儿故事的来路也并不难找，在元杂剧《西游记》中就有四折一个完整的故事。

重要的是，不管是简单地用诗歌介绍，还是说一个完整复杂的故事，《西游记》所叙述的唐僧故事，与历史上玄奘大师的身世差别太大，几无共同。

真实的玄奘法师身世故事

前面我们介绍过玄奘法师西出长安赴印度求学的经历，现在介绍一下玄奘的出生与家世。《大慈恩寺三藏法师传》记录：

> 法师讳玄奘，俗姓陈，陈留人也。……父惠，英洁有雅操，早通经术，形长八尺，美眉明目，褒衣博带，好儒者之容，时人方之郭有道。性恬简，

无务荣进，加属隋政衰微，遂潜心坟典。州郡频贡孝廉及司隶辟命，并辞疾不就，识者嘉焉。有四男，法师即第四子也。①

说其父亲陈惠精通儒术，先入仕途，后又辞官务农，耕读之余精研经典，因此陈祎从小受过良好的教育。

年八岁，父坐于几侧，口授《孝经》，至曾子避席，忽整襟而起。问其故，对曰："曾子闻师命避席，今奉慈训，岂宜安坐。"父甚悦，知其必成，召宗人语之，皆贺曰："此公之扬乌也。"其早慧如此。自后备通经典，而爱古尚贤，非雅正之籍不观，非圣哲之风不习；不交童幼之党，无涉阛阓之门，虽钟鼓嘈杂于通衢，百戏叫歌于闾巷，士女云萃，亦未尝出也。

这是在讲一些经常被引用的故事，说陈祎打小就是一个传统意义上的爱学习的乖孩子好孩子，说他八岁的时候，有一次听父亲讲《孝经》，父亲讲到孔子的得意门生曾参每次听讲都侧身站立在老师的身旁这一段时，小陈祎马上站立起来，整理衣襟肃立一旁。父亲起初还没有理解，陈祎说："古代有曾子避席的典故，现在慈父教诲，我也不能安坐一边。"父亲非常激动，觉得这孩子将来一定大有出息。

对陈祎影响最大的一点其实是父亲也精通佛学，在经常给陈祎兄弟讲授儒家经典的同时，也言传身教把佛学介绍给了孩子们。当时是隋朝，隋皇好佛，在两京之一的洛阳广建佛教寺院、广度僧尼，所以，当时出家做和尚的风气很盛。在父亲的支持下，陈祎的二哥陈素很早就出家，在洛阳净土寺做和尚，法名叫长捷。他见弟弟聪明早慧，便把他带到洛阳，经常领他到净土寺里听法师们讲解佛经，还亲自教他念诵经文。陈祎生活在这样一个信奉佛教的家庭中，耳濡目染，渐渐也爱好起佛学，而且很小就产生了出家的念头。

公元608年，好佛的隋文帝派大理寺卿郑善果到洛阳剃度和尚，陈祎听到这个消息，立刻跑去报名，但报名的人不仅多达数百人，其中不少还是熟读了佛经，对佛学很有研究的人，陈祎因此落选了。但他并不甘心，就常在郑善果

---

① 慧立，彦悰. 大慈恩寺三藏法师传 [M]. 北京：中华书局，1983：4.

的衙门外走来走去。有一天，郑善果注意到大门外总有个小孩探头探脑，于是便问随从是怎么回事。随从说，这是个世家子弟，因为想出家，近来总是在门口转悠，大约就是想见您一面吧。郑善果也是出于好奇，找来陈祎亲自考核，结果发现这个小小少年不仅谦恭有礼，对答如流，而且志向远大，就破格录取了陈祎，让他受了剃度、披上袈裟。郑善果感慨地对同僚们说："这个孩子风骨难得，来日必成佛门栋梁。可惜我与诸公都年事已高，看不到他成材的那一天。"

陈祎正式出家时大约是十三岁。出家以后，取法名玄奘。由于他的勤奋好学，也由于他的天资聪颖，二十一岁时就受了"具足戒"，成了小有名气的玄奘法师。

当时正是隋、唐交替时期，社会动乱。玄奘与他的二哥陈素也就是长捷法师从洛阳游方到长安，又从长安到湖北再转成都。由于成都没有受到战争的影响，所以许多高僧都在成都落脚，设坛开讲，玄奘因此有机会接触到很多佛学流派，进步很快。战事平息后，玄奘回到长安，这时长安的佛事已经重又兴盛起来，最有名的法师法常、僧辩经常主持开讲。在众多的年轻僧人中，玄奘学习最为认真，理解也最为透彻深刻，所以二位大师称玄奘是佛门的"千里驹"，玄奘因此而声名大增。

玄奘在精通了多部佛教经典以后，又几乎访遍了著名学者，但仍然觉得不能解开心中的疑团。于是他有了远赴印度取经的念头，后来在贞观初年终于成行。

故事改写唐僧身世的原因

历史上的陈玄奘是河南偃师人，这在有关的史籍上记载得清清楚楚，但《西游记》却说唐僧是海州人，完全错误——在文学上可以称为移花接木、瞒天过海、集合种种、拿来主义，等等。

由于《西游记》数百年来的广泛影响，纠正这个问题怕是不可能了。但为什么取经故事——至少从元杂剧《西游记》开始——要为唐僧改变籍贯与家世？

就其文化动因来说，说来也简单。胡适在《西游记考证》一文里曾经猜想说，大约是因为玄奘成名后，有好事者觉得他的童年太平淡，不足以与他西行的壮举相匹配，于是便为玄奘选了一个比较显赫的家世和一个有传奇色彩的童年经历。这个猜想是可以接受的，因为这类手法是中国古代说唱艺人们的惯技，通俗小说在商业化的环境下成长，不能赚取听众的惊讶和眼泪就说不上成功；不设计一个历经磨难后的大团圆结局就不算结束。

但就其文化元素来说，又很复杂。假定胡适的推想是合理的和可能的，那么这个移植来的显赫的家世和传奇的童年又从何而来？

唐宋以来笔记、传奇里经常讲到的赴任遇难故事值得注意。古代交通困难，无论外出经商还是为官赴任，途中遇到意外的可能性都不是今天可以想象的。意外除了来自山险水恶的自然条件，也来自心地不善的人，因此关于这类出行遇难的记录便不断出现，就成了出行者巨大的心理障碍，有些就演变为亦真亦假的故事。

在北宋人编成的《太平广记》中便有几个与唐僧身世相似的故事。其中一个说唐代天宝年中，有个姓崔的人受官赴任，途中船夫将他推下水淹死，然后带其财物并逼迫崔妻在外乡落户为生。崔妻当时已有身孕，忍辱屈从，生下一子。二十年后，小孩长成小崔，上京赶考，途中投宿在一个叫崔庄的地方，庄上的一位老人家似乎特别喜欢他，经常凝神注视，最后老人家告诉他，自己有个儿子当年外出做官，至今杳无音讯，看模样与面前的他很像。老人家边说边哭，将自己儿子当年的衣服赠送给小崔。小崔回到家时，母亲看到衣服大为惊讶，原来就是自己亲手给原来的丈夫做的，当年离家时被老母亲留下做了纪念。母亲于是将事情的原委都告诉了儿子，并与儿子一起到官府报案，船夫终于被逮伏法。到南宋周密的《齐东野语》中，故事又有发展，情节已经几乎与《西游记》中唐僧的身世故事一模一样，甚至儿子被抛下水又被老僧收养的情节都是一样，只是还没有和唐僧取经发生联系。

这类题材后来在海州一带形成了一个三元神话故事。海州是个古地名，唐代以来辖境大约相当于今天江苏省的东北部，也就是传统的淮海地区，治所在现在连云港市的海州区。

　　读者如果年龄稍长，应该能回忆起当年到处可见的三官殿，三官殿供奉的神叫三元大帝。这是一组道教的神，分别是：

　　　　上元一品赐福天官紫微大帝
　　　　中元二品赦罪地官清虚大帝
　　　　下元三品解厄水官洞阴大帝

三位大帝又分别被称为天官、地官、水官。供奉三元的习俗，大约起于唐，盛于宋。按照道书所说，天官居住在上界，统管诸天帝王、土圣高真、万象星君；地官居住在中界，统管五岳帝君、九地土皇及四维八极神君；水官居住在下界，统管九江水帝、四渎神君、四海龙王等。在他们管辖的范围内，三官要仔细考察神仙的功过，随时记录，有功即降福，有过即降祸，毫厘不爽，点滴不漏，其职责有点类似今天的纪委或监察部门的领导，等级也是相当高的。

　　关于三元的来历，当年的淮海地区流行的一种说法是：三元俗姓陈，本是三兄弟，家住海州，父亲叫陈光蕊（还有个名字叫陈子春）——注意：姓陈，名光蕊，家住海州！——故事说三兄弟的父亲陈光蕊贞观年间状元及第后被丞相殷开山招赘为婿，夫妻赴任途中遇害，陈光蕊被抛入江中，殷小姐被强人霸占。但陈光蕊被龙王所救，并娶了龙宫公主，一口气生了三个儿子。这三个儿子后来修炼得道受封，就是三元大帝；岸上殷小姐生下小和尚叫江流儿，后来为父母报仇。故事显然江流儿与三元大帝是同父异母的兄弟关系，据说在海州过去的九圣团圆宫里，就将陈光蕊、殷小姐、陈光蕊母、殷开山夫妇以及三元兄弟、江流儿共九人一起供奉。

　　再后来，大约元代，唐僧取经的故事已经比较盛行了，身世显赫又有苦难传奇童年的陈光蕊的身世被搬到了唐僧身上，成了《西游记》的一个组成部分——如杨景贤杂剧《西游记》。但是，故事中陈光蕊娶龙宫公主为妻，生下三元兄弟一节被简化了。删去这一节的理由可能有二：从礼法上说，陈光蕊在龙宫另娶，似乎不太正面，也旁生枝节；从故事上说，把这么大牌的神仙亲戚夹在唐僧身世里面，将来神仙体系不好排位。

按照这个故事线索去看，《西游记》里种了一棵人参果树的镇元大仙是挺值得玩味的。《西游记》第二十四回写唐僧师徒四人到了一处鲜明幽静的万寿山，山里有一座松篁簇拥的五庄观。观主镇元大仙自称与唐僧是故交，因为要率徒弟上天听讲，不能亲自接待唐僧，因此叮嘱看家留守的小徒弟清风、明月，让好好接待，还叫从自家的人参果树上打两个人参招待。

这镇元大仙的身份非常特殊。他道号镇元子，"混名与世同君"，门上的春联是"长生不老神仙府，与天同寿道人家"，口气大得很，连那孙悟空都觉得："这道士说大话唬人，我老孙五百年前大闹天宫时，在那太上老君门首，也不曾见有此话说。"待到进入殿堂，只见那壁上挂的是"五彩妆成"的"天地"两个大字。书中写道：

> 唐僧上前，以左手拈香注炉，三匝礼拜。拜毕，回头说："仙童，你五庄观真是西方仙界，何不供养三清、四帝、罗天诸宰，只将'天地'二字侍奉香火？"童子笑道："不瞒老师说，这两个字，上头的，礼上还当；下边的，还受不得我们的香火，是家师谄佞出来的。"三藏道："何为谄佞？"童子道："三清是家师的朋友，四帝是家师的故人，九曜是家师的晚辈，元辰是家师的下宾。"

> 那行者闻言，就笑得打跌。八戒道："哥啊，你笑怎的？"行者道："只讲老孙会捣鬼，原来这道童会捆风。"

孙悟空终于没有笑到最后。五庄观三千年一开花，三千年一结果，再三千年才成熟的人参果，与王母娘娘的蟠桃也就差不多了；孙悟空那点神通在镇元大仙手里也确实就像儿童玩的小把戏，猴头不服不行。整个《西游记》能将猴头治得如此伏贴，除了镇元子与佛祖、观音和猴头的师父以外别无他人，连玉帝都做不到。仔细琢磨，道教神仙系统中还有谁能和三清、四帝、九曜、三星等罗天诸宰相提并论？只有三官大帝。后来孙悟空为了医活人参树，从东海请来三星，还是三星说出了老底："你这猴儿，全不识人。那镇元子乃是地仙之祖……你怎么脱得他手？"难怪这位镇元大仙只拜"天地"二字，而又说"地"字还是"谄佞"出来的，原来他本人就是三官当中的地官。也难怪他说唐僧是故人了，这哪是五百年前一杯茶的交情，原来是同父异母的兄弟呀！当然，别以为我们真的讲神话鬼话，这其实是说它们有文化上的血缘关系。

在这一节的最后，留两个我没有想透也很少有人注意的问题，欢迎讨论。

第一，世德堂本为什么不含早已经广泛流传的江流儿故事？是吴承恩弃用还是世德堂本刊落？

第二，虽然在杂剧中已经有了江流儿故事的主要情节，但汪澹漪能够把戏剧情节转换成白话，而且与《西游记》的文字风格基本相似，也不是一个可以忽略的问题，是汪氏确有一定的才华还是真有"大略堂古本"？

二 孙悟空形象的文化溯源·各家之说

孙悟空形象的文化溯源要复杂得多。百年以来，围绕这只猴子的来源，各门各派，包括许多大师一级的人物已经争论了很久，产生了许多假说。

在展开讨论之前，我大胆说句吸引眼球的话：虽然之前的所有争论都是必要的，过程充满学术，资料非常珍贵，但之前所有的结论都是错的——当然，错误产生于时代的局限，与个人的品德、能力等无关，我对其中的许多大师都充满崇敬，比如对鲁迅、胡适。

这里简单交代一下鲁迅、胡适的通俗小说研究。通俗小说，是中国文学中的一只丑小鸭。中国文学从来只把诗、词、文、赋作为文学的正宗，文人们乐于吟诗、填词并以此作为社会交往的桥梁，诗名就是名片，诗作就是赘见，现场作诗就是才华横溢；唯独写小说、读小说是自降身份——尤其是通俗小说，因此包括《西游记》在内的所有通俗小说名著，在问世时没有一部署上了作者的姓名。中国古代的文学批评，虽然没有那么系统全面，但也不乏刘勰、锺嵘那样的大家和《文心雕龙》《诗品》那样的巨著，而对于通俗小说，很少有人愿意做一番像样的评说，至多不过在杂记随笔中鸡零狗碎地说上三言两语。所以，古人对小说的研究水平是很低的。就以《西游记》为例，读成炼丹术的有，读成参禅书的有，读成《大学》《论语》的也有，弄不懂古人的脑袋是怎么想的。

　　这种状况的改变，开始于鲁迅和胡适。这二位接受了西学的文学价值观，尤其对成就斐然的古代通俗小说充满激情。他们以自己的新派学者的身份介入研究，对于通俗小说建立自己的历史地位，起到了非常重要的作用，由此开创了中国文学研究的一个重要分支。他们和其他一些著名学者讨论了《西游记》，还包括《三国演义》《水浒传》《金瓶梅》等——当然不限于此。许多时候，他们有相同的意见，但有时也有激烈的争论；他们有固执己见的时候，也有更多的相互沟通；当然更多的是创建，比如从神话、仙话、道话、佛话故事中重新定义出神魔小说，是鲁迅的一大贡献——我们知道，中国古代的小说，很多都与佛教、道教的宣传目的有关，有的仅仅为了满足市民阶层的低端需求，以宣扬宗教迷信、封建道德为主要目的，故事荒唐，文字也粗鄙，在专业上我们通常将这类小说称为神话、仙话或者道话、佛话小说。如果将《西游记》淹埋在这类小说中，实在是资源的浪费。鲁迅在《中国小说史略》中为《西游记》等专设了一个名词"神魔"，并解释道：

　　　　且历来三教之争，都无解决，互相容受，乃曰"同源"，所谓义利、邪正、善恶、是非、真妄诸端，皆混而又析之，统于二元，虽无专名，谓之神魔，盖可赅括矣。①

显然，鲁迅从各取一端，勉强容受的儒、道、释三教题材中，归纳出了一个在语义上属于并列结构的"义利、邪正、善恶、是非、真妄"的"二元"观察点即"神魔"二字，带着这个概念读小说时，读者就不再是其中的某一方而是一位独立观察者，就有可能比较客观、比较深刻地理解作品的社会意义。

　　鲁迅、胡适在孙悟空身份问题上也有针锋相对的意见，但我们应当能理解这只是一个契机，正所谓"醉翁之意不在酒也"。实际上他们探讨的是文化传承的问题，是宗教思想的问题，是中西文化交流的问题。

---

　　① 鲁迅. 中国小说史略·明之神魔小说（上）[M]//鲁迅. 鲁迅全集·第九卷. 北京：人民文学出版社，1981：154.

溯源肇始之流别与各家各派之说

1919年"五四"运动之后，鲁迅心意比较消沉，转而专心治学，在北大开讲《中国小说史略》，首开系统研究《西游记》之先河。其中于"唐之传奇文（下）"一节中引李公佐传奇《李汤》之后，说：

> 知宋元以来，此说（按：指无支祁的传说。）流传不绝，且广被民间，致劳学者弹纠，而实则仅出李公佐假设之作而已。惟后来渐误禹为僧迦或泗洲大圣，明吴承恩演《西游记》，又移其神变奋迅之状于孙悟空，于是禹伏无支祁故事遂以湮没也。①

这应该是关于孙悟空形象探源的开始。

胡适于1923年作《〈西游记〉考证》一文时注意到鲁迅的观点，但他更赞成当时在北大教书的沙俄旧贵族钢和泰的看法，于是说了一段同样著名的话：

> 前不多时，周豫才先生指出《纳书楹曲谱》补遗卷一中选的《西游记》四出，中有两出提到"巫枝祇"和"无支祁"……周先生指出，作《西游记》的人或亦受这个巫枝祇故事的影响。……
>
> 或者猴行者的故事确曾从无支祁的神话里得着一点暗示，也未可知……但我总疑心这个神通广大的猴子不是国货，乃是一件从印度进口的。也许连无支祁的神话也是受了印度影响而仿造的。……因此，我依着钢和泰博士的指引，在印度最古的纪事诗《拉麻传》（按：现译《罗摩衍那》。）里寻得一个哈奴曼，大概可以算是齐天大圣的影子。②

胡适用相当一段文字大致介绍了《拉麻传》——现在译为《罗摩衍那》——的情况之后，说：

---

① 鲁迅. 中国小说史略·唐之传奇文（下）[M]//鲁迅. 鲁迅全集·第九卷. 北京：人民文学出版社，1981：85.

② 胡适. 西游记考证[M]//梅新林，崔小静. 20世纪西游记研究. 北京：文化艺术出版社，2008：3, 12.

中国同印度有了一千多年的文化上的交通，印度人来中国的不计其数，这样一桩伟大的哈奴曼故事是不会不传进中国来的。所以我假定哈奴曼是猴行者的根本。

稍后，鲁迅在《中国小说的历史的变迁》再次回应：

……我以为《西游记》中的孙悟空正类无支祁，但北大教授胡适之先生则以为是由印度传来的；俄国人钢和泰教授也曾说印度也有这样的故事。可是由我看去：作《西游记》的人，并未看过佛经；中国所译的印度经论中，没有和这相类的话；作者——吴承恩——熟于唐人小说，《西游记》中受唐人小说影响的地方很不少。所以我还以为孙悟空是袭取无支祁的。但胡适之先生仿佛并以为李公佐就受了印度传说的影响，这是我现在还不能说然否的话。①

一场延续至今，长达近百年的论争，就此开始了。这场争论由鲁、胡二位的各执己见开始，至后来的学者各取一说，分歧之大，争论之激烈，始作俑的二位前辈大概是想不到的。到20世纪80年代小说研究出现高潮时，致力于《西游记》研究的学者大概没有不就此发表意见的。

鲁迅的观点后来被称为"本土说""国产说"，亦称"民族传统说"，胡适的观点被称为"进口说""外来说"，亦称"印度影响说"，在二者之间，还有一种较有影响的"混同说"，这三说构成了聚讼的主体；此外还有"佛典说""石槃陀说""释悟空说"，等等。

"本土说""国产说"的形成与质疑

"本土说""国产说"，亦称"民族传统说"，肇始于鲁迅。持此说者认为孙悟空类似唐人传奇中出现的淮水水怪无支祁。这一说的研究主要集中于探寻民族文化传统对孙悟空的影响，和批驳《罗摩衍那》足以影响孙悟空形成的说法。

---

① 鲁迅. 中国小说的历史的变迁·唐之传奇文 [M] //鲁迅.《鲁迅全集》第九卷. 北京：人民文学出版社，1981：317.

分支有"传统猿猴故事说""君子之喻说""大禹或夏启说",等等。以鲁迅《中国小说史略》《中国小说的历史的变迁》,吴晓铃《〈西游记〉和〈罗摩延书〉》(《文学研究》1958年第1期)、刘毓忱《关于孙悟空"国籍"问题的争论和辩正》(《作品与争鸣》1981年第8期)、萧相恺《为有源头活水来》(《贵州文史丛刊》1983年第2辑)、李谷鸣《〈西游记〉中孙悟空原型新论》(《安徽教育学院学报》1986年第3期)等为代表。

把无支祁和以他为代表的中国猴子作为孙悟空形象的源头研究,本身并不错,但我们需要注意:围绕孙悟空的探源(或称渊源、来源、来历、原型),究竟是要解决孙悟空"猴"的身份特征的原型,还是要探寻这个形象在形成过程中所受的主要影响?

这个问题似乎从一开始就是含糊的。鲁迅最早涉及孙悟空时,所谓"明吴承恩演《西游记》,又移其神变奋迅之状于孙悟空"一句应该是指孙悟空所受主要影响;所以胡适在提出"外来说"之前,首先很谨慎地说了一句"或者猴行者故事确曾从无支祁的神话中得着一点暗示,也未可知",对无支祁的影响表示了一定程度的承认,但又明确将他自己的研究对象限定为猴行者,隐约暗示了他所表述的问题与鲁迅并不完全一致。

请注意:鲁迅所说的是吴承恩《西游记》中的"孙悟空",胡适所说的是《大唐三藏法师取经记》中的"猴行者",这是两个完全不同的概念。

孙悟空是业已完成的艺术形象,考虑到它漫长的演变过程,我们根本无法排除它所受到的多元影响(尽管有主次之分),在这一点上展开的讨论也是相当宽泛的,可以有无支祁,可以有哈奴曼,还可以有其他,只要区别出讨论的层次,符合《西游记》成书及孙悟空演变的实际过程,所有这些都是互不排斥的;相反,相互承认与融合倒是必然的趋势。我们可以将这方面的探讨称为"影响"研究。

猴行者则是孙悟空最初的雏形,不仅与吴承恩,与孙悟空无关,而且由于受到了《大唐三藏法师取经记》产生的年代、地域及其自身文化色彩等的严格限制,围绕它所展开的讨论,只能导向于解决猴行者"猴"的身份特征的出处。

我们可将这类研究称为"原型"研究。

"影响"和"原型"虽然原则上是有关的,但范围有宽窄的不同,不能等同看待。可惜胡适与鲁迅的分歧没有引起他们自己的注意,也没有为后来的持论者注意,许多争论实际上都是由于概念不同而引起的。

如果我们按照以上的限定,将探源分为"影响"与"原型"两个宽窄不同的层面,并要求分别讨论相关问题的话,那么各说的自身缺陷就会比较清楚地暴露出来。而"本土说"的问题显然要严重一些。

一方面,"本土说"继承了鲁迅"影响"研究的路子,但又误将"影响"当作"原型",导致进退失据。

例证1:有论者以"石出北方而启生"及刑天与帝争位等神话故事为例,试图证明传统文化中早已有孙悟空的原型及精神存在,对"吴承恩塑造孙悟空应有所启示"。按:孙悟空"石中生人"的来历及与帝争位的事迹,只见于百回本《西游记》,而与《大唐三藏法师取经记》中的猴行者无关。此例对《西游记》中某些情节的出处当然是很好的说明,但这是探讨孙悟空所受的"影响"而非追寻猴行者出身的"原型"。

例证2:有论者以《陈巡检梅岭失妻记》为例,证明猢狲自称"齐天大圣"早已有之,孙悟空之为"猴",当是源出于此。按:孙悟空自称齐天大圣,直接证据只见于《西游记》杂剧,已是相当晚出,而《大唐三藏法师取经记》出现于晚唐五代,当时并无"齐天大圣"一说。此例能够证明猴行者演变到明初时吸收了传统文化中的某些成分比如齐天大圣,但不能说猴行者由此衍生。

另一方面,"本土说"人为的排他性,导致了自我封闭。按照"本土说"的主要构想,其合理的归宿是演变为以孙悟空形象和故事为本体的完整的"影响"研究。但"本土说"的排他性却堵塞了这一可行的通路。

比如"外来说"已经致力于寻找《罗摩衍那》进入中国的途径和传播方式,这是针对"本土说"批评的重要进步。《罗摩衍那》在中国的传播必然要借助于本土的传统文化作为媒介,这与"本土说"是一种很好的局部契合研究的机会,但"本土说"坚持认为在传统文化的宝库中,"吴承恩完全可以找到孙悟空的原型，用不着向国外乞求"，否认《罗摩衍那》产生影响的任何可能。这种固执的态度不仅与大文化传播的实际情况不符，而且也使自己失去了共同讨论外来文化为传统文化吸收，以致最后影响到孙悟空的机缘。假如"本土说"将来意识到自己应是一种完整的"影响"研究，那很可能就会发现，将哈奴曼排除在外的影响研究事实上是不完整的。

所有这些，都使得"本土说""国产说""民族传统说"，在猴行者的原型这一需要精确的问题上，显得过于宽泛；而在孙悟空所受影响这一需要宽泛的问题上，又显得过于局促。"本土说"等的归宿究竟在何处，实在是一个值得一问的问题。

"外来说""进口说"的形成与质疑

这一观点肇端于胡适，持此说者认为孙悟空的影子是古代印度史诗《罗摩衍那》中的神猴哈奴曼。这一说的研究主要集中在《西游记》与《罗摩衍那》、孙悟空与哈奴曼情节行为的比较，以及《罗摩衍那》在中国的传播。以胡适的《西游记考证》，季羡林的《西游记里面的印度成分》、《印度文学在中国》（《中印文学关系源流》，湖南文艺出版社，1987年版）、《罗摩衍那在中国》（《中国比较文学》1986年第1期），赵国华的《论孙悟空神猴形象的来历》（原载《南亚研究》1986年第1、2期），陈邵群、连光文的《试论两个神猴的渊源关系》（《暨南学报》1986年第1期）等为代表。

"外来说"自提出以来，发生过两次值得注意的变化：一次是比较专注地研究《罗摩衍那》在中国的传播；一次是将搜寻印度文学影响的范围，扩大到两汉以来的汉译佛经。这两次变化，固然可以看作是讨论的合理发展，但不应否认同时也反映了"外来说"本身的危机。

"外来说"面临的最严重的挑战，是直到季羡林先生译出为止，《罗摩衍那》在中国一直没有哪怕是能反映出原书主要情节的译本，当初胡适提出问题时，也仅仅是引用懂梵文对印度文学有研究的俄国人钢和泰的意见，他自己则没有直观的感受。这不能不说是一个无法躲避的巨大阴影。所以郑振铎在他的

《西游记的演化》一文中，除表示同意胡适的观点外，又声明说："什么时候哈奴曼的事迹输入中国变为孙悟空，我不能确知。"

《罗摩衍那》或者哈奴曼何时以何种方式传入中国，并通过何种途径影响到猴行者，正是问题的关键，如果不解决这一点，所有关于《罗摩衍那》与《西游记》、哈奴曼与孙悟空的比较，都只具有潜在的合理性而不能成为确切的结论。

新中国成立之后争论再起时，"本土说"正是在这一关键问题上发难的。1958年吴晓铃先生检出汉译佛经中几乎全部有关《罗摩衍那》的材料，证明汉译佛经虽然介绍过《罗摩衍那》书名和某些重要人物，但不仅简单零碎而且经过了佛教徒的改造，凭借这些东鳞西爪的材料根本不可能窥知《罗摩衍那》的全部面貌和本来面目。吴晓铃先生这一论述的力度是"外来说"持论者都会感觉到的，所以之后的各家论说都试图寻找哈奴曼影响猴行者的途径。但由于大多数持论者既无《罗摩衍那》的第一手资料，又无寻检汉译佛经的条件，因此这方面的论证几乎都是苍白无力的。

例证1：有论者试图以汉译佛经的源远流长来证明《罗摩衍那》和哈奴曼有可能进入中国文学。按：佛经与《罗摩衍那》并不是同一回事，《罗摩衍那》在印度属于婆罗门教的作品，而婆罗门教与佛教的斗争是人所共知的。《罗摩衍那》进入佛经必然经过了一番改造，而佛经经过汉译后又会出现某种变形。因此，汉译佛经可以作为了解《罗摩衍那》的一条渠道，但绝不能因为有了这条渠道，就认为中国人早已熟知《罗摩衍那》的原本。

例证2：有论者认为《六度集经》和《杂宝藏经》中的两个故事拼合，就可得到《罗摩衍那》的基本轮廓。按：这里有很多疑问。首先，有谁知道这两个已经改头换面名目并不相同的故事同源于一本，因而刻意去拼凑以恢复它的原来面目？汉译佛经中故事极多，为什么偏要将这两个一有猴王、一无猴王的故事拼合？即使有拼合的可能，为什么又会促成创作猴行者的意想？这些问题不解决，论证是很难有说服力的。另外，不论这两个故事拼合后与《罗摩衍那》多么相像，事实上《杂宝藏经》根本就没有涉及哈奴曼或猴王，《六度集经》

涉及猴王的不超过五百字、真正说到猴王神通的仅百字左右，而且与猴行者附会不出任何关系。希望据此说明中国人早已知道哈奴曼的事迹，说明猴行者乃是源出于其中的猴王，实在有点不可思议。

"外来说"的主将季羡林先生持论最力，危机感也最强。季先生在"文化大革命"之后的论述，虽然也有将"影响"当作"原型"，将汉译佛经当作《罗摩衍那》的问题，但总的来说是围绕着《罗摩衍那》进入中国的途径进行的。季先生已经证明《罗摩衍那》曾在云南、广西、西藏、新疆、内蒙古等地的许多民族中有过传播，影响的范围已经达到藏、傣、蒙古、和阗、巴利、吐火罗等文种及相应的使用区域，也大致上说明了《罗摩衍那》进入中国是通过两汉以来西域的丝绸之路、宋代大为畅通的南海海路及川滇缅印通道这三条途径。这些论述无疑是"外来说"的一大进步，但由于季先生还未来得及将这些可能的途径与《大唐三藏法师取经记》直接相连，因此这些途径和传播在这些途径上经过改造的故事，是否足以导致哈奴曼对猴行者的影响，还有待于进一步的证明。

作为危机感的另一种体现，赵国华先生比较注意将搜寻印度文学影响的范围，扩大到整个汉译佛经，其中最重要的是他所做的汉译佛经与《大唐三藏法师取经记》的十点比较（这和以上所说的潜意识中将汉译佛经中的有关材料当作《罗摩衍那》是完全不同的问题）。如前所说，这是一种很灵活也很现实的态度，就已经比较的十点而论，大多数都比较符合比较文学的对应原则，也都能够证明《大唐三藏法师取经记》确实受到了汉译佛经的广泛影响。但这种以整个印度佛教文学为对象的比较，已经不是在探求猴行者的"原型"所能解决的问题，实际上是探寻猴行者身份和《大唐三藏法师取经记》中某些故事情节的出处，是孙悟空初起阶段所受到的印度文学的影响。这种比较，与其说是探求"原型"，毋宁也看作是"影响"研究。类似的概念游移的情况还有：如有以二郎神与孙悟空斗法酷似佛经故事，证明"为什么单单这个孙悟空就不能是从印度借来的呢"；有以哈奴曼力大无比、蔑视权贵与孙悟空七十二变，大闹天宫冥府比较……这些都是比较典型的以"影响"代"原型"。这种比较意味着吴承恩之类的《西游记》作者们都必须熟知佛典和《罗摩衍那》，而这实际上是不可能的。如此论证的说服力是可想而知的。

"外来说"是一种很有吸引力的假说，但如果要使人们真正承认哈奴曼是孙悟空的远祖，那还必须拿出实证来。这里所说的实证，主要是指哈奴曼影响猴行者的途径。

"混同说""综合说"的形成与质疑

此说形成于20世纪80年代初期，当时给人以异军突起的感觉。持此论者认为孙悟空的形象不能排除两个方面的影响，应该说它是一个受多元影响兼收并蓄的艺术典型。以蔡国梁的《孙悟空的血统》（《学林漫录》第2辑，中华书局，1981年）、萧兵的《无支祁、哈奴曼、孙悟空通考》（《文学评论》1982年第5期）等为代表。它实际上是发现了"本土说"和"外来说"的缺陷，而试图搅和搅和加以解决。它以"兼收并蓄"为学说的核心，似乎希望成为一个公正的裁决人，但是这多少有点一厢情愿的意味。

从论述的总体情况看，"混同说"对于澄清讨论中的某些争执，显然是有积极意义的。例如萧兵先生关于"到吴承恩手里才最后完成的孙悟空，既是一个综合的典型，又是一个独立的形象，在这个典型身上，既有传统的、继承的、移植的、外来的因素，更有创造的、本土的成分"的意见，就得到了很多赞同。但重要的是，"混同说"虽然有助于防止讨论走向极端，然而它能调解"原型"与"影响"的矛盾吗？它在实质性的问题上能走多远？

对"混同说"可以有两种理解。一种是把它"兼收并蓄""综合典型"的提法，看作是艺术形象塑造的一般法则。从这个意义上来说，"混同说"无疑是正确的。任何一个成功的艺术形象都不会只有单一的来源，而只能是鲁迅曾经形象比喻过的"捏合种种"，何况孙悟空已经经历了那么一个漫长的演变期。对"混同说"的这一层面上的理解太一般了，所以价值也就有限，在人们约定俗成的概念中，孙悟空形象的探源主要还是一个寻找实证的问题，无论说孙悟空受过多少种文化的影响，都必须以切实的证据说明，而不能以大文化范畴内的互相融通和趋同代替。

如果要在实证的探源研究范畴内，混同地求证孙悟空这个艺术形象所受的多源影响（包括猴行者的身份特征），"混同说"当然也是合理的。但有一点是先决条件，即这种求证必须有坚实的成书过程研究为基础，切实避免将"影响"与"原型"混淆的情况，也就是说求证必须是分层次的，必须按照《西游记》的演变阶段逐层寻找孙悟空所受的各种影响，否则混同是会出现偏差的。

例证1：有论者认为中国古代的水怪无支祁是猴行者身份特征的来源之一，证据是无支祁故事早在《大唐三藏法师取经记》诞生之前已经盛行，其"金目电光，力逾九泉，搏击腾跃疾奔，轻利倏忽"，与孙悟空的神通十分相似。

这种比较其实是不能够接受的。按照《西游记》成书的不同阶段（《大唐三藏法师取经记》、元代戏曲、《西游记》平话及百回本等），混同研究应相应分为不同层次。无支祁的身份特征如果是创造"猴"的最初启示，那讨论应在第一层次内进行，属于"原型"问题，它影响的应该是《大唐三藏法师取经记》，而《大唐三藏法师取经记》里的猴行者并没有"金目电光，力逾九泉，搏击腾跃疾奔，轻利倏忽"的神通。两者神通的比较，其实是第二层次乃至更深层次的问题，属于"影响"的范围，两者显然不能混同。

例证2：有论者发现百回本中孙悟空去救金圣娘娘时朱紫国国王以黄金宝串作为身份证明的细节，与《罗摩衍那》中罗摩让哈奴曼带上一只戒指去见悉达的细节十分相似，认为这是孙悟空受哈奴曼影响的重要证据。按：这里也有层次混淆的问题。哈奴曼与孙悟空（应是猴行者）的比较，只能在第一层次内进行，以上的两个细节不论多么相似，一个事实是，中国流传的罗摩故事并没有戒指这一细节，而《大唐三藏法师取经记》中并没有黄金宝串的细节，《西游记》中黄金宝串细节是明人加入的。这实际上是讨论《罗摩衍那》在明人中的传播，至少是暂时还不能作为哈奴曼影响猴行者的证据。

"石槃陀说"事出有因但缺乏说服力

这个石槃陀，就是玄奘初出瓜州时剃度的弟子，张锦池先生认为有可能是孙悟空形象的初始原型。理由是石槃陀和玄奘有师徒之分，算个行者；又石槃陀乃胡僧，胡僧与"猢狲"音近，由"唐僧取经，胡僧帮忙"易传为"唐僧取经，猢狲帮忙"，从而也就为石磐陀在玄奘取经故事中的神魔化提供了契机。①

张先生在《西游记》研究中多有卓见，但这一说的疑问其实是比较大的，且不说由"胡僧"音转"猢狲"只是一种猜测，就是西北一带的胡人是否将猴子叫作"猢狲"都是个问题。而且就外貌而言，石磐陀出现时"法师见其明健，貌又恭肃"（《大慈恩寺三藏法师传》卷一），与安西壁画中早期的尖嘴猴腮随行实在有太大的差别。更重要的是，石磐陀与玄奘虽有师徒之关系，但从记载来看，这一关系仅仅维持了三天左右便不欢而散，最后石磐陀对玄奘的要求近乎胁迫，《大慈恩寺三藏法师传》记下此事，毋宁说是在记录一件意外的挫折。

2001年12月11日《工人日报》又有文章报道，说敦煌学学者段文杰先生多次考察敦煌壁画并根据历史资料确证：孙悟空原型是石磐陀，其家乡在今甘肃省安西县（2006年更名为瓜州县）锁阳城一带。然后，又有文章为张锦池先生争这一说的知识版权。但查询之后，并未见有资料证明段文杰先生确实说过这段话，大约也就是记者的自以为是吧，故媒体虽多转载，不论。

最近在日本发现的元代王振鹏图册《唐僧取经图册》中，有"石磐陀盗马"一幅，似乎对张先生的这一说有支持意义。但我仍然认为，这幅图名为"盗马"，显然石磐陀是一个反派，他出现在取经故事里，只能说明王振鹏所依据的这个系统的故事与《大慈恩寺三藏法师传》可能有渊源关系，而不能说明就是孙悟空的初始元素。

"释悟空说"基于巧合缺乏必然意义

20世纪50年代起流行至今有"释悟空说"，这里的悟空指唐代高僧释悟空。释悟空的俗家姓名叫车奉朝，天宝十载随张光韬出使西域，因病在犍陀罗国出家，贞元五年回到京师。释悟空较玄奘晚了数十年，但是他的出境地点也始自安西，并且回来时在龟兹、于阗等地从事翻译和传教活动多年，在当时的

---

① 张锦池.《大唐三藏取经诗话》故事源流考论[J]//求是学刊，1990（1）.

西域地区影响很大，亦在民间留下了许多事迹和传说。由此，多有学者认为，在取经故事漫长的流变过程中，人们逐渐将释悟空的名字与传说中陪同唐僧取经的"猴行者"的名字联系并捏合在一起，逐渐形成后来《西游记》故事里的"孙悟空"艺术形象。后史双元先生于80年代重提此说，原载《文学遗产》1986年第6期，经中国人民大学《报刊资料选汇·中国古代、近代文学专题》1987年第2期复印而广为人知。

　　史文认为，艺术形象的创造大多为"杂取种种"而形成"这一个"，不可过分胶执，应当看到它可能受到的多极影响；在《西游记》一书后半部分中，孙悟空的主要特征是：不畏艰险，排除万难，保护唐三藏西天取经，终成正果。而《宋高僧传》中有一段记载也可作为孙悟空原型讨论的资料：

　　　　释悟空，京兆云阳人，姓车氏，后魏拓跋之远裔也。天假聪明，志尚《典》《坟》，孝悌之声蔼于乡里。属玄宗德被遐方，罽宾国愿附大唐，遣大首领萨婆远干与三藏舍利越摩于天宝九载来朝阙廷，请使巡按。明年，敕中使张韬光将国信行官吏四十余人西迈。时空未出俗，名奉朝，授左卫泾州府别将，令随使臣自安西路去。至十二载，至犍陀罗国，罽宾东都城也，其王礼接唐使。使回，空笃疾留犍陀罗，病中发愿，痊当出家，遂投舍利越摩落发。……为忆君亲，因咨本师舍利越摩，再三方允；摩手授梵本十地回向轮十力三经，共一夹，并佛牙舍利以赠别。空行从北路，至睹货罗国，五十七番中有一城，号骨咄国城，果有小海。空行次南岸，地辄摇动，云阴雨暴，霆击电飞。乃奔就一大树间，时有众商咸投其下。商主告众曰：谁赍佛舍利异物殊珍耶，不尔龙神何斯忿怒，有则投于海中，无令众人惶怖，如藏匿者自贻伊咎。空为利东夏之故，潜乞龙神宥过。自卯达申，雨雹方霁。回及龟兹。居莲花寺。遇三藏法师勿提提犀鱼，善于传译。空因将十力经夹请翻之。寻抵北庭大使复命。空出梵夹，于阗三藏戒法为译主，空证梵文并度语，翻成十地回向轮经，事讫，随中使段明秀，以贞元五年已达京师，敕于跃龙门使院安置。①

史文提出这一说的主要依据，是因为"上引这段资料中，有关悟空随行出使西域，从三藏落发受戒，途遇怪异，取佛经回京师等主要情节皆已具备"。但这一说有一个极大的缺陷，即取经故事中唐僧最初的随行，是一位"白衣秀才"打扮的猴行者，并不叫悟空，这与俗名车奉朝的悟空和尚似乎就接不上多大关系；而猴行者改称孙悟空，大约是在宋代，为何叫孙悟空，目前还没有可靠的线索，是否乃是因为前朝有位取经的和尚叫悟空，就很难说。

值得注意可能性极高的"佛典说"

此说持论者多为日本学者，认为孙悟空主要源自佛教典籍中的猴形神将。大陆学者对此说少有响应，但我却认为此说有相当大的合理成分，应予注意。

日本学者针对孙悟空"猴"的身份特征，认为《大唐三藏法师取经记》中的猴行者，乃是由佛教典籍——主要是密宗典籍——中的猴形护法神将转化而成。如太田辰夫先生认为，猴行者有"八万四千铜头铁额猕猴王"的称号，而这个称号中的"八万四千"，正是佛典中常用的数目术语，如烦恼多称为"八万四千尘劳"，教派法术多称为"八万四千法门"，连须弥山的高度，也用了虚指的"八万四千由旬"，这样的例子不胜枚举。而"猕猴"这一称呼也是值得注意的，佛典中有很多"猕猴"故事，这些猕猴崇敬三宝，喜听佛法，与中国传统猿猴故事中那些被称为"猿"的反派角色完全不同，穿白衣的猴形神将在汉译佛典中也曾出现过（如《药师十二神图》中即有），这和猴行者"白衣秀才"的形象是一致的②。中野美代子女士在她列出的孙悟空诞生的谱系中，排出一条由唐代僧人善无畏来华传播密宗——大悲观音信仰——猕猴从者的线索③。矶部彰先生

---

① 释赞宁. 宋高僧传·唐上都章敬寺悟空传 [M] //蔡铁鹰. 西游记资料汇编. 北京：中华书局，2010：133.

② 太田辰夫. 西游记研究·大唐三藏取经诗话 [M]. 东京：日本研文出版社，1984：25.

③ 中野美代子. 孙悟空的诞生 [M]. 东京：日本福武书店，1987：224.

在《关于元本〈西游记〉中孙行者的形成》中也曾致力于这一问题的考证。他介绍说日本12世纪撰写的佛典中的《觉禅钞》卷三《药师法》中，十二护法神将之一的西方申位安底罗大将，"猴头人身"，原图并注明"白衣"二字，可能是"白衣秀才"的最初原型，下面我们引其一段来了解一下他的基本意见：

  ……我想提出这样的看法：承担玄奘的护持任务的"猕猴"，似是以唐代的观音信仰为背景而登场的；"猕猴"与玄奘有关系的那种传说的雏型，似在唐代就已经有了。……在密教繁荣的唐代，作为密教系护法神的"猕猴"是相当深地进入了中国社会的。……

  《成菩提集》卷一也有：《大集经》三十五云：……南方海中有颇梨山云云，其山有窟，名曰上色云云，有一猕猴修声闻慈……安陀罗者是传送，即申神、观世音菩萨也。……可知猕猴居于西方或南方海中的山（窟）上，皈依于佛的事，是密教所经常谈到的。这样，密教护法神猕猴的事例，在当时似是相当多地存在着的。尤其是安底罗大将的形象是作为"白衣的猕猴"显现出来，这表明了它跟宋本的白衣秀才猴行者的共同性；……我认为，宋本中的猴行者作为护持者的作用（即并非作为取经途中的向导，而是作为守护三藏法师赴西天的角色）的部分，似乎并不是取材于《大日经序》中的"猿猴"，而是取材于作为密教神将的"猕猴"——千手观音眷属的毕婆伽罗王（大猕猴）和充当十二神将中的安底罗大将的"白衣猕猴"等的。①

  这其中的核心是：在印度佛教中，观音的大将是猴形，观音有时也以猕猴的形象出现，而且这些猕猴都是穿白色衣服的。

  不知是出于何种原因，国内研究者对"佛典说"都甚为淡漠，偶尔注意到此说的如李时人、赵国华先生等，都认为将猴行者与猴形神将联系起来，显得过分简单化，认为猴形神将仅仅是一种动物或以动物为形体的护法神，也仅仅作为神佛菩萨的附庸而偶然被提及，少有自己的故事、经历和思想感情，因而

---

① 矶部彰. 日本西游记中孙行者的形成 [J] //日本. 东洋学集刊 1977 (38)：106—110；赵景深主编. 中国古典小说论集 [M]. 上海：上海古籍出版社，1985：301—327.

不具备派生出猴行者的条件。

　　国内比较关注"佛典说"的是刘荫柏先生。在上海古籍出版社 1990 年出版的《西游记研究资料》中，刘先生收入不少佛经资料，认为《西游记》中的许多情节包括孙悟空的一些习性行为，最初都可能来自于佛经。2005 年 3 月 3 日，刘先生在中国现代文学馆讲课时，再次提到这个问题，他认为孙悟空骨子里的文化倾向是中国的，但在形成过程的初期受到了佛经的影响，以下是刘先生的讲话：

>　　在翻译的佛经里有一个《佛说出生一切如来法眼遍照大力明王经》，在这《大力明王经》里提到有个大力明王，这个人有时穿着虎皮裙，头发如火，眼露金光，手拿金刚棒，而且翻译过来的名字叫孙拿利。在《一字佛顶轮经》里还有他的图像。我觉得孙悟空早期的形象中可能影射过大力明王，理由有这样两点：第一，元代人写的《西游记》平话的注释中说孙悟空的正果是大力明王菩萨，不是斗战胜佛。第二，我们在《西游记》车迟国斗法那一节中看到，很多和尚受到道士的欺压时，太白金星给他们托梦，说将来有一个人能救你们，把孙悟空的样子告诉他们了，那些人在痛苦的时候喊"大力明王菩萨"，喊的是孙悟空，惊动了孙悟空，这里还留着大力明王和孙悟空之间的瓜葛。①

　　我也认为佛经的影响是存在的，而且可能性很大。佛教起源于印度，脱胎于婆罗门文化，其根底构成非常接近于婆罗门教；婆罗门教以多神著称，而神又以动物之身居多；婆罗门的神分大神和护法神等不同种类，所以在佛教中也就有佛陀、菩萨、罗汉、力士、天王、伽蓝之类等名目。猴子，在婆罗门教和佛教中大部分时间都是正面形象，聪明、机智、好学、向善，佛经中此类故事极多，并不仅限于《罗摩衍那》的哈奴曼。所以说，如果孙悟空形象的出现建立在护法的意识上，那么受到某一个猴子神将的启示，也并非不可能。

---

① 刘荫柏先生 2005 年曾在中国现代文学馆做过有关《西游记》赏析研究的系列演讲，演讲内容陆续在网络发表，后汇集为《刘荫柏说西游》一书；上述内容在书中被整理为"印度灵猴谁似君"一节，文字略有修饰。刘荫柏. 刘荫柏说西游 [M]. 北京：中华书局，2005.

正确考察途径应取"阶段影响说"

就我本人的观点而言,我提出一种建立在唐僧取经故事成熟研究的基础上,以成书的过程节点为依据的"阶段影响说"。这个观点的酝酿其实已经有了数十年的历史。

我的《西游记》研究开始于 20 世纪 80 年代关于孙悟空形象探源的大讨论中,当时以一篇《孙悟空形象来源诸说质疑》发端,先后发表了以"孙悟空形象探源"命名的系列文章十余篇,在一种与大家不太相同的思路下开始了孙悟空形象的研究,直到 2001 年底我将旧文汇总归入《〈西游记〉成书研究》一书。在"成书研究"的总体框架下,这些曾经表述过的观点重新得到注意,此后相关研究得到进一步的延伸和深入。

"阶段影响说"的基本思路是:孙悟空这个形象在演变过程中确实吸收了不同的文化元素,在这个意义上与以上各说并不矛盾,但要点是:各种不同文化元素的影响并非无序杂乱的,也不是随时任意的,而是在一定的社会、历史、文化条件的制约下,相对集中在某一阶段;我们透过某一阶段孙悟空形象的变化,可以窥测到其中不同文化元素的影响。

"阶段影响说"的学术基础是《西游记》成书过程的研究。也就是要把整个取经故事划分为基本清晰准确的几个"节点",在节点中撷取各个形象文化内质并发现其中的变化,然后再进一步探讨潜藏的必然原因,这才有可能把形象的文学意义讲清楚,也有可能把更广泛意义上的文化问题讲清楚。

这项工作,我们在上一章已经做了,具体阐述则在以下开始的几个小节。

三 孙悟空形象的文化溯源·从佛教开始

开始于佛教的确凿证据

孙悟空形象源自佛教文化,其实不应该再有争议,因为我们已经有了两条确切不疑的证据：

第一，前面已经详细论证了《大唐三藏法师取经记》这本早期的取经故事书应该是晚唐五代的产物，孙悟空的前身猴行者首先出现于其中：

行程遇猴行者处第二

僧行六人，当日起行。法师语曰："今往西天，程途百万，各人谨慎。"小师应诺。行经一国已来，偶于一日午时，见一白衣秀才从正东而来，便揖和尚："万福，万福！和尚今往何处？莫不是再往西天取经否？"法师合掌曰："贫僧奉敕，为东土众生未有佛教，是取经也。"秀才曰："和尚生前两回去取经，中路遭难。此回若去，千死万死。"法师云："你如何得知？"秀才曰："我不是别人，我是花果山紫云洞八万四千铜头铁额猕猴王。我今来助和尚取经。此去百万程途，经过三十六国，多有祸难之处。"法师应曰："果得如此，三世有缘。东土众生，获大利益。"当便改呼为猴行者。僧行七人，次日同行，左右伏事。

第二，可以作为辅证的就是敦煌榆林窟壁画。这些壁画制作的年代应该是西夏，大约相当于南北宋之交，但故事的生成则肯定要早得多。前面已经介绍了榆林窟的壁画，这里再插一幅东千佛洞的取经壁画。这幅画与榆林窟的壁画情节一致，当为同源。

但问题是这个猴子的文化灵感是如何生成的？

东南亚的《罗摩衍那》与哈奴曼

前面列举的多种说法中，外来说、佛典说、石槃陀说、悟空说等都与佛教有关，但我认为最有可能的还是佛典说，而佛典说的根子还在于印度史诗《罗摩衍那》，跟随罗摩王子的那只神猴哈奴曼极有可能通过佛教对孙悟空产生了决定性的影响。

已有季羡林等著名学者试图在佛教中和传播佛教的西域古道上寻找《罗摩衍那》的痕迹，但很失望，他们认为一无所获。

但也许可以转换一下视角。如果我们确实不能从西北中亚找到故事传入的

图22　瓜州县东千佛洞取经壁画

线索，那就应该尝试寻找其他的渠道，文化的传播，无孔不入。

我在《西游记的诞生》一书中，用相当的篇幅探讨了《罗摩衍那》通过藏传佛教或者说沿着麝香之路进入中原的可能，因为在敦煌文献里，有好几个藏文的《罗摩衍那》的抄本，其时间都在一千年之前。在本书前面的章节我们也介绍了日本学者对于佛教中护法神形象的研究。读者有兴趣可以翻看。

其实我们还可以关注一下东南亚的印度婆罗门教文化和《罗摩衍那》的传播。前面已经介绍，佛教有大乘与小乘之分，相对来说，小乘佛教较为原始，也带有较多的印度民间文化元素，因此小乘佛教传播的过程中往往与婆罗门教有关联。东南亚的佛教主要是小乘佛教，在东南亚伴随佛教确实有较为完整的《罗摩衍那》故事在传播。因为我们现在看到的资料都比较晚出，不能作为孙悟空与哈奴曼发生关系的证明，但它们起码可以证明《罗摩衍那》已经深深地渗入了佛教，它没有以完整的形式进入中国，但它完全可能通过佛教，以佛教护法神的形象进入中国。以下就是《罗摩衍那》故事在东南亚传播的证据。有了这些证据，我们就不能排除《罗摩衍那》故事很早以前就曾在中国传播的可能性——当然是以护法神的形式。

第六章　《西游记》人物的文化原型　　245

图 23　摄于 20 世纪上半叶的印尼巴厘岛民俗老照片石雕即哈奴曼

上面这张图片来自 2015 年 3 月 23 日的《人民日报·海外版》，是一组印尼巴厘岛民俗老照片中的一张，原图配发的说明称，照片拍摄于 20 世纪上半叶巴厘岛尚未开发时（主要是二三十年代）。请注意人物身边的石雕，那就是哈奴曼——猴的嘴脸，鼓起的双眼。

占婆是越南中部曾经存在的一个古老王朝，大约公元 200 年前后也即相当于中国的东汉时期就已经出现，在越南中部盛盛衰衰延续了 1500 多年，最后于 1802 年被阮氏王朝吞并。"占婆"这个词和现在可以看到的占婆文化遗存，都表示它与印度古老的婆罗门教有密切关系，甚至有文献说，占婆人是印度史诗《摩诃婆罗多》中战败的俱卢人的子孙，失去家园后逃亡到此处建国。岘港现在有个占婆石雕博物馆，其中的石雕与印度的婆罗门艺术非常同调，下面图片中就是一个长尾巴的猴。而在印度文化中，猴的形象就等于是《罗摩衍那》中的哈奴曼。

最典型的例子在泰国，在泰国大王宫内的玉佛寺。玉佛寺是泰国最著名的佛寺，泰国三大国宝之一，始建于 1782 年，是泰国王族举行宗教仪式的场所，

图 24 越南岘港占婆石雕博物馆中的长尾巴猴神雕像

因供奉着玉佛而得名,寺内四周有一圈壁画长廊,据说长达一千米以上,非常壮观,上面绘有 178 幅以《拉玛坚》史诗为题材的精美彩色连环画。

泰国是君主立宪制国家,王室具有崇高的地位。现在泰国的王室称为拉玛王朝,2016 年去世的普密蓬国王是拉玛九世。拉玛一世国王(1737—1809)1782 年登基创建了拉玛王朝,他在位期间建设了皇宫和玉佛寺,同时修订了当时已经在国内流传的印度史诗《罗摩衍那》改名《拉玛坚》作为自己王朝的象征。《罗摩衍那》大约在 10 世纪传入泰国,这个故事很受泰国人欢迎,拉玛一世修订的《拉玛坚》保留了整体上《罗摩衍那》的原貌,未对基本情节做大的改动,但更突出了神猴哈奴曼的故事。

下面这幅图是玉佛寺《拉玛坚》壁画——实际上就是《罗摩衍那》——中的神猴哈奴曼。故事说哈奴曼是猴国军队的统领,有巨大的神通,力大无比又善于变化。它既有本身,也有法身——顶天立地,三头六臂的法身(有时是八臂)。法身的概念来自佛教,大概的意思是指修炼出来的能够显示法力的神相,

图 25 《拉玛坚》中哈奴曼的法身

在佛教中这原本是个很有思辨性的概念，通俗化以后的具体表现就是头顶天，脚踩地，三头六臂，各执兵器，在敦煌写本《降魔变文》中这类法身已经屡有展示，用以增加故事的精彩和吸引力；在后来晚出的古代小说戏剧中更不鲜见，其中孙悟空、猪八戒、牛魔王和一干人等都有这类的神通。

在与魔王的战斗中，哈奴曼曾经用跳进魔王肚子的办法降服妖魔。他在魔王的肚子里把自己不断变大，逼得魔王也不断变大，大到一张嘴就有几百里宽；这时哈奴曼突然缩小自己的身形，从魔王的耳朵里跳了出来。图中占据画面的是魔王，魔王嘴边的是哈奴曼，他正往魔王肚子里钻。

记得这个情节吗？这是一个中国人非常熟悉的情节片断，因为《西游记》里孙悟空惯会这一招，在铁扇公主、地涌夫人和金角大王的肚子都曾经演出过精彩的降魔篇。这个故事不是吴承恩的创造，它出现得很早。我们看一段《大

图26 跳进妖魔的肚子——此时哈奴曼就在妖魔的嘴里

唐三藏法师取经记》的片断:

　　过长坑大蛇岭处第六 ……云雾之中,有一白衣妇人,身挂白罗衣,腰系白罗裙,手把白牡丹花一朵,面似白莲,十指如玉。睹此妖姿,遂生疑悟。猴行者曰:"我师不用前去,定是妖精。待我向前问他姓字。"猴行者一见,高声便喝:"汝是何方妖怪,甚处精灵?久为妖魅,何不速归洞府?若是妖精,急便隐藏形迹;若是人间闺阁,立便通姓道名。更若踌躇不言,杵灭微尘粉碎!"……妇人闻语,张口大叫一声,忽然面皮裂皱,露爪张牙,摆尾摇头,身长丈五。定醒之中,满山都是白虎。被猴行者将金镮杖变作一个夜叉,头点天,脚踏地,手把降魔杵,身如蓝靛青,发似朱砂,口吐百丈火光。当时,白虎精哮吼近前相敌,被猴行者战退。半时,遂问虎精:"甘伏未伏!"虎精曰:"未伏!"猴行者曰:"汝若未伏,看你肚中有一个老猕猴!"虎精闻说,当下未伏。一叫猕猴,猕猴在白虎精肚内应。遂教虎精开口,吐出一个猕猴,顿在面前,身长丈二,两眼火光。白虎精又云:"我未伏!"猴行者曰:"汝肚内更有一个!"再令开口,又吐出一个,顿在面前。白虎精又曰:"未伏!"猴行者曰:"你肚中无千无万个老猕猴，今日吐至来日，今月吐至后月，今年吐至来年，今生吐至来生，也不尽。"白虎精闻语，心生忿怒。被猴行者化一团大石，在肚内渐渐会大。教虎精吐出，开口吐之不得；只见肚皮裂破，七孔流血。喝起夜叉，浑门大杀，虎精大小，粉骨尘碎，绝灭除踪。

据此看，在肚子里做文章，应当是印度人物的绝技。

四　孙悟空形象的文化溯源·受道教浸润

1127 年，大宋的首都汴京（今开封）被金人攻陷，大批侥幸逃脱的王室成员、朝廷官员和北方各地的乡绅仕宦汇聚江南，在杭州建立了新的政权，史称"南渡"。从此中国又经历了一百多年的南北分治阶段，淮河以北的新主人称金，淮河以南的逃亡政权继续称宋——不过一般为显示区别，称其为南宋。中国南北方的文化向来就有差异，大批北方人到了南方，自然会带去自己的文化风俗，这其中也包括了和佛教和民俗裹扎在一起的唐僧取经故事，这就是《大唐三藏法师取经记》能够在临安中瓦子张家书店刻印的原因。

南宋浙闽一带"猴行者"的来源与性质

和《大唐三藏法师取经记》中"猴行者"能够互相印证的，经常被提到的还有：

1. 南宋人刘克庄的猴行者诗。刘克庄，福建人，他的诗中有两首提到猴行者，其一在《后村先生大全集》卷二十四《揽镜六言三首》之一："背伛水牛泅磵，发白冰蚕吐丝。貌丑似猴行者，诗瘦于鹤何师。"其二在同书卷四十三《释老六言十首》之四："一笔受愣严义，三书赠大颠衣。取经烦猴行者，吟诗输鹤何师。"这应该是一个很有说服力的证据。

2. 南宋人张世南的笔记《张圣》。张世南，江西人，但长期宦游福建，其《游宦纪闻》所载事以福建居多，其中卷四提到猴行者的一篇名《张圣》，记录了永福县（今永泰县）一位神秘人物张圣的一首诗，有句云："无上雄文贝叶鲜，几生三藏往西天。……苦海波中猴行复，沈毛江上马驰前。"

3. 泉州开元寺西塔上的猴行者浮雕。泉州开元寺建于南宋，至今数百年来传承有序；寺中有两座石塔，均为五层八面楼阁式仿木结构，塔身雄伟、形制奇妙，每层塔壁上分别刻有十六块精美的大型浮雕，人物和故事全部出于佛教，向来被认为直观地反映了南宋时佛教的流播状况。猴行者浮雕在西塔的第四层东北方向，经常被《西游记》研究者引用。下图即为流行的猴行者浮雕，或被称为"带刀猴行者"。

图 27　泉州开元寺西塔带刀猴行者浮雕　右上角刻有"猴行者"三字

有些学者因此便得出结论：猴行者诞生于福建。日本学者中野美代子是这种观点的代表，她声称：与《西游记》本事没有任何联系的福建，"似乎被什么奇妙的因缘与孙悟空联系在了一起"，福建这个地方似乎与《西游记》的诞生有某些关联：

> 泉州开元寺西塔浮雕上的猴也好，福建人刘克庄"取经烦猴行者"诗也好，还有福建人张圣者的诗都足以证明南宋中叶称为猴行者的猴与玄奘一起赴西天取经的故事是先于《诗话》在福建形成的。①

这个判断现在看显然是不成立的。王国维将《大唐三藏取经记》的刻印时间与刻印地点当成了故事发生的时间与地点，犯了一个错误；中野美代子显然也犯了这个错误，她把曾经出现当成了故事的形成。事实上，这些故事是从北方传来的，只不过当时也就是在南宋还保持了比较原始的状态。

宋元时期南方广泛存在的大圣崇拜

在南宋以后，我们就再也没有在南方看到猴行者。为什么？因为故事被改造了，猴行者已经被更精彩的齐天大圣所代替。

南北宋的交替对于南方原有的文化而言，犹如一场文化入侵，就像强龙闯进了地头蛇的地盘。争斗是必然的，不过是在悄悄中潜移默化中进行；胜负也是有的，但总体的结果是互相容受，也就是我们后人看到的文化交流。

唐僧取经故事传入南方，必然会触发佛道之间的争斗，因为在西域佛教的势力强大，但在南方道教的势力却可以与佛教抗衡，佛教的宣传品期望不遇到道教的抵抗，是不现实的，唐僧取经的故事亦是如此。

道教的对抗办法大抵有两种：消灭、改造。对于唐僧取经的故事，他们采用了后一种办法：我不能消灭你，就为你涂上我的色彩。而道教之中，恰恰也有一只浑身故事的猴，这只猴叫"齐天大圣"。于是，就有道教众人把传统的"唐僧取经"改成了带有道教色彩的"西游"，为孙悟空增加了一个道教的名号"齐天大圣"，大圣闹天宫的故事也自然成了孙悟空的前传，杂剧《西游记》就是佛道争斗的阶段性的具体结果。胡适与鲁迅之所以各执一词，就是因为胡适

---

① 中野美代子. 西游记的秘密 [M]. 北京：中华书局，2002：54.

看到的是这只猴外来的佛性的一面;鲁迅看到的是这只猴本土的道性的一面。

前几年,有件事成了新闻,因为其中玄机引起了注意。

几年前,福建顺昌县博物馆馆长王益民先生声称,在该县宝峰山顶发现了孙悟空的墓地墓碑,因此他认为孙悟空的老家在福建。有关报道见诸大众媒体,引起公众一片喧哗,导致了一次炒作狂潮。最初的表述也许并不恰当,但是批评过后,其合理的内涵开始显现:首先,这块祭祀碑——不是墓碑——可以确认是元代的,这很难得;其次,这样的祭祀遗物竟然很多,仅在顺昌就陆续发现了一百多处,从宋元到明清都有,在周边县市也有发现;第三,这位齐天大圣事实上和《西游记》取经故事毫无关系,竟然别是一家。

图28　曾被误读的宝山双圣庙元代"齐天大圣""通天大圣"祭祀碑

这就有意思了。

这时候,学者们若有所悟,想起齐天大圣早在宋代的话本《陈巡检梅岭失妻》和元代杂剧《二郎神锁齐天大圣》中就有出现,而且确实与取经没有任何关系,只是人们想当然地认为这只是《西游记》故事的影响因素或者衍生物,也没太留意。现在看来，号称齐天大圣带有道教文化或本土文化色彩的猴精自成体系，并不依附《西游记》而早已存在，只是在元代杨景贤整理《西游记》杂剧时，被加进了取经故事。也就是说，原本的唐僧取经故事已经被改造了，原本庄严的取经被改造成更具娱乐性的"游记"；原本护法的佛教神猴孙悟空和秉性顽劣带有偷窃、好色等"邪"味的道教猴合二为一，成了齐天大圣孙悟空。

齐天大圣的到来，在文学上是件好事，他以顽劣闹事吸引眼球，现在我们看到的《西游记》中大闹天宫的一连串故事原本都发生在他的身上。这也许可以解释爱好者们的一个疑问：为啥孙悟空大闹天宫时普天神将概莫能敌，但到了西天路上却失去往日勇武，随便一个妖都能折腾得他头疼非得找菩萨或者佛祖帮忙。恭喜，你很敏锐，看出了拼合的痕迹。但现在也应该明白，闹天宫和护法取经其实原本就属于不同的猴，大圣就是道教中造反的猴，无法无天是其本性，闹天宫是他的故事，闹得越凶才越精彩；悟空是佛家中的护法猴，通过他彰显佛祖的法力才是故事的本意，他的本领太大，佛祖往哪儿放？两者当然不能一个样。

五 孙悟空形象的文化溯源·儒学中收官

在杂剧以后的演变中，原本作为佛教典范的取经虽然被保留为基本题材，但陆续被道教塞进了不少私货，我们如今仍然可以看到"婴儿""姹女""金公""木母"之类的金丹道术语，用心显而易见，就是把唐僧取经解释为道教内丹的修炼口诀和心得。

唐僧取经的题材犹如一块美玉，数百年来经过了不同工艺的雕刻，但如果不经巨匠之手，就不可能成为传世重器。

是时候该由吴承恩出场了。前面对吴承恩已经有了详细的介绍，这里不再赘述，只是强调几条：

第一，吴承恩是个儒生，这是塑造《西游记》的基础。他自幼聪慧过人，有神童之称，有"工制艺"也就是精通科举八股的名号，大约十六岁时进学

——也就是中了秀才,当时得到督学使者也就是省里最高学官"得一第如拾芥"的考语,后来参加了六七次乡试。儒生所受的教育决定了他的世界观和宗教倾向。

第二,吴承恩才华出众,有塑造《西游记》的技艺。这需要读一读他的诗文集《射阳先生存稿》,其中涉及诗词文各体,几乎无所不包。其中古风诗和长调词都很出众,充满豪放、神奇、浪漫、张扬的情调;尤其擅长一种叫障词的大众社交文体,其中充满神话典故和世俗社会乐见的元素,这些和《西游记》非常近似。以我翻看的诗文集为基础,我认为在吴承恩周围的数十位当时名人中,没有一位能比吴承恩更接近《西游记》。

第三,吴承恩有以文学改造世界的情怀,这是塑造《西游记》的动机。有人认为吴承恩的仕途蹭蹬乃是由于官场黑暗,考官不公,用语过激等原因造成的,然后由于对社会不满,才想到去写《西游记》,这个思路,颠倒了因果关系,也太简单化、太模式化,就《西游记》与他的科举不畅而言,前者是因,是因为有了创作《西游记》的意想,才导致他人生之路的改变。

现在我们再看《西游记》经过吴承恩之手的变化。

主题的励志,当然是必需的,这在前面已经说过;文学的成就,也是不可或缺的,留在以下讨论。现在我们要说吴承恩在《西游记》中灌输的社会意识,这也是《西游记》"家喻户晓""妇孺皆知"最重要的前提。有人说,《西游记》是"谈禅"的书,讲的是佛教修行的书,这太皮相。《西游记》的取经故事确是佛教的题材,但鲁迅当年就看出,《西游记》的作者"尤未学佛",所谓取经云云,只是借题发挥而已,在作者的情节描述中,有很多对佛祖、观音不恭不敬的地方。如第七回,孙悟空大闹天宫,概天神将都奈何不得,甚至喊出"皇帝轮流做,明年到我家"这样逆天的口号;如来出面帮玉帝摆平,与悟空打了一个赌,说你只要一个筋斗翻出我的手掌心,就让玉帝腾出天宫。孙悟空内心暗喜,以为自己"一筋斗去十万八千里,他那手掌,方圆不满一尺,如何跳不出去?"收了金箍棒,抖擞精神,将身一纵,站在佛祖的手心里,却道声"我出去也",便一路云光:

> 大圣行时，忽见有五根肉红色柱子，撑着一股青气……拔下一根毫毛，吹口仙气，叫"变！"，变作一管浓墨双毫笔，在那中间柱子上写了一行大字云："齐天大圣，到此一游。"写毕，收了毫毛。又不庄尊，却在第一根柱子根下撒了一泡猴尿。（第七回）

肉红色柱子，就是如来的五根手指。敢在如来手掌上撒尿，只有姓孙的猴头能做得出来，简直匪夷所思；再看孙悟空对于观音，虽然看似尊重，但稍不如意，就会骂一句"该你一世无夫"。啥意思？要知道，明朝的观音已经是女相了，骂她一辈子找不到老公，岂不是太口无遮拦了。

有人说，《西游记》是"证道"的书，讲的是内炼金丹的书。这也非常不靠谱。《西游记》中确实有很多所谓金丹道的术语，其形成原因前面已经叙说。在与证道说者的讨论中，我会问："你认为按照《西游记》，能炼成金丹吗？"回答是："能！需要整理，领悟。"这还真是无法验证的事。那我再问："如何解释《西游记》中道士的邪恶、猥琐、骄横和不堪的下场？"结果就一定是沉默。其实很简单，我们通过对《西游记》中的道士做一些粗略的统计就很容易看出，除了天庭的太上老君、太白金星、福禄寿三星、镇元子大仙等道教高层领导之外，下层道士几乎都是妖孽，甚至有要用小儿心肝做药的恶道；而除了女儿国、玉华国之外，那些人间国度的国王身边，几乎都有恶道。这就是作者的基本态度，这样的氛围怎么可能是修道者闹出来的！

再看孙悟空被改造的过程。元代的杂剧《西游记》是取经故事发育过程中最为重要的环节之一。它是道教文化赤裸裸的入侵。文化的碰撞本身并不是坏事，它会引发出丰富的想象力，如果没有道教的齐天大圣猴，大闹天宫之类精彩的故事是不会有的。但是，道教的有些东西是非常原始落后的，迎合世俗的特点非常明显。例如齐天大圣既偷仙桃，又偷仙酒（偷得远不像后来孙悟空那么可爱），还秉承他老祖宗的一贯作风，抢了金鼎国的公主为妻。在自报家门时说自己"瑜石屄眼，摆锡鸡巴"。在第五本"女王逼配"一折里，女王逼唐僧还俗成亲，唐僧不从，这位大圣便自告奋勇：

〔女王唱〕但能勾两意多情，尽教他一日无常。天魔女邪施伎俩，敢是你个释迦佛也按不住心肠！

[女王抱住唐僧科] [行者云] 娘娘，我师父是个童男子，吃不得大汤水；要便我替。

话说得很直白，只是因为有金箍儿约束，大圣没有出现更下流的表演，但猪八戒、沙和尚便公然放纵了：

[齐天大圣唱] [寄生草] 猪八戒吁吁喘，沙和尚悄悄声，上面的紧紧往前挣，下面的款款将腰肢应。我端详了半晌空傒倖，他两个忙将黑物入火炉，我则索闲骑白马敲金镫。①

这个剧本如果是实际演出，演员在台上还会做出各种模拟动作。这与民间文学的媚俗有关，是民间文学的致命缺陷之一，早期的取经故事未能免俗可以理解，但这样的情节情调还能成为世界名著吗！女儿国还能成为让人艳羡、流连、神往的密境吗！

《西游记》的骨子里，也就是在字里行间浸润的，其实就是儒家的治世理想和道德规范，即所谓的"国之四维""三纲五常"，等等。这些在故事中悄然透露的理念，才是其受到社会大众欢迎的基础。《西游记》中很多情节虽然在语境里说的是佛教出家修行的道理，但其实还是儒家世俗的道理。如：

第十三回双叉岭的猎户刘伯钦虽然出身山野，却是个讲义气的汉子，救了唐僧；又是孝顺之人，听母亲之言，央请唐僧为父亲念经超度；第十四回孙悟空初显身手，打死六个强徒，唐僧斥责他无故伤人，结论是："如何做得和尚？"但依据却是律令："他虽是剪径的强盗，就是拿到官司，也不该死罪……怎么就都打死？"悟空不受唐僧训诫，一怒之下转回花果山，路经东海，进龙宫讨茶解闷。龙王以张良建功立业的典故"圯桥三进履"开导他："张良略无一毫倨傲怠慢之心……后果然运筹帷幄之中，决胜千里之外。"

第四十七回，在车迟国降服虎力、鹿力、羊力大仙，悟空教训国王说："望你把三教归一，也敬僧，也敬道，也养育人才，我保你江山永固。"这"三教合

---

① 杨景贤. 西游记 [M] //隋树森. 元曲选外编（二）. 北京：中华书局，1959：633.

一"就是明代知识分子尊崇的典型社会风尚。

更多更广泛更深刻的东西我们会在第七章专门讨论。正是这些无处不在，而又生动形象的儒家社会纲常准则与读者社会意识的契合，构成了《西游记》广受欢迎的最重要的社会基础。

六　沙悟净形象的文化溯源

《西游记》中，沙和尚排名老三，排位在八戒之后，而且寡言少语，不抢风头，少一点悟空的霸气，但比八戒要厚道。其原来的身份是玉皇殿前的卷帘大将，也说不上特别尊贵，因为打碎琉璃盏而被贬在流沙河，日日受那刀剑穿肋的惩罚。

但其实这个人物却是由一位大有来头的佛教大神演变而来的。从时间上说，如果不以玄奘在瓜州收的那位石槃陀徒弟作为孙悟空的原型，那么沙和尚就是第一位取经团队成员。

《大慈恩寺三藏法师传》说，玄奘法师当年在戈壁中迷路且又失水，四夜五天滴水未进，人和马都渴倒不能行，只能倒卧在沙漠里默念观音佛号，实际上处于热昏的状态。第五天夜里，吹来一阵凉风，玄奘清醒一点，稍稍能够入眠。就在睡眠中，梦见一名高达数丈的神人来到他身边，手执长戟喝道："还躺在这儿干什么，还不快走！"玄奘一下惊醒，似乎意识到什么，拉起马上路漫无目标地走去。走了十多里后，马忽然斜着窜出去，紧拉缰绳也不能制止。就这么又跑了几里地，眼前出现了一片草地。玄奘一阵惊喜，赶快下马和马儿一起啃了一顿青草，然后又找到一汪甘甜清澈的泉水狂饮一阵。《大慈恩寺三藏法师传》对这一段写得非常精彩，那种充满诗意的绝望，那种坚毅倔强的信念，那种绝处逢生的惊喜，述来如泣如诉，我们摘录一段共赏：

> 是时四顾茫然，人鸟俱绝。夜则妖魑举火，烂若繁星；昼则惊风拥沙，散如时雨。虽遇如是，心无所惧，但苦水尽，渴不能前。是时四夜五日无一滴沾喉，口腹干焦，几将殒绝，不复能进，遂卧沙中默念观音，虽困不

舍。……至第五夜半，忽有凉风触身，冷快如沐寒水。遂得目明，马亦能起。体既苏息，得少睡眠。即于睡中梦一大神长数丈，执戟麾曰："何不强行，而更卧也！"法师惊寤进发，行可十里，马忽异路，制之不回。经数里，忽见青草数亩，下马恣食。去草十步欲回转，又到一池，水甘澄镜彻，下而就饮，身命重全，人马俱得苏息。计此应非旧水草，固是菩萨慈悲为生，其志诚通神，皆此类也。

我们后人对这件事的解释是老马识途，嗅到了随风飘来的水草气味，但玄奘却认为是神佛保佑。老马找到的水源并非旧有水草，而是"菩萨慈悲为生，其志诚通神"——是菩萨给他们的救助。玄奘的这点心情完全可以理解，无边无际、黄沙滚滚的大沙漠横卧在通往西域的要道中间，自古以来不知夺去了多少过往行人的性命，所以《西游记》就把它写成一条宽达八百里，浊浪翻滚的"流沙河"。玄奘独身一人，既不识路，又无饮水，居然四夜五天不死而又找到了水草归路，能有几人享受过这样的巧合偶然，不是神助又是什么？日本学者对那位"长数丈"的大神有很多研究，他们认为这位大神就是西域一带崇拜的沙漠之神深沙神；他原是婆罗门教或者是苯教的神，后来在西域中亚发展为一个吃人的凶恶的沙漠大神——沙漠不就是吃人的地方吗？

深沙神在不久之后，也就是在唐代就已经进入了取经故事，在《大唐三藏法师取经记》里，深沙神被贬谪在沙漠里，靠吃人为生。前面已经吃过两回取经人，还把取经人的骷髅圈起来挂在脖子下。后来，深沙神听取唐僧的教诲，皈依佛门，大喝一声，化出无数身长三丈的深沙神，双手托定一座金桥，让唐僧等顺利通过金桥。唐僧后来答应取经回来，超度深沙神：

[……第八] （题原缺）

"（前原缺）一物否？"答曰："不识。"深沙云："项下是和尚两度被我吃你，袋得枯骨在此。"和尚曰："你最无知。此回若不改过，教你一门灭绝！"深沙合掌谢恩，伏蒙慈照。深沙当时哮吼，教和尚莫敬。只见红尘隐隐，白雪纷纷。良久，一时三五道火裂，深沙衮衮，雷声喊喊，遥望一道金桥，两边银线，尽是深沙神，身长三丈，将两手托定；师行七人，便从金桥上过。过了，深沙神合掌相送。法师曰："谢汝心力。我回东土，奉答前恩。从今去更莫作罪。"两岸骨肉，合掌顶礼，唱喏连声。深沙前来解吟诗曰：

  一堕深沙五百春，浑家眷属受灾殃。

  金桥手托从师过，乞荐幽神化却身。

法师诗曰：

  两度曾遭汝吃来，更将枯骨问元才。

  而今赦汝残生去，东土专心次第排。

猴行者诗曰：

  谢汝回心意不偏，金桥银线步平安。

  回归东土修功德，荐拔深沙向佛前。

  当时脖子底下挂一串取经人骷髅的这位深沙神是皈依了，但并未追随同行。再往后，不知何时何地，深沙神就成了《西游记》中的沙和尚。

  深沙神的来历，其实玄奘法师也曾经提到过一些。在玄奘当年学习佛经周游印度时，经常要与其他宗教的教徒打交道，玄奘称他们为外道。外道各式各样，但主要是婆罗门教，婆罗门教的底子是原始宗教，有各式各样的巫术一类的东西，其中有一种就是在脖子底下挂用骷髅穿成的项链。对此，玄奘在《大唐西域记》卷二"印度总论"中记载：

  外道服饰，纷杂异制，或衣孔雀双尾，或饰骷髅缨络。①

  归纳一下，沙和尚的前身是来自印度婆罗门教的土神，后来伴随佛教密宗的传播一起进入西域中亚一带，在西域中亚发展为一个名声响亮的沙漠大神；再后来皈依佛教，成了佛教的护法神，也就是我们在《西游记》中看到的沙和尚。

---

① 玄奘. 大唐西域记 [M] // 季羡林. 大唐西域记校注. 北京：中华书局，2000：176.

七 猪八戒形象的文化溯源

《西游记》里猪八戒的身份要高于沙和尚,戏份也要多得多。这不仅因为在兄弟中排行老二,而且因为他比较好色,在投奔唐僧之前,就多出了一段高老庄的艳史;在取经途中也因为这个毛病而屡屡出镜。但是他在取经故事当中的资格却未必更老,取经团队要晚在宋代以后才能见到猪八戒的身影。

关于他的出身,《西游记》里已有详细交代:原是掌管天河的天蓬元帅,后来因为调戏月宫嫦娥被贬;但又投错胎,成了一头猪。如果追究原型,那他也和孙悟空的原型有国产、进口的分歧一样,也有两说。

一种认为猪八戒来自佛经中的金色猪。根源在杂剧《西游记》中猪八戒曾自我介绍说自己是"摩利支天部下御车将军"。摩利支天是位女神,帝释之妻,是佛经《佛说摩利支菩萨罗尼经》里的一个菩萨,这部经正是玄奘从西域带回来并译成汉文的。佛经中说,摩利支天手持金刚杵,愤怒时头上有三张脸,每张脸上有三只眼睛,可以变出八条胳膊。念诵菩萨的名号,就可以防火避毒,敌不能侵。而这位菩萨胯下的坐骑,正是一头金色猪。似乎为了证明这一点,敦煌资料里竟然发现了一张唐人所绘的图像。像绘在幢幡上,绘的是大摩利支天菩萨,菩萨的脚前,正是一头金猪。在唐人的笔下,金猪已经是猪头人身的形象,两手架开,奔走飞快,造型非常活泼,正是法力无比的样子,也完全可以看作是《西游记》中猪八戒的雏形。而且金色猪在菩萨麾下是赶车的,到《西游记》中变成挑担的脚夫,两者大体上也还说得通。

但不少学者承认这个金色猪对猪八戒的出现有一定的促进或启发作用,但猪八戒的性格还是扎根在民族文化的土壤中的,印度的金色猪不可能带来猪八戒那么复杂——既可爱又可恶的性格。从这个意义上说,猪八戒还应是中国文化孕育出来的。

中国古代猪精的故事为数不少,资源也比较丰富。比如《山海经》里记载最早为非作歹的怪物里,就有一只两头猪,叫并封。后羿射日的故事与这头猪

图 29　清乾隆年间摩利支天造像，坐骑为一头猪

有关。《淮南子》记载，当初在尧的时候，百姓们经历过一次大灾难，当时天上十个太阳齐出，地上则有各种怪兽为害，后来尧派后羿上射九日，下杀怪兽，拯救了普天百姓。那些为害的怪兽中，就有一头野猪精，叫封豨，被后羿在桑林之地捉住，杀死后用作了祭天的祭品。

到唐代，猪精的故事就比较具体了，《太平广记》中有个叫《李汾》的故事。说李汾是个秀才，常住在四明山。山下有个张老庄，庄主家境较富裕，养了不少猪。一天正逢中秋，李汾月下抚琴，听到窗下有人窃笑，伸头一看，原来是一个人间绝色女子，自然是张家女儿，因父母不在家，自感寂寞，听到琴声便过来探看。当夜，李汾与女子备尽缱绻。天亮鸡鸣时，女子起身要走，李汾出于不舍，把女子的一只青毡鞋藏了起来，然后假装睡熟，不论女子如何悲啼，如何保证今晚还来，李汾就是不理，女子只得赤脚而去。待天明，李汾发现床前有鲜血滴出门去，便觉得奇怪，再打开箱子一看，哪有什么青毡鞋，不过一只猪蹄壳而已。李汾一惊之下，赶忙沿着血迹寻下山去，在张家猪圈里看到有只母猪后腿上正少了一只蹄壳。母猪看到李汾，还咆哮起来，好像有怨气一般。李汾赶快告诉了张家人，张家又赶快杀了那猪。李汾从此后不敢再住山上，别游它处去了。

这个故事里的猪只是让人有点恶心，还未害人。在另一则《安阳书生》里的猪精就更不可爱了。故事说安阳城南有一座亭子，无人敢住，住就被杀，从未有人活着出来。有个书生偏不信，不顾劝阻住进亭子，晚上读了很久书才入睡。刚刚睡下，就见一黑衣人来到门外，叫："亭主，亭主。"亭内也居然有人答应。外面人问："亭内有人吗？"亭主答道："有，是一个书生，刚才还在读书，才睡下，还没睡着。"外面人不吭声走了。等一会儿，又有一个戴红头巾的人来到门外喊亭主，二人对答如前，戴红头巾的便也走了。书生感到奇怪，便起身到他们刚才说话的地方，照样呼亭主问话。在问完上面几句话后，他又问穿黑衣的是谁，亭主答道："北舍母猪。"又问戴红头巾的是谁，亭主答道："西邻老公鸡。"再问："你是谁？"亭主也照答不误："我是老蝎也。"书生便不敢入睡，坐着读书直到天明。第二天天亮，看亭人进来见书生仍然活着，不禁惊讶："你怎么能活下来？"书生也不多话，叫他："赶快找剑来，我为你们捉鬼。"然后提着剑来到昨天对答处，果然发现一只其大如鼓、毒刺长二尺的老蝎精。又在北舍捉来老母猪，西邻捉来大雄鸡。杀了这三个怪物，亭内果然就安宁了。

《广异记》中还有个"放生猪"的故事。说唐朝开元年间，崔日用任汝州刺史。刺史的旧宅子很久以来即无人居住，按照阴阳家说法，是座凶宅，住进去要出事。但崔日用并不理会，经打扫整理，照样住了进去。当晚，这位刺史在堂上燃起火烛，存心要看看究竟有什么凶险。半夜，有数十名穿黑衣的人进来，停在阶下，细看有的跛足，有的瞎眼。崔日用问道："你们是什么人，为何到此处惊吓别人？"其中一个上前说："我们都是猪身，被人放生在各寺院中，叫长生猪。但我们并不愿意过这种猪的日子，只求早早死去而又求死不得。我们向人们申告时,别人都很惧怕,今特来向刺史诉说,希望尽快投转此身。"崔日用听了,说:"如果就是这个目的,并不为难啊!"那些猪听说,俱拜谢离去。第二天,衙门中同僚佐吏无不为他平安无事而惊讶,而他也顾不上解释,只让人到各寺院中捉长生猪来。捉来后果然见这些猪有的跛足,有的瞎眼。崔日用便令人将这些猪统统杀掉。再过一天,那些猪又都来谢恩,再仔细看,一个个都变成了少年人模样。

比较具备完整艺术形象特点的则是一篇《郭元振》故事中的乌将军。乌将军是一个猪精,他好色,每年都要向乡里百姓要老婆,乡人也只得选出未嫁而且美貌的姑娘送给他;他贪吃,见了好吃食品如鹿脯则忘乎所以,以致失了左蹄,负痛逃去;他愚蠢,最后终被郭元振杀死:

> 代国公郭元振,开元中下第,自晋之汾,夜行阴晦失道,久而绝远有灯火之光,以为人居也,径往寻之。八九里,有宅,门宇甚峻。既入门,廊下及堂上灯烛荧煌,牢馔罗列,若嫁女之家,而悄无人。公系马西廊前,历阶而升,徘徊堂上,不知其何处也。俄闻堂中东阁,有女子哭声,呜咽不已。
>
> 公问曰:"堂上泣者,人耶,鬼耶?何陈设如此,无人而独泣?"曰:"妾此乡之祠,有乌将军者,能祸福人。每岁求偶于乡人,乡人必择处女之美者而嫁焉。妾虽陋拙,父利乡人之五百缗,潜以应选……醉妾此室,共锁而去,以适于将军者也。"①

这段情节和《西游记》的高老庄倒是有点近似。郭元振大愤,决定留下来会一会这位乌将军。

> 于是坐于西阶上,移其马于堂北,令一仆侍立于前,若为傧而待之。未几,火光照耀,车马骈阗。……公使仆前白:"郭秀才见。"遂行揖。将军曰:"秀才安得到此?"曰:"闻将军今夕嘉礼,愿为小相耳。"将军者喜而延坐。与对食,言笑极欢,公于囊中有利刀,思欲刺之。乃曰:"将军曾

---

① 牛僧孺. 玄怪录·续玄怪录 [M]. 北京:中华书局,1982:18.

食鹿腊乎?"曰:"此地难遇。"公曰:"某有少许珍者,得自御厨,愿削以献。"将军者大悦。公乃起,取鹿脯并小刀,因削之,置一小器,令自取。将军喜,引手取之,不疑其他。公伺其无机,乃投其脯,捉其腕而断之。将军失声而走,道从之吏,一时惊散。

　　这段与孙悟空假扮高小姐制服猪八戒也很近似。传统的猪怪发展到乌将军再发展到猪八戒,应该是一个顺理成章、水到渠成的过程。更重要的是,这个故事出现于牛僧孺的传奇集《玄怪录》,这本书是吴承恩明确表示看过而且很喜欢的一本志怪集。

　　还有人认为猪八戒与河伯有关。古代神话中黄河水神称河伯,名字叫冯夷,妻子名叫宓妃,小名嫦娥。嫦娥后改嫁羿,河伯找羿索妻,被羿射死——这和猪八戒的情况已有点相似:河伯是河神,管地下大河黄河;猪八戒原为天蓬元帅,管天河,也是河神身份;河伯因嫦娥而死,猪八戒也是因嫦娥而遭贬;而更重要的是,河伯的化身也是猪。从这点看,至少吴承恩之类创作者在描绘猪八戒的形象时,想到过河伯冯夷。

第七章 《西游记》的现实意义

古今读者都说《西游记》寓庄于谐，以幻笔写真，用现代语言表述就是说《西游记》以浪漫主义手法，用游戏笔墨刺世泄恨，在神话故事中寄寓了对现实社会的敏锐洞察和深刻理解。此类评说可见于各文学史家、小说史家的著述，恕不一一引述。这里只想重复一下陈元之《西游记序》的一段话，看这位首先评价《西游记》的古人，其眼光有多么独到辣毒，评价有多么入骨三分。他说：

彼以为浊世不可以庄语也，故委蛇以浮世；委蛇不可以为教也，故微言以中道理；道之言不可以入俗也，故浪谑笑虐以恣肆；笑谑不可以见世也，故流连比类以明意。

大意是：此书的作者认为面对这污浊世界，无法严肃讲述道理，所以只能曲折地借用神话题材；神话不可能成为社会生活的教本，那就在故事中寄寓道理以求达到教化的目的；严肃的道理不太容易为社会理解，那就采用调侃搞笑的形式；搞笑讽刺不太容易让读者明白，那就不妨反复比喻寄托以展示自己的初衷。

陈元之的序写于明万历二十年（1592）或稍前，此时吴承恩早已过世。陈元之不一定知道此书的确切作者，因此他未必对吴承恩有多少了解。但他堪称老夫子的知音,他对《西游记》,几乎就是按照吴承恩《禹鼎志序》中的"虽然吾书名为志怪,盖不专明鬼,时纪人间变异,亦微有鉴戒寓焉""国史非余敢议,野史氏其何让焉"的理念理解的,非常之贴切,对于后世解读《西游记》起了很好的引导作用。后来鲁迅先生说,"虽述变幻恍惚之事,亦每杂解颐之言,使神魔皆有人情,精魅亦通世故,而玩世不恭之意寓焉"①;郑振铎先生则说,"我们于孙行者、猪八戒乃至群魔的言谈、行动里,可找出多少的明代士大夫的见解与风度来"②,都很到位。当然,也都很有原则。

当今的文学史家、小说史家作了更多的阐述,大体都认为《西游记》出现于资本主义萌芽开始出现的明代中晚期,其所处的社会背景是明武宗的正德和世宗的嘉靖两朝,帝王昏庸无道,社会政治黑暗,朝内宦官专权,国中特务横行,《西游记》中妖魔遍地的世界,其实就是吴承恩用神话形式、用象征手法折射的社会现状;或认为《西游记》构建的神佛世界,具有现实社会统治者的特点,千方百计地镇压、欺骗下层百姓,妖魔具有封建社会土豪劣绅鱼肉百姓的特点。但是上述种种,虽然解读的方向不错,但仍然比较粗放简单,所举的例证大体上就是这么几条:

1. 西天的灵山、东土的金殿,是统治阶层的象征;齐天大圣大闹天宫地府,是一种积极的社会反抗,他所追求的是不服管辖、不受压迫的自由,体现的是下层社会要求掌握自己命运的强烈愿望。

2. 故事中出现的人间国度,明显针对时事尤其是道士横行的社会现象,乌鸡国、车迟国、比丘国都在一定程度上反映了当时的实际状况。但作者的态度,对道士对妖魔是锋芒直指,但对帝王,乃是一种士大夫式的规劝。

3. 唐太宗李世民赴地府,带了魏征的一封信给判官希望能讲交情行方便,

---

① 鲁迅. 中国小说史略·明之神魔小说(中)[M]//鲁迅全集·第九卷. 北京:人民文学出版社,2005:165.

② 郑振铎. 西游记的演化[M]//梅新林,崔小敬编. 20世纪西游记研究. 北京:文化艺术出版社,2008:43.

果然崔判官不仅帮李世民解脱了危机，还私改生死簿，悄悄为唐太宗延寿二十年。这是社会上下勾结，目无法纪，特权横行的具体写照。

4. 车迟国国王迫害和尚，各州府县张榜告示：凡拿住和尚就有奖赏。一时国中"且莫说和尚，就是剪鬃、秃子、毛稀的，也都难逃。四下里快手又多，缉事的又广，凭你怎么也是难脱"。这是对明代厂卫横行的描写。

5. 大部分妖魔都是人间恶势力的象征，有的占山为王、画地称霸；有的仗势欺人、气焰熏天；有的附庸风雅、勾结权贵；其中又有很多与神佛有弟子、门生、亲眷、部下之类的关系，受害者则概无例外都是百姓。

6. 神佛菩萨貌似救世主，但品德并不高尚。如佛祖多次纵容部下下界为妖残害生灵，甚至自己做了妖精的外甥；面对索贿的弟子，不但不加管教反而为之开脱，说"经不可轻传，亦不可以空取"；观音菩萨说"你便一毛也不拔，教我这善财也难舍"；文殊菩萨为乌鸡国冒充国王的狮子精开脱，说"自他到后，这三年间，风调雨顺，国泰民安，何害人之有？"

还有可以用省略号表示的等等等等，很显然，上述所有其实就是一地鸡毛，仍然没有读出吴承恩的苦心。

当然也有值得心仪的解读。有位身居台湾的前辈学者、数十年前著名的社会政治学家，中国社会学、法理学研究的先驱之一萨孟武先生，晚年功成名就后写了一本《西游记与中国古代政治》，由社会学、法理学跨界到文学，再用历史社会学的方式解读《西游记》。这本书风趣、幽默，类似于作者的个人感悟，因此萨先生称其为"姨太太式"的"小书"，大抵是说该书不成体系，比较随意，有点像姨太太的"巧笑倩兮"，与"太太式"的板着面孔的学问有点区别。但是，"小书"是萨先生的自称，《西游记与中国古代政治》虽然篇幅确实不大，但我不敢以"小书"视之；所谓"巧笑倩兮"，也只是形式上表现得比较轻松，其实所有的言谈都建立在对中国社会、中国文化深刻的理解之上。其中对《西游记》基于社会、历史、文化的解读方法，值得推荐，如其书讲"菩萨与妖精"映照中国历史观中的成王败寇，讲"太白金星的姑息政策"导致大闹天宫的后果；讲佛祖纵容"阿难、迦叶向唐僧讨取贿赂"与用人的权术，……

古今中外，纵横捭阖，说他人所未及之事，发他人所未说之言，真个是口吐莲花，别见洞天，把一本篇幅确实不大的小书写得风生水起，有声有色，不仅在台湾一版再版，在大陆也不止出过一个版本。我觉得唯有这种阅读方式，才不至于辜负作者的一片苦心和那份天才的价值——尽管可能是无意的苦心、潜在的价值。

在后来的一些学术或者文学活动中，我把这种解读方法称为"历史文化解读"，有时候还会再细分出文字、文学、文化三个解读层面；如此解读出来的《西游记》，我称为"中国社会的大百科全书"。

在使用历史文化解读的方式把《西游记》的神话面纱揭开之前，我们需要强调历史定位的问题。历史文化的解读可以是广义的，也就是作者下意识展示的具有广泛意义的社会面貌；但更需要具体精确的解读，真正地走进《西游记》的世界，找到作者刻意揭示的现象，这才是所谓解读的目的，才是文化底蕴的价值，才是我们崇尚的文学作品的现实意义。以往少见对《西游记》精确解读，很大程度上是出于对作者问题的忌讳，也就是对《西游记》是否出自吴承恩之手尚存疑虑，因而不能确定精确定位的原点，所谓的论述也只能留几分余地，泛泛说那么几句。

现在这个顾虑不应当再有。

一　吴承恩下意识中展现的明代社会面貌

欧洲有一部与《西游记》几乎同时诞生，艺术风格也有点相似的小说《唐·吉诃德》。从文字的最表层看，《唐·吉诃德》也够得上"荒诞不经"四字：有谁真的会提着长矛去挑战风车吗？有谁真的会拿羊群当马弁吗？欧洲人说它用了浪漫主义手法，如果换成中国式的表述，那就是像《西游记》一样，用了"幻"的手法。但和《西游记》一开始只算不入流的稗官野史不同，欧洲人给了《唐·吉诃德》以极高的地位，说它广泛地反映了16世纪的欧洲社会和作为中世纪标志的骑士制度，是欧洲文艺复兴的代表性成果。西班牙政府还郑重其事地把作者塞万提斯的铜像作为礼品，送到中国，让他坐落在中国的最高学府——北京大学的草坪上。我曾站在那座铜像前神游，在一种历史沧桑感中油然而生敬意。

那时，我想到了《西游记》，想到了吴承恩。我们通常将《西游记》当作儿童作品；或者在探讨主题时说它惩恶扬善、伸张正义；或者说它有点讽刺精神。这多少有点小瞧了《西游记》，我们应该说它是当时那个社会"幻"的形式的再现。只要我们掌握了读懂它的思路，《西游记》就不再是哄小孩的故事，就像在电脑中使用了解码软件一样，原本压缩了的文化底蕴就会源源不断地流淌出来。我们就会发现，《西游记》就像一部中国古代政治、社会学的大百科全书，不经意之间，吴承恩已经轻声慢语地为我们讲解了中国古代社会的结构、框架和构成因子——与塞万提斯用唐·吉诃德大战风车来介绍当时西班牙的骑士制度一样。

天界，就是吴承恩复制的人间社会

前辈学者李希凡先生曾说：中国人关于天界完整、清晰的概念印象，来自《西游记》。他的原话是："一个严整有序的天上世界，是《西游记》的首创。"① 这貌似不可思议，中国人会说"我的天啦"至少已经四五千年，怎么轮到吴承恩来向大众普及，且是"首创"？但是，不服不行，玄机就在"严整有序"四个字上。

中国宗教传统有释、道、儒三家，三家各有一个天。

佛教的天叫极乐世界，充满美感和想象力，我们称为美之极致的敦煌飞天就是佛教极乐世界的仙女。印度佛教的极乐世界好像没有方位，就在头顶上，佛教进入中国以后，人们认为佛教来自西方，极乐世界也一定就在西方，于是就有了西天极乐世界的说法，极乐世界的天宫就是《西游记》里说到的灵山大

---

① 李希凡. 西游记的演化及其神话浪漫精神的特色 [M] //论中国古典小说的艺术形象. 上海：上海文艺出版社，1962：338.

雷音寺。极乐世界的神佛集中办公，尊卑秩序比较清楚，虽然有竖三世佛、横三世佛之类的纠缠，但大抵上是由佛祖如来主宰一切；佛祖之外就是法力稍小一等为数也不多的菩萨，如观音、文殊、普贤、地藏，等等；再此外就是众多的罗汉，通常说的有五百罗汉，好像是各管一事，各司其职；供驱使的则是力士之类。

道教的天，出现得很早，战国时就有天帝、飞仙的概念，秦汉时已经筑坛封禅，登山入海，开始寻找神仙的痕迹。但道教人的天缺乏理性和统一性。那时的神仙都有哪些？赤松子、黄石公、西王母、上元夫人，等等。似乎很多，但没有统属的关系。神仙都驻足何处？昆仑、西海、泰山之巅、蓬莱三岛，都在边远之地，也不集中居住，似乎与人也没什么关系，想成仙的人才会努力寻找。后来从道教形成到吴承恩的时代为止，好歹也有了一千多年，也还是没有勾画出一个清清楚楚的天上世界，各门各派的说法五花八门，那些个各路、各派、各系的神仙，究竟谁大谁小、谁尊谁卑，一本糊涂账，连道书都说不清。

儒学最初是治国治世之学，不讲怪、力、神、乱；后来虽然升级为儒教，有了一定的理念和仪式，但还是以君权神授、天人合一为核心——朝廷就是天，皇帝是天子，百姓称皇帝为如天之君，子民都得受这个如天之君的管束。而那个如天之君所代表的那个"天"是什么样子，孔子、孟子、董仲舒之类的大儒都没说，即使说，也是很抽象地说说什么"天理""天道""天命"之类，太模糊抽象，太缺乏趣味。

这几个天，本身就不够清晰，加之相互混战，各说各话，所以普通大众确实不能拎清楚头顶上究竟是什么模样，谁在当家。也的确是吴承恩整理出一个尊卑分明、大小有序的神仙体系，描摹出一个威势森严、包罗万象，百姓都能接受的天宫世界。

吴承恩怎么描绘的？他说的天界分西天和东土，西天是佛教的辖地，极乐世界的所在地叫灵山雷音寺；东土属于玉皇的辖地，包括东胜神洲、南赡部洲、大唐的土地归他管，所以我们的读者也就很自然地认为玉帝就是中国的领导。玉帝的住所称天宫，天宫什么样子？看《西游记》第四回的描写：天宫坐落在高天之上，前有威风凛凛那许多元帅把守的南天门，后有金碧辉煌三十三座天宫中间的灵霄殿；有千年不谢之名花，万载常青的瑞草；有琉璃盘中的金丹，有玛瑙瓶中的珊瑚。玉皇大帝是天宫的最高主宰，面南而坐；王母娘娘住在瑶池，别有洞天。殿内有文曲星君、武曲星君、镇殿将军、降魔元帅，算是朝臣；殿外还有九曜星、五方将、二十八宿、四大天王、五方五老，算是各路诸侯；最外层的还有五湖四海的散仙……

这个天宫是由道教的外壳和文化元素，儒教的骨子神髓一起构成的。说道教的外壳，是说其中的人物包括玉帝、王母，很多来自道教；但这个天宫在精神上肯定已不属道教所有，大家别忘了，真正的道教教主即炼丹的太上老君驻哪儿？三十三天之上的兜率宫。具体而言之：

首先，《西游记》的天宫是一个符合儒家尊卑标准的天宫。道教的天宫之所以为了谁尊谁卑、谁大谁小争论不休，原因在于道派的不同。最初道教为了抬高自己的地位，称老子为道德天尊，排第一；后来有了元始天尊、灵宝天尊，排名就变成了元始天尊第一、灵宝天尊第二、道德天尊第三。玉皇大帝身份原本不高，在道教中也就排名在十几位，宋代以后才有所上升，排在第四位左右，如果让道教中人来排位，无论如何是不会将他排在第一位的，只有像吴承恩这样的儒生，才会将他推上至高无上的地位，为何？因为据说他修行之前是一个王子，名号中有"皇"有"帝"，这符合儒家的至尊标准。

其次，《西游记》的天宫符合朝廷的配置，其实就是朝廷的复制。玉皇大帝坐在中央，称万岁；左右有文武大臣，各路诸侯；处理政事都是按照人间朝廷的程式，那些神仙们应有的掐指一算、心血来潮、未卜先知什么的，都不见了，这一点，与《封神演义》对照一下就非常清楚。那位本应至尊的道教真正的领导人太上老君，被安排在三十三天之上专管炼丹，看似高贵无比，实际有名无实，大不了像个顾问，也算是照顾了道教的面子。最有意思的是王母娘娘的处理，在道教中，她与玉皇大帝本没有什么关系，而另有个丈夫叫东王公，身份有点像玉帝但又并非同一人。在《西游记》中没说她与玉帝的关系，含含糊糊处理，权势像皇后，住的瑶池也像后宫，这也露出了吴承恩儒生的马脚。

第三，也是最有意味的一点，就是玉皇大帝形象的塑造。《西游记》中的玉帝实在不敢恭维，似乎他只关心金丹御酒，臣下一有奏本，就只会说"依卿所奏"，处理事务一无所谋，出现危机也只会派兵剿杀，与百姓心目中英明的天下主宰太不相符合。萨孟武先生在《西游记与中国古代政治》一书中也说到这个问题，他认为这是皇上的御权之术。萨先生说，玉帝历尽大劫不灭，定非等闲之辈，定有无上法力，但为何有智慧不施展，有法力而不用？乃是因为封建时代，人主之维系地位者，在于其威严；威严生于神秘，有了神秘，臣民就犹如敬神，犹如百姓小民对菩萨烧香。而保持威严、神秘的办法，就是不开口、不表态。凡有事由臣下先行主张，对了是皇上万岁的英明；错了自有臣下顶缸。萨孟武先生在《西游记与中国古代政治》中举了汉高祖刘邦的例子，也举了张天师的例子。说谁都知道龙虎山的张天师是活神仙，烧香磕头唯恐不及。但最不相信张天师的就是龙虎山的人，因为他们看见张天师出生，看见张天师读书，看见张天师结婚，也看见张天师与太太吵架，一切神秘都没有了，敬畏也就消失了。①

我觉得萨先生所说的在一般意义上是可以认同的，在《西游记》这个特定环境里，玉帝的形象与吴承恩心目中的模版有关，一无所谋与依卿所奏，正是吴承恩生活的嘉、万两代的朝风；还有那个无事不管、处处当家的太白金星，像煞了嘉、万朝的首辅。史学家们都认为，中国近代的衰弱落后并非一朝一夕之事，并非一人一事之祸，究其根源却是制度的问题，而制度出现问题开始制约社会的发展，是在明代。明代是中国封建社会最成熟而走向没落的转折期，标志之一就是它的封建官僚制度已经极为完善，完善到不要皇帝官僚机器照常运转的程度，嘉靖、万历两朝皇帝几十年不理朝政而朝政并不紊乱，就是明证。很有点像现代科幻小说里的机器人世界，人创造了机器人，机器人最后却摆脱了人的控制自行其是。最早察觉到这种成熟的官僚机构厉害的便是皇帝本人。美籍华人史学家黄仁宇在他的《万历十五年》中，由万历十五年发生的几件事

---

① 萨孟武. 西游记与中国古代政治 [M]. 南宁. 广西师范大学出版社，2006：21.

入手，深刻地分析了万历帝为什么由一个早期还算勤勉的皇帝，演变到后来几十年深居后宫而不理朝政。他认为万历帝早期也想有所作为，但朝廷这部自行运作的大机器实际上已经不需要他了，表面看来仍然至高无上的皇上其实已是傀儡，实际当家的是首辅大臣。在与朝臣们的冲突中，皇上屡战屡败，在稍大些的事情上根本就无法以自己的意见左右朝政，而站在对立面的又不是哪一个朝臣而是全体，杀一批换一批都无济于事，唯一出路只有依顺大臣们的意见，就像玉帝处处听太白金星的一样。①

秩序谨严而毫无生气的天宫，表象至尊而毫无决断的玉帝，正应脱胎于吴承恩看到的现世朝廷。尽管他可能是不经意的，对其中更深刻的东西未必了解，但他有艺术家的眼睛——会看，就足够了。吴承恩依据现世创造了一个天上世界，由于他选用的模版很典型而文笔又很生动，所以大家接受了，相信天宫就是这样。

取经到底是为谁服务，是东土大众吗

中国的文化史相当重要的一个部分是佛、道教的争斗史。佛教进入中国以来，基本上处于扩张的态势中，就如爆发的新贵，张扬跋扈；而道教就像不思进取的世家子弟，总是被动地对付日子，但毕竟受到刺激，也在适应新的社会环境。我们的许多艺术、许多社会思潮都与这两大宗教的思想碰撞有关。

佛教强势的形成，有它自身的内在原因：佛教教义比较贴近小民，对普通民众和上层都有吸引力；佛教比较强调思辨，教理比较严谨，宣传也比较得力；佛教有一股进取精神和长远目标，总是有计划地主动扩张；佛教工于心计，强调缘分诚意而不讲当场验证，因此很少像道教的法术那样穿帮，等等。因此，尽管吴承恩所在的嘉靖朝是道教的天下，但佛教的强势，吴承恩看得很清。我们不妨细看《西游记》。

《西游记》中写了难以计数的神仙妖魔，他们都有吴承恩式的狡猾阴险，但

---

① 黄仁宇. 万历十五年[M]. 北京：中华书局，2006：45.

谁最狡猾最阴险？

妖魔够狡猾，白骨精想吃唐僧肉，三番两次变化，却还逃不过孙悟空的火眼金睛；车迟国三怪与孙悟空斗静斗动，也没能赢得半分，最后都被灭了。妖魔的狡猾，是小伎俩。

悟空够狡猾，撒泼耍赖，什么招数都使得出来，弄得玉皇大帝难受，太上老君头痛，再狠的妖魔听到孙悟空的名头，头皮都有点发麻。但他斗不过如来、观音，不论情愿不情愿，他得乖乖地一路到西天。孙悟空的狡猾，是小把戏。

玉皇大帝、太白金星都狡猾，对孙悟空先是欺其未见过世面，以未入流的弼马温哄其养马；继而又欺其不识事，以有职无俸的空头齐天大圣骗骗，图个安宁，但终于导致孙悟空大闹天宫。玉皇大帝的狡猾，小家子气。

真正狡猾的，是如来。别看他坐在西天静养，却可眼观六路，耳听八方，指掐过去，心算未来，自从玉帝请他降猴开始，一切都已在他预算之中。请看：

孙悟空闹天宫，玉皇派人请如来相助。如来听说，立即起身。试想如来何等尊贵身份，又何况灵山上猛将如云，一个小猴值得如来亲往？非为此也。本来玉帝在东土，如来在西天，各占一方，互不相扰。而其实东西方明里和平友好，暗地里如来还想着在东方弘扬我佛，现在不正是机会来了？到了东方，立即拿出绝招，让孙悟空稀里糊涂地便败下阵来，根本没有另生枝节的机会。这一手，已经压倒了玉帝，玉帝欠了如来一个极大的人情，将来如来是随时可以追回的。

果然，五百年后如来想到了利用压在五行山下的猴头。如来要想在东土扩张佛教，但又怕被人看轻，要拿点架势，搞点做派。他想出了让东土人苦历千山万水来西天取经的办法，既要让人来取，让他觉得难，感到这真经来之不易，但又要让他能逢凶化吉，来到灵山。不难，显不出真经的价值；太难，吓倒取经人，也是白忙一场，所以要为取经人准备几个能干的徒弟。

谁来当取经人的徒弟，如来实际上早已考虑好了。他给观音五件宝贝，其中金、紧、禁三个箍儿，专门作收徒之用，已经给收服孙悟空留下了伏笔。三个箍儿中的两个被观音贪污了。一个收了黑熊精做了她自己的守山神将，一个收了红孩儿做了自己的善财童子。观音为什么贪污？因为她知道孙悟空的本领。有了他，西天路上基本上就无甚险碍，不愁取经人到不了西天，用不着黑熊精等去凑热闹，还是留作自己用吧。为什么观音又不敢一起都贪污了？因为她知道如来早已想到安排这个猴头做取经人的徒弟，将来悟空到达西天，头上没箍儿，岂不难以交代？至于用箍儿管束猴头，那实在是很次要的理由，没有这个箍儿，观音也是能使猴头伏贴的。

　　至于取经人，也是如来安排好的。唐僧也许不知道，他的前生是如来的弟子金蝉子，只因无心听佛讲经被贬凡尘，已经十世修行。这个金蝉子本是西方修行人，在如来阶下听讲，即使犯错该贬，也应贬在西方，如来悄悄地贬他在东土又是为什么？安排观音到东土来找旧年的弟子当取经人，又安排一个被自己收服的猴头做取经人的徒弟，如此简直是在导演一场戏，一场不宣而战的文化侵略战。

　　精彩的戏还在后头。

　　唐僧师徒去西天的艰难，原本不应达到现在这样的程度，但事实上他们的难易程度也在如来掌握之中。为了不让他们走得太容易，如来组织了一批又一批的妖魔阻挠取经。如来灵山脚下有个得道老鼠，因偷了琉璃盏内的清油而逃走；如来已经照见这个老鼠躲在唐僧师徒必经的黄风岭，却不急于追回，而是让灵吉菩萨照看着。干什么？让老鼠与唐僧师徒干上一场，为难为难他们。

　　再看平顶山的金角大王、银角大王，凭着几件宝贝，给孙悟空着实添了不少麻烦，可到后来才弄明白，这两个魔头都是太上老君看炉子的童儿，宝贝都是太上老君的用物。这可把悟空气得七窍生烟，太上老君却说：“不干我事，不可错怪了人，此乃海上菩萨问我借了三次，送他在此处托化妖魔，看你师徒可有真心往西去也。"

　　再看乌鸡国遇到的妖怪，原是文殊菩萨座下的一头狮狔王，悟空等费了多少周折才占上风，刚要动手结束其性命，文殊出面了，说这青毛狮王原是奉佛旨降临，也是故意在这儿添麻烦的。

　　除了直接派遣以外，还有不少麻烦大概也是如来弄出来的。比如唐僧原是如来弟子金蝉子，十世修行，吃他一块肉即可长生不老，一路上许多真正的妖魔都是冲唐僧肉而来的。但这个信息是谁告诉他们的呢？恐怕只有如来，是他有意无意放出风来的。假如没有如来的"照顾"，一路上唐僧师徒四人恐怕要顺利得多。当然，如来的照顾也很精确，每到关键时刻，就会有救星出现。观音很能领会领导的意图，一路上安排了一难又一难，即使到了西天，发现唐僧已经历了八十难，不合佛门的九九归真之数，还抓紧在其回程中安排了一难。

整个取经的过程，岂不都是如来操纵的！以道教为支撑的东土及那位貌似至高无上的玉帝，其实不过是一个提线傀儡。取经还是为东土的大众服务吗？

二郎神话题之一：外甥与宫廷法则

孙悟空大闹天宫，从齐天大圣任上返回花果山；玉帝派托塔天王和哪吒父子征剿，却又落败，弄的玉帝脸上还是"笑"，但话里却透着底气儿不足："却将哪路神兵助之？"玉帝属下的天兵天将虽然不少，但能与孙悟空抗衡的并不多，主要依靠的还是李天王与哪吒这一对父子，现在李天王父子一败再败，还能调哪路兵马呢？来做客的观音一旁插嘴，推荐调灌口二郎神前来擒拿猴头。请注意，当时观音特意点明他推荐的"乃陛下令甥显圣二郎真君"。玉帝虽说内心不太愿意，但却不得不接受推荐，派人调二郎神的人马去花果山参战，圣旨中说"功成之后，高升重赏"。

二郎真君有点能耐，虽说费了点劲，但到底把孙悟空捉了。胜利归来，李天王与四大天王诸神，都近前来向二郎贺喜："此小圣之功也。"二郎神倒也挺懂事地说："此乃天尊洪福，众神权威，我何功之有。"一时大家都是喜气洋洋。但在无兵可调时脸上尚有笑容的玉帝此时却连一点笑意都没有，当初许诺的"成功之后，高升重赏"，只兑现了一半——有重赏，无高升。或许当时玉帝心中就已发狠：从此再也不用二郎神。

凭什么说玉帝对二郎神不愿意？有证据：其一天宫无兵可派，可玉帝硬是没有想起二郎神，按理说，二郎神是他的外甥，最了解的就应该是他，何必要等观音提醒？其二后来孙悟空再闹天宫，玉帝一反往日犹豫无断的样子，也不与谁商量，立即派人往西天请佛祖相助，哪怕自贬身份惹人耻笑。二郎神不是还在灌江口吗，何必舍近求远？

先说二郎神为何住在灌江口，这里隐藏着玉帝和二郎神的神秘关系，以及他们之间牵扯到的宫廷政治法则。关于二郎神的神话故事，版本很多，《西游记》是取其中两个组成的。家住灌江口，取的是四川灌江口的治水李二郎的故事；玉帝外甥，取的是西汉桃山杨二郎的故事。相传书生杨天佑在桃山读书，被思凡的玉帝之妹张仙姑看中，结为夫妻，生子二郎。玉帝知道后惩罚张仙姑，将其压在桃山下，是二郎学成武艺，劈开桃山，救出母亲。玉帝无奈，赦免仙姑，认二郎为外甥。所以孙悟空与二郎神见面就说："我记得当年玉帝妹子思凡下界，配合杨君，生一男子，曾使斧劈开桃山的，是你么？"原来玉帝和这位外甥虽然最终相认了，但毕竟在心底有点疙瘩。

但这点过节并不是主要问题。主要问题在于二郎是玉帝的外甥。中国古代的皇帝，虽然都把自己说成是天生该做皇位的真命天子，但心里随时都在提防着别人。曹操、赵匡胤那样欺负皇家孤儿寡母的大臣固然要防，但像那样的大奸大恶毕竟不多，真正要防的还是宦官和内、外戚——没有他们起内乱，大臣翻不了天。只有宦官和内、外戚才日日夜夜、时时刻刻构成对皇权的威胁，不见痕迹而又防不胜防，有关记载真是不胜枚举。一部《三国演义》之所起，汉廷内乱不正是由宦官十常侍、内戚何进引起的嘛。

明初，出于对历史教训的记取，朱元璋对宦官干政的防范非常严格，有许多条款都规定"杀无赦"，只是后来到明中后期，皇帝已经不如他们的祖先那么精明强干了，血的教训也渐渐忘了，宦官势力有所抬头，于是有了刘瑾、江彬那样权力过大而对皇权产生影响的太监，也才有了天启年间权倾一时几乎颠覆江山的魏忠贤阉党。至于对内、外戚的管理，明朝的防范制度也执行得非常严格。我们前面说过永乐帝夺取侄儿皇位的"靖难之役"，不就是自家的内讧吗！因此从永乐帝朱棣开始，就规定了一套内容全新的封国制度，皇帝的长子为太子继承皇位，其各兄弟自幼封王，大约在十几岁结婚后便去自己的封地生活，只可享乐但不得与闻政事。很多王因为政治上没有了出路，就花天酒地，胡作非为，闹出很多今天称之为绯闻的事情来。但对这些事，只要不是太过出格，朝廷实际上是不问的，甚至是怂恿的，因为朝廷正希望借此消磨那些王的意气，免得他们在政治上惹是生非。

这个制度有效地防止了宫廷内部祸患的出现。明武宗与世宗之间的平安过渡，是一个最好的例证。正德皇帝在位十六年一命呜呼时没有子嗣，给朝廷出了个大大的难题。如果在其他各朝，这就是一个大大的危机，各路勋侯贵戚必然以拥立为名乘机图谋皇位，若稍有不慎就是一场血光之灾。但由于这是发生在明代，各路的王都不在京城，他们与朝中大臣既无往来，心中也从来就没有图谋登基的妄想，因此没有任何准备。所以武宗死后，竟然没有一位王爷插手，竟然由大臣们按部就班地商议确定由武宗的一个堂弟、封在湖北安陆的兴王——后来的嘉靖皇帝即位。武宗一朝政治混乱，但在重大的事件面前能够平安过渡，这不能不归结于制度之力。

这些都是吴承恩亲眼看到、亲身感受到的，所以也反映到玉帝和二郎的关系上。他笔下二郎神的地位其实正是明代皇室封国制度的写照，因此玉帝对二郎神这位至戚并不亲热，采取的也是不接触、不使用、更不重用的政策，只让他住在灌江口，无事不得上天，"听调不听宣"。这"听调不听宣"是个很有意味的话头，宣，是皇帝召见臣子，是日常政务，二郎神不得（或不必）参与，所以不听；调，是调兵，应该出现于紧急情况时，是二郎神应该承担的责任，所以要听。这个约定不知是玉帝为了制约二郎神提出的，还是二郎神为了自避嫌疑提出的，书上没说，但估计是二郎神为让玉帝放心提出的自我约定。你看二郎神听调后随带各位兄弟到达花果山，见到李天王时说："……若我输与他，不必诸公相助，我自有兄弟扶持；若赢了他，也不必诸公绑缚，我自有兄弟动手。"说这话干嘛？怕人家抢功？不像。倒好像是刻意要与各天兵分清界限以避嫌疑。吴承恩不愧做过王府官员，对王府与朝廷微妙关系的了解竟是如此细致。

二郎神话题之二：功劳与宫廷法则

清人入关之后，总结明代亡国的原因，将明代的这一宗法制度视为亡国的原因之一。据说康熙曾说过一段话，大意是：明朝宗法，使皇家骨肉分离，众王尸位素餐，毫无作为，以至于国事紧要时竟无人能援手相帮，远不如大清制度能使皇家兄弟齐心协力。或许基于这一认识，清初不设太子，大有让诸皇子中原逐鹿，使捷足者先登的意思。清人的这一制度，让他们避开了明代宗室王软弱无能的结果，但也给他们带来了无穷的麻烦：康熙朝参与党争的皇子有十多人，时间长达二十多年，祸害延至雍正朝，直弄得非死即伤；雍正帝为了不给自己选定的继承人遗祸，不得不处死了暗中使劲争位、名为三子实为长子的弘时。有清一代，皇位的传承远不如明代稳定。两相比较，两代制度各有千秋，正暗合了"存在的就是合理的"这一哲学命题。只是可怜朱家子孙，在自己一小片宫殿里，虽说不缺吃穿，但无诏不得进京，甚至不得离开封地，大多数就从此没有见过自己的父母兄弟；不管有无才干，都终身不能从政，养肥终老完事。而《西游记》里那位浑身本事的二郎神，也因为是玉帝的外甥，就只能住在乡下灌江口，无事与一班草莽兄弟以打猎为乐，看起来超脱，其实挺可悲的。

回到《西游记》。话说孙悟空从太上老君的炼丹炉里跳出来，已经是概天神将皆莫能敌。此时的玉帝倒显得干脆决断，立即派人赴西天请佛祖降服。二郎神不是还在吗？灌口不是近了许多吗？玉帝为何不重新启用二郎神的问题，有读者认为这是《西游记》的重大疏漏之一。其实这仍与朝廷的政治法则有关。以玉帝的身份向西方佛祖求助，无论如何是件丢面子的事，但如果考虑一下中国政治中的一些因素，玉皇大帝这样做恐怕倒更妥当些。

中国的每个王朝，都要在内部闹出点乱子来。闹乱子的原因无非是争权、争宠、争位，闹乱子的为首者往往都是皇亲国戚，但参与者却又往往有屡建奇功的勋臣，所以历代帝王对这一类人都防范甚严，处理的办法无非是两种：杀和防。

杀的例子，从远说有汉高祖刘邦处理韩信一事。当年韩信得高祖的信任拜为将军后，未免有些得意忘形，最严重的错误是在高祖急等他回师救驾时，竟然以此要挟高祖封他为齐王。但这事虽然有点过分，也是一时糊涂利令智昏，并没有到叛国造反的程度，然而高祖从此对他不再信任，先是将韩信降为淮阴侯，最后还是在并没有确切证据的情况下杀掉了事。从近处说，明太祖做得更绝。他以株连为手段，通过几个惊天大案，几乎将开国功臣一网打尽，包括功劳最大但已经意识到危机的刘基。刘基在洪武四年乞老回乡，主动要求退休，之后隐居山林，每日只是饮酒弈棋，绝口不谈当年的功劳，但即便用心韬晦如此，还是没有洗刷掉太祖的疑心，终于在太祖的默许下被牵连到案件中遭到审查，最后忧愤而死。

  防的方面，以宋太祖赵匡胤为例。赵匡胤于后周世宗柴荣死后，以殿前都指挥使的身份统摄军事。在一帮军中弟兄的帮助下，搞了个黄袍加身的政变，抢了人家孤儿寡母的皇位。他以政变起家，对这种事情的重演就特别关注、特别敏感。所以一旦局势稳定，他就以"杯酒释兵权"的方式解除了当年拥戴他登上皇位的各位弟兄的武装。但他防了军中将领，却没有防到兄弟，终于还是在不明不白中被弟弟夺了权。宋太宗出于同样的心结，对军人防范甚严，整个大宋一朝，军人都处于严格的监督之中，前线军中不仅有文人监军，凡事没有监军的同意就不得自行其是，甚至每打一仗的作战部署都要送交朝廷批准。为此，大宋朝付出了前线屡败的代价，但赵家子孙好像从未考虑过改变政策。

  说到明朝，朱元璋虽然按照礼法将皇位传给了长孙，但却没有为长孙朱允炆的执掌政权扫清障碍，以致朱棣依仗武力从侄儿手中夺了皇位。而朱棣到了考虑接班人的时候便接受了教训，开始他还在朱高炽、朱高煦两兄弟之间犹豫，但当他想定以朱高炽为太子时，就将朱高煦封到云南为汉王，让他远远离开。朱高煦赖在南京不走，朱棣稍作了一点让步，改封山东青州；但当朱高煦仍然不肯就藩时，朱棣便决不答应；此后朱高煦在青州不法行凶，朱棣甚至将他招至南京准备废为庶人。由于对朱高煦防范有效，因此心有预谋的朱高煦虽然遇到了朱棣和朱高炽先后去世的事件，但始终没有找到夺取皇位的机会。最后强行起兵谋反，也很快被镇压下去。

  了解了中国皇宫里少不了的这些弯弯曲曲，我们就能理解二郎神在建功之后为什么不再被调用。二郎神是玉帝的至亲，如果图谋不轨有最便利的条件，因此玉帝不会再给他建功的机会从而把朝廷安定的宝押在他身上。请西天佛祖帮个忙，无非是丢点面子以后备礼致谢的事；但如果让二郎神居功自傲，尾大不掉，以为功高可以震主，赖在天宫不走，就麻烦了。

唐僧话题之一：神仙们为何不吃唐僧肉

"唐僧肉"如今已经成为社会熟语。按照《西游记》的说法，唐僧是如来弟子金蝉子转世，已经十世修行，只要吃他一块肉，就可以长生不老。对于女妖精们来说，消息更加振奋——吸其元阳，就能修成太乙真仙。于是大大小小的妖魔，都做了精心的准备。

神仙为什么不近水楼台先把唐僧肉吃了？——问。神仙有金丹仙桃，吃唐僧肉干吗！——答。

一问一答，虽然简单，但和吴承恩的思路很合拍。吴承恩就是用这个十分简单的比喻，为我们讲解了中国古代财富分配的原则。财富积累是所有的人共同追求的目标，但求得的方法却有所不同。

就如长生不老是《西游记》中所有神与魔共同追求的目标——玉皇大帝苦历过一千七百五十劫，每劫是十二万九千六百年，即使坐上了天宫第一把交椅，还要太上老君为他炼丹；五庄观主与天同寿，神通大到孙悟空根本不是对手，可对延年益寿的人参果还斤斤计较；天上地下的小毛神、小毛精当然更要求长生——但求得的方法也不同。

细细看，天上的神仙分为几类：玉皇大帝、西王母、太上老君、观音、三星，还有那个镇元子大仙等，是天上世界的主宰者；太白金星、托塔天王、哪吒、巨灵神及文武百官，是天上的食禄者；各路散仙、十万天兵等是天上的百姓；妖魔则是神仙中的不安分守己者、落草为寇者、败则为贼者。不用说，世上人也分几类：真命天子、皇亲国戚是天下的主宰者；公侯将相、大小官吏是人间的食禄者；绿林好汉、地痞恶霸、鸡鸣狗盗之辈，则和妖魔相等。

求长生，各有各的办法。太上老君有金丹，西王母有仙桃，三星有交梨火枣，南极寿星有紫芝瑶草，镇元子有人参果子，这些又随时可供玉帝享用——就像人间的帝王拥有天下，何处何物不为我所有？至少享用赋税是天经地义的。

天上的食禄者，虽然自己没有仙桃、金丹，但在效劳的过程中，也有机会参加"仙桃会""御酒会""金丹会"等活动，所以长生不老也是不成问题的——就像人间的官吏，也会从社会财富中分得一份，有自己的一份俸禄一样。天上的各路散仙，为了长生不老，则要自己修炼，打坐，炼气，等等不一，各炼所宜，若干年修出一个变化，再若干年修出一项神通，积少成多，慢慢走完漫漫长生路。这条路也能走通，但是太慢，太长，太费力，而且总要勤勉，就像人间的百姓须自己劳作一样。至于魔，天上和人间的一样，都是想取不义之财者，想走捷径。走捷径就是想歪点子，像比丘国的鹿精国丈，要用一千一百一十一个小儿心肝不知炼什么东西。而走捷径最好的办法，就是吃唐僧肉，效果既好又省事——这就难怪那些神通不太大的小妖魔对吃唐僧肉趋之若鹜了。就像平顶山银角大王所说："若是吃了他肉就可以延寿长生，我们打什么坐，立什么功，炼什么龙与虎，配什么雌与雄？只该吃他去了。"比照人间，总有人不甘心于种田经商，不甘心于俸禄，于是就有了偷盗行窃、坑蒙拐骗、敲诈勒索、卖官鬻爵的行为。这都属于想吃唐僧肉一类。

岂不知，唐僧肉哪有那么好吃，近处有孙悟空师兄弟护着，远一点有六丁六甲、五方揭谛看着，再远一点有观音、如来掐指算着，妖魔吃个把凡夫俗子就算了，唐僧岂能让你动得！——禁不起诱惑，贪得不义之财，就已堕入魔道；堕入魔道者岂会有好结果！所以神仙不吃唐僧肉，只有堕入魔道，才会心心念念满脑子都是唐僧肉。

这就是《西游记》理解的社会秩序。

唐僧话题之二：唐僧头上为何没有紧箍儿

唐僧头上为什么没有"紧箍儿"？

如果没有"紧箍咒"约束，把孙悟空这样的徒弟，放在唐僧这样的师父身边，的确让人有点不放心：一个神通广大，一个无力缚鸡；一个刁钻凶顽，一个绵弱偏执；一个徒弟当得实在有点勉强，一个师父来得也太容易……所以观音菩萨在孙悟空还没有闹出大乱子之前，在他头上加了个"紧箍儿"。这在情理上说得通。从此以后，孙悟空算是捣不了蛋了。

但唐僧怎么念"紧箍咒"却又让人不放心。从他后来屡次使用这法宝的情况看，还是错的多，孙悟空着实让他冤枉了几回——唐僧让人讨厌，也正在于此，斩妖除魔，本是孙悟空所长，但唐僧肉眼凡胎却偏要瞎掺和，惹出多少麻烦。然而，麻烦还不是最坏的结果，如果——我们假设——唐僧哪天改变了主意，说不去西天了，让孙悟空为他抢一个民女、霸一处寺院、占一份国土，由于这"紧箍咒"的威力，孙悟空不也要乖乖地去吗。这里虽然是假设，但应当承认可能却是存在的。

唐僧头上为什么没有"紧箍儿"约束他的权力和欲望？就因为唐僧是观音信任的好人？吴承恩在这里已经触到了中国封建制度的一个弊病：权力的缺乏制约和人治因素。

首先，使用权力的规则不明确。古代的中国，皇上对下的权力是无限的、绝对的，就像拥有"紧箍咒"一样，想要治治那些不听话的小人物，真是太容易了，非得使你"痛得竖蜻蜓、翻筋斗、耳红面赤、眼睛发麻"；而使用权力的规则是什么？仅"随心所欲"而已。一切忠言逆耳、刚愎自用、自以为是情况的发生，都不意外；甚至滥用权力、为非作歹，也不用承担任何责任，就像唐僧使用"紧箍咒"一样。就在吴承恩生活的时代，屡有官员因上疏劝告嘉靖帝不要听信道士之言——话，都是忠言；人，也是尽职——却被下狱拷打致死或当廷杖死，这不是很好的注脚吗？

其次，对权力的制约不健全。观音把"紧箍咒"教给唐僧，但并没有交代哪些事不可以让悟空去做，显然观音信任唐僧的道德水准，因此省略了一个交代注意事项的环节。中国古代的权力体系中，恰恰也是如此。对官员的道德教育，即教导他们如何做一个好官，从来都没有忘记，孔孟学说中都是这方面的内容。但如何制约官员滥用权力，却从来没有好好研究，以至于官员的道德一旦发生变化，做起坏事来毫无拘束。就像唐僧，假如某一天不想取经了而想做一些坏事，就凭"紧箍咒"指使孙悟空，有什么做不到哩。而要想做个好官，就得像唐僧一样，凭自己的真修养功夫，经受住九九八十一难的考验——也真是不容易哩。

妖魔们的结局不同体现出社会的不公平

天上各路神仙的来龙去脉和大小尊卑，已经说了很多，现在来比较全面地了解一下妖魔世界。据不完全统计，《西游记》中有名字、有称号，扬名立万的妖魔有五十多个，其中：

来自崇山峻岭、江湖河海，由动物修炼而成的大约占三分之二，如黑风山的熊罴精、敌毒山的蝎子精、盘丝洞的蜘蛛精、七绝山的红鳞大蟒精、车迟国的虎精鹿精羊精，等等，由尸魔化成的白骨精也应归于这一类。

来自天上由神仙堕落而成，或者承担了神秘任务下凡的约占三分之一，如为太上老君看丹炉的童子下凡后称金角、银角大王，弥勒佛座下司磬的童子下凡称黄眉怪，文殊菩萨座下的青毛狮子下凡后是全真道士打扮冒称国王，二十八宿中奎木狼下凡后称黄袍怪，观音莲花池中养大的金鱼下凡后称灵感大王，等等。

这些妖怪都盘踞在西天路上，有的开山立寨，占山为王；有的夺人皇位，冒称国王；有的打家劫舍，为非作歹；有的占据道观寺院，假装神圣。其中：

横道挡路，主动向唐僧师徒发难，以吃唐僧肉或者吸唐僧元阳为目的的妖魔，大约占三分之二，如僵尸白骨精、蜘蛛精、玉兔精、蝎子精、老鼠精、金银角大王，等等。

本身并没有直接危害唐僧取经，但因为宗教信仰、私人恩怨等原因而发展到生死相搏的，大约占三分之一，如因红孩儿而反目成仇的牛魔王、罗刹女，因此而卷入的如意真仙、玉面公主，车迟国的道教国师虎力大仙、鹿力大仙、羊力大仙，偷了祭赛国金光寺佛宝的万圣龙王、九头驸马，等等。

还有少数是唐僧师徒路见不平挺身而出，主动惹出的麻烦，最典型的是在比丘国，救了一千一百一十一个小儿；在宝象国救出百花公主大概也算这一类。

妖魔最后当然都被降服了，从结局上看，也可以分为三类。第一类，恶贯满盈被悟空兄弟或者神佛打死，如白骨精、蜘蛛精、狐狸精、蝎子精、黄狮精、多目怪、犀牛怪、黄毛虎、白花蛇，等等，大约占了一半稍多，显然可以看出，基本上都是地上动物修炼成精的妖怪。第二类，凡由天上下来的，不管什么原因，大多数都在关键时刻由老主人收服或者出面求情，免于一死，重回天界。有些回到天界后受到惩罚，如鼍龙被押至西海龙宫责罚，金鼻白毛老鼠精被押至天庭问罪，黄毛貂鼠精则被交如来处理。有些凡间的妖魔被收服后也改邪归正成为天兵天将，如红孩儿做了善财童子、黑熊精做了观音的侍卫。这大约占了三分之一。第三类，本来与取经冲突不大，没有太多危害百姓劣迹的，也就饶过罢了，如如意真仙、罗刹女；有少数逃跑的也没有过多追究，如九头鸟、野牛精、老虎精，等等。

　　从这些关于妖精的统计中，我们通过吴承恩潜意识的情节设置可以看出社会的不公平。可以看出，凡原出生在下界，自行修炼成精的，因为凶残成性也罢，因为一时糊涂也罢，绝大多数涉及吃唐僧肉的问题，实际上涉及社会财富的分配方式。这些凡间社会下层的妖魔，没有机会获得更多的财富资源，而又不能以勤苦劳作获得财富，于是就想攫取不义之财。他们就像贫民窟里长大的孩子，在他们原来生活的圈子里，即使有些恶行也会被看成生活的一部分，但如果他们试图侵入社会特权阶层的利益圈，便不会被接受。这些想吃唐僧肉的下界妖魔，绝大多数受到极刑惩罚，他们的下场，属罪有应得，并无多少争议。问题是那些天上下来的妖魔，其作恶与他们一样，但结局大不相同，严重违反了"王子犯法，与庶民同罪"的社会公平法则。

　　天上下来的妖魔，有些带有任务到凡间也没有殃及百姓，如在乌鸡国做了三年国王的文殊坐骑狮猁王，将真国王推入井中浸了三年，乃是为了报当年菩萨之仇，这个狮猁王在位时，国中风调雨顺，国泰民安。还有如二十八宿的奎木狼，下凡纯属个人原因。这样的妖精似乎可以放过。但更多的天上神仙下凡时已经堕落为需要拯救的灵魂，耐不住天上的清贫与寂寞，而下到凡间来满足物欲和权力欲，危害甚至比地上的妖魔更大，但他们都由于与地位比较高的神仙有这样那样的关系而被免除惩罚，这是很说不过去的。比如金、银角大王，原是太上老君看炉的童子，因为受委派而下凡为唐僧取经增加点困难。但这二人下凡后完全泯灭了本性，不仅残害百姓，而且带头叫嚷要吃唐僧肉。如天竺国玉兔精，原是天上月宫的玉兔，下凡后抢走公主，借抛绣球招驸马为名劫走唐僧，要"采取元阳真气，以成太乙上仙"。还有比丘国的国师原是月老的白鹿，下凡后弄了个白面狐狸，以美人计迷惑比丘国王，然后要取一千一百一十一个小儿心肝配药。这些神仙变成的妖怪，心肠不可谓不毒，手段不可谓不黑，作恶不可谓不多，但在被擒获后都由于他们的原主出面而逃脱了惩罚。

更有甚者，那个红孩儿是孙悟空遇到的最阴险、最恶毒、危害也最大的妖魔之一，虽然年龄很小，长相也还可爱，但其一言一行却险恶得让人感到胆战。就是这么一个临到被擒还耍花招的恶毒小人，却被观音收取做了善财童子。

更有甚者，狮驼国的大鹏鸟，作恶多端，害苦了一国百姓，如来亲自出动才将他擒下，但因为与我佛如来有亲，如来不仅没有惩罚，反而许愿"我管四大部洲，无数众生瞻仰，凡做好事，我叫他先祭汝口"。

已经不需要再作什么评论，统计数字已经说明了当时社会的问题。吴承恩不是革命者，他不能超越时代用今日的法治观点、公平原则来评判社会，但他写下了这些，也就是向我们介绍了几百年前的真实社会。

二 吴承恩主观刻意描述的明代社会痼疾

《西游记》在使用以下涉及的情节素材时，带有明确的针对性和目的性，他想借此告诉读者一些事，一些想法。

大闹天宫与"玉帝不会用人"的牢骚

《西游记》第四回，孙悟空以弼马温的官职反出天庭回到花果山，小猴们周围欢呼，询问在天庭得了什么官职，孙悟空摇手道："活活的羞煞人，那玉帝不会用人！"

仔细揣摩一下，这话说得很悲愤。悲愤背后，则意味深长。

自从小说、戏剧出现以后，就不断有作品被禁，我们现在还可以看到不少元、明、清三代禁毁小说、戏曲的公告资料，《水浒传》《金瓶梅》《红楼梦》《西厢记》，等等都被禁过。被禁的原因，无非是"诲淫诲盗"，像《水浒传》是"诲盗"的，《金瓶梅》是"诲淫"的。的确，由于小说、戏曲是商品化大众娱乐，所以难免弄点媚俗的噱头，加点佐料，《金瓶梅》且不待说，即使我们前面提到的杂剧《西游记》也是如此，女儿国八戒、沙僧捉住个宫女便做那妖精打架的事，绝对是演出中为了博彩加上去的。但《西游记》很少被禁。是其中没有违碍语言吗？不是。孙悟空在大闹天宫时，竟然要做"齐天大圣"，喊出"皇帝轮流做，明年到我家"，这完全可以上升到大逆不道的高度来问罪，问个灭九族的罪名也不冤枉。但不仅书中的玉帝不予计较了，连后代读《西游记》的皇帝也没当回事。

这倒是怪事呢！是因为悟空是只猴子，大家都没有当真？其实把整个悟空大闹天宫联系起来看，就不奇怪了。孙悟空闹得虽然有点过分，但就其目的来说，还是恶作剧范围；而就作者的目的来说，那就只能算对政治的一种温柔批评。"那玉帝不会用人！"说的是每个帝王都会遇到，也都会温柔处理的老问题。人才的出现大致上有点规律可循，所以有"世家""名门"和"寒门""市井"一说，但也总有例外，也会有从寒门出来的人才，这些人才的冒头，打破了现有的平衡，对现状发出挑战是必然的。作为一个朝廷，建立起一个容纳人才使之被纳入管理范畴的机制，必不可少，如果哪天朝廷的人才体制僵化了，没有活力了，这个朝廷离动乱的日子也就不远了，历代的农民起义领袖——朝廷称为"乱党"，无不是一时豪杰，也无不是因为不能通过朝廷认可的渠道施展抱负而另走造反一途。所以，历来朝廷对于人才使用问题的公开讨论都是不忌讳的。

孙悟空是天产石猴，石头缝里蹦出来的，因为受日月之精华、天地之灵气，所以有点慧根，能在猴群中表现得不同凡响；由于有慧根，所以能想到每日无忧无虑之外，最终要面临生死轮回的哲学问题，就有了下山学艺的一套故事；由于机缘巧合，参仙访道中又在辈分极高的须菩提祖师那儿学得了翻江倒海的本事；既然有了翻江倒海的本领，相应的就有了新的生活要求，于是闹龙宫，闹地府，小试牛刀，居然得逞，结果都进一步验证了他就是一个人才。于是豪气顿生。你看书中写道:"悟空拿过簿子,把猴属之类,但有名者,一概勾过。摔下簿子道:'了账!了账!今番不服你管了。'"回到洞中,有小猴报有上天差来的天使前来传旨,这猴头没有想到东窗事发的后果,反而大喜道:"我这两日,正思量要上天走走,却就有天使来请。"这句话仔细思量,实在托大至极,似乎意识到自己已经有了去天上走走的资格,天使来请不过是顺理成章的事,全然想不到是惹祸的结果。

玉帝接到龙王和地府冥王的告状,先是要派兵剿灭,然后听从太白金星的谏言,改为招安,准备在天上安排个职司。玉帝的两种处理都不能算错,安抚人才无非也就是这几招。但玉帝错在没有仔细考察孙悟空的才能并预测可能的后果,安排个适当的位置,而是非常随意地安排了个弼马温。这是个不入流的小官,品级小不说,而且是个下等的差事,用那些监马官的话说,若喂的马肥,只落得个好字;若稍有些尪羸,还要见责。当孙悟空不了解天庭规则时,还可糊弄,然而一旦明白真相,岂能不怒,直言"那玉帝不会用人",老子不为你卖命,于是乎反出天宫去了。第二次招安,玉帝接受了教训,很委屈地同意给了猴头"齐天大圣"的称号,但具体处理还是很随意,不知为何又让他去管理蟠桃园,说严重些这简直就是唆使犯罪——你难道不知道他是一只猴子吗?你难道不知道猴子天生爱吃桃吗?于是事情一发不可收拾。

猴头大闹一番,最后失败了。失败得很惨,自以为浑身本领一个筋斗十万八千里,但竟然没有跳出如来佛祖的手心;然而结局并不很惨,如来只是教训了他一下,让他知道天有多高地有多厚,暂时压在五行山下,还是给他留一条出路,让他有机会通过修行终成正果。这就代表了历代君王对于批评朝廷人才政策者的宽松处理。

有意味的是,把这段故事与杂剧《西游记》的对应情节比较一下,就会觉得杂剧《西游记》中原来的孙悟空哪有这么可爱,原来的齐天大圣浑身妖气,偷了王母的仙衣,被托塔天王捉拿归案,又被观音压在花果山下等候取经人。这说明,所谓"正想上天走走""玉帝不会用人"之类,原来都是吴承恩的心思,与其说出自孙悟空之口,还不如说是吴承恩自己在愤愤不平。

中国的用人制度，秦汉之前是分封世袭制，贵族爵位代代相传。从寒门中或从下层冒出来的人才称"士"，士的使用由贵族的需要和喜欢决定，没有一定之规。像孔子这样的人才不可谓不大，但孔子一生讲学，周游各国，有信奉他的给个职位，待遇也好点；反之遇到不听这一套的，孔夫子也只有重新流浪，据说曾经被困在陈国、蔡国之间，断炊数日。

秦代改分封制为郡县制，职位不再世袭。用人的原则有所变化，取士的方法与过去也有不同，大致上有三种：选举、考绩、考试，相对比较民主一些，因此汉代出自寒门的人才比较多，比如吴承恩的老乡淮阴侯韩信，就由一个市井的小混混而凭才能做到齐王、大将军。

东汉至魏晋时期，虽然有了选官的概念，但门阀观念非常严重，实行了一种九品中正制。九品，指将社会的各式人才分为九品，由中正官进行选拔；而中正官选拔的原则和标准，就是调查清楚门阀，然后依据门阀的等级程度推荐职务，如果不是出身于高贵门第，不太可能进入上品，同样也是不可能得到重用的。从用人效果上说，这仍然是一种非常落后的制度。

隋唐以后，科举开始逐步推行，到宋代已经比较完善，下层寒士有了一条正常开放也还畅通的进身途径。但科举做到了基本公平，却并非完全合理。它能够消除贵族与平民之间的差距，农耕商贾子弟做官甚至成为望族，也不是不可能，但通用性很强却太过呆板，使用统一的教材和固定的考试模式，缺乏对人才个别鉴别，也会导致对人才的压制。尤其是明代以后，文学在科举中的地位逐步下降，类似吴承恩、吴敬梓、蒲松龄这样充满激情的创作型文学人才就往往被埋没。就以吴承恩为例，他的诗文现在还有部分存世，可以认为极具文学素养，与"白下风流"的文彭、何良俊等，与"后七子"的徐中行，与"唐宋派"的归有光，与号称"青词宰相"的李春芳等交往都不逊色，可就是二三十年间连一个举人都没有考上，这如何能让他心内服气？

但是他又无处发泄，即使有人承认科举制度不合理，但对于吴承恩也只能表示个人的同情而已，结果是无法改变的，在这种体制下的牺牲，只能由个人承受。吴承恩无可奈何之下，借孙悟空之口喊出"玉帝不会用人"。大家明白他的心思，知道他的过激语言，也不过是秀才造反，别说三年造不成，就是给他三十年也未必敢真动造反的心思，所以就不去计较了。这就是《西游记》一直没有被禁的原因。

取经收钱与卖官鬻爵的明代财政政策

唐僧师徒历经千山万水终于到了西天，看到灵山，老远便整理行装，唐僧特意换上一路舍不得穿的锦襕袈裟，内心的激动可想而知。又听如来作了一番东土众生如何愚昧、孔氏之说如何不周的训示后，终于得到了"将我那三藏中，三十五部之内，各捡几卷与他，教他传流东土，永注洪恩"的准许。然而，就是在藏经阁里，师徒四人的信念受到了一次沉重的打击。

看守藏经宝阁的是阿难和迦叶两位尊者，这两位在佛经中都大有名头，是释迦牟尼"十大弟子"中的两个，但在《西游记》里，事做得却不太漂亮。他们公开向唐僧索贿，在书中说得较为婉转点，叫"要人事"。唐僧可能以为他们在开玩笑，只是不断解释：路途遥远，不曾备得。孙悟空心直口快，嚷了起来：我们告如来去。

经此一闹，经是取到了，但却都是无字经。唐僧师徒全然不知，捆起一堆白纸便放马还家。取经人历经一十四年，行程十万八千里，从东土赶来，肩负着在东土传播佛法的重任，即便对如来而言，对灵山而言，也是庄重的事，灵山也未必天天有取经人来，但阿难、迦叶竟敢当作儿戏。如果不是还有点良心和正义感的燃灯古佛派人追回，岂不是让唐僧四人白跑一趟！

而这一切，如来都是知道的，那些菩萨、罗汉也都心知肚明。唐僧回头换经时，大家拱手相迎，笑道："圣僧是换经来的？"如来不但不斥责阿难、迦叶二人，反而一脸怂恿，讲了一通不能轻卖的道理。唐僧无法，只得把一只从东土捧来、当作饭碗的紫金钵盂交了出去，这东西一路上没被妖精抢去，倒是葬送在西天。你看《西游记》写道：

> 佛祖笑道："你且休嚷。他两个问你要人事之情，我已知矣。但只是经不可轻传，亦不可以空取。向时众比丘圣僧下山，曾将此经在舍卫国赵长

者家与他诵了一遍，保他家生者安全，亡者超脱，只讨得他三斗三升米粒黄金白银。我还说他们忒卖贱了，教后代儿孙没钱使用。"

这一段让一路陪同唐僧走来，沉浸在取经的庄严神圣中的读者实在有点不可思议。取经也要收钱？这话可是出自佛祖之口也，千真万确！而且，事前并没有这个约定！此时取经的庄严神圣感已经荡然无存，如来只是一个大官商，阿难、迦叶是他的七品门奴，经也成了交换或某种交易的筹码。这段插曲让取经的庄严大大地打了个折扣。唐僧大概也觉得意外，回到东土的时候，又把这事原原本本地向唐太宗讲了一遍。

其实，从广义上说，天下没有免费的午餐，宗教也从来没有不要钱，只是为敛财找出了种种冠冕堂皇的理由，把各种手段演绎得更具有隐蔽性，东西方都是如此——西方，中世纪的基督教可以花钱买一种叫作"赎罪券"的东西，以换取未来的幸福；东方，无论佛教、道教，做道场诵经，都是要"自愿"地捐一笔香火钱，价钱没谈好是不出场的，天上的神仙可以吃自产的仙桃金丹，地上的和尚道士可得每日花钱。中国历史上，佛教从东汉传入中国，迅速扩大，所以有诗"南朝四百八十寺，多少楼台烟雨中"，这遍地的楼台，都是社会财富，大大小小的寺院，聚敛了大量的土地、大量的劳力，有时这种过度的敛财，甚至对皇室的统治、对社会的安定构成威胁，所以中国古代既有崇佛的时代，也有不少毁佛的时代。毁佛，某种意义上也是一次社会财富的重新分配。鲁迅曾说过，写《西游记》的人并不懂佛，更不敬佛，无非是借取经的故事，骂骂人而已。的确如此，吴承恩一路骂过皇帝，骂过道士，方便的时候如刀之笔忽然向如来也戳了一下。

精确地说，这个问题是在讽刺明代尤其是明中期开始的五花八门、匪夷所思的财政政策。

国家的财政收入，主要来源于税收，收入和支出应当基本平衡。但是明代的收支平衡不了，因为除了皇室、官员、军费等传统的开支外，它还有一项特别的分散税源、增加支出的制度，就是皇室的分封。这个制度前面提到，太子确立，皇帝其他的子孙就要封王；新皇登基，这些王就要就藩也就是各就各位到自己的封地去。这些王，都要朝廷以税收供养。年代愈久，王就越来越多，因为每一代新皇都要增加一些新王，而那些陈年的老王也在不断繁衍，也还是要继续加封级别低一些的王。又因为朝廷的分封待遇是按人头落实的，那些王就拼命生育，很容易理解，生一个朝廷就要拨一份皇粮啊！因此有的王甚至有上百个王子公主，全家见面时互相都认不清。

当朝廷的收支严重不平衡时，一些非传统的财政政策就出现了。

明代中期，朝廷对僧人、道士出卖身份权。朝廷对僧道的数量本来有严格控制，对于发放僧道的身份证度牒有严格的审查手续，因为认真治理国家的人都明白，僧道是社会的病态，只消耗而不能产生社会财富。但到了中期的景泰、成化年间，朝廷开始卖度牒弄钱，结果就是明朝后期僧道泛滥，据估计明末的僧道人数应该有超过五十万之多。

也是在中期的成化年间，朝廷开始向读书人卖学历、卖功名，这就是大家都知道的纳捐。换句话说，就是由国家组织的卖官鬻爵，交钱就可以得到相当于秀才、举人的功名待遇，经过简单培训就可以做官。吴承恩的祖父、曾祖父都是通过这一渠道担任了学官。开始纳捐还是一次性的临时措施，后来越来越频繁，就成了制度。

成化年间，朝廷开始向商人出卖盐业的经营权。这在第二章已有介绍，就是把原本属于国家专营的盐业提价八倍后对外开放。吴承恩夫人叶氏的高祖父时任户部尚书，就是这件事的首倡者和执行者。

嘉靖年间，朝廷开始卖豁免权、特赦权。嘉靖、万历年间朝廷三次修订弘治年间颁布的《问刑条例》，减轻对贪赃受贿罪的处罚，扩大了赎刑范围，规定所有的贪赃罪均可花钱豁免。

嘉靖之后，最大的政策争议便是朝廷开征矿税。应该说，万历年间大规模征收矿税，是明朝后期最大的腐败之一，也是明朝灭亡的重要原因之一。

上述这些非传统的财政政策，正式的名义都是为了增加朝廷收入，就像如来说的，免得"教后代儿孙没钱使用"，但同时又都成为社会的祸害，如万历中有人谈及矿监税使时，说他们挟官剥民，欺公肥己，交给朝廷的仅十之一二，暗入私囊者十之八九。

取经收钱其实是对社会贪腐制度的一次辛辣讽刺。

阿难索贿与上下分肥的明代官场规则

《西游记》写道：当唐僧师徒发现取了无字经卷，在如来处告了状，听了一番"经不可以轻传"的教导后，再次来到藏经阁：

> 二尊者复领四众，到珍楼宝阁之下，仍问唐僧要些人事。三藏无物奉承，即命沙僧取出紫金钵盂，双手奉上……那阿难接了，但微微而笑。被那些管珍楼的力士，管香积的庖丁，看阁的尊者，你抹他脸，我扑他背，弹指的，扭唇的，一个个笑道："不羞！不羞！需索取经的人事。"须臾，把脸皮都羞皱了，只是拿着钵盂不放。

西天灵山，佛祖眼皮底下，居然有这等大胆贪墨；万里取经，何等庄重，竟容如此亵渎。其实这件事有特别意义。

我们看明代官场制度。明代实行"品官薪俸制"，官员的俸禄随着官秩由高到低递减。明代官秩分为九品正从十八级，俸禄也据此分为十八等，最高的正一品也就是内阁首辅、封疆大吏，每年禄米 1000 石，俸钞 300 贯；最低的官位从九品禄米 60 石，俸钞 30 贯；不入流的吏员不过 3 石。最常见的七品知县，每年的名义工资是 90 石，相当于五六十两白银。说实话，按照明代的消费水平看，这样的工资实在不高，而且，这些钱还是名义上的，兑现的时候还要折算成"钞"，钞在市面上使用时还要打很大的折扣。因此官员们从朝廷领到的工资远远不足以养家，更不谈奢侈消费，明代嘉靖年间最著名的清官海瑞，就是穷得浑身上下叮当作响。

为什么要把官员弄得这么穷？有研究者认为，除了财政的实际困难外，还有一个很重要的因素即"帝王之术"在作怪。因为自古以来臣贪则君安，臣贤则君疑，如果不以低俸制迫使官员们暗悖法条，上级领导又如何能够时时刻刻揪住下属的小辫子，令其战战兢兢、如履薄冰？说白了，低俸禄制度就是让你不能糊口，逼你去贪污，逼你想办法利用自己的那份权力弄钱，只要你贪了，小辫子就留下了。朝廷有一个海瑞可以，装装门面，但如果个个都是海瑞，那皇上还能有特权么？

　　皇帝身边的京官，更"穷"一些，正规收入无法维持开支，而弄外快又无路可入，只有向外官（地方官）伸手。外官虽然正规的收入也不高，但捞钱的方法多，不必说敲诈勒索的黑钱，就比如所谓的"火耗银子"，就是不菲的收入。"火耗银子"指的是地方官从百姓那儿征税征费，会收到大量的散碎银子，这些银子经熔化后铸成大锭上交国库时，会产生一些损耗，叫火耗。火耗是要加到百姓头上的。开始时加收火耗还遮遮掩掩，后来也就是在明中叶——吴承恩生活的那个时代稍前，朝廷明文规定在赋税之外另收火耗，使之合法化。收多少？朝廷的规定从来没有被认真执行，官员们总是要在标准之上再加一些，几乎是公开的；加多少，凭官员的良心，多出来的都是他自己的，有的黑心官员要加到百分之二十到百分之三十，少的也要加到百分之十左右。所谓的"三年清知府，十万雪花银"，就是指这一类并不十分违规的进项。

　　既然外官有这么多的好处，那京官为何不能分一杯羹？所以，京官利用手中的权力向外官伸手，外官为办事方便向京官贿赂，就形成了潜规则。冬天送的叫炭敬、夏天送的叫冰敬——意即冬天送些烤火费，夏天送些冷饮费，也就成了常例。严重时下级官员想见上司，不备足送给看门人的"红包"，怕是连领导的面都见不到。和吴承恩同时期的文人宗臣，在著名的《报刘一丈书》中，就描绘过朝中一些佞臣，为了要见一见权相严嵩，不得不低声下气地向门人送钱的情形。而朝廷对此种风气了如指掌，但官员的俸禄和他们的开支，以及他们的消费实在不成比例，风气已成，朝廷又支不出或不愿支出高薪，就只好睁一只眼闭一只眼。这样看来，阿难、迦叶向唐僧索要"人事"，还奇怪吗？难怪如来不加责备。这是一个制度性的问题。

吴承恩为何对道士不敬不恭

　　有些人坚持说《西游记》出自道教，其中故事尤其是那些韵语，都暗藏玄机，乃是修炼金丹的秘诀。但很清楚的事实是，《西游记》中，除了少数道教的高层领导外，基层的道士几乎都是坏人、恶人，不仅行为凶残霸道，猥琐不堪，其下场也都符合一句俗话"恶有恶报"。最典型的是车迟国的三名妖道虎力大仙、鹿力大仙、羊力大仙和比丘国鹿精变的老道士，国家已经完全为其控制，国王不过是傀儡而已。还有灭法国的国王，忽然发愿要杀一万个和尚，说是前世结下的冤仇，这恐怕也有佛道相争的背景。更奇怪的是文殊菩萨当年在乌鸡国准备度化国王，国王有眼无珠将化装成凡僧的菩萨捆起来，丢在御水三天三夜，菩萨为了报仇派遣座下狮猁王将国王推入井中浸了三年，这个狮猁王下凡时的身份竟然也是一个道士。

为什么这么厌恶道士？这得问吴承恩！我们需要提醒注意一个重要事实：百回本之前的《西游记》，唐僧面对的妖魔都不是道士，或者只是偶尔有道士，这就是说，对道士的矮化出于吴承恩之手。这是确定的事实。

他为什么要把批判、嘲讽的笔锋指向那些道士呢？是吴承恩出于宗教信仰天生就痛恨道士吗？其实并不。吴承恩的学术宗于儒学，以孔孟为圣贤，仅旁骛其他，这很清楚；在旁骛的佛、道两教中，根据《射阳先生存稿》的诗文看，他对道教并无歧见，倒还是常常引用道教典故，得心应手，比较起来，甚至说得上有所偏爱，《西游记》中孙悟空的老友镇元子大师，也是道士。

吴承恩对道术的不恭，显然并不是一种宗教行为，而与他所处时代的政治背景有关。

吴承恩主要生活在明代嘉靖年间。嘉靖皇帝正是历史上著名的佞道昏君。这位在位四十五年的皇帝自即位不久，便无节制地宠信道士。最受宠信的一个道士叫邵元节，因为邵元节求降雪灵验，嘉靖皇帝封他为"真人"，给二品薪俸；后来嘉靖生了个儿子，也把功劳记在邵元节身上，说邵元节祈祷有功，加封一品。嘉靖十八年（1539）邵元节死去，嘉靖改而宠信另一个道士陶仲文，而且在听了陶仲文一番话后，便想退居后宫修行，让太子去忙国家大事。而此时的太子虚四岁。有大臣冒死直谏，直言皇帝所谓退回后宫休息调养，不过是要专心致志、全神贯注地吃什么金丹壮阳，纵情声色而已。皇帝恼羞成怒，下令把这位大臣关入狱中，囚禁至死。那个道士陶仲文向皇帝进献的秘方名为养生,实则就是房中春药,因为献药有功,得到的待遇也是非同小可:可以与皇上一起坐着谈话,如果分别告退,皇上必要送到门口握手告别。可别小看了这握手告别,这在现代司空见惯,但在古代,却表示了非常的、特别的宠信和亲热。还是这位嘉靖皇帝,听信了道士的话,广纳嫔妃,据《明史》统计有嫔妃三十二人(不包括晚年的纳妃),在明朝各帝中数第一。而据野史载,他的嫔妃实际还不止这些,据说他死时,有妃三十人、嫔二十六人。有这样的皇帝,政事必然昏庸。政事昏庸的直接影响就是大权旁落,产生权臣,著名的权奸严嵩正是在这个背景下登位的。这当然成了士大夫知识分子关心的问题,相信儒学是治国之本的读书人,岂能容忍道士如此张狂,当时许多正直的以儒学为根本的大臣不仅公开表示对皇上佞道的不满,甚至出现若干犯颜直谏的事件。

我们前面说过,吴承恩的诗文中曾经涉及过这方面的内容,表示了对当朝昏君和权臣的不满,但他只是一个下层官员,对朝廷政治的影响等于零。他所能做的,就是在诗歌中把他们比作唐虞时的"四凶"和宋代"五鬼",或者借《西游记》骂一骂那些恶道士。你看,他写比丘国国王,"那昏君自谨身殿后面走来",谨身殿是明朝的宫殿,是皇上办公的地方,这不是已经把事情表现得很明白了吗?《西游记》也可以算是他对当时政治现实不满的又一个发泄渠道。

比丘国延年益寿的小儿心肝

唐僧师徒除了穷山恶水以外,还经过了好几个人间国度。不过这些人间国度并不美妙,大多"文也不贤,武也不良",颠颠倒倒,奇奇怪怪,国君总有点昏,而且昏君身边总有道士——恶道士,如比丘国的道士国丈、车迟国的道士国师、乌鸡国的道士假王,这些道士为非作歹,残害百姓,弄得国中乌烟瘴气,民不聊生。以比丘国的国丈为例。

说唐僧师徒经过比丘国,这是个人间国度,满大街看去,也算人物清秀,衣冠整齐,不像是有妖怪的地方。但进了城之后,怪事就来了——这个国家的人家,家家门口都有只笼子,还用五彩绸缎罩着。这引起了唐僧师徒四人的好奇:这是干什么用的?八戒打趣说,今天想必是个好日子,办喜事的多,家家都要出礼随份子啦！现在的随份子出礼钱把人民币直接递上就行了，过去则往往是自家抓只鸡，抓只鹅，所以猪八戒看到笼子想到了出礼随份子。而孙悟空童心大发，变个蜜蜂儿，钻进鹅笼去看，原来这鹅笼里坐的都是小孩，这小孩坐在笼子里干什么？太奇怪。问了，但是没人肯说。到了驿馆——也就是现在的国宾馆，大家住下来，唐僧与负责接待的官员套了半天近乎，才知道：原来这个国家三年前来了一位老道士，带一个十六岁的绝色美女，献给国王。从此美女就叫美后——后妃，老头就叫国丈——国王的老丈人。现在国王病了，国丈有个益寿延年的秘方献给国王，但要用一千一百一十一个小儿的心肝做药引，街上各家门口的这些小孩就是选出来备用的药引，只等第二天午时开刀，取他们的心肝制药。

这个故事在《西游记》里并不引人注意，古往今来，讲《西游》说《西游》的各种各样，就是很少拿这件事举例。因为这事太残酷，将这一千一百一十一个小孩活活地挖出心肝来，太残忍，太过分，所以我们一般都不相信会有这样的事发生，历史上昏庸的皇帝有，好色的皇帝有，残酷的皇帝也有，甚至杀人如麻的皇帝也有，但拿小孩开刀的皇帝好像还没有，所以大家宁愿相信它是一个纯粹吓唬人，或者纯粹商业操作吸引眼球的神话故事。

请注意老国丈的身份——道士！一个骄横跋扈的道士。看《西游记》的描写：

> 只听得当驾官奏道："国丈爷爷来矣。"那国王即扶着近侍小宦，挣下龙床，躬身迎接。……那国丈到宝殿前，更不行礼，昂昂烈烈，径到殿上。国王欠身道："国丈仙踪，今早喜降。"就请左手绣墩上坐。

这种情况其他任何一朝都不会有，但在嘉靖朝有，这点我们前面已经说过。

嘉靖皇帝佞道已经到了登峰造极的程度。在位四十五年，其中大约有超过一半时间不上朝。不上朝干什么？也没闲着，他要炼丹、制药、修不老之术。我们知道佛教追求的是来世幸福，为了来世幸福，因此今世要苦修，以消除罪孽；而道教追求的是现世也就是今生今世的幸福，终极目标是长生不老，羽化登仙，而且最好还是一人得道，鸡犬升天。怎么才能长生不老？办法当然是有的，这些办法就称为法术，修炼法术就可以做到长生不老了。

各种各样的法术中，最受欢迎的有这么几种：

一是灵药——就是《西游记》里说的蟠桃、人参果、交梨、火枣，等等。这些东西效果最好，吃一口甚至闻一闻就是几千几万岁，但可惜这些东西是找不到的。

二是丹药——就是《西游记》太上老君八卦炉里炼的仙丹。这些丹药说起来好听，但其实很多都是重金属的化合物。而当时的人不知道什么是化学反应，因此尽管这东西吃了是要死人的，但也还是要吃的。嘉靖的儿子隆庆皇帝是吃多了丹药死的，他的重孙子光宗也是吃丹药死的。

三是房中术。房中术用现在的话就是古代原始的性科学。这东西鱼龙混杂，原始的科学成分有没有？有，其意义是最早的性保健和计划生育措施等。但更多的是伪科学，它本质上是迎合了中国这种制度下上层社会纵欲淫乐的需要。比如房中术的核心内容叫采补——也就是采阴补阳，要采女子的阴气补自己的阳气。如何采？当然是从女人身上采，不仅采是必要的，而且数量上没有限制，多多益善；而且还要采美女、童女、处女的阴气；而且还有采出什么"九浅一深"之类的花样，这显然就是将人性中、人的本能中那些本来难以启齿的阴暗心理合法化，而且包装得那么崇高，所以它很受某些人的欢迎。哪些人？嘉靖皇帝就是。你看，在儒家的理论框架里，皇上为了子嗣后代，多几个嫔妃是可以的，但也得有节制，超出了限度也是要受批评的。而在道教的理论里，纵欲不仅合法而且多多益善，可以无限制地奸淫宫女，而且可以得道成仙，长生不老，一箭双雕，鱼和熊掌兼得，哪能不欢迎？嘉靖皇帝不理朝政，躲在后宫，就是干这三件事：炼丹、服药、采补——也就是修炼房中术。

四是为了身体能顶得住，房中术又发展出一个重要的分支，就是壮阳药。我们来看比丘国的国王，据说为了治病才要用一千一百一十一个小孩的心肝。国王生的什么病？纵欲过度。从医学上说，对类似国王的这种症候有两种治疗方案，一是温补，滋肾养阳，禁欲，做到了，身体自然会慢慢恢复；二是恶补，图一时痛快，用壮阳药，立竿见影，但进入恶性循环。在这两种医疗方案面前，那些行为已经变态，心智已经失衡的所谓修炼者，比如嘉靖皇帝等，则必然会走后一条道。

也许有人会怀疑，滥用壮阳药当然不好，但未必就很残酷吧？那是你没有弄清楚宫廷里的壮阳药是什么货色。嘉靖皇帝喜欢的壮阳药有三种：一种叫含真饼，就是婴儿出生时嘴里的那一团血块；一种叫秋石，就是用童男早晨的第一次小便提炼出来的结晶体；再一种叫红铅，也叫红丸，就是用小女孩第一次月经合成的所谓仙丹。这三种东西，不管你现在如何嫌弃，但你得承认很难找，所以道士们就拼命地夸张它的神奇效果，弄得云山雾罩。然而这几件东西对一般人来说很难办到，但对皇上来说，却正是显示特殊身份、特殊优越条件的地方，因为他能办到，所以嘉靖对这几件东西比较钟情。

嘉靖最喜爱的还是红铅，因为这种东西在宫中可以形成一个往复循环源源不断的流程链条：

首先，女孩的月经尤其是第一次月经这种原材料皇上可以找到，皇宫里有大量的宫女，都是小女孩；其次，用月经炼成丹药后，需要用清晨的露水冲服，这也不是难事，让那些宫女去收集就是了；第三，丹药服了之后，当然会上火，那就在小宫女身上尽情地发泄，用道士的话说，她们是皇上练内丹的天然"鼎炉"，用现代语言说，她们天生就是皇上的性奴。你看，在这个流程链条中，皇上的每一种欲望都得到了满足，这就难怪嘉靖喜欢了。

请注意，这个流程链条，是以大量十几岁的小宫女为环节构成的，皇上的所谓长生不老，是以她们遭受的非人道折磨为代价的。她们几岁时就要离开父母家人进宫，具体说最小的年龄是八岁，最大的也只有十四岁；进宫之后为了取她们的月经，会有人给她们服药，什么药？活血的药。这是非常不人道的，因为生命会因为大量失血而脆弱；为了皇上服用丹药，她们又得凌晨去收集甘露，也就是顶个盘子在寒风中静静地等，等所谓的甘露从天而降，为了几滴甘露，她们得饱受风寒，宫中曾发生过成百的宫女一起病倒的事件；最后，皇上服了丹药，火气上来了，她们幼小羸弱的身躯又随时可能成为泄欲的工具。

在皇宫修炼的整个流程中，嘉靖只需要做一件事：找到足够的宫女。这对他当然不是一件难事。究竟找了多少？确切的记载是从嘉靖二十六年（1547）至嘉靖四十三年（1564）这十七年间，宫中分四次从民间选进1080名年龄八岁至十四岁的少女。其中仅仅在嘉靖三十一年（1552）至三十四年（1555）这三年之间，选取进宫的女孩就有460名。老百姓根本不可能想象到，这几百名女孩被选进宫，就是由于皇帝要用她们的月经炼药，这些孩子将来会因为皇上的需要被抽干鲜血，会因在风霜中为皇上收集甘露而憔悴，还会成为皇上随心所欲发泄兽性的工具，这和比丘国国王用小孩心肝做药引还有什么区别？

吴承恩写比丘国王的这件事，看似荒唐，但本质上却是非常真实的——它实际上就是直接映射了嘉靖这段荒唐的时代。吴承恩以一个读书人的本能良知，让我们记起还有那段残酷的历史。

了解了吴承恩生活的年代的社会状况，我们对《西游记》也许会有更深一点的理解。

第八章 《西游记》的文学艺术评析

说《西游记》万历二十年（1592）面世的证据，是世德堂本所附的陈元之《西游记·序》有落款，为"时壬辰夏端四月"。查，与吴承恩接近的"壬辰"年有两个：一是嘉靖十一年（1532），当时吴承恩二十六岁，且有确切的材料说明他此时正忙于科举，因此这个壬辰的可能性较小；另一个壬辰就是万历二十年，其时距吴承恩隆庆四年（1570）前后在荆王府完成《西游记》约二十年，距他老人家逝世的万历八年（1580）十二年，从事件发生的顺序看，这个时间比较合理，因此虽有少数学者怀疑，但学界总体上还是认可的。

当时售出的《西游记》究竟是什么人买，卖出了多少本，价格几何，这些都是我们想知道的，但已无从知晓了。

由于身份的低下，中国古代通俗小说进入文献往往出于偶然，像《红楼梦》那样尚未完稿，就被一帮有地位有话语权的王公大臣们搅和得一市哄传众人争睹，甚至一言不合挥拳相向的情况，绝对罕见，因此我们对《西游记》在最初的流行情况，只有借用某些资料里的只言片语作为参考。

前已述及，天启《淮安府志》说"承恩性敏而多慧，博极群书，复善谐剧，所著杂记几种，名震一时"，所谓"名震一时"的"谐剧""杂记"，显然是指《西游记》无疑；还有清初为《西游证道书》写跋文的黄太鸿说，他对《西游记》是"童而习之"，这也算一种间接反映；再后来乾隆间人阮葵生说"是书明季始大行，里巷细人乐道之"，已经可以说描述了此书印出后的市场反响。

此外我们还有一个数据可以参考，那就是《西游记》的存世版本。我们现在已经发现，从世德堂本万历二十年（1592）问世到崇祯十七年（1644）的五十余年太平时光里，市面上流行的《西游记》新刻、翻刻本至少有七八个之多，距离世德堂本最近的可能间隔不足十年。这是一个很让人惊讶的数字，且不说那个时代鄙视小说的社会观念如何影响了小说的传播，就刻书的程序和投入就不是我们想象的那么容易。我们用现在数码技术翻印一本书，一个人一个星期足矣，快一点的三五天一两天都可以完成。但是古人刻书不是这个概念，古人刻书，每一页要用一块木板，枣木的或者梨木的，做成和书页一样的大小，然后把字写在这块整理好的木板上面，反写，反写以后刻印出来才能是正；写好以后，要由工人一刀一刀、一字一字地把这些字刻出来，然后再一张一张地刷油墨，一个作坊，如果想翻印像《西游记》这样的一本书，它的书板可以堆满几个房间，它用的时间可能要好几年。这就是说，如果没有巨大的财力和物力，没有足够的信心，它是很难操作的。信心来自哪里？来自于市场的状况，来自对盈利的预期，这是唯一的标准，因此存世版本也是《西游记》大行天下的标志。

一　《西游记》的早期文学批评

从接受的角度，首先对市场产生影响的当然是文学元素和艺术价值。这一方面，倒是有据可查。说白了，普通读者可以偷着乐，乐了以后作为茶余饭后的谈资，这些读者的感受对于《西游记》口碑的形成，一般不会进入文献。然而有些人是不能不发声的，一如书坊老板和其他的翻刻者，这类人中有些不乏文学素养，比如道教中人汪澹漪、黄太鸿，等等；如受邀而来的写手陈元之、华阳洞天主人那一拨人，他们也应算在文人之内；还有些真心喜爱文学的文人，如我们下面将要提到的谢肇淛等，在自己的文集中也会留下意见。

明代的《西游记》批评

1. 陈元之《西游记·序》

最早的文学批评见于世德堂本的陈元之《西游记·序》。陈元之这个人到现在还身份不明，但他受人之邀为《西游记》写的第一篇序言却备受重视。看来他是一位很敬业也很负责的写手，在序言中他尽其所知地介绍了书店老板购书的情况与原书的作者及旧叙，又有板有眼地发表了自己的读书心得，以往我们太多的注意它的史料价值，而忽视了它的艺术价值，事实上这又是第一篇关于《西游记》的文学批评。大要说来，其《序》产生的影响有二。

首先，今天关于《西游记》最流行的"玩世说"应该说就是始于陈元之。他注意到了作者借寓言的外衣，表达了自己的"傲世之心"。他特意点明这是文学中"庄雅"之外的另一种类型"滑稽"，其"卮言漫衍""谈言微中"，也是求解大道的一种方式：

> 太史公曰："天道恢恢，岂不大哉！谈言微中，亦可以解纷。"庄子曰："道在屎溺。"善乎立言！是故"道恶乎往而不存，言恶乎存而不可"。若必以庄雅之言求之，则几乎遗《西游》一书。《西游》一书……余览其意近跅弛滑稽之雄，卮言漫衍之为也。①

再具体而言，他认为吴承恩有自己的文学观念灌输在其中：

> 此其书直寓言者哉！……彼以为浊世不可以庄语也，故委蛇以浮世。

---

① 陈元之. 西游记·序 [M] //蔡铁鹰. 西游记资料汇编. 北京：中华书局，2010：577. 以下《西游记·序》引文及袁于令《西游记·题辞》、谢肇淛《五杂俎》引文均见蔡铁鹰《西游记资料汇编》，不再注明。

> 委蛇不可以为教也，故微言以中道理。道之言不可以入俗也，故浪谑笑虐以恣肆。笑谑不可以见世也，故流连比类以明意。于是其言始参差而俶诡可观；谬悠荒唐，无端崖涘，而谈言微中，有作者之心，傲世之意，夫不可没已。

这里一连串的排比，层层推进，将《西游记》作为浮世神话以笑谑之语影射现实，在流连比类中明志见世，用参差俶诡之言表达傲世之心的"寓言"性质说得明白无误。这应该是对《西游记》艺术特点的第一次归纳描述，所以我们说著名的"玩世说""滑稽说"应即始于此。

其次，陈元之探讨了吴承恩的主观创作意图，他反对将《西游记》视为"非信""非伦""近诬"的"齐东野语"，认为：

> 或曰："此东野之语，非君子所志。以为史则非信，以为子则非伦，以言道则近诬。吾为吾子之辱。"余曰："否，否！不然！子以为子之史皆信邪？子之子皆伦邪？子之子史皆中道邪？一有非信非伦，则子史之诬均。诬均则去此书非远。余何从而定之，故以大道观；皆非所宜有矣。以天地之大观，何所不有哉？故以彼见非者，非也；以我见非者，非也。人非人之非者，非非人之非；人之非者，又与非者也。是故必兼存之后可。"于是兼存焉，而或者乃亦以为信。

其大意是说：这种寓言与作为经典的子、史著作并无本质的区别，只是观察的角度不同，也是反映社会的一种方式，应该允许"兼存"。这和吴承恩在《禹鼎志序》中所说的"国史非余敢议，野史氏其何让焉"的文学观念暗合。

2. 袁于令《西游记·题辞》、谢肇淛《五杂俎》

万历中期之后，《西游记》逐渐流行，相关的评论陆续出现，袁于令的《西游记·题辞》和谢肇淛《五杂俎》、睡乡居士《二刻拍案惊奇序》中，都有可观之词。袁于令《西游记·题辞》附于《李卓吾先生批评西游记》，其中有一段话值得注意：

> 说者以为寓五行生克之理，三门修炼之道。余谓三教已括于一部，能

读是书者，于其变化横生之处引而申之，何境不通？何道不洽？而必问玄机于玉楗，探禅蕴于龙藏，乃始有得于心也哉？

这里第一次提到了"三教合一"的问题，这正是明代知识分子中流行的一种思潮，也正是吴承恩在《西游记》中屡次表述的思想。而袁于令对于《西游记》的艺术有高度评价：

至于文章之妙，《西游》《水浒》实并驰中原。今日雕空凿影，画脂镂冰，呕心沥血，断数茎髭而不得惊人只字者，何如此书驾虚游刃，洋洋纚纚数百万言，而不复一境，不离本宗。

虽然这里没有出现"浪漫""奇幻"之类的名词，但道出了《西游记》文学上的风格特征，这正是一个纯粹读者的直观感受，第一次点出了《西游记》问世之初便受到欢迎的根本原因。

谢肇淛在《五杂俎》中评论《西游记》的篇幅虽然不长，但却提出了对《西游记》主旨独到的见解：

《西游记》曼衍虚诞，而其纵横变化，以猿为心之神，以猪为意之驰，其始之放纵，上天下地，莫能禁制，而归于紧箍一咒，能使心猿驯服，至死靡它，盖亦求放心之喻，非浪作也。

所言之"放心"，语出《尚书·毕命》的"虽收放心，闲之维艰"。"放心"指的是人的自由放纵之心；"收放心"，就是把不受拘束的精神管起来，收敛起来。孟子接过这一概念，发挥成为"学问之道无他，求其放心而已矣"（《孟子·告子上》），并纳入了他的"性善说"，意思也是要人们把失去的良心、本心收聚起来，不要让其泛滥，回归到"善"的本性上去。用"求放心"来表述《西游记》的主旨，简洁明了，言简意赅。清初的《西游证道书》虽然是说道的，但它也承认"求放心"确是可以考虑的，是真君（丘处机）的写作要旨，所谓虞集《序》的一段原文在第三章已经引出，不赘。

睡乡居士在《二刻拍案惊奇序》中则涉及《西游记》的写作技巧：

《西游》一记，怪诞不经，读者皆知其谬。然据其所载，师弟四人，各一心情，各一动止，试摘取其一言一事，遂使暗中摸索，亦知出其自何人,则正以幻中有真,乃为传神阿堵。①

中国的文艺批评尚不发达,睡乡居士能注意到《西游记》人物个性的塑造,已属不易。

对于这些意见,后人给予了充分的注意和重视,鲁迅《中国小说史略·明之神魔小说(中)》里有一段概括:

> 然作者虽儒生,此书则实出于游戏,亦非语道,故全书仅见五行生克之常谈,尤未学佛,故末回至有荒唐无稽之经目,特缘混同之教,流行来久,故其著作,乃亦释迦与老君同流,真性与元神杂出,使三教之徒,皆得随宜附会而已。假欲勉求大旨,则谢肇淛之"《西游记》曼衍虚诞,而其纵横变化,以猿为心之神,以猪为意之驰,其始之放纵,上天下地,莫能禁制,而归于紧箍一咒,能使心猿驯伏,至死靡他,盖亦求放心之喻,非浪作也"数语,已足尽之。②

3. 叶昼《李卓吾先生批评西游记》

万历朝尚未翻篇,《西游记》的系统批评本《李卓吾先生批评西游记》已经闪亮登场。所谓的闪亮登场,指本书有图二百幅,二幅写一回事,附于每回前;图为当时的著名刻手刘君裕刻,刻绘精绝,显见书商下了大本钱,经过了精心策划。此时距世德堂本问世至多才二十年,这个反映堪称神速,非常肯定地显示了《西游记》的社会反响。

但关于"李卓吾"批评的事,似乎不太可信,同时期稍晚一些的钱希言《戏瑕》、盛于斯《休庵影语》都有说法:

> 比来盛行温陵李贽书,则有梁溪人叶阳开名叶昼者,刻画摹仿,次第勒成,托于温陵之名以行。……于是有李宏父批点《水浒传》《三国志》

---

① 睡乡居士. 二刻拍案惊奇序 [M] //蔡铁鹰. 西游记资料汇编. 北京:中华书局,2010:597.

② 鲁迅. 中国小说史略·明之神魔小说(中)[M] //鲁迅. 鲁迅全集·第九卷. 北京:人民文学出版社,1981:166.

> 《西游记》……并出叶手，何关于李。
>
> 近日《续藏书》，貌李卓吾之名，更是可笑。若卓老止于如此，亦不成其为卓吾也。若《四书眼》《四书评》，批点《西游》《水浒》等书，皆称李卓吾，其实乃叶文通笔也。①

有关叶昼的情况我们知道很少，仅仅根据一鳞半爪的资料大概知道他是梁溪（今无锡）人，是一个穷困潦倒而且好酒的读书人，因为维持生活的需要，经常与书商们在一起，每每是写了书之后就把书稿卖给书商以偿酒债。除了评点以外，叶昼还写过其他许多著作，但今天都已经亡佚，能见到的只有《四书眼》与《樗斋漫录》。

"若卓老止于如此，亦不成其为卓吾也"一句足可概括两者之间的差异。但我认为这仅限于评点内容的社会性方面，在对《西游记》艺术技巧的鉴赏上，叶昼绝非低能之辈。只是由于他的许多评点和著作都借用了他人的名字，因此恢复他本来的面目需要更多的时间与精力，也因此文学史、文学批评史上都少有他的地位，偶尔提到也就是说他是一个冒名顶替、徒添许多麻烦的作伪者。但著名美学家叶朗先生给予了叶昼很高的评价：

> 叶昼作为明代的一位大评点家，无论在文学批评史上或在小说美学的发展史上，都是有很大贡献的。叶昼所写的小说评点，主要是《水浒传》的评点，确实在中国美学史（或中国文艺思想史、中国文学批评史）上开辟了新的项目，提出了新的问题，并做出了某些新的理论概括。比起明代那些陈腐繁琐而又同艺术创造毫无关系的古文理论来，叶昼的评点是更值得我们重视的。……丢掉叶昼，中国美学史（或中国文艺思想史、中国文学批评史）就会缺少一个重要的环节。②

《西游记》的评点肯定不是叶昼最好的作品，在社会性、思想性方面确实有负于他假冒的李卓吾先生，但在艺术的评判上仍有偶显才华的时候。我们将其

---

① 盛于斯. 休庵影语 [M] // 蔡铁鹰. 西游记资料汇编. 北京：中华书局，2010：784.

② 叶朗. 中国小说美学 [M]. 北京：北京大学出版社，1982：26.

归纳为以下几点——照顾习惯,以下引用仍称"李评":①

探幽发微,开掘大旨　一部《西游记》曼衍虚诞,神怪交杂,极尽人间天上种种幻状,但"李评"看出《西游记》在"游戏之中,暗传密谛",因而也就竭力想从作品的折射中,归纳出作者对社会生活的理解,"庶几不埋没了作者的苦心"(第一回总评)。

"读者不知作者宗旨定作戏论。""李评"认定的《西游记》的宗旨,倒是秉承了李贽的"童心""赤子之心"说,也有点像我们前面介绍过的谢肇淛在《五杂俎》中提出的"求放心"说,认为:"心生种种魔生,心灭种种魔灭。一部《西游记》只是如此,别无些此剩却矣"(第十三回批)。孙悟空由石猴而为孙悟空,即"大有微意"。"孙"可以分解为"子""系","'子'者,儿男也;'系'者,婴细也,正合婴儿之本论"。作者借助于孙悟空这个形象所要表达的即是"孟子失赤子之心之意"(第一回批)。孙悟空隐去了石猴之"石"字,就是失去了本心的开始。对于孙悟空学道的地方取名"灵台方寸山""斜月三星洞"(按:均指"心"字。),"李评"认为"一部西游,此是宗旨……言学仙不必在远,只在此心。"这和孟子"学问之道无他,求其放心而已矣"已是如出一辙。

"李评"对《西游记》宗旨的理解更多的是用善、恶表示。"李评"认为,"妖魔反复处极似世上人情,世上人情反复乃真妖魔,作《西游》不过借妖魔画个影子耳"(第七十六回批),众多的降妖灭怪故事所传给人们的"密谛",也就是惩恶扬善,斩断世缘,求得"解脱"。"李评"从他所认定的宗旨出发,在批评时竭力褒贬是非,分辨善恶。在第七回"也能善也能恶,眼前善恶凭他作。善时成佛与成仙,恶处披毛并带角"一段韵语下批道"和盘托出";第四十二回悟空变作牛魔王,以正处斋期为由诓骗红孩儿,红孩儿怀疑"我父王……想当初作恶多端,这三四日斋戒,那里就积得过来"?"李评"夹批道:"吃三四日

---

① 叶昼.李卓吾先生批评西游记[M]//蔡铁鹰.西游记资料汇编.北京:中华书局,2010.

斋要折平日过恶，今人极多。"总评中又说："此处极可提醒佛口恶心的斋公"；第九十三回八戒、沙僧议论斯文处"天下多少斯文，若论起肚子里来，正替你我一般哩"，"李评"道："此回说斯文肚里空空处，真是活佛出世，才能说此妙语。今日这班做举子业的斯文不识一瞎字，真正可怜，不知是何缘故被八戒沙和尚看出破绽来也，大羞大羞。"第八十七回又批凤仙郡"米山面山处，亦可提醒不敬天地愚人。太守一念恶则不下雨，太守一念善则雨，百姓死活全在太守手里。寄语天下太守，也要知他百姓死活方好"。

　　点化文笔，意存鉴赏　对《西游记》艺术虚构和浪漫主义创作方法的肯定，是"李评"最重要的部分。中国正统的文学批评，向来是不大愿意正视小说艺术的，也向来不愿意承认浪漫主义事实上的价值，孔子说"子不语怪力神乱"，司马迁表示"所有怪物余不敢言"，班固则觉得"奇言怪语""皆非实事"。在正统的观念中，"史"的概念往往就是衡量作品的标准，以致七实三虚的《三国演义》直到清末还被斥为"惑乱"（章学诚《丙辰札记》）。在这样的文化环境下，"李评"从一开始就能够冲出藩篱，自然也就弥足珍贵。

　　"李评"对《西游记》"幻"的推崇几至无以复加，常常发出"奇甚""幻甚""文笔至此，灵异极矣"的赞叹，认为《西游记》之所以能达到这个境界，是因为它的"说假如真令人解颐"（第九十回总评），在"幻"的手法的运用上达到了出神入化的地步，在"极幻之事"中包容了"极真之事"，从"极幻之理"中揭示了"极真之理"；认为"种种想头，出人意表，大作手也。一味扯淡，又成一回矣。说家荒唐，大率如此，然此亦具见才思"（第九回总批）。悟空平顶山装天，"李评"批道："说到装天处，令人绝倒，何物文人，奇幻至此，大抵文人之笔，无所不至，然到装天葫芦，亦观止矣。"（第三十三回总评）又说："唐僧化虎，白龙变马，都是文心极灵极妙，文笔极奇极幻处，做举子业的秀才，如何有此，有此亦为龙虎也。"（第三十回总批）这些认识抓住了《西游记》艺术上最本质的特征，统一了"荒唐"与"才思"这两种趋向极端的评价，从而肯定了《西游记》作为一部"奇书"的地位。再推而广之，也就从欣赏的角度肯定了长篇神魔小说中浪漫主义的创作方法，把它作为文坛上的一种

"龙虎"气相看待,应当说,这在中国古代的文学批评中是有积极意义的。

"李评"对《西游记》文笔的赏析有时是相当具体的,已经具备了相当多的现代文学理论中的概念。《西游记》的第九回至第十二回,是情节由孙悟空闹天宫向西天取经的过渡,篇幅不长,而容量很大,不仅交代了唐僧身世,而且贯穿了许多民间的故事。"李评"注意到了作者结构艺术上的高妙,批道:"此回最为奇幻,刘全、李翠莲,相公相婆,俱从笔端幻出,殊为骇异,而贯串傅弈、萧瑀事尤为妙合。"(第十一回总批)第九十七回铜台府寇员外因斋僧而遭劫,寇老太太对唐僧四人爱极生恨,遂以抢劫罪名相加,唐僧四人途中又巧捉盗贼归案。"李评"批道:"强盗处两转,可谓绝处逢生,且置之死地而生,置之恶地而存,真文人之雄也。其更妙处,豆腐老儿夫妻私语,咄咄如画,且从此透出张氏穿针儿来,行者方可使用神通,世上安得如此文人哉!"第九十九回作者借白鼋发一难,以完成唐僧西天取经磨难九九之数,"李评"也深表赞赏,批道:"此一回转折更出人意表。"指点读者注意作品的高潮之后推出的这一道余波。这些批注,不能不说是"李评"的一点特色。

雕璞镂玉、勾描浓淡 眉批、夹注、回评的评点方式,是我国古代文学批评的一种特殊形式,评论家往往借助这种形式言简意赅地评论作品,画龙点睛,在读者和作品之间搭起一座交流的桥梁。自宋元以来,这种形式就成了小说批评的主体。"李评"在运用这种形式时,抓住了它最擅长的特点,细致地推敲了《西游记》作者刻画人物形象的设想和手法,往往以独到的见解道出作者的苦心。这一点,"李评"和当时大量用封建教条代替艺术评判的其他许多批评本相比,显然是走上了刘辰翁草创的小说评点的正路。这里不妨以评点孙悟空这个人物为例,看看"李评"的独到之处。

现在的文学史之类的教材对孙悟空的形象都会有一段精彩的论述:孙悟空是猴,是人,又是神。猴,表现了他的生物性;人,表现了他的社会性;神,表现了他的传奇性。理解孙悟空这一典型,不能离开猴、人、神三者互相渗透、融合——也就是生物性、社会性和传奇性互相渗透、融合这一奇妙的特点。这么精彩论述的"知识产权"似乎应该属于"李评","李评"关于孙悟空形象的论述也可以归结为这三个方面。第一回总批中,"李评"对孙悟空形象有一个总体上的把握:"猴,言心之动也。石,言心之刚也。心不刚,斩尘缘不断不可以入道。入道之初,用得刚字着,故显个石字。心终刚,入道昧不深,不可以得道,得道之后用刚字不着,故隐了石字。大有微意,何可埋没。"实际已经概括了孙悟空由石猴(生物性)——入道(社会性)——得道(传奇性)的三部曲和猴、人、神共存的事实。

"李评"最为欣赏《西游记》作者对孙悟空猴性的刻画,"描画猴处,都是匪夷所思","令人绝倒"(第七十五回总批)。凡有特色,皆审其妙趣,以夹注标出,描写猴子猴貌体态行为冠以为"趣猴";描写诙谐恶状冠以为"恶猴";描写不谙人情世事或执着事理冠以为"痴猴";讥刺世情,涉笔成趣则冠以为"妙猴",其名色不下十余种。在细致勾描孙悟空形象轮廓的同时,"李评"还觉察到《西游记》情节的发展和孙悟空的猴性有极大的关系。如玉帝让孙悟空"权管那蟠桃园,早晚好生在意","李评"批道"着他管蟠桃分明是使猫管盘";在"猴王脱了冠服,爬上大树,拣即熟透了的大桃,摘了许多,就在树枝上自在受用"这一节后,"李评"又批道:"这才是本色。"认为大闹蟠桃园从一开始就注定是不可避免的。

对于孙悟空这个与众不同的猴子身上所表现出来的"神"性,"李评"是大加赞赏的。以探查水帘洞而言,"李评"批道:"今世上那一有本事钻过去讨出个源头来","省得受老天之气,如此说话,谁说得出?"孙悟空不恋山中尊位,出海求道,则又批道:"如此勇决,跳出生死,可羡可法。"(第一回夹批)孙悟空闹地府时,"李评"赞叹道:"把生死簿一笔勾销,此等举动,真是天生圣人,不可及也,彼自以为天生圣人,非妄也。"(第三回总批)孙悟空树起"齐天大圣"的旗号,"李评"则批道"要做便自家做了,不必在他人喉头取气"(第四回夹批)。虽然"李评"最终未能冲出他的局限,觉得孙悟空终究没能跳出如来的手心,但这已足以给我们这样的启示,从古到今,众多的《西游记》读者,包括托名李卓吾的封建时代文人,对孙悟空大无畏的"斗战胜佛"气概都给予很高的评价。

和孙悟空这个形象本身所包容的意义相一致,"李评"的独到之处还体现在孙悟空作为"人"所具有的属性上。这方面的评点除了一般性的说教以外,也包含了不少有教益的探讨。一方面,认为孙悟空嫉恶如仇,急难好义,通天河陈家庄"替人性命,真是大侠,然又谈笑而为之,不动一毫声色,真圣也"(第四十七回总评)。另一方面,孙悟空身上存在矛盾,认为他的某些行为一定程度是由于他"名根不断",好虚名,好戴高帽引起的,"所以还受人束缚,受人驱使"(第四回总评)。例如鹰愁涧白龙已有观音收服,只等取经人到来,而悟空"那猴头专倚自强,那肯称赞他人"绝口不提"取经"二字,一味以武力逞强,终至波折再生。

清代的《西游记》批评

清代出现了多种《西游记》批评本,这与《西游记》的表现形式似乎有关,由于《西游记》借神魔说世事,又以玩世游戏的面目出现,包含了无数的双关、谐谑,因此道士、和尚、秀才都觉得可以伸腿、插足、置喙,自认为有才,又有些闲财的,就会弄一个带批评的刻本,既消闲,又宏道。胡适说过:《西游记》被"这三四百年来的无数道士和尚秀才"弄坏了,"道士说,这部书是一部金丹妙法。和尚说,这部书是禅门心法。秀才说,这部书是一部正心诚意的理学书。这些解说都是《西游记》的大敌"。以此归纳清代《西游记》的各种批评本,再恰当不过。

这些解说之所以被视为"《西游记》的大敌",乃是由于其均以狭窄的教理教义为基础,解说或限于皮毛,或求之过深,并无文学价值。这里我们也就不多絮叨,只大略一说而已。

汪象旭《西游证道书》 百回本《西游记》打娘胎里就带出了一些丹道术语如"心猿""意马"之类,这件事事出有因,前章已经作了探讨,请参看。正是这些术语,引出诸多故事。正式借用这些术语而把《西游记》解释为"证道"书,则开始于清初汪象旭刻印的《西游证道书》。这本书的刻印时间不详,其书在每一回之后,都附有评语,概要就把道教的金丹大道搬进《西游记》,不厌其烦的试图证明这本书专为证明金丹大道而写成。

>开口说个《西游释厄传》。厄者何？即后之种种魔难是。释厄者何？即后之脱壳成真是。明明自诠自解，无烦注脚，但人知为释厄传，而不知为证道书。证道而不能释厄，所证何道？释厄而不能证道，又何贵乎释厄也？要知释厄即是证道，证道即是释厄，原是一部《西游》，莫作两部看。（第一回）

其中偶有涉及文学，如第八十三回评价孙悟空在陷空山无底洞中寻找地涌夫人不见，忽然闻到一阵香烟，于是循迹找到了鼠精供奉义父托塔天王、义兄哪吒的牌位：

>澹漪子曰：三藏之脱而复陷，陷而复搬，可谓思维路绝矣，乃忽转出牌位香炉一段，绝处逢生，水穷云起，因而波及天王、哪吒，又演出许大一回文字，可见文心无尽，其奇险幽折，当更有过于陷空山无底洞者。（第八十三回）

这段评价也算见出文学功底，正道出《西游记》情节变幻"文心无尽""奇险幽折"的特征。

陈士斌《西游真诠》 这也是一个讲道的批评本，出现在清康熙中叶，教理上与《西游证道书》有明显的不同，卷首由一时名人尤侗撰写的《西游真诠序》，挺有意思的来了个三家皆宜：

>吾尝读《华严》一部而惊焉。……后人有《西游记》者，殆《华严》之外篇也。其言虽幻，可以喻大；其事虽奇，可以证真；其意虽游戏三昧，而广大神通具焉。知其说者，三藏即菩萨之化身；行者、八戒、沙僧、龙马，即梵释天王之分体；所遇牛魔、虎力诸物，即阿修罗、迦楼罗、紧那罗、摩睺罗迦之变相。……记《西游记》者，传《华严》之心法也。

这是讲《西游记》于佛教之宜。以下笔锋一转：

>虽然，吾于此有疑焉。夫西游取经，如来教之也。而世传为丘长春之作。《元史·丘处机传》称为神仙宗伯，何慕乎西游？岂空空、玄元有殊途同归者耶？然长春微意，引而不发。今有悟一子陈君，起而诠解之，于是

> 钩《参同》之机，抉《悟真》之奥，收六通于三宝，运十度于五行，将见修多罗中有炉鼎焉，优昙钵中有梨枣焉，阿闍黎中有婴儿、姹女焉。

这是讲《西游记》于道教之宜。然而笔锋又一转：

> 更有奇者，合二氏之妙而通之于《易》，开以《乾》《坤》，交以《坎》《离》，乘以《姤》《复》，终以《既济》《未济》，遂使太极、两仪、四象、八卦，三百八十四爻，皆会归于《西游》一部。……然则奘之名玄也，空、能、净之名悟也，兼佛老之谓也。举夫子之道一以贯之，悟之，所以贞夫一也。

似乎又相宜为孔夫子的儒学。最后则是"三教合一"：

> 老子曰："道生一"，佛子曰："万法归一"，一而三，三而一者也。以悟一之书，告之三教圣人，必有相视而笑者。昌黎先生有云："老者曰：'孔子吾师之弟子也。'佛者曰：'孔子吾师之弟子也。'孔子者习闻其说，亦曰吾师亦尝师之云尔。"吾师乎？吾不知其为谁乎？若悟一者，岂非三教一大弟子乎？吾故曰：能解《西游记》者，圣人之徒也。

非常客观地为我们留下了当时真实的社会思潮。这是我们在《西游真诠》中见到的一个意外收获。

刘一明《西游原旨》　这是清中叶乾隆年间出现的又一个重要批评本。在文字内容上，这个批评本来自《西游证道书》，但批评却继承《西游真诠》并有所发展，正面抨击《西游证道书》的所谓"金丹证道"说：

> 澹漪道人汪象旭，未达此义，妄议私猜，仅取一叶半简，以心猿意马，毕其全旨，且注脚每多戏谑之语，狂妄之词。咦！此解一出，不特埋没作者之苦心，亦且大误后世之志士，使千百世不知《西游》为何书者，皆自汪氏始。

在此书序文中，刘一明一再强调《西游记》的道理其实在于性命双修，本质上是适宜三家，"悟之者在儒即可成圣，在释即可成佛，在道即可成仙"；说"盖西天取经，演《法华》《金刚》之三昧；四众白马，发《河洛》《周易》之天机；九九归真，明《参同》《悟真》之奥妙"。有意思的是，他说自己批评

《西游》，目的是为了让读者"知此《西游》，乃三教一家一理，性命双修之道，庶不惑于邪说淫辞，误入外道旁门之涂"，而关于文学方面的"文墨之工拙"，并不是自己所关心的，但实际上他的一篇《西游原旨读法》四十五条，却涉及很多文学方面的评价。我们试取几段：

> 《西游》神仙之书也，与才子之书不同。才子之书论世道，似真而实假；神仙之书谈天道，似假而实真。才子之书尚其文，词华而理浅；神仙之书尚其意，言淡而理深。如此者，方可读《西游》。

这是在说《西游记》借助神话这种通俗形式和浅显的语言，其实有深刻的道理和真实的社会背景，较之那些言辞华丽的才子书，更为可信。

> 《西游》大有破绽处，正是大有口诀处。唯有破绽，然后可以起后人之疑心，不疑不能用心思。此是真人用意深处，下笔妙处。如悟空齐天大圣，曾经八卦炉锻炼，已成金刚不坏之躯，何以又被五行山压住？……

这段文字以下的一些例证，有的确属笔误疏忽，但作者显然是在讨论文学中悬念的设置以及吸引读者的作用。

> 《西游》有欲示真而劈假之法。如欲写两界山行者之真虎，而先以双叉岭之凡虎引之。欲写东海龙王之真龙，而先以双叉岭蛇虫引之。欲写蛇盘山之龙马，而先以唐王之凡马引之。欲写行者、八戒之真阴真阳，而先以观音院之假阴假阳引之。欲写沙僧之真土，而先以黄风妖之假土引之。通部多用此意。知此者，方可读《西游》。

则是在讨论《西游记》写作中的一些技法运用，如铺垫、对比、映衬，等等。

> 《西游》写悟空，每到极难处，拔毫毛变化得胜。但毛不一，变化亦不一。或拔脑后毛，或拔左臂毛，或拔右臂毛，或拔两臂毛，或拔尾上毛，大有分别，不可不细加辨别。知此者，方可读《西游》。

> 《西游》写悟空变人物，有自变者，有以棒变者，有以毫毛变者。自变者，真变也，毫毛变者，假变也。知此者，方可读《西游》。

这是在赞赏《西游记》细节上变化和细腻。

张书绅《新说西游记》 乾隆间有位读书人张书绅对此前将《西游记》冠

以"讲禅""谈道"甚为不满,自己也刻了一个批评本《新说西游记》。其中称:

> 此书由来已久,读者茫然不知其旨,虽有数家批评,或以为讲禅,或以为谈道,更又以为金丹采炼,多捕风捉影,究非《西游》之正旨。将古人如许之奇文,无边之妙旨,有根有据之学,更目为荒唐无益之谈,良可叹也。

他说自己的《新说西游记》批评则以儒学为本,说《西游记》原来就是证圣贤儒者之道,"是把《大学》诚意正心、克己明德之要,竭力备细,写了一尽,明显易见,确然可据,不过借取经一事,以寓其意耳。亦何有于仙佛之事哉?""予今批《西游记》一百回,亦一言以蔽之曰:只是教人诚心为学,不要退悔"。这就是胡适所谓的"秀才"读《西游》了。

《新说西游记》批"讲禅""谈道"之说,显得非常有道理,与现代人的认识比较接近:

> 《西游》一书,古人命为证道书,原是证圣贤儒者之道。至谓证仙佛之道,则误矣。何也?如来对三藏云:"阎浮之人,不忠不孝,不仁不义,多淫多佞,多欺多诈,此皆拘蔽中事。"彼仙佛门中,何尝有此字样?……就如传中黑风山、黄风岭、乌鸡国、火焰山、通天河、朱紫国、凤仙郡,是说道家那一段修仙?是说僧家那一种成佛?又何以见得仙佛同源?金丹大旨,求其注解,恐不能确然明白指出,直乃强为渺幻,故作支离,不知《西游记》者也。

按照张书绅的看法,《西游记》正是一部圣贤书,其所论述,从《西游记》中看到精神意志的力量,看到事业历程的艰苦,也算靠谱:

> 《孟子》云:"故天将降大任于斯人也,必先苦其心志,劳其筋骨,饿其体肤,空乏其身,行拂乱其所为。所以动心忍性,曾益其所不能。"方才作得将相,方才建得功业,方才成得大圣大贤,是正面写而明言之。彼三藏之千魔百怪,备极苦处,历尽艰难,方才到得西天,取得真经,成得正果。是对面写而隐喻之。

但越往下张书绅的读法就越离奇：

> 游字即是学字，人所易知；西字即是大字，人所罕知。是"西游"二字，实注解"大学"二字，故云《大学》之别名。

> 《西游》每笔必寓三意：其事，则取经也；其旨，则《大学》也；其文，又文章也。是以写取经处，先要照定正旨，又要成其文章。手弹丝弦，目送飞鸿。一笔写三义，已难；以一笔解三义，更难。

这两段已经成了猜谜测字，为什么"游字即是学字""西字即是大字"，《西游记》就是注解《大学》？他没说清楚缘由，后人也没法搞清楚。这里以圣贤书《大学》为幌子，但其实与作为文学读品的《西游记》已经没有太大干系，至此也就可以理解胡适为什么对"和尚、道士、秀才"一概讨厌的原因。前辈学者有段话说得很干脆直白：

> 今本最伟大的一部《西游记》小说的作者，早已知道为明人吴承恩而非元代道士丘处机了，也不是探求这部小说中所包含的哲理与潜伏的真意。那些《真诠》《新说》《原旨》《正旨》以及《证道书》等，以《易》，以《大学》，以仙道来解释《西游记》的书，都是戴了一副着色眼镜，在大白天说梦话的。

话出郑振铎先生的《西游记的演化》。①

二 《西游记》的神魔二元象征

明清的《西游记》批评，除了有关主题的金丹说、游戏说、谈禅说、求放心说等之外，关于艺术手法，主要集中在两个字"奇"和"幻"。据实而论，都很在理：奇——"水穷云起"，"文心无尽"，说想象力丰富；幻——"游戏三昧"，"暗藏密谛"，说故事以假喻真。

---

① 郑振铎. 西游记的演化 [M] //梅新林，崔小敬编. 20世纪西游记研究. 北京：文化艺术出版社，2008：34.

近人今人评价《西游记》仍然是这个路数，但在表述上更为明晰。胡适《西游记考证》感慨：

> 《西游记》的中心故事虽然是玄奘的取经，但是著者的想象力真不小！他得了玄奘的故事的暗示，采取了金元戏剧的材料，加上他自己的想象力，居然造出一部大神话来。

> 这七回（大闹天宫）的好处全在他的滑稽。著者一定是个满肚子牢骚的人，但他又是一个玩世不恭的人，故这七回虽是骂人，却不是板着面孔骂人。他骂了你，你还觉得这是一篇极滑稽，极有趣，无论谁看了都要大笑的神话小说。

鲁迅在《中国小说史略》"明之神魔小说（中）"也有类似论述：

> 吴（承恩）则通才，敏慧淹雅，其所取材，颇极广泛。……讽刺揶揄则取当时事态，加以铺张描写，几乎改观。又作者秉性，"复善谐剧"，故虽述变幻恍惚之事，亦每杂解颐之言，使神魔皆有人情，精魅亦通世故，而玩世不恭之意寓焉。……然作者虽儒生，此书则实出于游戏，亦非语道。

浪漫：极幻之文；极真之情；极奇之事；极真之理

当代有大量关于《西游记》艺术手法的解读文章，很多都使用了"浪漫主义"这个概念。我们以集大成的文学史为例。

游国恩等主编的《中国文学史》第七编第六章写道：

> 《西游记》所描写的幻想世界和神话人物，大都有现实生活作基础，同时在神奇的形态下，体现了作家与人民的美好愿望。……在这些美丽绚烂的幻想背后，既隐现着朦胧的现实目的，而为了证明这些神物的确凿可信，又相应地神化了使用它们的人物和环境。……这就使神话人物、神话环境和各种神奇的魔法都显得自然和谐。从而构成了《西游记》浪漫主义的基本艺术特征。[①]

[①] 游国恩等编. 中国文学史（四）[M]. 北京：人民文学出版社，1964：116.

其实这里的浪漫主义艺术特征就是一句话：用神话写现实，表达美好愿望。

郭预衡主编的《中国古代文学史》第七编第八章说"寓庄于谐的游戏之笔，是《西游记》这部神魔小说最鲜明的艺术个性和最突出的艺术成就"，说：

> 吴承恩则在长篇巨制中，戏笔和幻笔相兼，构思出一系列奇诡绚丽的幻想，既有现实的真实感，又有神魔世界的奇异感和生动性。……这些诙奇的幻想背后，隐现出人们征服自然、战胜敌人的期盼。它们与现实具有"幻想的同一性"。并构成了《西游记》无一事不奇，无一事不真的艺术特点，这是吴承恩对传统的浪漫主义的继承和发展。①

袁行霈主编的《中国文学史》第七编第八章论述说《西游记》与"讲究'真'与'正'的历史演义、英雄传奇不同，其主要特征是尚'奇'贵'幻'，以神魔怪异为主要题材，参照现实生活中政治、伦理、宗教等方面的矛盾和斗争，比附性地编织了神怪形象系列，并将一些零散、片断的故事系统化、完整化"。详细的论述：

> 《西游记》在艺术上的最大特色，就是以诡异的想象、极度的夸张，突破时空，突破生死，突破人、神、物的界限，创造了一个光怪陆离、神异奇幻的境界。……作者将这些奇人、奇事、奇境熔于一炉，构筑成了一个统一和谐的艺术整体，展示出一种奇幻美。这种奇幻美，看来"极幻"，却又令人感到"极真"。……这部小说就在极幻之文中，含有极真之情；在极奇之事中，寓有极真之理。②

凡此种种，不一而足，已成套路——或者叫共识。……

神魔：义利、邪正、善恶、是非、真妄，混而析之

上述论述中，对于"奇"，也就是《西游记》超凡的想象力，讲得都比较到位；学者们会举一些匪夷所思的神通、匪夷所思的细节作为例证，文学的关

---

① 郭预衡主编. 中国古代文学史（四）[M]. 上海：上海古籍出版社, 1998：177.

② 袁行霈主编. 中国文学史（四）[M]. 北京：高等教育出版社, 2005：132.

窍有时就如一张窗纸，点破之后便豁然开朗。但是对于"幻"的解读却仍然有点云山雾罩，当然论述中也会有举例，但帽子太大，事情太小，所论太细。比如说孙悟空不甘在花果山为王而闹地府、闹天宫就是追求精神自由；说这个猴子嫌弼马瘟官小是为了实现个人价值；说观音寺金池长老见唐僧袈裟起贪心就是讽刺佛教，诸如此类，费尽心机给读者讲了，也许读者会说"哦，是这样的"，但却并未明白为什么要"幻"？像《水浒传》那样直言"替天行道"，像《金瓶梅》那样直言"不配更好"，不是也可以吗？

"幻"就是一种象征——就《西游记》而言，可以认为取经故事乃是一种以神话为形式的对整个社会的象征，这是作者出于自己的文学观念而选择的映照社会的一种方式，我们不能做碎片化的解读；至于为什么选择这样的方式，和方式的价值本身有关，和吴承恩个人的文学观念有关。

鲁迅有段话说得非常透彻精辟。他在《中国小说史略》的第十六篇"明之神魔小说（上）"中，解释神魔小说的衍生原因时说：

> 奉道流羽客之隆重，极于宋宣和时，元虽归佛，亦甚崇道，其幻惑故遍行于人间，明初稍衰，比中叶而复极显赫，成化时有方士李孜、释继晓，正德时有色目人于永，皆以方伎杂流拜官，荣华熠耀，世所企慕，则妖妄之说自盛，而影响且及于文章。且历来三教之争，都无解决，互相容受，乃曰"同源"。所谓义利、邪正、善恶、是非、真妄诸端，皆混而又析之，统于二元，虽无专名，谓之神魔，亦可赅括也。其在小说……但为人民间巷间意，芜杂浅陋，率无可观。然其力之及于人心者甚大，又或有文人起而结集润色之，则亦为鸿篇巨制之胚胎也。

分解一下，其中有三个要点：

第一是关于神、魔产生的背景，殆因宗教争斗的原因。宋元的宗教争斗对社会产生了重要影响，明朝三教合一的"同源"说，导致了神魔系统的产生。这个系统最大的特点就是三教融合，也就是社会大众都能接受。

第二是这个神魔系统把社会上的种种现象，什么义利、邪正、善恶、是非、真妄，统统都二元化，也就是用一句话概括：好的就是神，就是佛，坏的就是妖，就是魔，简洁明了。

第三神魔系统的出现与通俗小说的兴盛契合，神与魔浅显明白的意义和表达，对于最基层社会大众有巨大的影响力，这也就使得这个系统成为通俗小说选用的题材依据。

于是，通俗小说中"神魔小说"这一大分支诞生了。说白了，就是文人借用了"神"（好人、好事）和"魔"（坏人、坏事）的二元模式，转化为文学形式来解读社会、反映社会、影响社会。所以你看《西游记》中神佛一方，比如佛祖、菩萨、玉帝、老君还有三星、二郎神、哪吒，等等，虽然有时表现出有点昏，有点庸，有点是非不分，有时候甚至纵容部下作恶，给取经平添了不少麻烦，也遭到了作者的无情批判和讥讽，但总的来说还是代表了作者自己也认可的体制，在大局上代表了制度、权威、秩序和正义、善良，有错也能改正，终究都是取经事业的维护者；而妖魔的一方，由白骨精、九头鸟、蜘蛛精、蝎子精和牛魔王、黑熊精、红孩儿等构成，占山为王，称霸一方，为非作歹，涂炭生灵，吃唐僧肉或者取其元阳是终极目标。这个体系对比鲜明的象征意义，大众百姓自然容易理解，那么作品受到欢迎也就是题中应有之义了。

道义：《禹鼎志序》解释吴承恩选择二元神魔的理由

至于《西游记》为什么选择了二元神魔这种形式，而不如《三国演义》那样紧贴真实的历史，不如《水浒传》那样取平实的市民风格，这就和作者的文学观念有关系了。我们在第二章谈到了吴承恩的文学情怀和人生道义，谈到了他的《禹鼎志序》是了解吴承恩此人此生的重要资料。的确，《禹鼎志序》是可以解释这个问题的。

首先，吴承恩打小就爱看志怪传奇，他说自己少小顽劣，在童子社学时经常躲开父师监督，用零用钱购买一些诸如《玄怪录》《酉阳杂俎》之类的传奇志怪，躲起来偷偷阅读，而且长成后仍然耽乐于此，冥想"每欲作一书对之"。这是个人天生的文学爱好。

其次，爱看志怪传奇的原因，吴承恩自己也有交代，说他喜欢其中的"善模写物情"——也就是喜欢这种文学手法。他认识到,二元神魔模式下的志怪"不专明鬼,时纪人间变异,亦微有鉴戒寓焉",是一种可以利用来干预社会的工具。这是对文学的理性认识。

再次,他的文学活动有确定的社会道义支撑,有确定的人生目标,吴承恩将其归纳为一句话:"国史非余敢议,野史氏其何让焉。"中国是一个史官文化十分发达的国家,既有历代官修的煌煌正史,也有民间撰结的各式野史,作为评价和批判社会的工具,野史具有更大的灵活性,往往成为作者独具个性的社会意识的显示方式,成为仕途从政之外的另一种干预社会的方式。这就是吴承恩选择神魔二元模式表达自己社会意识的更深层的原因。

把以上归纳一下:古今评价《西游记》的艺术成就,用得最多的词汇之一就是"幻"。在现代的文学语境中,把"幻"解读为象征、寓意或者浪漫主义,都是读者可以理解的,但就《西游记》而言,我们还需要讲清楚"幻"也就是象征的手法或者浪漫主义,是通过神魔二元模式体现的,这是神魔小说的精髓。《西游记》正是借助于神魔二元模式,以轻松的形式深刻地展示了社会、解剖了社会、讽刺了社会,所以胡适说《西游记》的诙谐幽默里有"深刻的玩世主义",鲁迅说《西游记》的"神魔皆有人情,精魅亦通世故"。

三 《西游记》的篇章结构艺术

前已述及,《西游记》和《金瓶梅》大致上同时问世——《金瓶梅》仅仅晚了大约二十年的时光,但它们却代表了古代通俗小说发展的两个不同阶段,《西游记》代表的是早期"集体创作,个人写定"的阶段,《金瓶梅》则代表了中国作家基本成熟的完全个人创作阶段,本书的序言里对此有所论述。

在不同阶段,作家们使用的手法和技巧也大不一样,这在作品的结构上体现得非常清楚。

我们通常说,《金瓶梅》以西门庆这个家族为圆心,以西门庆个人经历为纵轴,以西门庆与周围的关系为横轴,形成了错综复杂的网状结构,充分体现了人际关系的胶着和复杂，也充分展示了作者洞察社会的深刻和丰富；而后《红楼梦》把这种结构发展到极致，我们赞叹《红楼梦》底蕴深厚，其实和这种结构有莫大的关系。

但《西游记》不同，它仍然遵循着早期的以单一线索贯穿前后的线性结构，把故事一个一个慢慢地按照顺序讲下去，每一个故事实际上都有自己的独立过程，也只在一个角度或者一个层面上体现作者的思想意识，这就是它仍然属于"集体创作"阶段的特征——同属"集体创作，个人写定"阶段的《三国演义》《水浒传》《封神演义》也同样都采用了线性结构，稍有不同的只是《三国演义》的线性结构由于是多线条齐头并进稍微复杂一些。

《西游记》的线性结构简洁清晰，堪称早期章回小说篇章结构的典范。胡适在《西游记考证》中称赞"这部书的结构，在中国旧小说之中，要算是最精密的"。也有人称之为串珠式结构，说原本单一的故事犹如散见的珍珠，经故事主线串联后就成了更为美丽的项链。

线性结构是中国章回小说的特征

在《金瓶梅》之前的早期章回小说采用线性结构，是一种必然，是由它诞生的环境决定的。

早期章回小说的源头不论是俗讲还是说话，都产生于面对面的宣讲；面对面的宣讲，又必然地要受限于开讲的时间、地点、环境和听众的理解能力，等等。这些都对早期章回小说的表现形式形成了决定性的影响，所谓出自娘胎也。

我们可以以章回小说的前生即宋代"说话"的实际情形来解释。宋代城市经济发达，特定的市民阶层出现，因此产生了新的娱乐需求；市民的娱乐需求导致了集中娱乐的场所"勾栏""瓦舍"的逐步形成——类似于现在的娱乐城；其中各类表演性质的娱乐技艺，比如马戏、杂技、唱曲和说话，等等，各自占据场所的一块地域，做商业化的收费表演。

"说话"，相当于现在所说的说书，是娱乐技艺中备受欢迎的一种。说话人分门别类，各占一处，摊开场子，网罗听众，有的讲百姓生活中的红粉、情爱、婚姻故事,有的讲边关将士的刀枪、江湖人士的恩仇故事,还有的讲和尚修行、道士捉鬼的神仙志怪故事,等等不一。但他们所遵循的基本规则大致一样,这些规则对后来古代通俗小说的形式——不管是长篇还是短篇,都形成了重要影响,造成了古代小说形式上的一些特征。

1. 由于是在勾栏、瓦肆中面对众多听众的商业性宣讲,因此讲故事就有点制度化了,有比较固定的开讲时间,这是与听众的无形约定;也有比较固定的时间长度,这是由说话人的精力和听众的注意力保持的时间决定的,也是确定商业价格的基础。这样故事的篇幅就要受到限制,你看短篇话本"三言""二拍",两百个故事,长度基本相似;长篇的故事则往往被分成一段一段,每日一段,《三国》《水浒》也包括《西游记》都是如此,就每章每回的长度而言,和短篇话本其实是差不多的。这就形成了通俗小说后来出现的特殊形式"章"或者"回",一章一回就是一段,明清的长篇通俗小说也因此被称为章回小说。

2. 对于长篇故事来说,每日一段,必须要有相对独立的情节,每个情节中还要有核心场景,这是因为每日的听众并不固定,说话人有责任让掏银子的听众在此时此刻听一个相对完整的故事,因此就要设计核心场景。而这个场景又必须由一根线索贯穿使其不至于游离于大的故事框架,显然这根线索必须是清晰的,在《水浒》就是梁山,在《西游》就是取经。这是早期章回小说线性结构形成的决定性因素。而在每个故事里,情节主线也必须是清晰的,一般不允许情节有太多的分支走向,如果确实需要,说话人会来一句:"花开两朵,各表一枝。"这是一种特别提醒,要听众注意,避免混淆;而即使这样的特别提醒,也是不允许经常出现的。

3. 和后来的阅读小说可以前后翻看不同,对于每天走进场子的听众来说,说话人必须简单明了地把故事的各种要素交代清楚,使听众迅速进入情境,然后慢慢把情感的高潮和问题的结局推出,这样听众才不至于一头雾水导致中途离场。为了让听众下次再来,说话人往往在情节高潮处结束当日故事,来一句"且听下回分解",留一个招客的悬念。章回小说沿袭了这个习惯,你看故事的最终结局往往并不在本回的煞尾而是在下一回的开头,而下一回把前面悬念交代了，故事也就彻底结束了，后面新故事随即开始，一般不会出现西方小说中的倒叙、穿插之类的手法。这也加强了线性结构的特征。

4. 为了让听众明白下一次开讲的内容，说话人往往又在结束处留下一个招客的钩子，也就是来两句情节介绍，还有的会贴出一张纸条"招子"，写上"明日路遇火焰山，悟空三调芭蕉扇"之类，这就是后来章回小说回目的来历。这些回目连接起来，就是整个故事的情节梗概，就是围绕主线的情节展开。

而这仅仅是线性结构外在的形式，更重要的是在一章一回中也就是在一段故事中情节的展开，同样是线性的。这其中有特征可看，也有规律可循。

八十一难故事是线性结构的典范

《西游记》一百回整体上说就是一个大故事：唐僧西天取经。细分一下，就是三大段：

第一大段：第一至八回。一般叫"大闹天宫"。其中第一至七回主要叙述孙悟空从花果山天生灵石里蹦出来后，先是占山为王，然后学成武艺，再后来大闹地府龙宫，心高气傲闹上天宫，最终被如来略施小计，压在五行山下等候取经人的过程。第八回交代的是另外几位哥们八戒、沙僧、龙马的出身，他们因为种种原因被贬落难，现在都受观音叮嘱，潜伏在山山水水中等候唐僧的到来。

第二大段：第九至十二回。一般叫"取经缘起"。主要叙述唐僧家世和唐太宗发起超度大会，邀请唐僧主持，并引出西天取经事由的经过。说唐僧前世是如来弟子，因为听经心意不诚被贬在下界。出生后经历了一系列的磨难，先是父母遭难，唐僧出生即被抛入江中，幸得金山寺长老收养，取名江流儿；后来终于为父母报冤雪恨，被唐太宗选为超度大会的主持法师；此时观音正在物色往西天取经的人选，于是在观音的指点下江流儿成为取经人。

第三大段：第十三至一百回。一般称为"取经途程"。主要叙述唐僧出长安踏上往西天的漫漫路程，途中在观音的安排下，先后收伏孙悟空、朱悟能、沙悟净三个徒弟和龙马，组成了取经团队，经历千难万险，打退无数妖魔，终于到达灵山雷音寺，取得真经回朝。

胡适说的中国旧小说中"最精密"的结构，就是指这三大段的分列。但其实这三大段似乎还谈不上线性结构。按照《西游记》的说法——也就是在读者中流传最广已经成为文化元素的说法，唐僧取经一共经历"九九八十一难"，这八十一难并不可包括第一大段的内容。这是怎么回事？

这就和《西游记》的形成有关了。我们现在看到的猴头孙悟空，是由原本佛教的护法神猴行者和道教的妖猴齐天大圣糅合而成的，大闹天宫的故事最初属于齐天大圣，后来被加进了取经故事。故事虽然精彩，吴承恩选择了保留而且做了精加工，但它不能融入唐僧取经原本的线性结构——读者可以查一查、想一想，猪八戒、沙和尚和龙马的出身都很简单，合在一起也就凑成一回（第八回）；唐僧出身也不算复杂，充其量也就占一回（第九回）；这些穿插都没问题，但孙悟空的故事那么精彩，占了七回之多，你看往哪儿穿插合适？哪都不合适，所以吴承恩只能把它单列一段，直接放在故事的前面。也罢。

这也就是说，大闹天宫的故事原本就不在取经故事的序列之内，这就难怪九九八十一难不把它包括在其中了。

从长安城两个隐士高人樵子、渔夫闲扯，引出泾河龙王和唐太宗的纠葛开始，取经故事就慢慢展开了；在介绍唐太宗的超度法会主持人小和尚江流儿的出身时，九九八十一难也就开始计数了，前四难"金蝉遭贬""出胎几杀""满月抛江""寻亲报冤"发生在少年唐僧身上，其余的七十七难则都与唐僧取经的途程有关，环环相扣，前后递进，《西游记》的线性结构就这么形成了。

这里的"难"指磨难，并不等于我们今天所说的故事；有些故事中会包含好几次磨难，因此八十一难实际上只是指四十几个故事。究竟多少，因为对故事的理解不同略有出入，郑振铎先生当年在《西游记的演化》[①] 中分为四十一个故事，但略有讹错，即将第六十难"多目遭伤"误入其他，因此少算了一个，实际上应该是四十二个故事。我们整理如下：

[①] 郑振铎：《西游记的演化》，原发表在 1933 年《文学》1 卷 4 期，现收入梅新林、崔小敬编《20 世纪西游记研究》，34—59 页。

第一个故事：在第十三回，说唐僧出城不久，随从二人便落入深坑，被雄山君和特处士吃掉的事，在九九八十一难中被分拆为第五、六难"出城逢虎""折从落坑"——前面已经说过，八十一难的前四难属于第二大段的"取经缘起"，真正的取经故事从第五难开始。

第二个故事：在第十三回，属于第七难"双叉岭上"，说唐僧逃出虎口，被猎户刘伯钦收留。

第三个故事：在第十四回，属于第八难"两界山头"，说唐僧在刘伯钦的帮助下收服孙悟空。

第四个故事：在第十五回，属于第九难"陡涧换马"，说唐僧、悟空在鹰愁涧收服白龙马。

第五个故事：在第十六、十七回，属于第十难"夜被火烧"、第十一难"失却袈裟"，说观音寺金池长老为谋取袈裟，企图放火烧死唐僧；黑风山熊精乘机夺走袈裟。

第六个故事：在第十八、十九回，属于第十二难"收降八戒"一难，说悟空在高老庄收服八戒，玄奘于浮屠山受《心经》事。

第七个故事：在第二十、二十一回，属于第十三难"黄风怪阻"、第十四难"请求灵吉"，说悟空等在黄风岭遇见黄毛貂鼠变化的黄风怪，屡战不胜，请求灵吉菩萨降伏。

第八个故事：在第二十二回，属于第十五难"流沙难渡"、第十六难"收得沙僧"，说观音指派木叉在流沙河帮助唐僧降伏沙和尚。

第九个故事：在第二十三回，属于第十七难"四圣显化"，说观音等四位菩萨化作孤儿寡母愿意招赘以试四人诚意，八戒色心不退被戏弄捆绑。

第十个故事：在第二十四、二十五、二十六回，属于第十八难"五庄观中"、第十九难"难活人参"，说师徒四人在镇元子大仙五庄观受到款待，但悟空在后院掘死人参果树，后又遍邀天下神仙设法救活。

第十一个故事：在第二十七回，属于第二十难"贬退心猿"，也就是通常说的三打白骨精故事，说孙悟空因三打白骨精而被贬回花果山。

第十二个故事：在第二十八、二十九、三十、三十一回，属于第二十一难"黑松林失散"、第二十二难"宝象国捎书"、第二十三难"金銮殿变虎"，说唐僧、八戒、沙僧师徒三人在宝象国碗子山波月洞遇见黄袍怪被擒，八戒以激将法请回悟空，悟空从天界搬兵二十八宿降伏黄风怪。

第十三个故事：在第三十二、三十三、三十四、三十五回，属于第二十四难"平顶山逢魔"、第二十五难"莲花洞高悬"，说悟空勇斗金角大王、银角大王，这两个神通广大的妖魔原来是太上老君看炉子的两个童子。

第十四个故事：在第三十六、三十七、三十八、三十九回，属于第二十六难"乌鸡国救主"，说悟空请来文殊菩萨降伏青毛狮，救活被沉入井下三年的乌鸡国王。

第十五个故事：在第四十、四十一、四十二回，属于第二十七难"被魔化身"、第二十八难"号山逢怪"、第二十九难"风摄圣僧"、第三十难"心猿遭害"、第三十一难"请圣降妖"，说悟空等在号山遭逢红孩儿，观音出面降伏，红孩儿被观音收为善财童子。

第十六个故事：在第四十三回，属于第三十二难"黑河沉没"，说经过黑水河时唐僧被鼍精沉下水底，悟空请来龙宫太子救出。

第十七个故事：在第四十四、四十五、四十六回，属于第三十三难"搬运车迟"、第三十四难"大赌输赢"、第三十五难"祛道兴僧"，这个故事通常称为"车迟国斗圣"，说悟空在车迟国与虎力大仙、羊力大仙、鹿力大仙斗法的事。

第十八个故事：在第四十七、四十八、四十九回，属于第三十六难"路逢大水"、第三十七难"身落天河"、第三十八难"鱼篮现身"，说唐僧等在通天河边陈家庄救了准备祭河的童男女，并请来观音现身收服作怪金鱼。

第十九个故事：在第五十、五十一、五十二回，属于第三十九难"金兜山遇怪"、第四十难"普天神难伏"、第四十一难"问佛根源"，说悟空难伏这座山上的独角兕大王，请来普天神将亦均无效，原来妖怪是太上老君坐骑青牛。

第二十个故事：在第五十三、五十四回，属于第四十二难"吃水遭毒"、第四十三难"西梁国留婚"。西梁国俗称女儿国。

第二十一个故事：在第五十五回，属于第四十四难"琵琶洞受苦"，说在敌毒山遇见女妖蝎子精，悟空请来昴日星官降伏之事。

第二十二个故事：在第五十六、五十七、五十八回，属于第四十五难"再贬心猿"、第四十六难"难辨猕猴"。这个故事通常称为"真假美猴王"，说孙悟空因为打死拦路抢劫的草寇，被唐僧再次贬回花果山，六耳猕猴乘机扮作取经人要去灵山取经，真假难辨。后悟空与六耳猕猴打斗至如来面前，方才辨出真假，师徒重新上路。

第二十三个故事：在第五十九、六十、六十一回，属于第四十七难"路阻火焰山"、第四十八难"求取芭蕉扇"、第四十九难"收缚魔王"。这个故事通常称为"火焰山"或者"三调芭蕉扇"，最为读者熟知。

第二十四个故事：在第六十二、六十三回，属于第五十难"赛城扫塔"、第五十一难"取宝救僧"，说唐僧等在祭赛国发现镇塔之宝被妖魔九头鸟偷去，于是大闹碧水潭龙宫，在二郎神的帮助下剿灭妖魔九头鸟。

第二十五个故事：在第六十四回，属于第五十二难"棘林吟咏"，又称"木仙庵谈诗"，说唐僧在此地遇上四位外貌雅致的树妖和一位风姿绰约的女妖杏仙，谈书论文，几为其绑架，幸得悟空及时赶到。

第二十六个故事：在第六十五、六十六回，属于第五十三难"小雷音遇难"、第五十四难"诸天神遭困"，说师徒四人遭遇妖魔黄眉童子假设西天雷音寺，唐僧被擒，悟空遍请诸天神佛无效，最后找来妖魔的主子弥勒佛，终于解救。

第二十七个故事：在第六十七回，属于第五十五难"稀柿同秽阻"，八戒变化出巨大法身，拱开稀柿同的道路。

第二十八个故事：在第六十八、六十九、七十、七十一回，属于第五十六难"朱紫国行医"、第五十七难"拯救疲癃"、第五十八难"降妖取后"，说悟空等在朱紫国不仅医好国王的病，且降伏抢夺王后的金毛犼。

第二十九个故事：在第七十二回，属于第五十九难"七情迷没"，通常称为

"盘丝洞",说的是七个蜘蛛精的故事。

第三十个故事：在第七十三回，属于第六十难"多目遭伤"，讲剿灭蜘蛛精师兄多目怪的故事。

第三十一个故事：在第七十四、七十五、七十六、七十七回，属于第六十一难"路阻狮驼"、第六十二难"怪分三色"、第六十三难"城里遭灾"、第六十四难"请佛收魔"。这个故事又称"狮驼国"，说师徒四人遇见神通广大、性情凶残的狮、象、鹰三个妖魔，几经周折，请来佛祖才收服妖魔。

第三十二个故事：在第七十八、七十九回，属于第六十五难"比丘救子"、第六十六难"辨认真邪"，讲的是比丘国国王听信妖道国丈的胡言，要取一千一百一十一个小儿的心肝为药引为自己壮阳，悟空识破妖道面目，原是寿星的坐骑白鹿，所谓"美后"原是一只狐狸。

第三十三个故事：在第八十、八十一、八十二、八十三回，属于第六十七难"松林救怪"、第六十八难"僧房卧病"、第六十九难"无底洞遭困"，故事又称"无底洞""金毛鼠"，说的是托塔天王义女、哪吒义妹白鼻鼠精企图攫取唐僧元阳之事。

第三十四个故事：在第八十四回，属于第七十难"灭法国难行"，说灭法国国王发誓要杀一万个和尚，还差四人即可完数。悟空使手段一夜之间把国王、王后及宫中大臣的头发全部剃掉，迫使国王收回成命。

第三十五个故事：在第八十五、八十六回，属于第七十一难"隐雾山遇魔"，说的是剿灭豹子精的故事。

第三十六个故事：在第八十七回，属于第七十二难"凤仙郡求雨"。

第三十七个故事：在第八十八、八十九、九十回，属于第七十三难"失落兵器"、第七十四难"会庆钉耙"、第七十五难"竹节山遭难"，又称"玉华国"，说的是师徒四人到了一个国王贤明的玉华国，三个王子分别拜悟空、悟能、悟净为师学习武艺。因为照样打造，兵器放置庭院，被山中一窝狮子精盗取。

第三十八个故事：在第九十一、九十二回，属于第七十六难"玄英洞受苦"、第七十七难"赶捉犀牛",又称"金平府"。说唐僧师徒于上元节在金平府观灯,发现灯油被犀牛精盗取,故请来天兵降伏犀牛精。

第三十九个故事:在第九十三、九十四、九十五回,属于第七十八难"天竺招婚",说的是在天竺国降伏玉兔精的事。

第四十个故事:在第九十六、九十七回,属于第七十九难"铜台府监禁",说的是铜台府寇员外家盛情斋僧,引来盗贼杀人,唐僧师徒被诬下狱;悟空使出手段,终于辩明冤屈。

第四十一个故事:在第九十八回,属于第八十难"凌云渡脱胎",说唐僧师徒到达西方凌云渡,脱掉凡胎,取到真经。

第四十二个故事:在第九十九回,属于第八十一难"通天河失经",说观音发现唐僧师徒历经八十难,还没满佛家"九九八十一"圆满之数,于是指令安排通天河老鼋又生一难,使师徒四人失去了部分经卷。

这些故事有头有尾,有始有终,头尾相连,环环相扣,举一个例子:第五十四回在女儿国,故事是这样结束的:唐僧为避免伤害无辜,假意答应女王,说等送别徒弟们取经上路,再回城与女王成亲;待到出城,来个金蝉脱壳,上马而去:

> 女王闻言,大惊失色……(八戒)发起疯来,把嘴乱扭,耳朵乱摇,闯至驾前嚷道:"我等和尚家与你这粉骷髅做甚夫妻!放我师父走路!"那女王见他撒泼,唬得魂飞魄散,跌入辇驾之中。沙僧却把三藏抢出人群,伏侍上马。只见那路边闪出一个女子,喝道:"唐御弟,哪里走!我与你要风月去来。"……那女子弄阵旋风,呜的一声,把唐僧摄将去,无影无踪,不知下落何地。咦,正是:脱得烟花网,又遇风月魔。毕竟不知那女子是人是怪,老师父的性命得生得死,且听下回分解。

上一个故事结束处,就是下一个故事的开始时,这就是中国早期通俗小说的基本结构。

三段递进是情节展开的基本范式

线性篇章结构的优点明显,除了简单清晰之外,还有就是整个故事体系有很富裕的弹性空间,只要有顾客,有市场,作者可以很方便地把故事延续下去。《西游记》现在说取经经过了八十一难,假如吴承恩愿意再写个八十一难,再弄出几十个妖魔,那在结构上有问题吗?没有。现代电影《西游降魔篇》《大圣归来》《三打白骨精》同样是利用原有的线性结构弹性空间生发了故事。

缺陷则是线性结构对每个故事空间上有所限制。在《金瓶梅》《红楼梦》那样的网状结构中,一段情节可以纠合很多人物、很多矛盾,情节的伏笔可以在几十回之前就已经预设,也可以把事件的结局推迟到几十回之后,比如宝玉、黛玉、宝钗之间的三角感情始终若隐若现,对金玉良缘、木石前盟的选择始终是贾家主子们需要面对的选择,很多情节由此而产生,这就让故事显得很宽广深厚,牵着读者、倒逼读者一起在作品设置的矛盾中沉浮。而这样的效果,《三国》《水浒》《西游记》都做不到,原因就是线性结构没有这样的空间。具体而言,就还是通俗小说产生的背景在起作用,当初说话人在娱乐场所的宣讲只允许一个故事占用一两次的时间——至多也就是三四次吧——占用的次数太多就有游离主线的危险,就会有听众觉得遥远生疏的危险;所以,线性结构可以在主线上滴里嘟噜挂上很多小故事,但留给每个故事的回旋余地却很小。

故事的作者当然会想方设法,在有限的空间里竭尽腾挪变化之能事,编造出动荡起伏的情节。《西游记》在这方面做得相当出色。吴承恩在整理、编织百回本的取经故事时,表现了对文学感染力绝对出色的理解和对故事节奏惊人的操控能力。

我们来做一个《西游记》与《封神演义》的比较。从故事的主要元素上看,两者差别不大,《封神演义》的题材来自历史,这和《西游记》一致;叙述的周文王西岐起兵而周兴商灭的故事,其主题体现有关"王道""暴政",也算正面;故事在书中也一样被神化了,商纣王、周文王身边都有神仙帮派,各位将领也都有了出神入化的武艺或者骇人听闻的法器;故事系统也是单线结构,一路说来,有因有果,有开始有煞尾,大体上能让读者明白夏商交替的过程。就这些方面而言,《封神演义》《西游记》难分高下,有些地方比如托塔天王的家世、哪吒的学艺、二郎神的来历,《封神演义》甚至比《西游记》更精彩。

但说到艺术魅力呢，说到对读者的影响力呢，《封神演义》就差得太多。

原因在哪？在于文学能力有高下之分。就结构艺术而言，《封神演义》就有以下几点较之《西游记》相差远矣。

首先，是叙述主线即线性结构的设置不够简洁清晰。《西游记》涉及三教三界，有佛祖的西天灵山，有玉帝的金銮殿南天门，还有太上老君三十三天之上的兜率宫，各有一个神仙系统，但《西游记》对他们的描写都是为取经服务，简洁而有分寸。比如诸天菩萨属于西天佛教系统受如来指示，托塔天王二十八宿来自东土属玉帝管辖，绝不会混淆；他们下凡帮助降妖，都是一招致命，干净利落，完事就走，绝不喧宾夺主，绝不干扰师徒四人的行程。而《封神演义》的神仙系统则显得繁杂而混浊不清，阐教、截教、神仙、凡夫混杂在一起，身份不明有时甚至敌我不清，在一定程度上形成了对故事主线的干扰。

其次，是叙述节奏即对线性结构的掌控不够分明有序。《西游记》师徒西出长安，历经春秋寒暑，走走停停，快慢有序；经过险山恶水，走过人间国度，有些磨难一过而已，甚至有点喜剧效果，有的则惊心动魄，叹为观止。这些故事的交错，又张弛有度，一紧之后，必有一松，无论是读还是听，都能让读者保持兴趣。比如"路阻火焰山"三回，三难，"祭赛国九头鸟"，两难，两回，都算大故事，紧接着"木仙庵谈诗"，就只占一回，且是风姿绰约的女妖杏仙，谈书论文，轻松得多。但《封神演义》显然缺乏这种节奏，一波一波故事之间，情节虽然不同，节奏却基本没有变化，这很容易造成审美疲劳。

再次，是场景描述即线性结构的细分差别不够。《西游记》的四十二个故事，说来都是打妖怪，有的是孙悟空打，有的是神仙菩萨打。但细看之下，各有不同，妖精不同，神仙不同，打法也不同。有的故事，就一个回合，比如"木仙庵谈诗""女儿国"；有些故事很大，情节曲折，反复腾挪，如"朱紫国行医"，占四回，三难；"路阻狮驼国"，占四回，四难。遇到妖魔，当然是孙悟空出面，或自己剿灭，或请来神仙，但每次手段不一样，请来的神仙也都不同。即使使用了相同手段，细节上也不一样，比如钻妖魔的肚子这种套路，也是一次男妖，一次女妖；甚至那些扛旗打伞的小妖，属于路人甲、路人乙之类的角色,但吴承恩也还要为其配上"伶俐虫""有去无来""奔波尔霸"之类个性化的名字。这和《封神演义》那些神仙见面,法宝一亮,或者"哼"一声,或者"哈"一声,立马搞死对手的场面完全不同。

前面列出的四十二个故事,从故事体量上说,有大有小,占一二回或者三四回不等;从环境地点上说,有的在山野,有的在人间,还有的发生在宫廷;从对象身份上说,有自行修炼的野路子妖魔,有受神仙指派的童子或坐骑,有时神仙本人亲自出马,还有完全的凡夫俗子;从故事风格上说,有正面打斗,有巧合相遇,有山水险恶,有搞笑幽默。这些被非常巧妙地组合在一起,组成了结构上紧密连接,节奏上张弛有度的故事群,《西游记》耐看,百看不厌,与此不无相干。

作为吴承恩明显的个人特色,是他构思的情节往往在与线性结构相适应的空间里形成我们称之为"三段递进"的基本模式。这就是为什么我们说到《西游记》故事时经常会用到"三"这个词的原因,比如"三打白骨精""三调芭蕉扇""三斗黄风怪"。

"三段递进"模式就是:途程受困,试图解决——遭遇挫折,再次努力——更大失利,最终解决。

我们选两个故事为例,一个是"五庄观活人参果树"故事,文雅一点的;一个是"车迟国斗圣"故事,狂野一些,都很精彩。

五庄观活人参果树的三段递进分析 话说唐僧师徒来到一处山明水秀的庄园。此山叫万寿山,庄叫五庄观,庄主名镇元子大仙,是一位神通广大的道教高层领导成员,人称"地仙之祖"或即是三官中的地官。这是《西游记》道教人物中难得见到的正面人物,自认与唐僧五百年前有一盏茶的交情,因此上天开会之前交代留守的小道童清风、明月,让从后院的树上打两个人参招待。人参果是五庄观的镇院之宝,三千年一开花,三千年一结果,再三千年才能吃,闻一闻就活三百六十岁,吃一个就活四万七千岁。拿出人参果招待,这份情意不可谓不深。这是故事的背景。这个背景的设置,暗伏了以下情节的波折。

唐僧不识珍宝,看到人参果长得如同胖胖婴儿,心惊肉跳,拒吃;两个小童无奈，自己吃了。但被八戒看到，怂恿悟空去后院偷了三个。小童发现，一阵嚷嚷，悟空不堪羞辱，心头火起，干脆到后院把人参果树连根掘了，惹了大祸。这是故事结构的第一阶段，算是一场困顿挫折。他们师徒能想到的解决办法就是两个字"逃跑"。

镇元子大仙归来，自然要追究捉拿。孙悟空看似浑身本领，但在镇元子面前却毫无还手之力，师徒四人被镇元子追上，大袖一挥，悉数拿回，然后严刑拷打。悟空虽然不怕酷刑，但考虑到师父难以忍受，于是答应各处寻找仙方，救活人参果树。这是故事结构的第二段：逃跑行不通，解决努力受挫；再次解决的方案形成。

悟空先后找了福禄寿三星和东华帝君、九老，都表示不能解决，最后还是寻到观音，观音以净瓶里的甘露水救活人参果树，各路神仙皆大欢喜。镇元子做了个人参果会，众仙分享，又与悟空结为兄弟。这是故事结构的第三段：再次失利，但终究圆满。

这三个阶段就是我们通常说的"一波三折"。其实细看之下，每一个阶段都有波有折，且也是一波三折。

第一阶段：唐僧拒吃人参果，两小童自己享用，被八戒看到，这是第一折；悟空去后院偷果子，被小童发现痛骂，是第二折；为报复小童，悟空掘死人参果树，师徒趁夜出逃，是第三折。

第二阶段：四人被捉回，遭受严刑拷打，悟空用四棵树作为替身，师徒再次逃跑，这是第一折；再次被捉回，镇元子捆绑悟空扔下油锅，但悟空用变化的石狮砸漏油锅，自己跳入云端，则是第二折；因怕师父难耐酷刑，悟空不得不回到大殿，与镇元子达成救活人参果树的协议，这是第三折。

第三阶段：悟空到了东海蓬莱仙境，找到福禄寿三星，三星表示无能为力，但愿意赶到五庄观担保，这是第一折；悟空又到方丈仙山、瀛洲，找到东华帝君和九老，他们一口拒绝，这是第二折；悟空再到南海，请来观音，事情得到圆满解决，这是第三折。

正是在这一波三折的三个阶段中又套着细节的波折，使得事件风生水起，变化多端，形成精彩丰富的故事。

车迟国斗圣的三段递进分析　话说师徒四人来到一个叫车迟国的国度，发现城外的沙滩上有很多和尚在道士的监督下做苦工。细问之下知道，原来这个国家二十年前苦旱，国王令和尚道士一起祈雨，结果和尚输了，这个国家从此就"好道爱贤"，拜名为虎力大仙、羊力大仙、鹿力大仙的三个道士为国师，言听计从，和尚只能沦为苦力。悟空大怒，打死两个小道士，放跑了大批被拘的和尚，然后进城与三位国师理论。这是故事设定的背景，佛道之间的交锋和比试法力的形式就成了以下故事的必然。

第一阶段：唐僧师徒入城住下，恰遇三星观三个妖道国师禳星。悟空兄弟三人装神弄鬼，偷吃供果，毁坏圣像，大大戏弄了三个道士一次，然后趁乱回到住处。

第二阶段：次日师徒上朝倒换关文，三个妖道前来问罪，国王昏乱，决疑不定。恰巧有百姓来请国师祈雨，国王便与唐僧约定：如果祈雨成功，便饶你罪名，倒换关文，放你西去；反之，追究侮辱国师的罪名。悟空使出神通，制止了道士招来的龙王，反令龙王为自己助了一场大雨。

第三阶段：妖道无奈，提出比试赌斗。悟空踊跃应战，几场赌斗下来，三个国师先后丧命，原来分别是黄毛虎、白毛鹿和一只羊。

这三个阶段非常清晰，而这三个阶段里，自然也套着一波一波的情节波折。如第三阶段赌斗，第一轮赌斗云梯坐禅；第二轮赌斗隔板猜枚，赌了三次：宫衣、鲜桃、活人；第三轮赌法术，又是三项，砍头重长、破腹剜心、油锅洗澡。就这样，不断地消灭妖魔，也是不断地创造情节。

整个《西游记》，就是这种结构模式的不断重复，当然细节上降妖伏魔的手段会有变化。

更可贵的是，《西游记》的这种结构模式与其"西天取经"的主题竟是如此和谐。前面说过，《西游记》文化传承中最核心的部分是取经，这是初心；后来取经故事神化了，自然的、人为的艰难都变成了妖魔鬼怪，但不管故事如何变化，唐僧取经的初心不改，基本的价值未改，所有的情节都是为这个初心服务。而情节的一波三折的推进，反复克服困难的进程，正是最好的映照。

四 《西游记》的形象塑造艺术

《西游记》的主题是亮点，手法是亮点，结构也是亮点，但最大的亮点是形象塑造。一部文学作品，首先作用于读者的一定是人物的主导性格以及与性格配套的容貌、行为、语言。依赖于性格的鲜活，作品才称得上是一件艺术品，当然也才能形成广泛的社会影响。

在解读《西游记》的艺术形象时，先要解释一下：尽管前面已经介绍说整个取经故事，在吴承恩之前九百多年故事已经开始进入流传演化过程，三四百年前的故事里就已经组成了师徒四人一马的取经队伍，二三百年前故事里已经有了大大小小纷繁惊险的故事，但这些与我们现在要说的一百回的通俗小说《西游记》的艺术形象无关。因为早前的取经故事中，不管是唐僧，还是孙悟空、猪八戒，都是有故事，有情节，但谈不上形象，谈不上性格。如《大唐三藏法师取经记》共十七节，算是有大约二十个故事，其大部分都是这样：

> 前行百里，猴行者曰："我师前去地名蛇子国。"且见大蛇小蛇，变杂无数，攘乱纷纷。大蛇头高丈六，小蛇头高八尺，怒眼如灯，张牙如剑，气吐火光。法师一见，退步惊惶。猴行者曰："我师不用惊惶。国名蛇子，有此众蛇，虽大小差殊，且缘皆有佛性，逢人不伤，见人不害。"法师曰："若然如此，皆赖小师威力。"进步前行。大小蛇儿见法师七人前来，其蛇尽皆避路，闭目低头，人过一无所伤。又行四十余里，尽是蛇乡。

虽然说"皆赖小师威力"，但其实猴行者就像导游引路一样，看不出起了什么作用。

我们现在看到的百回本《西游记》属于吴承恩的创造，其艺术形象体系是吴承恩的文学才华得到充分展现的地方，是《西游记》借用佛教题材，接受道教元素而最终却代表了儒学道义的结果，是取经故事一切历史文化底蕴得以依附的"培养基"。

类型化特征与神、人、物性的统一

中国通俗小说那些包括《西游记》在内的名著，塑造形象的艺术手法主要有两种：类型化和典型化。这个概念来自西方的文艺理论，但用来归纳中国的古代通俗小说倒也恰当。

所谓类型化，主要指人物的个性特征灵动鲜明，主要性格从开始就已经确定并且被不断强化，单一、平面但比较稳定，容易归类，故事中几乎所有的情节都会围绕其主导性格展开。这种手法，主要见于早期的属于"集体创作，个人写定"的那些作品，与它们形成的源头来自于俗讲、说话有关——我们知道，在面对面你讲我听的那种氛围里，人物个性必须非常突出，才有可能串起一段情节并且在间隔一段时间后仍然被记住。成功使用这种手法的主要有《三国演义》《水浒传》和《西游记》，其间出现了一大批借助于这种手法而家喻户晓的艺术形象。如仁爱宽厚的刘备、凶残奸诈的曹操、聪明绝世的诸葛亮、老奸巨猾的司马懿；如义字当先的宋江、暴躁鲁莽的李逵、勇武稳健的武松、专打不平的鲁智深，都已经成为某一类社会人物的象征或者代表。

所谓典型化，主要指人物的个性特征比较复杂丰富，主要性格之外，还有次要方面与之相辅相成，并且会跟随社会环境的变化而改变，构成立体化的多面视角。这种手法，主要见于从《金瓶梅》开始的那些完全由个人完成的作品，并由《红楼梦》作为代表，塑造了一大批典范的艺术人物。《金瓶梅》《红楼梦》复杂的情节、多元的主题和深刻的社会现实性，往往都依赖于使用典型化手法塑造的人物形象来构成和体现。

在某些特定的研究领域，类型化和典型化手法会被分出高低，有人认为无论西方还是中国，成熟的小说作品普遍采用典型化的手法，类型化手法相比较显得低级。对此我们并不这样认为。类型化确实出现于小说发展的早期，它的出现和小说诞生的方式以及社会环境有密切关系，其所塑造的人物自成一类，同样具有巨大的艺术魅力，《西游记》使用的主要也是类型化的手法，但不能否认孙悟空、猪八戒甚至白骨精、牛魔王都是成功的艺术典范。

换个角度看，《西游记》另一个得到盛赞的是塑造形象时神性、物性、人性的和谐统一。

《西游记》是神话，借用了很多远古的、次生的、民俗和宗教范畴内的神话元素，如佛祖、菩萨、玉帝、老君、三星以及托塔天王、哪吒、二郎神、巨灵神，等等，所以不可避免地会涉及神性，这就为小说带来了广阔的想象空间。比如佛祖作为一方的最高领袖，其功力深不可测，于是就衍生出孙悟空一个筋斗十万八千里没有跳出他手掌心，手掌一翻就压了孙悟空五百年这样让人津津乐道的情节；比如太上老君也具有无上的地位，他一出手便轻而易举地帮助二郎神收服了孙悟空，他的青牛、童子偷偷溜出来下凡也都让孙悟空挠头无奈，最神奇的是他的炼丹炉，七七四十九天没有炼化猴头，却炼出了猴头的火眼金睛；还有二郎神与孙悟空的精彩斗法，如果不借助于七十二变的神性大约是腾挪不了的；还有些不上台面的小神，什么本坊土地、当地山神，只要你具有管辖的权力，这些小神几乎无所不在，孙悟空把棒子在地上敲一下，这些小神就得立即出现，否则就要打脚孤拐，真可谓神气活现、神出鬼没。

《西游记》的神，大神恐怕都是由人修炼而成的，在佛教里，佛祖名释迦牟尼，是一位王子；在道教里，老君名李耳，也就是李老子，春秋时期的人；那位玉皇大帝，在民俗故事里据说姓张，《西游记》说他自幼修持，苦历过一千七百五十劫，每劫历时十二万九千六百年，帮他算一下，合计已经两亿多年。其他的各路神仙的身份，很多就不好说了，比如有的菩萨竟然是老母鸡修炼而成的，菩萨的儿子昴日星官是只大公鸡，上界二十八宿就是二十八个动物。最主要的，取经的团队中孙悟空是猴子，猪八戒是猪，白马是龙身，沙和尚是什么？不太清楚，反正"脸如蓝靛，口似血盆"。那些妖魔散仙，则基本上都是由山精水怪修炼而成的，与此相适应，《西游记》对各位的动物性描述相当成功，鱼精、鳖精活在水里，蜘蛛精们善吐丝，蝎子精的武器是毒刺，月宫玉兔精的武器是捣药的杵子。不仅形象上有原物的特点，性格上也很吻合，如松树、柏树都是老人形象，且风雅，善吟诗；而杏树幻化的妖，则是女性，妖娆轻佻，慑人心魄。

而神性、物性，归结到最后还是人性，无论是神、是妖、是人、是物，到最后都是要映照人间世界，就是由"幻"回到"真"。孙悟空、猪八戒这些关键人物的性格我们下面要说，玉帝、老君的性格我们也要重点剖析。这里先说说那些小人物。

还说《西游记》中经常出现的山神土地，他们也算体制内的神，小神，所以知道唐僧来了，就要设法弄点斋饭伺候，有事得听孙悟空的调遣，孙悟空的棒子一敲，立马就得出现。但他们法力微小，所以也得听那些占山为王的妖精的命令，喝一声，也要出面伺候。你看枯松涧火云洞附近的山神，因为受圣婴大王红孩儿的盘剥，"披一片，挂一片，裩无裆，裤无口"，"少香没纸，血食全无，一个个衣不充身，食不充口"，书中称他们为"穷神"。在平顶山莲花洞，妖魔干脆拘唤土地山神在他洞里，"一天一个轮流当值"。这活脱脱的就是一群明朝的基层小官或者吏员，他们要管理地方，要侍候上级官员，薪俸却很低，往往都靠办事时弄点外快糊口——相当于山神土地的香火血食，如果碰上厉害的从他们嘴里夺食的上司，也许就只剩下"穷"字了。吴承恩自己做过县丞，八品，还算个官，负责粮草和马政。这两件事都是很繁杂头疼的公务，整天和那些管理乡民的里长、管理驿站的驿卒打交道，里长、驿卒就是人间的山神、土地。

再看那些扛旗巡山的、持束送信的、采买办酒的一众小妖，名字往往叫有去有来、有去无来、精细虫、伶俐鬼之类，往往一边走，一边念叨，或者乐呵呵的，或者发点牢骚，总是一番萌态，有人称也算《西游记》里最生动的一类角色，挺吸人眼球，所以后来衍生出"大王叫我来巡山"的一段歌曲。这活脱脱又是古代生意店里的小伙计，在现代就是快递小哥、外卖小哥一类人。吴承恩家开了一间杂货店，他父亲原本就是店里的伙计，后来被老板看中以女婿的身份继承了小店，送货外卖这些事都干过。吴承恩自己虽然自小读书，但这样的生活环境确实是非常熟悉的，所以他能把这类角色也写得活灵活现。

唐三藏可敬可气的迂腐型性格

小伙伴们游戏扮演《西游记》，最强势的伙伴铁定是孙悟空的扮演者，唐僧的角色一定会被分派给团伙里等级地位最低最孱弱的孩子。这个时候的唐僧有个别名"唐哭包",扮演者只要双手合十,口念阿弥陀佛或者作抹泪状就可以了。

孩子们的直觉很正确。在孩子们的视野里,唐僧就是一个手无缚鸡之力,依靠保护的角色,还迂腐可笑令人生厌,很多麻烦都是他招惹的。

孱弱 《西游记》只说唐僧是来自"中华上国"的"白净和尚","相貌堂堂",没有直接说唐僧多大年龄,从他十八岁为父母申冤报仇因而一举成名的经历看,唐僧取经时大约也就二十岁左右;在此之前,他在金山寺出家,从未经历过江湖风波和旅途险恶,踏上取经路途对他来说,只能用"初生牛犊不怕虎"形容。但现实很骨感,真见了虎,唐僧不仅怕,而且非常怕。第十三回,唐僧带着两个随从和一匹马上路了,出了大唐地界,第一天就落入了白额虎精寅将军设下的陷阱,当时"唬得个唐三藏魂飞魄散"——难怪,从来都是人设陷阱捉虎,哪见过老虎也弄个陷阱捉人!后来寅将军和熊精熊山君、牛精特处士分食了两个随从,"只听得啯啅之声,真是虎啖山羊,霎时食尽,把一个长老,几乎唬死"。遇见猎户刘伯钦,"三藏见他走得渐近,跪在路旁,合掌高呼'大王救命!''大王救命!'"再后来见了妖怪,不是"魂飞魄散",就是"大惊失色",或者"滴下泪来",小伙伴们称唐僧为"唐哭包",不谓无因。

迂腐 这是唐僧最不招人待见的性格。迂腐是说唐僧面对吃人不吐骨头的妖魔,却经常用一些人间不合时宜的大道理说教,且十分固执,为取经平添了许多周折。毛泽东在一首七律诗《和郭沫若》中引用《西游记》故事,将唐僧定性为"愚氓",脍炙人口。

且看第二十七回的"三打白骨精":说唐僧师徒在荒山野岭被妖魔白骨精盯上,白骨精趁悟空远行化斋,装成月貌花容女子,送来一罐子"香米饭",一罐子"炒面筋",且花言巧语说了个农家少妇的故事,欲寻机擒拿唐僧;关键时刻悟空赶到,一棍打死女妖——女妖当然不是真死,只是使了手段,用"尸解法"脱身而去。唐僧不识妖魔伎俩,倒是被悟空吓得战战兢兢,责骂悟空无故伤害好人;悟空敲碎罐子,明明白白地让他看到所谓的"香米饭""炒面筋"其实是青蛙、癞蛤蟆和长尾巴的虫虫,但他听了八戒的撺掇,仍是不信,愤怒道:"出家人时时常要方便,念念不离善心,扫地恐伤蝼蚁命,爱惜飞蛾纱罩灯,你怎么步步行凶,打死这个无故平人,取将经来何用!"遂念起紧箍咒以示警告。

妖魔第二次化作来寻女子的八旬老妇人,被悟空再次识破打死。"唐僧一见,惊下马来,睡在路旁,更无二话,只是把紧箍咒儿颠倒足足念了二十遍,可怜把个行者头,勒得像个亚腰儿葫芦",然后责骂悟空"是个无心向善之辈,有意作恶之人",要将其赶走。悟空连声告饶,声称"再不敢了",这才作罢。

第三次妖魔变化成白发苍髯老公公,声称来寻女儿、老妇,再次骗取唐僧信任。这次悟空把当坊土地、本处山神招在空中作证,让他们把妖精团团围住,然后出棍打死。妖魔化作一堆粉骷髅,脊梁上现出一行"白骨夫人"字样,唐僧犹然以为是悟空做了手脚,又说出一番大道理,"出家人行善,如春园之草,不见其长,日有所增;行恶之人,如磨刀之石,不见其损,日有所亏",念咒将悟空赶回花果山,还绝情地写了一纸贬书。其直接的后果,就是唐僧在黑松林被擒。

唐僧的话,未必无理,但得看时间,看地点,看对象,把向善的道理说给以吃人为生的凶残妖魔,比对牛弹琴还搞笑,后果可想而知。此即为迂腐。

再看第五十六回。话说唐僧一时高兴,走在前面,"正走处,忽听得棒铜锣,路两边闪出三十多人,一个个枪刀棍棒,拦住路口",原来是一帮强盗。强盗抢了唐僧的银子白马,又把唐僧吊在树上,被悟空赶来,打死两个,其余四散逃走。唐僧不忍,撮土为香,念了一通《祝坟经》。这《祝坟经》不知是否真有,唐僧的话就有意思了。他告诉那死鬼强盗:"你到森罗殿下兴词,倒树寻根,他姓孙,我姓陈,各居异姓。冤有头,债有主,切莫告我取经人。"这算是一个不地道的行为,所以悟空说他:"为你取经,我费了多少殷勤劳苦,如今打死两个毛贼,你倒教他去告老孙。虽是我动手打,且也是为了你。"再往前走,竟然寄宿于一个贼人的家。那贼人又约了同伙,磨刀擦枪,准备夜间动手,"拿住这些秃驴,一个个剁成肉酱,一则得那行囊、白马,二来与我们头儿报仇",最终,那些毛贼被悟空打死一圈。唐僧又生出了那种无用的慈悲,道:"你这泼猴，凶恶太甚……况又杀死多人，坏了多少生命，伤了天地多少和气，屡次劝你，更无一毫善念，要你何为！"念起紧箍咒，行者翻筋斗，竖蜻蜓，疼痛难耐，只得说声"去也"，一筋斗翻回花果山。后面的结果就是被六耳猕猴钻了空子，引来一场大难。

此类事情《西游记》中还有，有时读者瞧不起唐僧似乎也有道理。

可敬 但是，唐僧的种种孱弱、迂腐，虽说可气，但在客观上却映衬了他的坚韧不拔，显得更加可敬。

他为了东土众生，义无反顾地承担起取经人的责任。往哪儿去，其实他也不知道，只知道往西方；路途多少，凶险几何，他也不知道，但他面对太宗发下大愿："我这一去，定要捐躯努力，直至西天，如不到西天，不得真经，即死也不敢回国，永堕沉沦地狱。"在法门寺，众僧人议论，有的说水远山高，有的说路多虎豹，有的说峻岭陡崖难度，有的说毒魔恶怪难降，唐僧但以手指心说："心生，种种魔生；心灭，种种魔灭。……这一去，定要到西天见佛求经，使我们法轮回转，愿圣主皇图永固。"事实上，作为《西游记》的基本题材，玄奘法师的可敬也被取经故事所继承，表现在唐僧身上，成为构成《西游记》基本价值和核心主题的主要成分。

难得的是唐僧不仅这样说，而且这样做，义无反顾，自始至终，完全出于自愿，丝毫不曾动摇。初出大唐地界，两个随从被吃掉，此时唐僧只身一人，这是初次考验其实也是很严峻的考验，但他完全没有考虑退回的问题。后来四个菩萨变化为富有而美貌的一家母女，以富有而安逸的生活对唐僧四众进行了一次不凶险但很有诱惑力的考验，八戒失误了，从此留了一个话柄，但唐僧丝毫不为所动。除了自然和恶魔的困扰之外，他还面临内部的纷扰。他有数次不能忍受悟空的所谓"凶恶"而把他赶走，赶走就意味着一场凶险的到来；他也数次面临着八戒的闹分家，分家也同样意味着取经的失败，但他丝毫不为所动。我们很肯定地说，一路上不管山高水险，饥饿难耐，哪怕身陷魔窟，生死已经到了一念之间时，唐僧从未考虑过返回或者后悔。

这是大节。这个大节是悄悄地隐藏在故事情节中，以润物无声的方式灌输给读者，孱弱、迂腐正好作为反证——以孱弱之身、迂腐之心，行不可思议、坚韧不拔之事，更为可敬。

孙悟空可爱可笑的理想型性格

孙悟空是只猴。因此他的浑身上下充满猴性，这点吴承恩做得相当出色，猴性成了《西游记》幽默、诙谐风格的情节佐料。

先看《西游记》对悟空外貌的描写：毛脸、雷公嘴、尖嘴无腮、两耳过肩、烂红眼美其名为火眼金睛；罗圈腿有点短，又外翻，走路一拐一拐，但腾挪跳跃且无比灵活；会七十二变，但唯有红屁股和长尾巴变不了。

第六回灌江口二郎神奉命围剿花果山，孙悟空与二郎神变化斗法，不相上下，变来变去悟空最后变成一座庙宇，"牙齿变作门扇，眼睛变作窗棂"，"只有尾巴不好收拾，竖在后面，变做一根旗杆"，被二郎神看破，笑道："是这猢狲了。他今又在那里哄我，我也曾见过庙宇，更不曾见一根旗杆竖在后面的。……等我擎拳先捣窗棂，后踢门户。"这就把悟空吓得一个虎跳，又冒在空中不见了。

第三十四回，师徒来到平顶山莲花洞，唐僧、八戒、沙和尚先后被擒拿进洞，吊在大堂上，悟空先前逃脱，然后又幻化成妖魔的母亲"老奶奶"，进洞参加吃唐僧肉的宴会。妖精磕头拜见，奶奶弯腰扶起："我儿起来！"那边那猪八戒吊在梁上，哈哈地笑了起来：

  八戒道："我们只怕是奶奶来了，就要蒸吃；原来不是奶奶，是旧话来了。"沙僧道："什么旧话？"八戒笑道："弼马温来了。"沙僧道："你怎么认得就是他？"八戒道："弯倒腰，叫'我儿起来'，那后面就掬起了猴尾巴子。我比你吊得高，所以看得明也。"

悟空再次混进洞里，变化成一个小妖，按照魔王的吩咐吊打在梁上的八戒：

  八戒道："你打轻些儿，若重了些儿，我又喊起。我认得你。"行者道："这一洞妖精都认不得，怎的偏你认得？"八戒道："你虽变了头脸，那屁股上两块红不是？我因此认得你。"行者随往后面，演到厨中，锅底上抹了一把,将两臀擦黑,行至前面。八戒看见,又笑道:"那个猴子走那里混了这一会,弄做个黑屁股来了。"

这猴屁股、猴尾巴衍出的笑料情节,平添了许多乐趣。

再看孙悟空的行为。这孙悟空虽然已经经过了菩提祖师的调教,但猴性是改不了的,吴承恩为孙悟空设计的大胆、机敏、好动、毛躁的个性,时时刻刻都能让读者感觉到这是猴的行为。

第二回,孙悟空初出道,在菩提祖师处学艺,听到妙处,"抓耳挠腮,眉开眼笑,忍不住手之舞之,足之蹈之",正是这种"癫狂跃舞"引起了祖师的注意,成全了祖师深夜单独传授的奇遇。

第四回,玉帝招安,授孙悟空弼马温官职。这实在是吴承恩的绝妙伏笔,因为民间早有马群中养猴以避马瘟的习惯,其实是利用猴子吵闹一刻不得安宁的特性以防马儿躺倒睡觉窒息死亡,马和猴子,天生绝配。所以悟空在御马监是"昼夜不睡","都养的肉肥膘满",但这弼马温却是个绝小"不入流"的官职,矛盾天生就有,反出天宫难以避免。

第五回,孙悟空第二次赴天宫任职,官名齐天大圣,他很满意。但职责却是看管桃园,这便是玉帝的疏忽或者无知,猴子吃桃,也是天性,别说那些蟠桃九千年一熟,人吃了寿与天齐,就是天天看那"夭夭灼灼""酡颜醉脸"的果实,猴头能把持得住吗?所以最后"熟的都是猴王吃了"的结果,也是势所必然。

即使到了取经路上,身上有了重任,孙悟空猴性仍在。第四十六回,车迟国的虎力大仙要与唐僧师徒比试,第一场比"云梯显圣",就是用五十张桌子迭将上去,要上台坐下,约定几个时辰不动。国王传旨问唐僧这边哪个出场:

行者闻言,沉吟不语。八戒道:"哥哥,怎么不言语了?"行者道:"兄弟,实不瞒你说。若是踢天弄井,搅海翻江,担山赶月,换斗移星,诸般巧事,我都干得;就是砍头剁脑,剖腹剜心,异样腾挪,却也不怕;但说坐禅,我就输了。我那里有这坐性?你就是把我锁在铁柱子上,我也要上下爬磳,莫想坐得住。"

这段话说得实在透彻，能让孙悟空服输的，还有其他吗？其实，就是那些扯一把毫毛，吹口气，变出漫山遍野小猴的伎俩，也是猴性。

其实猴相也罢，猴性也罢，说到底，最重要的还是孙悟空心高气傲、争强好胜、善恶分明、勇于担当，且坚韧不拔、积极乐观的理想型性格。

孙悟空是天生石猴，"每受天真地秀，日月精华，感之既久，遂有通灵之意"，既然通灵，就有与众不同的表现：在花果山飞瀑流泉前，众猴称赞山好水好，但只有他瞑目蹲身跳进瀑布，寻出一个水帘洞；做了美猴王，乐享天趣，忽然想到人生无常，于是又要学长生不老，既有此意，立马找些枯枝扎了木排上路；得到菩提祖师真传，学得一身武艺，却又觉得终究要受阎王管辖，于是大闹了地府一场；赴龙宫借兵器，撒泼耍赖，把人家的定海神针弄来；太上老君为他弥祸，好歹给了个天上的官职弼马温，他不满意，一个筋斗翻出南天门；二次上天，玉帝屈尊满足了他的要求，给了他齐天大圣的名号，可是他偷吃了蟠桃、仙丹，整个搅了天庭的盛会……所有种种，看似猴子的恶作剧，但其实应该看到其中透露了他天不怕地不怕，永不满足、永不言败的理想型性格。

就是因为这种性格，才使他能够担当辅佐唐僧取经的重任！八戒能吗？沙僧能吗？且不论武艺高低，就性格而言，已经决定了他们不可能带领唐僧把取经路走完，这点应该没有任何疑问。佛祖、菩萨为唐僧早早预选了这个助手，应该说很有眼光。

孙悟空积极乐观，信守承诺，勇于担当　承诺既是对唐僧，要保他西天取经，也是对自己，要借助取经修成正果。从唐僧揭开山顶上佛祖留下的六字真言，孙悟空获得自由踏上取经路那时起，他从来就没有想到过反悔。虽说有个紧箍咒制约着他，但那东西只能拴住猴头，制约他不能随心所欲，但管不了主观能动性，不能保证他初心不改。在绝大多数情况下，孙悟空西天取经的积极性，来自他自己对理想的追求，对挑战的担当和对承诺的责任，因此在绝大多数情况下，他的积极主动都发自内心，降妖伏魔从来都被他认为是分内之事。

孙悟空心高气傲，争强好胜，坚韧不拔　争强好胜本来属于有点负面的评价，但对于孙悟空，却是取经途中斗妖魔灭魔障的动力之一。妖魔都很厉害，有的有厉害法宝，有的有独门绝技，有的还有厉害后台，每次都会造成令人绝望的困境，孙悟空的金箍棒也未必能占上风。加上不明是非、迂腐固执的唐僧，猪一样的队友八戒，不能独当一面的沙和尚，有时悟空伤心得落泪，但从不放弃，决不服输——只有一次承认自己不能坐禅，前面提到了——最终总是用自己的勇与谋，找到解决的办法。

孙悟空秉性刚直，是非分明，绝无苟且 这是猴头成为普世偶像的又一个重要原因。孙悟空最初的闹地府龙宫，虽然都是他主动挑事，但读者更喜欢用潜在的合理性为他解脱。后来闹天宫，就是事出有因了：给你养马，可以尽心尽力，但你玉帝只给了个不入流的小官，不重视人才，老子不乐意；给你管桃园，可以辛苦操劳，偷吃固然不对，但你不请我赴会，就是蔑视鄙夷，老子干脆大闹一场。孙悟空的理论，拿到今天也许还是不合时宜，但却深合人心——我面对真实存在的上司不敢放肆，但却可以借这个猴子把玉帝等嘲笑一场，释放点内心的忧郁，这就是借他人杯中残酒，浇自己心中块垒。

当然更重要的是悟空在大是大非面前的态度。

面对艰难险阻从未想到逃避 读者记得，佛祖对取经人的要求是必须亲历千山万水，一步一步走到灵山。这个题目应该说出得相当有水平，在这么远的路途上，在这么长的时间里，确实能看出对取经的诚意。唐僧如此一步步走去天然合理，但对悟空却是更加严峻的考验：一则因为孙悟空是箩筐腿，走路不是长项；二来因为他会筋斗云，一天可以往来西天十数趟，在心理上更难接受步步亲历。但是悟空对此毫无怨言，从未说这路不好走，咱们散伙吧。这是他政治正确的第一点。

不近女色背后是意志的坚定 读者记得，女色对悟空不起作用，不管是菩萨变化的俏女子，女儿国满城的美娇娘，还是美艳风雅的女妖精，他都不假辞色。有的人说他是石猴，天生缺少某种功能，错！在元代的杂剧《西游记》里，孙悟空（当时叫齐天大圣）抢了金鼎国的公主做压寨夫人，后来因为紧箍咒的约束才不敢有色心，动动念头就会脑袋疼。而在小说《西游记》里，紧箍咒完全没有在这方面发挥作用，这个猴头每次面对女色的拒绝都纯属自觉。这是吴承恩对孙悟空这个形象的提升，女色考验的其实是对取经的态度，是又一种方式，让孙悟空在这个大是大非的问题上同样表现出绝对的正确。

是非善恶是确定态度的标杆　《西游记》里唐僧师徒遇见的妖魔大致有三种情况：第一种是妖魔就冲他们师徒来的，或者是神佛布置的考验，如乌鸡国的青毛狮子，或者是想吃唐僧肉的不知死活的山精水怪，如白骨夫人；第二种是无意之中撞上来发生纠葛的，如宝象国碗子山波月洞的黄袍怪，本是二十八宿奎木狼下凡与百花羞公主了一段宿缘，是唐僧自投罗网，八戒等胡乱作为惹出了麻烦；第三种则是本来与取经无关，是唐僧师徒主动为地方除害剿灭妖魔，如在比丘国，妖道要用一千一百一十一个小儿的心肝做药，残忍至极。虽然妖道并未为难，国王也发放了通关文牒，但唐僧师徒还是挺身而出，主动揽了这个麻烦。以上三种情况，实际也是对唐僧师徒品质的考验，这一点上，悟空又是交出了圆满的答卷。

当然，孙悟空也有些缺点，有时有点矫情，如在盘丝洞，明知泉水里都是妖精，本来伸出棍子搅和搅和就完事了，却死要面子说男不与女斗。还好戴高帽子，有时听几句好话就忘乎所以，甚至面对妖魔也是如此，造成了一些不必要的麻烦。

猪八戒可恶可亲的世俗型性格

吴承恩的意识里，一定是把猪八戒作为孙悟空的映衬设计的，在文学创作的人物体系设计中，造成性格对比是常用的伎俩，有了对比才入戏。孙悟空和猪八戒的对比是明显的。他们的目的都是要去灵山，期待通过取经修成正果，但态度想法却大不相同：孙悟空乐观、坚韧，从来没有对终极目标表示怀疑，但八戒却心态投机，遇到难处便提散伙，回高老庄是他预设的退路，甚至暗中还攒下了私房钱藏在他的大耳朵里；孙悟空积极主动，从来不畏难退却，猪八戒却处处耍小聪明，打妖精专拣小的打，面对厉害角色时能躲过就躲，躲不了再打，打不赢就跑，跑的那一刻他并不介意唐僧的处境如何；孙悟空是非分明，嫉恶如仇，猪八戒却见利忘义、懒惰好色并因此多次造成麻烦；孙悟空心高气傲，不屑于苦活脏活和琐屑小事，当然，这反而映衬了猪八戒的长项和优点……

《西游记》用的是神仙题材，但其实也非常世俗，从神仙到妖魔，貌似不食人间烟火，但说话腔调、做事范式，与市井中人没有两样。看佛祖如来每次办事都有自己的精确算计，第九十八回唐僧师徒到了灵山，看守库房的阿难、迦叶因为索贿不成向师徒传了白本经卷，这时如来著名的段子就是"经不能轻传，亦不可以空取"，不收钱"教后代儿孙没钱使用"，言下之意就是传白本给唐僧也是应该的；观音菩萨立誓救苦救难，度尽天下人，但是如来交给她的三个箍儿，她只用了一个，就是套在孙悟空头上的那个，其余两个算是被她贪污了，一个套在了黑熊精头上，让他为自己看守山门，一个套在了红孩儿身上，让他做自己的善财童子。在《西游记》的人物群雕里，猪八戒代表了典型的世俗形象，世俗性格。

丑陋但乐观　尽管他原本是天宫的天蓬元帅，算是个有名头的角色，但很不幸他酒后调戏嫦娥，因而被贬；更不幸的是他投胎走错了路，进了老母猪的肚子，这就决定了他的身上再也难免有猪的特征。

首先是长得吊搭嘴，蒲扇耳，脊背上一溜鬣毛，相貌甚是丑陋，这使他受了很多冷落和白眼，师徒四人走街过巷时，总要低下头，把长嘴揣在怀里，很多正经场面出风头的地方，显然就都轮不到他露脸了。这让八戒很受伤，自尊心经常受到打击。但八戒又秉承了猪的憨厚，遇事也就是发几句牢骚，且能乐呵乐呵地自我解嘲，被悟空拎耳朵骂一阵，也不过嘟囔几句。

其次是身形笨拙，应了俗话"笨得像猪一样"。他也会三十六变，但变不出细巧的东西，用他自己的话说，"我只会变山，变树，变石头，变癞象，变水牛。变胖大汉可以，若变小儿女，有几分难哩"。第四十七回在通天河边陈家庄，悟空要他变成个小女孩，顶替送去祭河的童女，八戒道："似这番小巧俊秀，怎变？"差点弄成"丫头的头，和尚的身子"，好一份折腾。不过八戒偶尔也有聪明的时候，在乌鸡国，魔王变化成一个假唐僧，与真唐僧扯在一起，悟空分辨不清不敢下手，无计可施。倒是八戒在一边冷笑道："哥啊，说我呆，你比我又呆哩！既不认得，何劳费力，你且忍些头疼，叫我师父念念那话儿，若不会念，必是妖怪，有何难也？"别说，这还真是个办法。

再次是贪吃贪睡，没心没肺，这是《西游记》最常出现的笑点。凡要动手打仗，八戒首先考虑要把肚子填饱，挂在嘴边的一句话就是："斋僧不饱，不如活埋。"第四十七回在陈家庄，因为吃饭太快，饭碗递过来没见动弹就空了，被伙计怀疑拢在袖子里。第二十七回，白骨精变化成美女来送饭，唐僧仔细问询，"旁边恼坏了八戒，那呆子努着嘴，口里埋怨道：'天下和尚也无数，不曾像我这个老和尚疲软！现成的饭，三份儿，倒不吃，只等那猴子回来，做四份才吃！'他不容分说，一嘴把个罐子拱翻，就要动口"。第六十九回在朱紫国国王的答谢宴席上，见国王只在那边苦劝悟空冷落自己，便大叫起来要捅出悟空用药的秘密；悟空打圆场，让国王敬了个三宝盅，才作罢。这些还无伤大雅，但有些时候，这个秉性会产生很恶劣的后果。第二十八回，悟空三打白骨精后，八戒谗言导致唐僧赶走悟空，轮到八戒前出探路化斋，但这呆子"却又走的瞌睡上来，思道：'我若就回去，对老和尚说没处化斋，他也不信我走了这许多路。须是再多幌个时辰，才好去回话。'"就把头拱在草棵里睡了，直接导致唐僧被妖怪捉走。

好色与钟情　好色是八戒最大的毛病——这个毛病有来由，公猪母猪的繁殖力都强，所以民间说猪好色——《西游记》有几段情节都是按照这个路数去设计的。第二十三回，观音等四位菩萨变化了试探师徒四人的意志。菩萨的考验很残酷，富饶的庄园、风韵犹存的女庄主和三个妖娆艳丽的女儿构成的财富美色双重诱惑，本身并不是最大的问题，最大的问题是这四位忒主动！反复声明要招女婿，这等于已经把勾引挑明了。唐僧的表现令人放心，悟空不会上这个当，沙僧木讷无所求，都算过关，但八戒就不行了，羞羞答答、遮遮掩掩，还是表明了态度：愿意留在这里，而且母女通吃，四个都要。结果被菩萨们吊捆了一夜。还很丢丑的是在第七十二回，唐僧误闯盘丝洞，被女妖精扣留；悟空见妖精在濯垢泉戏水，觉得打死这几个女妖精容易，但恐污了棍子，低了名头，只把妖精的衣服抓了回来。八戒听说，抖擞精神，欢天喜地，举着钉耙，径直跑去，见那妖精"忍不住笑道：'女菩萨，在这里洗澡哩。也携带我和尚洗洗，何如？'……那呆子不容说，丢了钉耙，脱了皂锦直裰，扑地跳下水来"，到水里摇身一变，变作一个鲇鱼精，"滑扢虀的，只是在那腿裆里乱钻"，结果又被妖精捆了。

但八戒近些年在当代青年中又很受追捧，有"八戒是个好老公""老公要像猪八戒"之说流传，据说是因为八戒能低下身段，体贴关心，且对原配老婆高翠兰钟情不忘。这也确实，八戒屡屡闹散伙，要分行李回家，他心目中的家就是高老庄，媳妇就是高翠兰，这就让八戒有了几分可爱。找八戒做老公也许只是玩笑，即使有人当真也是他自己的事，我们这里不作道德评判，只是说家有主妇外有妾，声称两头一般大，但实际上以原配为核心的家庭结构，在古代世俗生活中也算常见，八戒正是写照。

懈怠与憨厚　因为是猪身，所以他也秉承了猪的憨厚、粗鲁，娶媳妇也要扯上山庄的农户高太公。据高太公介绍："一进门时，但也勤谨，耕田耙地，不用牛具，收割田禾，不用刀杖。"普天神怪，除了八戒，哪有自己耕田种地的？就这独一份。

社会底层的人有些性格是要作两面看的：一面是优点，憨厚朴实，吃苦耐劳，安贫乐民，不越雷池；另一面就是缺点，格局小，贪小便宜，玩小算计。八戒的很多毛病，如说他取经路上处处要小聪明，存私房钱，动辄要散伙；说他打妖精专拣小的打，面对厉害角色时能躲过就躲，躲不了再打，打不赢就跑，等等，总之一句话，就是经常看到他的懈怠。下面主要说说他的优点：其实他确实是很能吃苦的，一路上苦活脏活累活都是他干，前提是要让他愿意。

第三十六回，在乌鸡国。国王因为得罪菩萨，被菩萨派去的狮子精假变国王推入井中浸泡了三年。唐僧、悟空有心救这位王，但到井下捞国王尸体的活被派给了八戒；八戒虽有一肚子牢骚，但毕竟把国王的尸体从井下背了出来。这是他在无奈的情况下干的活。

第六十四回，来到荆棘岭。只见一条长岭，岭上荆棘丫杈，薜萝环绕，一望无尽，似有千里之遥。八戒道声"要得度，还依我"，念个咒语，把腰一躬，就长了有二十丈高下的身躯，双手把荆棘左右搂开，"请师父跟我来也！"活干得漂亮，话也说得豪气，加了一个"也"，就有很自豪搜文的意思。"这一日没住手，行有百十里"，又打妖精，直到脱出荆棘围绕。这是八戒主动干的活。

第六十七回，又到稀柿同。在荆棘岭八戒干的是累活，这里的活不仅累，而且脏。当地老者说，此地又叫稀屎同，八百里满山尽是柿果，因为地阔人稀，每年无人采摘，烂熟的柿子落在路上，将一条山中道路尽皆填满；又被雨露雪霜吹打，经霉过夏，化作一路污秽，就是淘厕所，也没有这么恶臭。打了妖精之后，八戒被悟空做一番思想工作，满心欢喜，脱了皂直裰，丢了九齿耙，"果然变做一只大猪"一路拱去。这件事虽然费了点口舌，但毕竟是八戒的一功。

五 《西游记》的幽默讽刺艺术

《西游记》把原来严肃的取经题材，弄得风生水起、家喻户晓；把原来只有主干的故事，弄得枝繁叶茂、波诡云谲；把仅有四个人的团队，弄得各有个性，有捧有逗，妙趣横生，这就是吴承恩的绝世才华。前辈学者郑振铎先生说过一段话：

> 吴承恩之为罗贯中、冯梦龙一流的人物，殆无可疑。吴氏的《西游记》，其非《红楼梦》《金瓶梅》，而只不过是《三国志演义》和《新列国志》，也是无可疑的事实。惟那么古拙的《西游记》，被吴承恩改造得那么丰腴神骏，逸趣横生，几乎成了一部新作，其功力的壮健，文采的秀丽，言谈的幽默，却确远在罗氏改作《三国志演义》，冯氏改作《列国志传》以上。只要把《永乐大典》本的那条残文和吴氏改本第九回一对读，我们便知道吴氏的润饰的功力是如何的艰巨。[①]

现在我们借用这段话想表达的意思是：《西游记》真正可圈可点、打动人心的艺术精华，是幽默，是通过幽默表达的讽刺，它的"丰腴神骏"也罢，"逸趣

[①] 郑振铎. 西游记的演化 [M] //梅新林，崔小敬编. 20世纪西游记研究. 北京：文化艺术出版社，2008：43.

横生"也罢，那些神也罢、魔也罢，能够永久地留在读者的口碑里，和《西游记》幽默表述难脱关系，白骨精、牛魔王、铁扇公主不是吗？花果山、通天河、高老庄不都是吗！

把《西游记》掰开，细细地介绍给读者，其实并不容易。只有抛开"色"相——佛家语言，这里指带有功利性的刻意所为——而进入所谓"空"的境界，回到童真的时代，也就是悠闲地泡壶茶，不急不躁地展卷把玩《西游记》时，才会有悄然而至的"会心一笑"、猝然到来的"愕然大笑"之类的真正的艺术享受。这种种的笑，是阅读《西游记》的最高境界。我们作为学者研究《西游记》，把脸板起来，说点"传神""深刻"之类的八股名词，这很可恶，很可厌，但没有办法，能耐仅此而已。

不能把《西游记》的幽默讽刺说透，是我们笨拙，面对吴老夫子的灵光，只剩下张大嘴巴傻傻感叹的份儿。但我们期望把那些智慧的所在，告诉读者，做一点前导。需要说明一下，尽管幽默和讽刺在艺术上是双生子，幽默的目的是讽刺，是讽刺最好的形式；讽刺是内涵，是道义被幽默转化的结果。但在文化层面上，讽刺需要更多的主观参与，属于阅读的更深一层，因此我们把关于《西游记》的讽刺尤其是社会讽刺，已经放在前几节里解读，这里主要介绍一些作为文学技巧上的幽默。

显性幽默带活情节营造风趣

《西游记》里有一种显性的幽默，就是摆在明面上的幽默元素，很多风趣情节都来自于这种幽默元素，是幽默元素的自然流淌。比如唐僧师徒手里拿的家伙什：唐僧是高僧，是菩萨选出来的取经人，可适度调侃但不能糟践，所以形象上一本正经，手里拿的是金环锡杖，正经的佛门法器。悟空是故事的主角，降妖伏怪的任务将主要由他担当，必须有一件体现威力的兵器，因此他拿到了大禹治水留下的定海神针。猪八戒是个配角，是捧哏，他的身份是猪，是会种地向往庄园生活的猪，兵器就是它耕田耙地的钉耙。这件兵器的威力并不小，但就是没有妖怪害怕，与一亮出来就让妖魔心惊胆战的金箍棒完全不是一回事，很搞笑。再看他们兄弟的神通。他们都能腾云驾雾，悟空"呼的一声，不见了踪影"，而八戒是"云里来雾里去""飞沙走石"，殆因悟空是猴，轻盈，八戒是猪，蠢笨。反差一形成，故事就来了，为了衬托悟空的高大上，猪八戒倒拖钉耙逃命就成了经典笑料；跑不了，往草棵里钻，成了他非常务实的最后活路。

显性幽默，往往是"意料之中"，但却有"出乎意料"的效果。举例：

话说师徒四人耍花招好不容易才走出西梁女国，忽然路边闪出一个女子，喝道："唐御弟，哪里走！我和你耍风月儿去来。"弄阵旋风，呜的一声，把唐僧摄走。悟空八戒追上去：

> 三个斗罢多时，不分胜负。那女怪将身一纵，使出个倒马毒桩，不觉的把大圣头皮儿扎了一下。行者叫道："苦啊！"忍耐不得，负伤败阵而逃。……行者抱头，皱眉苦面，叫道："厉害！厉害！"八戒到跟前问道："哥哥，你怎么正战到好处，却就叫苦连天的走了？"行者哼哼的道："我与她正然打处，她见我破了她的叉势，她就把身子一纵，不知是什么兵器，着我头上扎了一下，就这般头疼难禁，故此败下阵来。"（第五十五回）

什么兵器？这山叫毒敌山，洞叫琵琶洞，女妖就是蝎子精，她的武器三股钢叉就是蝎子的钳子变成，她的特别法宝，就是蝎子尾巴上的毒针，叫"倒马毒桩"。蝎子当然毒，悟空可吃了苦头！你会心一笑，那边八戒可是坏坏地一笑：

> 八戒道："我去西梁国讨个膏药你贴贴。"行者道："又不肿不破，怎么贴得膏药。"八戒笑道："哥啊，我的胎前产后病倒没有，你倒弄了个脑门痛了。"（第五十五回）

前此八戒在西梁女国喝了子母河水，肚里有了胎儿，痛苦不堪，悟空取笑他，说不要落下个"胎前产后病"才好！现在八戒乘机笑话悟空的"脑门痛"，算是报了一箭之仇。他笨么？一点儿也不。后来八戒的嘴上被蜇了一下，叫疼，悟空又笑话他"弄作个猪嘴瘟"。

如何降服女妖？经过观音菩萨的指点，悟空请来昴日星君，昴日星君降服妖精的手段很简单，就在附近的山坡上现出法身，变成一个大公鸡，向妖精高叫几声，她就死了，原来是一个琵琶大小的蝎子。过程非常简单，出乎意料，但又合情合理,公鸡就是蝎子的天敌。

在一个小村庄,单独出来化缘的唐僧遇到了一群女妖精,长得标致动人,仿佛就是嫦娥落凡间。但这几个妖精甚是粗野,为唐僧安排饭食,用"人油炒炼,人肉煎熬,熬得黑糊,充作面筋样子,剜的人脑煎作豆腐片儿"。那长老哪敢开口,那妖精就骂他"放了屁儿,却使手掩",意为别装模作样。然后"把长老扯住,顺手牵羊,扑地掼倒在地,众人按住,将绳子捆了,悬梁高吊"。这是什么货色?看她们:

> 那长老虽然苦恼,却还留心看着那些女子,那些女子把他吊得停当,便去脱剥衣服。长老心惊,暗自忖道:"这一脱了衣服,就是打我的情了。或者夹生儿吃我的情也有哩。"原来那女子们只解了上身罗衫,露出肚腹,各显神通,一个个腰眼中冒出丝绳,有鸭蛋粗细,骨嘟嘟的,迸玉飞银,时下把庄门瞒了。(第七十二回)

原来这是一群蜘蛛精,肚脐眼能喷出丝线来,这是蜘蛛的特点,以下情节就都围绕蜘蛛精的特点展开了。八戒与妖精斗时:

> (那怪)作出法来,脐孔中骨嘟嘟冒出丝绳,瞒天搭了个大帐篷,把八戒罩在当中。那呆子忽抬头,不见天日,即抽身往外便走。那里举得动步!原来放了绊脚索,满地都是丝绳,动动脚,跌个踉跄:左边去,一个面磕地;右边去,一个倒栽葱;急转身,又跌了个嘴掯地;忙爬起,又跌了个竖蜻蜓。也不知跌了多少个跟头,把个呆子跌得身麻脚软,头晕眼花,爬也爬不起,只睡在地上呻吟。(第七十二回)

后来孙悟空也几乎着了这群女妖的道道:

> 只见那七个敞开怀,腆着雪白肚子,脐孔中作出法来,骨嘟嘟丝绳乱冒,搭起一个天棚,把行者盖在底下。行者见事不谐,即翻身念个咒语,打个筋斗,扑的撞破天棚走了。忍着性气,淬淬的立在空中,看那怪丝绳幌亮,穿穿道道,却是穿梭的经纬,顷刻间,把黄花观的楼台殿阁都遮得无影无踪。(第七十三回)

剿灭这群妖精,当然也要从她们的特性入手,孙悟空知道女妖的出身后,不禁大喜，也就有了办法：

> 行者却到黄花观外，将尾巴上毛拔了七十根，叫"变！"即变成七十个小行者；又将金箍棒吹口仙气，叫"变！"即变成七十个双角叉儿棒，每一个小行者，与他一根。他自家使一根，站在外边。将叉儿搅那丝绳，一齐着力，打个号子，把那丝绳都搅断，各搅了有十余斤。里面拖出七个蜘蛛，足有笆斗大的身躯。一个个攒着手脚，只叫："饶命！""饶命！"（第七十三回）

类似的情节设计还有：蜘蛛精的师兄多目怪，逼急了就掀起衣服，露出两肋下的一千只眼，射出金光，原来是一个千足蜈蚣精。他的克星是谁，昴日星官的母亲；昴日星官的法身是个巨大的雄鸡，她的母亲，当然就是母鸡了。不管公鸡母鸡，都是蜈蚣的克星。

还有陷空山无底洞的女妖，是个鼠精，所以它的洞府是在地下；地下洞洞相连，延绵数百里，孙悟空进去以后，不仅师父找不到，连妖精也不见踪影。后来又怎么找到的？吴承恩设计了一个非常合理的情节，那就是祭奠的香烟，就很顺畅地把李天王和哪吒扯了进来。

这样情理之中，却又恍然大悟的情节，就是剧本的显性幽默因素。这样的幽默因素确定之后，奇特的情节和诙谐的风格就是题中应有之义了。

隐性幽默立足道义意在讽刺

《西游记》中经常有信手拈来、随手一枪的幽默，作者的尖刻讽刺，不管是对社会制度还是对社会风俗，不管是对故事之中的事还是对故事之外的人，往往都隐藏在这样的借题发挥中。我把这种幽默称为隐性幽默，相对于情节既定设计上的显性幽默，这种看似自由发挥的隐性幽默其实更深刻，更能凸显作品中人物的性格，也更能体现作者的精神道义。

看两个刻画人物性格的例子。

说师徒们在隐雾山遇见豹子精，八戒听说前面村庄大笼蒸馒头斋僧，主动要求打草喂马，其实是想抢在前面到村里饱了肚腹，结果遇见妖精，眼看不济：

> 行者忍不住，按落云头，厉声高叫道："八戒不要忙，老孙来也！"那

呆子听得是行者声音，仗着势，愈长威风，一顿钯，向前乱筑。那妖精抵挡不住，道："这和尚先前不济，这会儿怎么又发起狠来。"八戒道："我的儿，不可欺负我！我家里人来也。"（第八十五回）

这把猪八戒的仗势人来疯的小市民性格写得很生动。猪八戒向来欺软怕硬，好讨小便宜怕吃亏，凡是他主动上前的，必有讨小便宜的算计；打妖精时，凡有胜算的，他才肯出力；打落败的妖精或者小妖精，他就比孙悟空更卖力，不管死活都要筑上几钯。而他的这个特点往往被悟空利用，机关算尽太聪明，到头来却屡屡吃亏。这次又中了悟空套路，这不，贪图大白面馒头，结果被骗了，累得"粘涎鼻涕"抹一脸，气呼呼地找师父告状。

再说师徒到了乌鸡国，国王三年前被一个假扮自己的妖精推下井，浸泡了三年，国王的鬼魂求得唐僧同情，让悟空、八戒把他尸体从井下捞了出来。为了救活这个国王，悟空一个筋斗到了三十三重天之上的离恨天兜率宫，向太上老君讨要金丹。太上老君见他来，忙吩咐看丹的童子："各要仔细，偷丹的贼又来也。"悟空道了原委，半真半假地说：

"万望道祖垂怜，把'九转还魂丹'借得一千丸儿，借我老孙，搭救他也。"老君道："这猴儿胡说！什么一千丸，两千丸！当饭吃哩！是那里土块拨的，这等容易！——咄！快去！快去！"行者笑道："百十九儿也罢。"老君道："也没有。"行者道："十来丸儿也罢。"老君怒道："这泼猴却也缠账！没有，没有！出去，出去！"行者道："真个没有，我问别处救吧。"老君喝道："去！去！去！"这大圣拽转步，往前就走。（第三十六回）

但是老君马上改变主意，给了猴头一颗仙丹。原来他突然想通了，这猴头拽步走了绝非好事，如果一颗不给，他葫芦里的仙丹等会儿就可能一颗不剩。这里孙悟空说话非常幽默，先是一千丸、百十丸漫天开价，然后慢慢就地还钱，其实他只要一颗；老君不给，他就暗示威胁，你不给，可就别怪我不客气。这段对话和老君的顿悟，把孙悟空的顽劣本性给活生生地描画了出来。

再看借幽默讽刺社会现实的例子。

有些是信手拈来，借题发挥，收旁敲侧击的效果。比如在比丘国，国王要用一千一百一十一个小孩的心肝做药引,悟空假扮唐僧与国丈白鹿斗法,他把自己的胸膛挖开,里面滚出一堆红心、白心、黄心、邪恶心、嫉妒心、计较心、狠毒心、恐怖心等种种不善之心:

> 那昏君唬得呆呆挣挣,口不能言,战战兢兢的教:"收了去!收了去!"那"假唐僧"忍耐不住,收了法,现出本相。对昏君道:"陛下全无眼力!我和尚家都是一片好心。惟你这个国丈是黑心,好做药引。你不信,等我替你取他的出来看看。"(第七十九回)

还有很著名的一段。猪八戒的吃相难看,不管啥捞起来就风卷残云噇进肚里,沙僧劝他"斯文"些,八戒说:"斯文,斯文,肚里空空。"沙僧笑着说:"二哥你不晓得的,天下多少'斯文',若论起肚子里来,正替你我一般哩。"作者借这样的情节顺手讽刺当时社会上文人的不学无术。

作者刻意安排的讽刺,比较系统的是"大闹天宫"和"唐太宗入冥"两个部分。通过仙界的那些事,我们很容易理解:天宫里到处充满不平,怀才不遇导致悟空一反再反;地府里也有情面可讲,一个小小的判官就可以擅改寿数。还有一段很精彩的情节出现在西天灵山。

前面谈到阿难、迦叶索贿的问题,说那其实就是象征人间的官府。这里我们看一看吴承恩的文字。说,唐僧师徒发现被阿难、迦叶戏耍,取了白本无字经,返回来要换,如来说了一通"经不可轻传,亦不可以空取",如果"忒卖贱了,教后代儿孙没钱使用"之类甚不符合身份的话,才命阿难、迦叶"各检几卷与他":

> 二尊者复领四众,到珍楼宝阁下,仍问唐僧要人事。三藏无物奉承,即命沙僧取出紫金钵盂双手奉上道:"弟子委是穷寒路途,不曾备得人事。这钵盂乃唐王亲手所赐,教弟子持此,沿路化斋。今特奉上,聊表寸心。……"那阿难接了,但微微而笑。被那些管珍楼的力士,管香积的庖丁,看阁的尊者,你抹他脸,我扑他背,弹指的,扭唇的,一个个笑道:"不羞!不羞!需索取经的人事!"须臾,把脸皮都羞皱了,只是拿着钵盂不放。(第九十八回)

像这样犀利的讽刺,把佛祖、尊者写得那么贪财,很少见。

第九章 《西游记》的版本及其续书

南京夫子庙附近那个叫世德堂的书坊早已悄然湮灭,但百回本的《西游记》传了下来。

这本《西游记》天生就有王霸之气,自从世德堂将它推出之后,各种其他形式的《西游记》顿时销声匿迹;明万历二十年之后出现的所有小说故事《西游记》,都是世德堂百回本《西游记》的传承;而现在能见到的所有具有研究价值的《西游记》的早期资料,也就是吴承恩之前的各种取经故事如平话、宝卷、杂剧,等等,从此便再也没有在市面上流行过。也就是说,在万历二十年之后,无论是创作欲望、表现欲望极强的失意文人,还是从来就有随意增删习惯的艺人,都没人敢对唐僧取经故事出手了,因为有了吴承恩,有了世德堂的百回本,在这位大师和这部巨著面前,雄心顿去是一种自然状态。四百多年来,它覆盖了中国能读书的、不能读书的人,几乎所有中国人都是它直接或者间接的读者,放开眼光满世界找,大概找不到可与之匹敌比肩的。

《西游记》从诞生的那天起，就给人们留下了无数的话题。西方文化中有一句古谚语：说不尽的莎士比亚。用"说不尽"来形容莎士比亚作品的精深和博大，实在也算得上是一种简约到绝妙的修辞；用来形容莎士比亚当然很好，形容《西游记》也非常合适。

一　早期的社会文化影响

中国古代没有版权记录和销售数据，衡量一本书价值的依据不能直接来自市场，而要看以下几方面。

第一，翻刻的版本。古人刻印图书也有人力物力的投入，一如今天的投资，需要仔细权衡；但翻刻时做出决定似乎要简单一些，因为前面已经有了明确的市场参考。所以，翻刻版本的多少就是这部图书当时市场状况的写照。

第二，文人的著录。古人鄙视小说，但不会影响到粗识字的下里巴人们闲暇时翻阅，也不能阻止或者功成名就或者落魄下第的文人们展读。而能够进入文人法眼的，一般说文笔都能说得过去；能让文人们兴致盎然留下金句的，则一定是引起关注的时下之选。

第三，续书的数量。续书是中国古代特有的一种现象，某书成名之后，就会有人接着故事往下写，大有把狗尾续貂进行到底的意思。在文学的意义上，续书中很难出现好作品，但在传播的意义上，续书则表示了对原著的巨大肯定，是一种顶级的肯定评价。

第四，改编的花式。白话小说本质上属于通俗文学，因此成名之后，很容易被那些同样在市井中传播的其他通俗形式所关注，比如戏剧、曲艺、宝卷、评书，等等，所谓"妇孺皆知""家喻户晓"其实主要都是通过这种形式实现的。

这里用一些数据简单地描述一下《西游记》在明清两代的影响和传播概况。当然，这里罗列的各种各样的"第一次"，只是我们今天对所得资料的一种尊重，未必确实，相信《西游记》真实的影响一定会大得多，传播也会早得多，广泛得多。①

第一次社会反应

第一次社会反应应该是伴随世德堂本出现的陈元之《西游记·序》,准确的时间是万历二十年,即公元1592年。这篇序言交代了对作者情况的一些了解,也谈到了对《西游记》艺术的认识。虽然这位陈元之可能只是卖文为生的不第士子,序文也只是受人之请的应景之作,但它对《西游记》的评说,并非完全敷衍,把握相当准确。我想,这位陈元之第一次看到《西游记》时,一定赞叹不已,由衷敬佩,这在他的序言中可以看出。他首先看出《西游记》"余览其意,近跅弛滑稽之雄,厄言漫衍之为也",也就是他认为作者是在用水平极高的随意点染和幽默夸张来表述自己的观点;他随之又解释说"委蛇不可以为教也,故微言以中道理。道之言不可以入俗也,故浪谑笑虐以恣肆。笑谑不可以见世也,故流连比以明意,于是其言始参差而俶诡可观;谬悠荒唐,无端崖涘,而谈言微中,有作者之心傲世之意,夫不可没",说作者其实是在无可奈何,难以直言的情况下,采用了这种"参差而俶诡"的形式,看似荒诞不经,但有深深的喻世之意。从这点看,陈元之的这篇序言应该可以认为是社会的自发反应。对于这一点,少有人注意,重视显然不够。

出现时间也比较早,也是应约而写,眼光之独到可与陈元之媲美的是另一篇序言——袁于令的《西游记·题辞》,见于《李卓吾先生批评西游记》卷首,孙楷第先生认为其时间应在昌泰、天启年间,也就是在1620年前后。这篇序有两个要点:一是看出《西游记》貌似写天下"极幻之事",但其实是在说天下"极真之事",也就是认为《西游记》有深刻的寓意;二是认为作者宣扬的是"三教合一"的社会思潮。这两点都是很有见地的。

---

① 以下所引资料均可见:《西游记资料汇编》,不另一一出注。蔡铁鹰. 西游记资料汇编[M]. 北京:中华书局,2010.

第一次读者议论

第一次自发的读者议论,应当是谢肇淛的《五杂俎》(卷十五),虽然还难以断定具体时间,但应当也是在万历年间。其要点也有二:一是肯定了《西游记》的价值,说"小说野俚诸书,稗官所不载者,虽极幻妄无当,然亦有至理存焉";二是开创了探讨主题的"求放心说":"《西游记》曼衍虚诞,而其纵横变化,以猿为心之神,以猪为意之驰,其始之放纵,上天下地,莫能禁制,而归于紧箍一咒,能使心猿驯伏,至死靡他,盖亦求放心之喻,非浪作也。"如前所言,此说影响至今。其次是张誉《北宋三遂平妖传序》,序作于泰昌元年,也就是万历四十八年,即公元1620年。在这篇本不相干的序言中,作者也涉及了对《西游记》的评价,如说到"西游幻极矣",并举例说《西洋记》,只是"效西游而愚者也"。

第一次奇书并列

第一次将《西游记》与《三国演义》《水浒传》《金瓶梅》相提并论,实际上形成"明代四大奇书"的提法的,是烟霞外史于天启三年,即公元1623年撰写的《韩湘子全传序》,其中说到该书"有《三国志》之森严,《水浒传》之奇变,无《西游记》之谐谑,《金瓶梅》之亵淫"①,这是明代"四大奇书"概念形成的肇始;清代《金瓶梅》的地位被《红楼梦》代替,于是衍生出今人的"四大名著"概念。无论是"四大奇书"还是"四大名著",其意义都并不限于这几本书的本身,更重要的是它们催生了几大类的源源不断的作品。《西游记》所代表的一类被鲁迅定名为"神魔小说",其数量有百种之多,诸如在古代文化生活中影响广泛的封神榜、白蛇传、八仙过海、锺馗斩鬼、华光救母、济公和尚之类故事,有些尽管其开始流传的时间要早于百回本《西游记》,但在定型的过程中都直接或间接受过《西游记》的影响。作为一类作品"神魔小说"的代

---

① 雉衡山人编次. 韩湘子全传[M]. 郑州. 中州古籍出版社,1989:2.

表，领袖群雄的头面人物自然公认是《西游记》。

第一次官方记载

官方关于《西游记》的记载第一次出现是在天启《淮安府志》中，其年代大约为公元 1625 年。其《艺文志·淮贤文目》有"吴承恩《西游记》"的记录；其《人物志·近代文苑》有吴承恩的生平介绍。

第一个批评本

第一个有评点的本子为已经介绍的《李卓吾先生批评西游记》，这个本子孙楷第《日本东京所见中国小说书目》断为"昌、启时刻书"，即大约刻印于 1620 至 1627 年，但实际的刻印时间可能还要早一些，有可能提前到万历四十年左右。批评的形式主要是正文中的夹评和回末的总评，这开创了《西游记》批评本的先河。但一般认为评语并非出于李卓吾，而是稍晚于李卓吾的叶昼盗用李卓吾名义而作。

第一个署名本

最早的世德堂本原本没有署作者姓名，第一个署上作者的本子是清初"钟山黄太鸿笑苍子　西陵汪象旭澹漪子同笺评"的《西游证道书》，其具体年代不详。其书的刻印者汪象旭说《西游记》的作者是元代道士丘处机，制造了一个流行长达三百年几乎弄假成真的谎言。

第一个"江流儿"故事

首先增加了"江流儿"（也就是唐僧出生）故事的也是《西游证道书》。前面已有专门介绍，该书将"江流儿"故事列为第九回。"江流儿"故事产生得很早，原本是独立的故事，在元杨景贤的杂剧《西游记》中被引入，但世德堂本中却未见踪影，有人怀疑是被世德堂因为避讳的原因而删落。事实究竟如何，由于资料缺乏而难以证实，但从《西游证道书》之后，几乎所有的《西游记》

都挂上了这个故事，甚至当今以世德堂本为底本重新校勘的发行量最大的人民文学出版社版《西游记》，也以"附录"的形式增加了这个故事。

第一次记录大众流行

明末清初评价《西游记》的资料不少，但记录《西游记》在大众社会中普及流行情况的却少见。清前中期阮葵生的《茶余客话》可能是第一次谈到《西游记》在社会大众中的传播，其中说："是书明季始大行，里巷细人乐道之，而前此亦未之有闻。"

第一次记录续书

续书代表的也是一种社会承认。现在看，《西游记》的续书出现得甚早，至少在明亡之前就已经存在。最早的文献记录是清康熙年间刘廷玑的《在园杂志》，其中专设"后西游记"一条，提到"近来词客稗官家，每见前人有书盛行于世，即袭其名著为后书副之，取其易行，竟成习套"，其中包括《后西游记》和《续西游记》两种。而这两种，学者们认为都有可能出现于明末，另一种《西游补》则是董说二十三岁时所作，其时应该在崇祯十六年（1643）。

二　明清版本及传播简介

我们现在可以见到的《西游记》明清刻印刊本有13种之多，其中明代6种，清代7种。也许基于界定的标准不同，有些专家会给出不同的数字，比如12种、14种，等等，但这不构成对《西游记》版本状况的不同意见，目前学术界对主要版本的认知基本一致。

这里所说的版本，指同一书籍因编辑、传抄、翻刻和印刷、装订等不同而有意无意之间形成了自己特点的本子。广义的版本，可以指一切新的刻印本、抄写本等，有一个算一个；但学术上的版本，强调它的特点和系统影响，一般不包括重印或者变化、差异不大的翻刻，且往往把同一源头未作改动的翻刻和重印视为同一个版本系统。我们这里所说的版本实际上应该是指产生过广泛影响的版本系统。

明代：世德堂本、李卓吾本、杨致和本、朱鼎臣本、杨闽斋本、唐僧本。特点是围绕"西游记"或者"唐三藏""唐僧"命名，除李卓吾本之外，也都没有评点，基本上不携带刻印者的主观成分。

清代：《西游证道书》《西游真诠》《西游原旨》《西游正旨》《西游记评注》《新说西游记》《西游记记》本等。特点是刻印时都经过了一定程度的整理，增加了整理者的批阅评点；情节文字基本没有变化但都被重新命名，带上了整理者的个人印记；其中《西游证道书》本在文字上还有一段出入。

鉴于以上主要版本的版本价值和文学价值在第六章已经有了重点评说，所以这里只简要罗列一下各版本的自然情况，然后重点介绍争议比较大的杨致和本和朱鼎臣本，以及神龙见首不见尾，没有任何实际资料但始终存在于研究者心目中的"前世本"。①

世德堂本

全称《新刻出像官版大字西游记》，署"华阳洞天主人校　金陵世德堂梓行"，后世一般简称"世德堂本"。前有"秣陵陈元之"的《西游记序》，序有"时壬辰夏端四日"的落款，壬辰为明万历二十年（1592），故一般都以本年作为小说《西游记》正式面世的日期。

全书一百回，取宋人邵雍《清夜吟》诗"月到天心处，风来水面时。一般清意味，料得少人知"的文字分为二十卷，每卷五回，净文字约六十万字，每

---

① 对于各种版本，孙楷第编《中国通俗小说书目》和江苏省社科院明清小说研究中心编《中国通俗小说总目提要》均有介绍，今人曹炳建《西游记版本源流考》考订甚为详细，其中又引用了著名版本学家黄永年、吴圣昔等的意见，可参见。孙楷第. 中国通俗小说书目 [M]. 北京：人民文学出版社，1982；江苏省社科院明清小说研究中心编. 中国通俗小说总目提要 [M]. 北京：中国文联出版社，1992；曹炳建. 西游记版本源流考 [M]. 北京：人民出版社，2012.

回附有插图一两幅。这是唐僧取经故事第一次以一百回通俗小说的形式出现，也是以后四百多年间各式版本和各类取经故事的祖本。

世德堂本问世后，曾有多个补刻、补修重印本，其中一种较具代表性的学界称为"熊云滨本"。

杨闽斋本、唐僧本

杨闽斋本全称《鼎镌京版全像西游记》，因其题款中有"清白堂杨闽斋梓"字样，习惯上又被简称为"杨闽斋本"或"清白堂本"；其保留的世德堂本陈元之序被改为"全像西游记序"，末尾落款时间被改为"癸卯夏念一日"，这就应该是杨闽斋本刻印发行的时间了，查癸卯是万历三十一年，这时距离世德堂本面世仅仅十一年。

唐僧本全称《唐僧西游记》，简称"唐僧本"，因为这个本子前后又经过多次翻印，不同的存世本上略有差异，有不同的题记，因此在最初被发现时又被冠以不同的简称，如"蔡吾敬本""朱继源本"，这些存世本子开始被视为不同的版本，造成一定的混乱，但现在已经统称为唐僧本。唐僧本的刻印时间不详，有学者估计应当还在杨闽斋本的前面，距离世德堂本更近。

杨闽斋本和唐僧本有一个共同的特点，即都是按照世德堂本翻刻的删节本，因此又有学者称它们是世德堂本的删节系统。但删掉的内容不算很多，杨闽斋本实存净字数为四十六万，删除部分约占五分之一；唐僧本在不同的章回有不同删节，大约也相当于缺失五分之一。

另外，还有一种较晚出的，参照杨闽斋本、唐僧本和李卓吾本的再删节本，学界一般称为"闽斋堂本"，因其学术意义不大，故介绍从略。

李卓吾本

全称《李卓吾先生批评西游记》，孙楷第先生认为其刊刻时间当在昌（泰昌）、启（天启）间，即大致相当于1620至1627年。

李卓吾本内容，除个别误写误刻外，文字全同世德堂本，主要变化在于三个方面：一是增加了署名"幔亭过客""白宾字令昭"即明末文人袁于令的《西游记·题辞》。二是增加了冒称李卓吾的评语，形式有夹评、总评等。前已介绍，李卓吾本的实际评点者是无锡籍落魄文人叶昼。三是插图精美。插图共二百幅，每回两幅，为当时的著名刻手刘君裕所刻，刻绘精绝，比世德堂本强之多多。近年陆续在西北甘肃、宁夏等地的寺院、道观、石窟中发现《西游记》壁画，舆论一时都认为这些壁画为元代所绘制，理由是这些寺院、道观、石窟的历史可以追溯到元代，最为著名的如张掖大佛寺壁画，但经仔细辨认，各地所称新发现的取经故事壁画其实都翻刻自李卓吾本。

《西游证道书》本

这是清初出现的一个刻本，虽然名为《西游证道书》，但实质就是《西游记》，其底本依据为"李卓吾本"，这点没有疑问。因为其中文字有"玄"的避讳，因此一般认为出现于康熙年间，有学者考订认为应该出现于康熙二年，目前研究者比较一致地认为它是清代最早的一个版本。

整理刻印者题为"西陵残梦道人汪澹漪笺评""钟山半非居士黄笑苍印正"，也作"钟山黄太鸿笑苍子""西陵汪象旭澹漪子"。此汪象旭现在只大概知道是清初的落魄儒生，生平不详；黄太鸿则是明末清初有一定名气的文人黄周星。

这个本子第一次别出心裁地将"长春真人"丘处机署为《西游记》作者，为此又在卷首弄了一篇以元人虞集名义伪造的《西游证道书原序》，还煞有介事地讲了一个参考"大略堂古本"增补"唐僧出身"故事的忽悠大套，弄出了一系列几乎弄假成真的学术大案。这一切，其实就是为了兜售道教内丹派的"金丹大道说"，篇内评语，也都围绕所谓西天取经即"证道"的核心进行。

《西游证道书》本在文字上略有改动。其增补的"唐僧出身"故事被认为有一定的合理性，故而后世多有承袭。

《西游真诠》本

《西游真诠》是清代最为流行的一个版本，脱胎于《西游证道书》，仍署作者为"长春真君"。有学者统计，此书有二十多个原样照脱，没有重大改动的印本，其印数应当可观。

《西游真诠》题为"山阴悟一子陈士斌允生甫诠解"，篇内评点也都称"悟一子"，但悟一子陈士斌的身份却至今无解。其评语与《西游证道书》的"金丹大道"虽有所不同，但仍在道家框架之内。卷首有当时名人尤侗撰写的《西游真诠序》，在道家思想之外，又强调"三教合一"，颇有特色。

《西游原旨》本

《西游原旨》是清中叶乾隆、嘉庆年间出现的又一个重要版本，刻印者题"栖云山悟元子""栖云山朴素散人悟元子刘一明"评点。这个版本也是借《西游记》讲修道炼丹，大略同于《西游证道书》，但批评却继承《西游真诠》并有所发展，正面抨击《西游证道书》的所谓"金丹证道"说。

其他《西游证道书》系统版本

以上三种在清代广为流行的《西游记》版本，都有大量的评点文字，都以讲道为哲学根底，文字内容也属同一源头，差别只在对"道"的理解有所不同，因此通常被统称为"证道书系统"或"讲道系统"。

其余同为证道书系统的还有《西游正旨》《西游记评注》《西游记记》本。

《西游正旨》全称《通易西游正旨》，刻印于清道光年间。评点者张含章，四川成都人，清乾隆至道光年间人。其评点声称以《易》为纲，但实际上张含章学《易》不精，评点与《易》的关系也不大，文学与学术见地都比较混乱，价值较以上几个版本逊色。

《西游记记》是一部咸丰年间出现的手抄本，评点者怀明生平不详，有可能是江浙一带的隐居修道者。有学者认为，从批评的行文看，怀明应是文人出身，对词曲较为熟悉，对丹道修行略有心得。

《西游记评注》是一部光绪年间的刻本，评注者含晶子，生平不详。其评语基本上是陈士斌《西游真诠》的删改。

《新说西游记》本

清代刊刻的《西游记》基本都是评点本,底本都来自证道书本,各式评点的出发点都是讲道、证道,企图以道家的修行理论来对应解读《西游记》的情节,或者企图用《西游记》的情节印证道家的修行理论,各家的差别只在于对道学的理解不同。唯一例外是张书绅的《新说西游记》,这是一部基于儒家学说,与讲道、证道正面相忤的评点本。

张书绅,乾隆年间山西汾阳人,《汾阳县志》有生平记录。曾任羊城同知,这部《新说西游记》的评点即完成于羊城任上。

张书绅的基本出发点是儒家经典,尤其喜欢以《大学》为参照解读《西游记》,在《自序》和《西游记总批》中,他都明确表现了对"谈禅""证道"的反感,而提倡以儒学稳根基,以《大学》劝学。尽管他的诠释也是牵强附会,但在清代道家一统天下的氛围中算是独树一帜。

在乾隆之后的一百多年间,《新说西游记》形成了重要影响,至今已经发现了近十个参照的版本。

以上是明清主要版本的简况。其中的校刊意义太过专业暂且不论,我们需要强调的意义是:

明代版本非常客观地说明了《西游记》问世之后如何得到市场的追捧。考虑到翻刻的投入和传播渠道的简陋这两个因素,联想到那些刻印唐僧本、杨闽斋本的书商能在短短的十一年内(甚至更短)就已经拿出新的刻本——这个反应堪称神速,足可见出世德堂本《西游记》当初具有何等的市场轰动效应。

清代版本则更多地带上了刻印者的评语,也就是主观解读。这些评语是哲学的,也是社会的,还是文学的,尽管有些存在严重的偏见和误读,但它反映了社会对《西游记》文化底蕴的探讨。

三 包含特殊意义的版本

如果需要进一步的学术探讨,那在上述版本之外,还有以下几个包含特殊意义的版本需要关注：杨致和本、朱鼎臣本以及前世本、词话本、道教本等。

杨致和本和朱鼎臣本都是明代的简本，形式上与世德堂本和其他的版本有很大的差异；其问世时间不能确定，但与世德堂本大致接近或相距不远。与它们相关的要点问题是：它们与世德堂本究竟是何种关系？是祖本还是删节本？它们之间又是什么关系？谁更接近原貌？

前世本以及词话本、道教本等目前都还是假说，没有直接证据，仅以疑问的形式存在于研究者的猜测中，换句话说就是虚无缥缈；但这些疑问太有意义，研究者无法抑制一探究竟的冲动而致使它们也成了一个话题。

杨致和本和朱鼎臣本

杨致和本目前的通用名称是《西游记传》，但这只是清代使用的名称，不一定是故事原本的书名，有研究者根据后发现的明代刻本认为，其中有"新锲三藏出身全传"，又不断有"三藏传""三藏全传"等字样，因此推测其原本的名称应是《唐三藏出身全传》。现在存世的各本均未明说刊印者，仅题"杨致和编"或"阳志和编"等，比较随意，习惯上又被简称为"杨致和本"或"杨本"。出现的时间不能确定，但不会很晚，大致就是万历年间，当然也有人认为可能早到嘉靖末期。

杨致和本以两种形式存世：一种是单行本，明代有一种，其余为清代刻本；一种是《四游记》本，就是与《东游记》《南游记》《北游记》一起编为《四游记》刊行，存世的都是清刻本，但可以认为基本保留了明代原貌。

杨致和本是一个简本，只有4卷，每卷10节，因此也有人称其为40回（曾有41回说，误），虽然这40回也比较完整地讲述了唐僧取经的故事，但每个故事都被压缩到只有原来故事字数的三分之一以下，1500字左右。

朱鼎臣本目前的通用名称是《唐三藏西游释厄传》，有学者认为它的正式名称可能是《唐僧出身西游记传》；因其中题"朱鼎臣编辑"，通常简称为"朱鼎臣本"或"朱本"。又因为卷末有"书林刘莲台梓"字样，也称其为"刘莲台本"。朱鼎臣，明万历年间在世，曾经参加过万历期间数种通俗小说的编辑整理,有一点踪迹可寻。大致的信息是:字冲怀,羊城人,庠生,以编辑图书为生。

关于朱本的刻印时间,学术界有不同说法,往前看的认为可能早在嘉靖末期,往后看的认为可能迟至万历后期,较为容易接受的是万历前中期。

朱本公认是一个奇怪的删节本。它有10卷,每卷少在3节,多在10节,共67节,每节平均约2000字,全书12万多字。奇怪在于它的前7卷的约40节讲故事描绘详尽,情节与世德堂本几无相差,大致相当于世德堂本的前15回,只是少了一些描述性文字;但从第7卷的后半部起,讲故事的节奏明显加快,而且越来越快,草草收场,在后3卷里把世德堂本后面85回的故事勉强讲完,到最后已经不堪卒读,有些在世德堂本里占了整回达到数千字篇幅的故事,在朱本里竟然只有一行的位置,简直难以置信。有人认为它的后3卷类似于杨致和本,但实际上它远不如杨本的从容和匀称。

围绕这两个个性明显的本子,产生了几个重要的学术问题:

第一,它们与世德堂本是何种关系?它们两种或者其中的一种,有可能是世德堂的祖本吗?由于它们的刻印时间都不能确定,因此作为世德堂祖本的可能性在理论上是存在的。

第二,它们两种之间又是何种关系?是杨致和本影响了朱本,还是朱本抄袭了杨致和本?抑或它们都是祖本?如果它们都是祖本,那么谁又更接近原貌?

围绕杨本、朱本和世德堂本三个本子的关系,几十年来学者费尽心机,有人甚至把这三个本子逐句逐字对照,每种排列组合都被列为可能,但所罗列的任何一种可能都有明显的缺陷和矛盾。

近年为较多人接受的意见是:

这两个本子都是世德堂本的删节本,但它们分别受到书商的委托,两者间也许并无关系。杨致和本删得比较匀称,从头到尾一个节奏,因此虽然干枯但还比较从容,大体上保留了世德堂本取经故事的基本框架。而朱鼎臣本开始比较谨慎,删掉的内容较少,所以基本上与世德堂本无异,看上去比较丰满;但后来发现在篇幅上已经无法完成预定的目标,于是抓紧赶工,且越删越多,最后不仅枝叶全无，甚至主干也被削得不成模样。

前世本、词话本、道教本

前世本、词话本、道教本其实是同一个概念，就是研究者都认为吴承恩在写定世德堂本时，手头一定有一个底本。这个本子相对已经比较完善、初具规模，要比《永乐大典》中的"平话西游记"更为丰富细腻。

这个认为是有道理的，在理论上可以成立，问题只是它与世德堂本有多大的差距。这其中的差距，就是吴承恩的贡献，所以大家都十分关心。但可惜的是，我们目前没有任何可以作为实证的资料，而只停留在猜想的水平上。

根据语句用词的差异形成猜想的，称他们猜想中存在的叫"前世本"，也即世德堂之前的版本。

根据表现形式的差异形成猜想的，称他们猜想中存在的叫"词话本"，也即认为前一个本子其形式可能是词话。

根据道教术语的留存形成猜想的，称他们猜想中存在的叫"道教本"，也即认为前一个本子受过道教文化的影响，世德堂本中若干金丹大道的术语即来自于前一个本子。

其实这不矛盾，只要这个本子确实存在，以上三种情况都可能出现。

四　承袭自《西游记》的诸多续书

为市场效应强烈的文学作品作续书，有的甚至一续再续，是中国古代通俗小说传播中一个突出现象，甚至是特有现象。续作最多的应该是《红楼梦》，什么红楼后梦、复梦、圆梦、鬼梦、真梦，都有，现在可以看到的有三十种左右；即使到现代，也仍然不断有新的续作出现，如1984年有张之的《红楼梦新补》、1985年有萧赛的《红楼外传》、1989年有周玉清的《红楼梦新续》、20世纪90年代还有刘心武的《秦可卿之死》；反复续作最典型的是《包公案》，由《三侠五义》渐渐扩展到《七侠五义》《七剑十三侠》，等等。

续书本质上也是一种市场反应,是对原著的肯定——也有否定性的续书如《荡寇志》——代表了某些社会阶层和社会思潮对原著的解读,有一定的社会与文学的合理性。由于主客观方面的种种原因,续书无论在思想深度还是在艺术技巧方面都很难达到原著的水准,因此续书自古至今都备受诟病。续作行为曾被称为"东施效颦""邯郸学步",续书作品常常被称为"蛇足""续貂"。但是时至今日,观念已经大变,续书已经被视为原著内涵的又一个载体而进入研究的范畴。

续书的形式多种多样,在屏除那些联系松散的改编、仿作和冒名顶替者之后,续书基本上可以划分为两类:一类紧贴原著,接续原著的人物情节直接承袭并加以发展,可以称之为狭义的续书;一类另生枝节,若即若离,其意不在承续而在于借题发挥,可以称之为广义的续书。属于前者的《西游记》续书有三种:《续西游记》《后西游记》《西游补》;属于后者的则有《天女散花》等。

《后西游记》

《后西游记》是明末清初出现的影响广泛的一种《西游记》续书。其书四十回,原题天花才子评点,但不题撰人,有人猜测同样出自吴承恩之手,似不确。孙楷第《中国通俗小说书目》认为既然出现在清初刘廷玑《在园杂志》的记载中,因此作者当为清初人;曾经整理过本书的于植元先生同意这一观点,说"谓作者为清初人亦可,谓其为明末人亦为有据"①,学术界目前采用此说。

《后西游记》情节展开的背景是在唐僧师徒西天取经归来,真经已经流布人间二百多年的唐宪宗年间,故事从《西游记》的结尾开始,说:

东胜神州傲来国花果山自孙悟空随唐僧取经之后,又孕育出一个新的小石猴,取名孙履真,号称齐天小圣。与当年悟空一样,这位小圣也是先得天机,学成武艺,然后闯龙宫闹天庭,搅得天翻地覆。玉帝无奈,只得找齐天大圣去

---

① 刘廷玑. 在园杂记·卷二;于植元. 后西游记·校后记 [M] //后西游记. 沈阳:春风文艺出版社,1982:504.

花果山降服了小圣,令其安心在花果山修行,等候时机。说唐僧师徒取回真经,本希望造福东土,但不料此时的大唐宪宗皇帝听信奸佞之言,天下风气大坏;而那些堕落僧人,既不懂善世度民之理,又不做清静无为之事,反而假借真经之名诈骗钱财,愚弄百姓,都把真经念歪了。这不禁使唐僧、悟空惊诧寒心,只得将一切禀报如来。如来告诉他们,这是因为当年传经时匆忙,没有将真解交给他们一并带回,以致下界读不懂真经,以讹传讹,渐渐失真。如果现在要扭转局势,就要仿照当年的唐僧取经,去找一位善士,踏遍千山万水,历经艰险苦难,"复到我处求取真解,永传东土,使邪魔外道,一归于正"。于是唐僧、孙悟空奉佛祖之命,下界寻找求取"真解"的合适人选。二人先是向唐宪宗说明原委厉害,然后张榜招贤,果然寻得一位正直高僧,法号大颠,愿往西天。唐宪宗于是赐其名为"半偈",唐僧赠予驱邪大棒;悟空龙宫借来白马,又从花果山招来齐天小圣相助,于是师徒二人离开京城上路。途中先后收服猪八戒的后人朱一戒,沙和尚后人小沙弥,同往西天,仍是当年模样。路途艰苦自不必提,途中又有许多妖魔。师徒降妖伏怪,终于到达西天,取得真解送回大唐。天下从此清明,师徒也各成正果。

《后西游记》体例全仿百回本,显然是借《西游记》的题目,诉说作者的个人所见。刘廷玑《在园杂志·后西游记》条下说:

> 近来词客禅官家,每见前人有书盛行于世,即袭其名著为后书副之,取其易行,竟成习套。有后以续前者,有后以证前者,甚至后与前绝不相类者,亦有狗尾续貂者。……如《西游记》乃有《后西游记》《续西游记》,《后西游》虽不能媲美于前,然嬉笑怒骂皆成文章,若《续西游》则诚狗尾矣。①

这个评价比较公允,后世一般乐于接受。以今天的标准而论,《后西游记》确实也算一部以讽刺笔法说事的神魔小说,但其笔锋所向,却与《西游记》不同。

---

① 刘廷玑.在园杂志·后西游记[M]//蔡铁鹰.西游记资料汇编.北京:中华书局,2010:809.

《西游记》除少部分故事直接将讽刺矛头指向道教外，主要还是借妖魔暗喻广义的社会现实。《后西游记》的批判则主要针对佛、儒，批评佛法"只以祸福果报，聚敛施才，庄严外像，耸惑愚民"；批评儒教中有一等文霸，或以文笔代枪刺人，或以金钱炫耀压人。就批判精神而言，《后西游记》更为坦率直接，算得上"嬉笑怒骂皆成文章"，颇有可观之处，尤其是针对儒教的诸多批判，出现在《儒林外史》问世之前，尤为可贵。但其文学魅力，则显然要比《西游记》逊色得多。

《续西游记》

《续西游记》，原不题撰人，现在研究者有多种猜测，但均不太可靠，没有太大的参考价值。最早的文献记录同样见于清初刘廷玑的《在园杂志》，因此也应该像《后西游记》一样定为"明末清初"。该书问世后，有相当一段时间不闻于世，以致近数十年间，除孙楷第《中国通俗小说书目》有简单收录外，其余包括鲁迅《中国小说史略》在内的各本文学史、小说史均称"未见"。至20世纪80年代，陆续发现了三部，都是同治年间的刻本。

《续西游记》的情节与《西游记》直接相关，从《西游记》的第九十八回"公成行满见真如"开始接入，说：

唐僧师徒到达灵山，从山脚下一步一拜到达山顶，被众僧引入大殿。佛祖问师徒四人究竟本着何种心理来西天取经，唐僧答"至诚心"，八戒答"老实心"，沙僧答"恭敬心"，佛祖认为皆可取经；惟悟空答"机变心"，佛祖说与吾经不合，难取真经。唐僧再三请佛祖发给真经，佛祖答应发放，但说真经与金箍棒、九齿耙之类兵器不相容，因此要求他们放下兵器，用禅杖把真经挑回去。师徒无奈，只好照办。佛祖派比丘僧到彼、灵虚暗中相随，以备有不净邪魔侵扰。沿途果有妖魔抢夺真经，悟空以机变应对，但每每被妖魔得手，幸得到彼、灵虚指点迷津，暗中相助。途中非止一日，悟空的机变心渐渐减灭，路途自然也就无甚阻隔。到了大唐，太宗亲自迎接。唐僧师徒交付了经文，即回西天受封，成了正果。

这部续书的宗旨，就如作者"真复居士"在序言中所说，是因为觉得前面流行的《西游记》"谬悠诡诞，滑稽之雄"，但总的说来是"以心降魔，设七十二种变化，以究心之用"，然而"机变太熟，扰攘日生"，反而生出许多困扰，不符合佛家至理。于是试图新编出这些故事纠正原著之误。这样的出发动机，实在有点迂腐，与吴承恩在《禹鼎志序》里所表达的做一个鉴戒世人的"野史氏"的抱负，差得太多。

对于《续西游记》的艺术水准，向来评价不高，正如前面的引文，刘廷玑讥讽其为"续貂""狗尾"。实际看来，也没有那么不堪，其文笔比较直露，但有些情节也算出人意表。

重要的是，有研究者认为这部续书所续的也许并不是我们看到的百回本《西游记》，而是更早更原始的唐僧取经故事，也许就是前面说到的"前世本"。大概的理由是：这部《续西游记》从第九十八回开始接入，然后主要叙述唐僧师徒的回程，其中不免要回溯唐僧师徒的去程故事，而其中说到的去程故事，与今天的百回本有一些微妙的区别，显示其所续的底本可能是另外的故事。

《西游补》

《西游补》是一部有作者，有时间，比较能够说清楚的续书。全书十六回，原题"静啸斋主人著"，静啸斋主人即明清之交浙江乌程人董说。董说（1620—1686），字若雨，法号南潜。幼年颖悟，十岁能文，明亡后决意仕进，后于灵岩寺出家。《西游补》是董说二十一岁左右时的作品，也就是大约写作于明亡之前的1643年。

《西游补》于《西游记》"火焰山三调芭蕉扇"之后别生一枝，衍生出唐僧师徒进入"青青世界"一段情节，说：

唐僧师徒过了火焰山，走到一处树荫下，唐僧、八戒、沙僧昏昏睡去。孙悟空化斋，途中被"小月洞"里的鲭鱼精所迷惑，恍恍惚惚中看到一座城池，门楼上书"青青世界"大字。行者欲进城内，却无门可入，东撞西撞，撞开一块大青石，跌进去正好落在一座琉璃阁上。抬头一看，四周都是宝镜，别有天地。从"天字第一号"镜看起,乃是朝廷放榜。但见千万人,拥拥挤挤,叫叫呼呼,中与不中,各有表情:有呆坐石上,有首发如蓬,有人琴俱焚,有拔剑自杀,有父师赶打,有独自吟哦,有真悲真恨,有强作笑颜,悟空看罢,哈哈大笑。于是又向"天字第二号",却见项羽坐在里头,于是化作虞美人,走入高阁。项羽见虞美人,便絮絮叨叨说起征战经历,到天明,径自去了。悟空化作原身,又被童子扯住,说阎罗因有事请悟空权为代管半日。悟空升了正堂,被审者竟是宋丞相秦桧,于是令无数青面獠牙的鬼卒,捆住秦桧,如鱼鳞样将其一片一片剐来。忽有小鬼来报:岳将军到来。悟空慌忙迎入,随又叫小鬼借来太上老君的金葫芦,将秦桧装入,一时三刻化为血水。……种种幻惑,就如南柯一梦。原来,鲭鱼精迷惑悟空,只为了吃到唐僧肉。故一边缠住悟空,一边又去哄弄唐僧。幸得此时悟空被虚空尊者唤醒,赶来打死妖精,师徒方才解惑。

《西游补》虽然号称是《西游记》续书,但风格迥异,其内容支离,飘忽不定,完全没有通俗小说通常都会具备的完整惊险的情节,讽刺发泄的特征非常明显。学术界一般都认为这是借《西游记》的情节,通过在虚幻世界内发生的种种不可思议,对晚明社会现实进行辛辣的讽刺和严厉的抨击,表达了作者愤世嫉俗的思想。其中所谓的"青青世界",研究者认为象征世俗的情欲世界或者佛家的空空境界。鉴于此,也有人将《西游补》归入讽刺小说一类,鲁迅对《西游补》的文才评价很高,称"惟其造事遣辞,则丰瞻多姿,恍惚善幻,奇特之处,时足惊人,间以俳谐,亦常俊绝,殊非同时作手说敢望也"。[①]

海外对《西游补》颇为注意,认为它的审美观与中国小说的传统截然不同,不仅难得一见的以文学形式表现了中国哲学中的"心学",而且熟练地运用了变形、怪诞、象征、独白等手段,其时空概念的超越,思维意识的流动,与20世纪才出现并且风靡一时的西方意识流小说十分接近,对于广泛意义上的意识流

---

① 鲁迅.中国小说史略·明之神魔小说(下)[M]//鲁迅.鲁迅全集·第九卷.北京:人民文学出版社,1981:176.

小说研究，是珍贵的资料。

《天女散花》

《西游记》续书中，还有一些非典型作品，即以唐僧取经或者齐天大圣等为情节由头加以生发，但内容与《西游记》却并不贴近，显然只是借来说事，《天女散花》即其中一种。

《天女散花》全称《幻情小说天女散花》。原不题撰人。根据现存的版本看，似乎刻印于民国初年；但从文字风格判断，大概成书要更早一些，可能在清末已经出现。全书十二回，说：

唐僧师徒取经功成，回到西天，佛祖各有封赏不提。只是佛祖听唐僧说起西天路上，有许多妖魔精怪为非作歹，便生出试查世人善恶之心愿，于是降下法旨，着瑶池天女采集十万朵鲜花，携往东土，见妖魔则剿灭警化，见善良则散花消灾。天女领命，又挑选四位仙娥，采了鲜花，竟奔东土。天女在云端看去，见人间有喜气，有怨气，又悲气，也有杀气，不由感叹不已："可见人心善恶不等，世道腐败垂衰。"到了沙河边上，见河中鱼虾成精，变化成许多男女人形，赤身裸体，混杂淋浴。天女甚为愤恨，将带来的黑仙朵撒入水中，那些鱼虾龟鳖顿时毙命。天女只留下少数稍有道德的长者，命其造舟渡人，不得收取分文，以修功果。到了山中，见蜘蛛精织网捕人，天女又撒出黑仙朵，使其毙命。……其余种种，不一而足。天女与仙娥，一路除妖，渐渐到达长安。见长安城内人烟丰盛，天下太平，心中颇喜，于是拜见太宗，诉说散花情由。待到散花之日，观看的百姓人山人海，不计其数。天女以散花之事劝化众人，命仙娥取出花篮，将十万朵鲜花当众散放，人民争相收受。众仙女别了长安，仍回西天。

《天女散花》于史实并无依据，只是借《西游记》故事写自己的理想世界而已。其中宗教出发点非常平庸迂腐，不过善恶之说而已，文笔倒也还流畅。

第十章 《西游记》的多种形式传播

《西游记》故事易懂，情节好看，加之使用了当时的口头语言，所以自问世以来，既"家喻户晓"又"妇孺皆知"。

凡通俗的东西都会自行衍展。自古以来，《西游记》影响中国人的形式，远非小说一种，只要留心，随时随地，《西游记》元素都会不期而至。我曾经有一段比较文学化的描述，自鸣得意，录如下，姑且作为四百多年来《西游记》多形态传播的当代视角之写照：

星河耿耿，凉风习习，一张草席，几把折扇，传统的纳凉是绝大多数中国人儿时读《西游记》的开始。入夜之时要让孩子们安静下来，家长们必须答应一个条件：讲故事。变化多端的白骨精、头上长角的牛魔王，都得被孙悟空消灭，这是家长对孩子关于正义与邪恶、光明与黑暗的最初启蒙。这是顽皮儿童的《西游记》。家乡旧有民谚"二月二，带活猴"，意思是这一天姑娘要回娘家，那小外孙就如闹天宫的活猴。而当今，每到暑假节日，能把这些小活猴锁在家里的,就是那年年播不完的六小龄童《西游记》。

背着家长和老师,在书包中揣一本卷边的《西游记》,抽空从课桌的缝隙里瞄一眼大闹天宫,直到老师来揪住耳朵。怕事的唐僧同学们都不喜欢,敢把王母娘娘的桃、太上老君的丹都偷了的孙悟空,才是绝对英雄——课堂上不敢翻筋斗七十二变,回家后作业一题不敢少写,崇拜一下孙悟空却是家长和老师都管不到的。找个机会,下载一部《西游降魔篇》放在手机里,找几个小伙伴围观也有乐趣。带有青春期的躁动与冲破樊笼的渴望,是读书郎关于《西游记》的读法。

难得浮生半日闲,冲一杯清茶,取下架上的书翻翻,儿时已经读得烂熟,现在不过找找令人发噱的章节。像孙悟空那样不服天地管辖自由自在这辈子是做不到了,有点俗气但很现实的猪八戒也许倒成了自己的镜子。看看《大圣归来》,想想自己的初心,雄心也许未泯;借他人游戏文字,博自己淡然一笑,也许可以顺便浇浇心中块垒,这是事业有成的过来人关于《西游记》的读法。

寻章摘句,咬文嚼字,查查孙猴子的祖孙三代,又盘算吴承恩为何不务正业写什么《西游记》而误了自己的大好前程。作者——吴承恩何许人也,他的一辈子功名事业、七姑八姨、吃喝拉撒,是要知道的;主题——"放浪诗酒,复善谐剧"的吴老夫子没说但心里想说,他还没想到要说但应该要说的,也是要代他交代清楚的;形象——孙悟空蹦出石头缝大闹天宫,也是妖精,但很可爱,后来改邪归正修成了正果,锐气灭了人气也没了;猪八戒人丑嘴臭但心地并不坏,好吃懒做脏事、苦事却都干了,活脱脱今世众生一个,这些更是要一一挑明的。把《西游记》煎炒烹炸,再加上点佐料,希望帮助他人消化,这是学者们关于《西游记》的读法。

……厨师读出了淮扬美食,记者读出了本地方言,方志办的夫子读出历史名城,大学士纪晓岚读出明代制度,流放犯官洪亮吉读出火焰山。①

---

① 蔡铁鹰. 西游记的前世今生·代序 [M]. 北京:新华出版社,2008:1.

有多少个读者，就有多少种《西游记》读法，若论对人群覆盖面的宽广，论对社会影响的深入，《西游记》雄踞古今，绝无可比肩者。

一 《西游记》的戏剧形式传播

通俗的东西在形式上都是容易相互转换的。通俗小说最近的表亲是戏曲，它们之间近千年来始终缠绵不清，具体到《西游记》也同样如此：从唐宋开始，帮助唐僧取经故事扩展衍生，最终形成百回本《西游记》的是队戏、杂剧，这在前面已经有所介绍，其中规模最大的杂剧《西游记》达到了六本二十四折，按照杂剧演一场一本四折的体制，这个剧本已经可以演出六场，大概需要近二十个小时；而在百回本之后，以五花八门的形式把唐僧取经故事渗透到社会各个角落的也是戏剧，其代表也是一个巨无霸式的清代宫廷西游戏集成《升平宝筏》。

清宫内廷有看戏的习尚，据说除了年节外，每月的初一、十五看戏也是不可更改的定例。今日说到这个风气，往往以慈禧太后为例，说慈禧太后如何喜欢，如何在行，又如何霸道，但其实看戏早就不仅仅是市井小民的专利，各个朝代的内廷都搬演戏剧，而且由于财力、人力的充裕，内廷戏剧的精致化对于戏剧的发展起到了重要推动作用。

剧本集成：《升平宝筏》

清代看戏的风气，早在康熙年间就已经形成，当时朝廷设立了一个专门管理演出的机构称南府，隶属内务府；乾隆时，南府范围扩大，开始大规模地整理剧本，组织排演；道光年间朝廷将其他类似的娱乐管理机构并入改称升平署，主持宫内的一切演出事务。

搬演的戏目中"西游戏"是受欢迎的题材之一。雍正、乾隆年间，原本散落的西游戏由升平署整理成一个专供宫廷演出的西游戏大剧本《升平宝筏》。整理者张照（1691—1745），字得天、长卿，号泾南、天瓶居士，是清代的著名戏曲家，擅长编写大部头的剧本集成；因曾在雍正年间任过刑部尚书，所以死后谥文敏,《清史稿》卷三百四有传。

现代人看来,《升平宝筏》名称有点不太明快,所以一般不会想到这是一本戏剧集。"升平"应该是表示升平署出版发行的意思,"宝筏"大概基于唐僧取经的佛教题材,取其普度众生的意思。《升平宝筏》主要依据吴承恩《西游记》的情节,也参照了元代吴昌龄《唐三藏西天取经》杂剧和明初杨景贤的《西游记》杂剧,以及明人传奇《江流记》,等等,因此这个剧本汇编保留了一部分业已散佚的吴昌龄《唐三藏西天取经》杂剧,如"十宰饯别""回回指路",这为后人研究《西游记》留下了珍贵的资料。

《升平宝筏》在剧种上属于传奇,如果不作严谨要求也可以说成是昆剧。它很长,长得有点出奇,达到二百四十出,其实是从当时搬演的西游戏中选择了十个独立剧本,汇集在一起。编排上这十个剧本以甲、乙、丙、丁、戊、己、庚、辛、壬、癸为序,每种二十四出,分上下;虽然有些剧本从局部上说打乱了小说的情节顺序,但总的看来,十个剧本就是一部完整《西游记》故事。我们列出第一个剧本的前半部(甲上)十二出的题目看:

第一出　转法轮提纲挈领　　第二出　凿明府见性明心
第三出　金蝉子化行震旦　　第四出　石猴儿强占水帘
第五出　灵台心照三更静　　第六出　混世魔消万劫空
第七出　扫荡妖氛展豹韬　　第八出　诛求武备翻龙窟
第九出　大力王邀盟结拜　　第十出　铁板桥醉卧拘拿
第十一出　闹阎罗勾除判牒　第十二出　诣绛阙交进弹章

虽然为了迎合宫廷的需要,遣词造句上显得呆板滞重,风趣全无,但仍然看得出这是说花果山孙悟空出世的情节。

人物画册:升平署戏剧《泗州城》

现在可见的《升平署戏曲人物画册》,是清咸丰同治间(1851—1874)某位宫廷画师留下的作品,其中收集了中国当时京剧人物的扮相写真图,两册,共九十七幅。此画册绘制精细,应该是属于帝后所用的"御赏物",而并不是作为演员以及管理戏箱人员的备忘录，因此具有很高的艺术和资料价值，是研究京剧早期穿戴、脸谱的珍贵史料。

其中与《西游记》有关的是《泗洲城》十二幅。

古泗州城位于淮河下游，旧址在今江苏省盱眙县，至少在唐代已经成为历史上沟通南北，贯联东西的交通枢纽。但成也淮河，败也淮河，特殊的位置使得泗州水患严重，屡屡被淹，于是衍生出水母淹城的传说。既有水母作怪，自然就有神佛降服，于是元明间便有杂剧《泗州大圣锁水母》，这部杂剧就是后来京剧《泗州城》的最初来源。但当初的《泗州大圣锁水母》与《西游记》全无关系。大圣本指僧伽大圣，这位大圣是唐代来自西域的高僧，后来演化为中国人非常崇敬的菩萨观世音，因为他曾经在盱眙修行，所以故事里便让他出面降服水母。故事大意是说，大圣（观音）怜悯泗州百姓遭难，于是召天神天将擒拿，菩萨变化成一卖面婆婆，伺候在道旁。水怪狠斗良久，肚中正在饥饿，于是吃了婆婆的面条，不料面条下肚后，遂将脏腑锁住，其实面条即铁链。但是到清代，这个故事和《西游记》发生了关系，大圣就成了孙悟空，孙悟空率众神降了水母。因此，这个剧本也应该算入《西游记》的传播了。

图30 《升平署戏曲人物画册》中的孙悟空

梨园百家：京剧和地方西游戏

清代后期，传奇崩溃，也就仅剩昆腔能在文人中留存，其余都化入民间被称为"乱弹""花部"。其中佼佼者就是我们今天所说的京剧，此外者则逐步在地方文化和乡土曲艺的影响下演化为号称梨园百家的地方戏。

几乎所有的戏曲剧种都搬演过《西游记》故事，但最著名的还是以艺术精湛著称的舞台霸主京剧；而剑走偏锋形成巨大影响的地方剧种恐怕要首推绍剧。各剧种的一个共同特点是：孙悟空都是最重要的角色，各种剧目都统称为"猴戏"，凡以演猴戏著名的演员都雅称"美猴王"。

京剧在清末大热后，在猴戏表演上颇有一统江湖的气势，民国时即创造出南北两大流派，"北派美猴王"以杨小楼为代表，以演《水帘洞》而一炮成名；"南派美猴王"则以郑法祥为代表。从这两派中又发展出不少优秀传人，比较经典的剧目则有《安天会》《火焰山》《闹天宫》等，最著名的剧目当是《真假美猴王》。早年著名京剧表演艺术家李盛斌曾排演过一出名为《双星斗》的折子戏，1979年其子李幼斌将《双星斗》改编成《真假美猴王》，凭借剧情的优势，在全国连演六百多场。

最出风头的猴戏剧本却来自绍剧。绍剧《孙悟空三打白骨精》在中国可谓是妇孺皆知，耳熟能详，绍剧还因此出现了一个世代演猴的章家，其第一代章廷椿，艺名"活猴章"；第二代章益生，艺名"赛活猴"；第三代章宗义，艺名"六龄童"，人称"南派猴王"；第四代就是如今誉满天下的六小龄童章金莱。《孙悟空三打白骨精》1957年由浙江绍剧团演出，参加省第二届戏曲观摩演出大会获得剧本一等奖。1960年6月又由上海天马电影制片厂拍摄成彩色戏曲片，顿时轰动全国，远播海外72个国家和地区。1961年11月10日，毛泽东主席和其他中央领导人刘少奇、周恩来在北京中南海怀仁堂里观看了《孙悟空三打白骨精》。演出结束后，周恩来总理高兴地抱着六小龄童上台祝贺演出成功，留下了那张广为人知的乐呵呵的照片。毛泽东主席也抑制不住兴奋之情，写下了著名的《七律·和郭沫若同志》诗，成为我国现代文学史上的重要事件。

图 31　早期各剧种的孙悟空扮相

图 32　川剧《火焰山》剧照

二 《西游记》的寺庙壁画传播

说来这也是个奇怪的现象，根据现在我们看到的版本资料，清代刻印《西游记》的主要是道教中人，如《西游证道书》《西游真诠》《西游原旨》《西游正旨》，目前没有看到有佛教掺和；但保留了大量《西游记》壁画的却主要是寺庙，很少在道观里看到有《西游记》壁画。

需要说明一下，清代以来广泛在寺庙里传播的《西游记》壁画，和前面介绍的敦煌榆林窟等的具有文化源头资格的取经壁画性质完全不一样。这里的壁画，都出现在百回本《西游记》之后，一般不早于清中期，属于《西游记》的延展、传播和衍生，学术上通常以百回本《西游记》为界，将之前的壁画称为取经壁画，而将之后的壁画称为《西游记》壁画。

由于受保存条件的限制，这些壁画目前主要发现在西北甘肃、宁夏一带干燥偏僻处。重要的有甘肃张掖市大佛寺《西游记》壁画、甘肃民乐县童子寺《西游记》壁画等。

张掖大佛寺　大佛寺始建于西夏永安元年（1098），相当于北宋中期，因正殿供奉一尊号称全国最大的卧佛而得名。在大佛背面面北的照壁上，有一幅看来古色古香的《西游记》故事组图，寺院管理方曾经组织各方专家考证壁画的绘制时间，形成了元代扩建时绘制和清代重修时绘制两种意见。大约出于猎奇心理，网络与社会舆论一边倒地取壁画绘制于元代之说，称早于吴承恩《西游记》三四百年，但从壁画的故事内容联系取经故事的演进过程来看，只能是清代《西游记》流行后的衍生物[①]，其壁画来源于《李卓吾先生批评西游记》的插图。

---

① 蔡铁鹰.张掖大佛寺取经壁画应是《西游记》的衍生物[J].西北师范大学学报，2006（2）.

图 33　张掖大佛寺唐僧取经壁画（佛像背后）

童子寺壁画　童子寺在民乐县境内，距县城大约十千米，整座寺庙是复建的，但位置未变，非常古老，寺庙后面石壁上的洞窟是旧物，据说可以追溯到唐前。石窟里有数十幅壁画。

图 34　甘肃民乐县童子寺存有《西游记》的一号石窟

上石坝石窟 上石坝位于肃南县一处交通不便、位置偏远的小山沟里，这里的石窟既无文献记载，又无碑碣题记，向来罕为人知。洞窟在山崖上，存有壁画的洞窟现在仅有三四个，而且破损严重，只有少量的画面可供辨认。

图 35　上石坝石窟壁画

除此之外，甘肃武威东大寺、山西泽州大云寺石窟都有《西游记》壁画出现，其中部分可以认定来源于明代《西游记》刻本的插图。

三　《西游记》的影视形式传播

电影进入中国是在 1896 年，当时有几名外国人在上海一座叫又一村的酒楼上给时尚男女们带来了一种奇怪的东西，明明是"画"在布上的"人"，却会动，竟与真人一般无二，比京师流行的西洋景更神奇。这东西后来被称之为电影。

十年后的 1905 年，中国的北京拍摄了第一部电影《定军山》，取材于《三国演义》；又十多年后的 1926 年，取材于《西游记》的电影《盘丝洞》在上海上演。从那个时代开始，对《西游记》的演绎便进入了一个持续不断的新境界，神光魔影之下，掩映着一代又一代解读者在自己时代背景下解读《西游记》的激昂与低回、华丽与寂寞。大致说来，可以划分为几个阶段：

20 世纪 20 年代：无声的《西游记》时代　在 1926 年至 1928 年间，中国产生了十多部西游电影，尤以《孙行者大战金钱豹》《盘丝洞》等最为出色。当时电影尚在默片时代，观众在满场的静寂中观看，就是看片中孙悟空斩妖除魔、翻江倒海的艺术效果。

20 世纪 60 年代：系列的《西游记》时代　香港邵氏公司利用电影在艺术手段上的优势，同时借鉴戏剧连台本戏的形式，出品了轰动一时的"西游记五部曲"即《西游记》《铁扇公主》《盘丝洞》《女儿国》《红孩儿》。这也是具有突破意义的事件。

20 世纪 80 年代：连续剧《西游记》时代　20 世纪 80 年代后，电视连续剧成为《西游记》改编的主流形式。中央电视台出品的电视连续剧《西游记》首开先河。该剧以"忠实于原著"为最高标准，耗时数年拍摄完成，播出后轰动全国，曾获得年度"飞天奖"特别奖、"金鹰奖"最佳连续剧一等奖。

20 世纪 90 年代：大话的《西游记》时代　全新风格的电影《大话西游》1994 年横空出世，掀起了一股以无厘头方式解构经典的热潮——完全不尊重原著的情节设计和情节元素的逻辑关系，彻底颠覆了传统的改编、移植古典名著的概念。但因为这也代表了部分现代人理解生活的方式，所以受到了一定的欢迎。

21 世纪之初：炫技的《西游记》时代　21 世纪的十几年来，得益于数字技术的迅速发展，大量以穿越制造主要情节的 3D 动画电影蜂拥而出，其代表是《西游记之大圣归来》。在这些电影里，情节已经不是第一位的元素，而是以逼真到无与伦比的 3D 效果，把人物塑造得美轮美奂，把画面表现得惊心动魄。

典型的情节剧《盘丝洞》　《盘丝洞》的故事出现在《西游记》的第七十

二回,是早期典型的情节剧。这一段的看点,在《西游记》整个非常干净的情节氛围里有点特殊,不仅想象奇特且有淡淡的情色味,面对妖娆的蜘蛛精,好色的八戒算是小小地放纵了一把。20世纪20年代《盘丝洞》电影的改编者放大了这个看点,且把唐僧扯了进去,很好地利用了电影可以聚焦于某一看点和改编情节的特点:唐僧不顾悟空劝阻,自去化斋,误入盘丝洞,小妖将唐僧捉去献给洞主女妖。悟空见师傅久去不归出去搜索,探得唐僧被捉,便化为蝴蝶,混入妖怪之中,暗地里打听消息。而八戒则色心大发,化为鲇鱼与众女妖嬉戏。众妖于是又将八戒捉回洞去。悟空与众妖打斗,无功而返。观世音赶来,教授悟空降魔之术。悟空在女妖与唐僧即将成婚的时刻赶到,以观音所教之术,打败妖怪,救出了唐僧。

《盘丝洞》甫一问世,便在上海造成"万人空巷"的景况,南洋地区也争相订购拷贝,形成了此后长达十多年的西游电影热。在那段时间,上海的电影公司一口气推出了《车迟国唐僧斗法》《金钱豹》《女儿国》《铁扇公主》《莲花洞》《黑风山》《无底洞》《红孩儿》《闹天宫》《火焰山》《猪八戒大闹流沙河》等十几部无声和有声电影。

叛逆的《大话西游》 数十年来,改编自《西游记》的几十部电影——包括美术片,基本上都遵循着传统的改编原则,即大致忠实于原作,适度整合,局部润色。但到1995年,这样的思维模式被一部叫《大话西游之月光宝盒》的西游电影打破了。

《大话西游》由香港著名笑星周星驰主演,完全颠覆了传统的依据原著改编情节的思维模式,不仅不尊重原著的情节设计和情节元素的逻辑关系,而且在保留下来的情节元素中也完全没有任何拘束地使用一种被叫作"无厘头"的搞笑方式。且看简介:

孙悟空在护送唐三藏去西天取经时,与牛魔王合谋欲杀害唐三藏,并偷走了月光宝盒。此举使观音萌生将其铲除的心思。经唐三藏请求,孙悟空被判五百年后重新投胎做人赎其罪孽。五百年后孙悟空化身强盗头头至尊宝。当遇见预谋吃唐僧肉的妖怪姐妹蜘蛛精春三十娘和白骨精白晶晶时,因为五百年前孙悟空曾与白晶晶有过一段恋情，至尊宝与她一见钟情。但因菩提老祖将二人妖怪身份相告，至尊宝仍带领众强盗开始与二妖展开周旋。过程中，白晶晶为救至尊宝打伤春三十娘，自己也中毒受伤。为了救白晶晶，至尊宝去找春三十娘，遭白晶晶误会。白晶晶绝望自杀，至尊宝开始用月光宝盒以期使时光倒流。

这部与《西游记》几乎没有任何实质联系的新创意电影一时大为时髦，轰动香港内地，随后又利用制作简单的优势迅速趁热打铁推出了第二部《大话西游之仙履奇缘》。故事发生在上一集《月光宝盒》之前 500 年，情节是：

至尊宝被月光宝盒带回到五百年前恰巧遇到紫霞仙子。紫霞仙子曾有一誓言：谁能拔出她手中的紫青宝剑就是她的意中人。不想宝剑被至尊宝拔出，紫霞决定以身相许，却遭至尊宝拒绝。紫霞迷失在沙漠为牛魔王所救。牛魔王逼紫霞与之成婚。关键时刻至尊宝转世成为齐天大圣孙悟空，踏着五彩祥云来救紫霞。打斗中悟空为救师父而放弃了紫霞，紫霞为牛魔王所杀。

类似的还有 2006 年推出的《情颠大圣》和 2015 年完成的《大话西游》的第三集《妖怪别跑》，等等。它们的共同特点是"大话"：毫无边际地游离原著，不考虑任何依据地创新情节，然后加上毫无理由的幽默，但却大受欢迎，尤其是在青少年中。

研究者认为，这类改编的电影，在理念上表现了一种强烈的叛逆倾向，实际上只是借《西游记》的外壳，表述一种当代城市人理解社会、批评社会、干预社会的新方式。我们不必发声谴责说这亵渎原著，糟蹋经典，既然借用《西游记》的外壳，毕竟还是反映了《西游记》的深广影响。

炫技的《西游记之大圣归来》 2013 年以来得助于电影科技的进展，大量以穿越制造主要情节的 3D 动画电影蜂拥而出，其代表是《西游记之大圣归来》，其余有《西游降魔篇》（2013）、《西游记之大闹天宫》（2014）、《西游记之大圣归来》（2015）、《西游记之三打白骨精》（2016）、《猴王与女妖》（2016）、《西游记之锁妖封魔塔》（2016）、《西游记之西凉女国》（2016）、《嘻哈西游记之五指山》（2016）、《西游外传之大圣娶亲》（2016）、《三打白骨精》（2016）、《西游记之牛魔王》（2017）。

这些动画电影在取材上似乎都受到了《大话西游》的启发，毫无节制地制造穿越，然后利用唐僧或者孙悟空、猪八戒的文化外壳表现一个自己设定的主题。从文学的角度看，并没有太强的意义和内涵。但它们也有自己的特点，就是充分利用了电影 3D 技术，把人物塑造得光彩四溢，把情节表现得惊心动魄，大受市场欢迎。3D 动画以往似乎是好莱坞和日本、韩国影视行业的专利，借用中国题材的《花木兰》和《功夫熊猫》都曾风靡一时。现在需要关注的是，当中国的影视业有了自己的 3D 产业时，《西游记》故事是大家公认的适合题材。

强势的 1986 版电视连续剧　电视剧尤其是多集的电视连续剧，对《西游记》题材也是钟爱有加。

电视剧取材《西游记》，开始于日本。1978 年，日本拍摄完成了全球第一部《西游记》电视剧，在日本乃至亚洲都产生了深远影响，在技术上，影响至今的有两点：第一是片中孙悟空的造型，采用了粘毛方法而不画脸谱，逼真度大大增加，给后来诸多猴子的造型都指了一条新方向，直到现在仍然使用。第二，唐三藏由女演员饰演且大获成功，这直接导致日本以后历届版本唐僧皆由美丽女演员饰演，清丽的造型对于中国的电视剧也有一定影响。但其粗制滥造、穿越恶搞的任性，一定程度上成了西游电视剧的传统。据说这部电视剧曾经在北京电视台播出过，但只播了三集，就因为其情节离原著太远且涉嫌有色情的问题，中国观众无法接受而被停止。

由于来自日本的传统，由于受电影滥改、穿越、搞笑的影响，电视剧也出品了一批风格、手法近似的作品，其中较有影响的是 1998 年的《春光灿烂猪八戒》。这部 38 集的电视剧，除了人物的名称之外，与《西游记》几乎没有任何关系，比之稍早的《大话西游》，其恶搞西游的程度有过之而无不及。受其影响，香港和内地陆续出现了一批同类作品，较有代表性的有：30 集的《西游记后传》（2000）、37 集的《福星高照猪八戒》（2003）、43 集的《欢天喜地猪八戒》（2005）、30 集的《红孩儿》（2005）、18 集的《降妖罗汉》（2009）、29 集《阳光灿烂猪九妹》（2011）、47 集的《欢乐元帅》（2012）、26 集的《欢乐元帅前传》（2011）、55 集的《大话西游之爱你一万年》等。

尽管中国的电视剧从一开始就接受了日本同类作品粗制滥造的传统，但在整体上以《西游记》为题材的电视剧并不很糟糕，原因就在于有部擎天一柱、定海神针般的作品不可动摇，这就是央视1986版《西游记》。

央视1986版电视剧在立意之初确定了一个基本原则：把夸张、神奇的神话题材与忠实原著的改编原则区分清楚，更多从文学的视角考虑问题而没有把商业效益放在首位。因此在实际制作过程中，无论是编剧、导演、表演还是选景、道具哪个环节，无论是在情节、人物还是故事的文化氛围、社会意义哪个方面，都努力去契合原著，极为认真，所以仅仅25集的篇幅，却拍摄了四年之久。播放后，好评如潮，经久不息，成为三十多年来各级电视台的保留节目，截至2015年，播放了3000余次，创造了"播放次数最多电视连续剧"的吉尼斯纪录。

2010年出现了浙江版的52集《西游记》，2011年出现了张纪中版的60集《西游记》。这两个版本虽然已经是由完全不同的创作班底完成，但仍可看出明显的1986版基调的影响。首先从情节看基本上都可算原著的完整版，任意删改的地方不多；其次主旨和人物设计大体符合原著；而由于新手段、新技术的运用，新版本在故事神话特效氛围的渲染上则超出了1986版许多，更为逼真传神，堪称精彩纷呈。

四　《西游记》的舞台剧形式传播

值得一说的还有《西游记》的舞台剧，虽然这还是近一二十年的事。舞台剧是一个宽泛的概念，包括话剧、音乐剧、现代木偶剧、魔术剧等多种形式，主要在剧场内面向特定人群演出。舞台剧对原著的取材和改编遵循的是不同思路，在编排结构上和传统戏剧有所不同，反映的是现代生活的审美需求，适应的是现代生活节奏，带有一定的先锋、时尚意义。

带有传统艺术特征的木偶剧　木偶剧这种形式既有西方的文化元素，又带有传统的艺术特征。我们首先看到的是中国儿童木偶剧团创作的《大闹天宫》，该剧1959年首演，1987年在南斯拉夫的第十一届国际木偶艺术节上获得"最佳艺术奖""儿童评选奖"，1982年获得"百场演出奖"，现在这个剧目是该团的镇团之作。

2004年泉州木偶剧团排演了新剧《火焰山》，在表现形式上大胆创新，融合了传统的提线木偶、傀儡木偶等技巧和现代的表现手法，获得国家"金狮"木偶艺术奖的创作奖、导演奖、表演奖。

2008年为迎接北京奥运会，中国木偶艺术剧院历时一年，创作了大型木偶剧《猴王》和续集《猴王·闯东海》，以孙悟空学艺的经历为情节主线，主要表现新一代猴王少年立志，勇于担当，自强不息的精神。演出大获成功。

转换了艺术环境的西游话剧 话剧虽然已经在中国成长了百年之久，但由于文化根基和表现手法的不同，从传统文化中移植题材，一直是话剧短板；从小说中移植，更是罕见。

2008年，一部极具颠覆性的新型话剧《西游记》在北京青年艺术节上一炮走红。故事非常简单，来自中国耳熟能详的"大闹天宫"，但只取了其中很少的情节和人物元素，侧重讲青年人成长的冲动、烦恼和逐渐成熟的经历。故事寓意大闹天宫这段就是孙悟空的童年，被压五行山就是他的教训，当孙悟空从五行山下走出来的时候，唐僧就成了他的领导，这昭示的主题就是"不管我们愿意与否，都会这样无奈地成长"。

2010年，北京浩海话剧团排演了一出穿越话剧《你在红楼我在西游》，讲述贾宝玉和唐僧相互穿越，各自以对方身份生存和选择的故事，引发了对自由、爱情、责任和信仰的思考。

2011年3月，北京蓬蒿剧场首次上演了英文话剧《孙悟空三打白骨精》。这是第一部改编自四大名著的英文儿童剧。这部英文话剧2006年在美国德克萨斯州的莎士比亚戏剧节上首演，后来由美国普渡大学戏剧系和中国北京大学合作，搬上了北京的舞台。

以审美为中心的现代舞台剧 2008年8月，北京奥运会开幕的第二天，北京的北展剧场首演了一场摇滚动作音乐剧《美猴王》。该剧用歌舞、武术、杂技

图36 话剧《你在红楼我在西游》海报

和摇滚元素,除再现唐僧师徒等原著的经典形象之外,还增加了白雪公主、火山王子等新的人物,在简单的故事情节中,用灯光、音效、布景、服饰等营造了取经之路上如醉如梦的情境,非常唯美地做了一次移植古代经典的尝试。

2015年,中国舞台剧登陆泰国。《西游记》在泰国家喻户晓,1806年就首次被翻译成泰文。泰国前副总理切塔在演出前的致辞,道出了这部中国古典名著与泰国文化之间的绵长渊源,说在泰国宗教和神话传说中,神猴"哈奴曼"是力量和智慧的象征,在泰国很多书店里,都有精装版、漫画版等样式的《西游记》泰文版本。

2016年，北京丑小鸭剧团改编的大型魔幻卡通舞台剧《西游记》上演。该剧以《西游记》的故事为情节载体，集音乐、舞蹈、功夫、互动为一体，在舞台上通过灯光、舞美道具等多重表现方式创造出梦幻般的奇特意境。

2017年7月7日，大型民族音乐剧《玄奘的朝圣之旅》在北京首演。这部新剧采用了包括维吾尔族哈萨克、塔吉克在内的100多种中国传统乐器，揭示了古丝绸之路的多元文化。正如该剧的编剧兼剧本总监所说："要用乐器来呈现一个故事是非常困难的，但玄奘是一个史诗般的人物，他身后的巨大的历史、文化、宗教和种族背景，为我们提供了可能。"

海外也有一些精致的西游舞台剧。由中、日、韩三国演员合力制作的大型舞台剧《悟空》，在日本东京和香港巡演之后转战北京、广东等地，大受欢迎。该剧导演说，唐僧师徒当年去西天取经要经过很多国家，他们自己肯定不会说那么多国的语言，他们是如何交流的呢？这次演出让不同国家演员说不同的语言，就是为了表现这样的主题：《西游记》的历险其实是人与人之间的心灵交流。

由中国福利会儿童艺术剧院、日本榆树剧团和韩国 NAITEA 剧团合作创作演出的儿童剧《天之键》，讲述了为了修复被损坏的地球，孙悟空和中国少女小红、日本少年榆一、韩国少年金山踏上了寻找"天之键"的征途。孙悟空带领着三国孩子，齐心协力打败白衣恶魔，最终打开了通向美好国度的大门，看到一个和谐美好，充满生机的地球。

这些舞台剧完全是一个新时代的产物，完整地复制往日的经典已经不太可能，但它们能够借助《西游记》，已经足够说明《西游记》的文化价值。

五　《西游记》在海外的文本传播

由于文化语言的差异和隔阂，中国宝贵的古典文学遗产要走出国门相当困难，尤其是小说。比如《水浒传》曾被翻译成《河边发生的故事》，《金瓶梅》

被翻译成《一个男人和五个女人的故事》,《红楼梦》被翻译成《红色阁楼里的梦》,说来大意不错,但韵味全无。书名尚且如此,更别谈那些诗词、戏文、典故、成语和不同历史时期的典章制度。

若干年前,欧洲有几部中国小说颇有名气,一部叫《平山冷燕》,一部叫《玉娇梨》,一部叫《好逑传》。有名气是因为德国的大文豪歌德曾经称赞过,说在其中看到了欧洲人值得欣赏的价值、道德和文学才华,欧洲人因此以为这就是中国小说的代表,所以都愿意瞄上一眼。奇怪的是——其实一点不奇怪——中国读者对这几部倒未必有特别印象。因为像这样的小说中国实在太多,数量庞大,它们都属于明末清初流行的才子佳人小说,非常类似于今天流行的琼瑶言情剧,都是男女青年如何相爱,如何历经曲折坎坷和小人中伤,最后终于团圆美满的情节:男的必是才子,最后非状元即进士;女的必是佳人,眼力超群,忠贞不渝,最后必是封为诰命夫人;曲折或者来自父母或者来自周边或者来自奸佞,解决问题的多是皇上或者朝中重臣;书名也比较简单,但在简单拼合中形成文学元素,比如《平山冷燕》的书名就是四位男女主角的姓,《玉娇梨》则是由一妻二妾的名字组成,没有特定的指向,但似乎又有一丝淡淡情韵。篇幅不长,人物不多,情节不复杂,感情很缠绵是其共同特点,曹雪芹在《红楼梦》里讥讽这些书是"千人一面,千人一腔"。这些实在也说不上是什么具有代表性的精品,不知什么机缘传到了欧洲,因此就有了被歌德这种大人物看到的可能。

但它们的影响也就仅限于此。"浮云"!曾经飘过的浮云。真正在世界范围内形成影响的,还得看《西游记》。《西游记》一朝走出国门,便进入了世界顶级文学名著的行列,同样赢得了欢迎和尊重,对中国文化的包孕和通俗易懂的故事情节,就是文化上的通行证。

唐僧取经故事最早走出国门是在元代,距今大约七百年。当时朝鲜的一位翻译官编了一本学汉语的教材叫《朴通事谚解》——其中引用了长短不等的八段《西游记》故事作为教材。这里的《西游记》,应该是早期的平话本。

百回本《西游记》的最早正式译本是日文译本,时间在清代中期——日语还是翻译次数最多的语种,至今各种译本已有三十种以上。日本对《西游记》的研究非常深入广泛,成就卓然的学者层出不穷,太田辰夫、小川环树、矶部彰、中野美代子等都是其中佼佼者。他们的共同特点是学风严谨,注重资料,其学术成果很受中国学者尊重。近几十年《西游记》新的研究资料中分量极重的《大唐三藏取经记》和《唐僧取经画册》,都发现于日本,由这些学者推介到了中国。

英译本最早出现于 1895 年,上海华北捷报社出版了塞缪尔·伍德布里奇翻译的《西游记》片段。翻译者是位来华的传教士,中文名字叫吴板桥,他把《西游记》中《唐太宗入冥》一段挑出,变成一个相对独立的故事,取名《金角龙王皇帝游地府》。这是一个非常简单,严格说并不属于唐僧取经系列的故事,但它首先打开了《西游记》进入西方主流世界的大门。

成熟的英译本与法德译本

最著名的英译本有两个:一个叫《猴》,1944 年出版。这本书实际上是以"大闹天宫"为主的节译本,但因为它比较准确地传达了原文的风格,并且照顾到西方读者的阅读习惯,所以至今还在书店出售,欧美人了解《西游记》,很大

图 37　早期英译本《猴》的封面

程度上得益于这本简洁明了的《猴》。译者阿瑟·韦利在序言中说:"《西游记》是一部长篇神话小说,我的选译文大幅度缩减了它的长度,省略了原著插进的许多诗词,这些诗词是十分难译的。书中主角'猴'是无可匹敌的,它是荒诞与美的结合,猴所打乱的天宫世界,实际是反映着人间封建官僚的统治,这一点,在中国是一种公认的看法。"应该说,这样的把握还是比较准确的。之后,《猴》被转译成西班牙文、德文、瑞典文、比利时文、法文、意大利文、斯里兰卡文等,在欧美产生广泛的影响,成了美猴王走向世界的一座中转桥梁,欧美一些重要的百科全书,在评介《西游记》时也都是以韦利的译本为依据的。

图38　美国《国家地理》高级记者纽曼采访吴承恩故居

另一个是由美国华裔学者余国藩1977至1980年间翻译的《西游记》四卷本。这是一个全本,以优秀的翻译质量饮誉学界,现在已经公认是《西游记》英译的标准本。余国藩1938年出生于香港,从小就接受中英双语教育。余国藩回忆道:"不管我们是在防空洞里,还是正忙着从战火中逃命,我都为这些故事着迷,一再央求祖父讲述。"余国藩一生致力于翻译和不断地修订《西游记》英译本,直到临终之前三年的 2012 年才全部完成《西游记》译注本的修订。

《西游记》早期的法文节译本,有《三藏和尚江中得救》和《龙王的传说:佛教的故事》以及《猴与猪:神魔历险记》。德文本 1914 年出现,1946 年出版的选译本《猴子取经记》系根据英译本《猴》转译。1962 年出版的新译本《西游记》,算是比较完整的一个选译本。

伴随着影响的扩大,《西游记》也顺势登上了英、美、法、德各国的大百科全书。英国大百科全书称之为"中国一部最珍贵的神奇小说";德国迈耶大百科全书则认为:"吴承恩撰写的幽默小说《西游记》,里面写到儒、释、道三教,含着深刻的内容,它是一部寓有反抗封建统治意义的神话作品。"

近年引人注目的事件是德国学者林小发翻译的《西游记》出版,初印 2000 册在第 68 届法兰克福书展上一售而空,过了短短五个月就准备印第四版。为了翻译这部名著,林小发用了十七年时间,为此她特地去浙江大学攻读中国古典文学硕士。在翻译中,她会借用《圣经》里的常用词,例如"花果山福地,水帘洞洞天",被译成"花果山的应许之地,水帘洞的洞中天堂",这大概会令西方读者更加会心。她说:"《西游记》不仅仅讲述一个故事,而是给读者展开两层平行的内容,一是故事的叙事层面,二是隐喻于诗词和回目中有关修行悟道的层面,多以故事人物和情节比喻一个人在修行过程中的内心动静。"

广泛的俄译本与东欧译本

20 世纪五六十年代,由于特定的国际关系的影响,大量的俄文和东欧译本出现。第一个俄文译本《西游记》出现在 1959 年,译者罗高寿是著名汉学家,从二三十年代起曾三次在华工作,前后逗留中国十三年,对中国文化有相当的了解,因此他的这个译本质量不错,起点很高。他还有一部一百一十七页的研究论著《吴承恩及其〈西游记〉》,在评价吴承恩和《西游记》的艺术特点方面很有独到的见解,外国人研究吴承恩的学术专著,这应该是第一本。

其他可以见到的还有捷克文、波兰文、西班牙文、罗马尼亚文、越南文,等等。捷克文《猴王》译者的后代 2010 年还来中国参加了《西游记》的学术研讨会。

主要参考文献

（常用工具书、大型工具书恕未列入　期刊论文请参看注释）

黄肃秋注释	《西游记》	人民文学出版社 1980 年出版
李洪甫整理校注	《西游记》	人民出版社 2013 年出版
李天飞校注	《西游记》	中华书局 2014 年出版
于植元校点	《后西游记》	春风文艺出版社 1982 年出版
陈新整理	《唐三藏西游释厄传　西游记传》	人民文学出版社 1984 年出版
王继权校勘	《四游记》	北方文艺出版社 1985 年出版
张颖　陈速校点	《续西游记》	春风文艺出版社 1986 年出版
浙江古籍出版社编	《明清神话小说选》	浙江古籍出版社 1988 年出版
苏兴	《吴承恩年谱》	人民文学出版社 1980 年出版
苏兴	《吴承恩小传》	百花文艺出版社 1981 年出版
刘修业　刘怀玉	《吴承恩诗文集笺校》	上海古籍出版社 1991 年出版
刘怀玉	《吴承恩论稿》	南京大学出版社 1991 年出版
蔡铁鹰	《吴承恩年谱》	中国社会科学出版社 2014 年出版
蔡铁鹰	《吴承恩集笺校》	中国社会科学出版社 2014 年出版
蔡铁鹰	《吴承恩传》	作家出版社 2016 年出版
隋树森编	《元曲选外编·西游记》（二）	中华书局 1959 年出版
中国戏曲研究院编	《中国古典戏曲论著集成》	中国戏剧出版社 1959 年出版
山西师大戏曲文物所	《中华戏曲》（第三辑）	山西人民出版社 1987 年出版
黄霖　韩同文选注	《中国历代小说论著选》	江西人民出版社 1982 年出版
江苏省社科院文学所编	《中国通俗小说总目提要》	文联出版公司 1990 年出版

朱一玄　刘毓忱	《西游记资料汇编》	中州书画社 1983 年出版
刘荫柏	《西游记研究资料汇编》	上海古籍出版社 1990 年出版
蔡铁鹰	《西游记资料汇编》	中华书局 2010 年出版
江苏省社会科学院编	《西游记研究》	江苏古籍出版社 1984 年出版
萨孟武	《西游记与中国古代政治》	岳麓书社 1988 年出版
李时人　蔡镜浩校注	《大唐三藏取经诗话》	中华书局 1997 年出版
蔡铁鹰	《〈西游记〉成书研究》	中国文联出版社 2001 年出版
张锦池	《西游记考论》	黑龙江教育出版社 2003 年出版
竺洪波	《四百年〈西游记〉学术史》	复旦大学出版社 2006 年出版
蔡铁鹰	《西游记的诞生》	中华书局 2007 年出版
刘怀玉	《吴承恩与西游记》	东方出版中心 2008 年出版
梅新林　崔小敬	《20 世纪〈西游记〉研究》	文化艺术出版社 2008 年出版
曹炳建	《〈西游记〉版本源流考》	人民出版社 2012 年出版
王　毅	《〈西游记〉词汇研究》	上海三联书店 2012 年出版
王益民	《大圣祖地遗产实录》	海峡世纪文化有限公司 2013 年出版
赵毓龙	《西游故事跨文本研究》	中国社会科学出版社 2016 年出版
孙毓棠　谢方校点	《大慈恩寺三藏法师传》	中华书局 1983 年出版
季羡林等校注	《大唐西域记校注》（上、下）	中华书局 2004 年出版
葛兆光	《道教与中国文化》	上海人民出版社 1987 年出版
任继愈主编	《中国佛教史》	中国社会科学出版社 1985 年出版
任继愈主编	《中国道教史》	上海人民出版社 1990 年出版
［荷］许里安	《佛教征服中国》	江苏人民出版社 1998 年出版
［日］羽溪了谛	《西域之佛教》	商务印书馆 1999 年出版
王重民等编	《敦煌变文集》（上、下）	人民文学出版社 1984 年出版
周绍良　白化文编	《敦煌变文论文集》（上、下）	上海古籍出版社 1982 年出版
纪流注释	《成吉思汗封赏长春真人之谜》	中国旅游出版社 1988 年出版
季羡林译	《罗摩衍那》（1—6 篇）	人民文学出版社 1980 年陆续出版

郁龙余编	《中印文学关系源流》	湖南文艺出版社 1987 年出版
［澳］A. L. 巴沙姆主编	《印度文化史》	商务印书馆 1997 年出版
马祖毅	《中国翻译简史》（五四以前部分）	中国对外出版公司 1984 年出版

图书在版编目(CIP)数据

吴承恩与《西游记》/蔡铁鹰著— 郑州：中州古籍出版社，2018.8
ISBN 978-7-5348-7884-8

Ⅰ.①吴… Ⅱ.①蔡… Ⅲ.①吴承恩(约1500-约1582)-人物研究②《西游记》研究 Ⅳ.①K825.6 ②I207.414
中国版本图书馆CIP数据核字(2018)第133854号

出版社：中州古籍出版社
　　　　(地址：郑州市经五路66号　　邮政编码：450002)
发行单位：新华书店
承印单位：郑州市毛庄印刷厂
开本：710mm×1000mm　　1/16　　印张：26.5
字数：400千字　　　　　　　　　　印数：1-3 000册
版次：2018年8月第1版　　　　　　印次：2018年8月第1次印刷

定价：48.00元
本书如有印装质量问题,由承印厂负责调换。